Sofrimento psíquico dos presbíteros

Dados Internacionais de Catalogação na Publicação (CIP)
(Câmara Brasileira do Livro, SP, Brasil)

Pereira, William Cesar Castilho
  Sofrimento psíquico dos presbíteros : dor institucional / William Cesar Castilho Pereira. 4. ed. – Petrópolis, RJ : Vozes ; Belo Horizonte : Editora PUC Minas, 2013.

  Bibliografia.

  7ª reimpressão, 2021.

  ISBN 978-85-326-4341-4

  1. Burnout (Psicologia) 2. Espiritualidade 3. Missão da Igreja 4. Presbíteros 5. Relações de trabalho 6. Sofrimento psíquico 7. Vocação sacerdotal I. Título.

12-01786   CDD-253

Índices para catálogo sistemático:
1. Síndrome de Burnout no presbitério : Presbíteros : Espiritualidade e missão pastoral : Cristianismo   253

William Cesar Castilho Pereira

Sofrimento psíquico dos presbíteros

Dor institucional

Petrópolis

VICARIATO AGOSTINIANO
NOSSA SENHORA DA
CONSOLAÇÃO BRASIL

© 2012, Editora Vozes Ltda.
Rua Frei Luís, 100
25689-900 Petrópolis, RJ
www.vozes.com.br
Brasil

Todos os direitos reservados. Nenhuma parte desta obra poderá ser reproduzida ou transmitida por qualquer forma e/ou quaisquer meios (eletrônico ou mecânico, incluindo fotocópia e gravação) ou arquivada em qualquer sistema ou banco de dados sem permissão escrita da editora.

CONSELHO EDITORIAL

Diretor
Gilberto Gonçalves Garcia

Editores
Aline dos Santos Carneiro
Edrian Josué Pasini
Marilac Loraine Oleniki
Welder Lancieri Marchini

Conselheiros
Francisco Morás
Ludovico Garmus
Teobaldo Heidemann
Volney J. Berkenbrock

Secretário executivo
João Batista Kreuch

Revisão do texto: Irmã Maria Lourdes Urban
Editoração: Dora Beatriz V. Noronha
Diagramação: Victor Mauricio Bello
Capa: Érico Lebedenco / Naieni Ferraz
Imagem da capa: Morning Tree Cross1 ©Carbobrain (Weldon Schloneger)

Apoio:
PUC Minas (Curso de Psicologia – Unidade Coração Eucarístico)
Vicariato Nossa Senhora da Consolação do Brasil – Padres Agostinianos

ISBN 978-85-326-4341-4

Editado conforme o novo acordo ortográfico.

Este livro foi composto e impresso pela Editora Vozes Ltda.

Para o grupo de presbíteros, religiosos e religiosas entrevistados,
cuja vida secreta, a nós revelada,
permitiu a criação deste texto.

Sumário

Agradecimentos, 9
Apresentação – Cuidado de si e dos outros, 13
Introdução, 17
1 A Síndrome de Burnout, 27
2 A Síndrome de Burnout no presbitério, 67
3 Sofrimento psíquico ou conduta desajustada dos presbíteros?, 139
4 Pastoral Presbiteral – "Cuidar da vida" como bons pastores, 457
Anexos, 515
Referências, 529
Índice, 541

Agradecimentos

O presente trabalho assemelha-se muito à forma de vida do povo que, quando deseja construir algo, organiza-se em empreitadas à base de mutirão.

Para suprirmos a falta de recursos financeiros adequados à realização deste projeto, desenvolvemos as tarefas, lançando mão do trabalho gratuito, coletivo e participativo de várias pessoas.

O mutirão foi realizado contando com diferentes iniciativas que envolveram correção de textos, diálogos, xerox, digitação, entrevistas, orientação bibliográfica etc.

Este livro contou com a colaboração inestimável de amigos e de amigas do coração, testemunhando que a utopia da solidariedade ainda é possível neste momento contemporâneo. A todos, minha profunda gratidão pela amizade, pelas críticas e, especialmente, pelos diálogos pertinentes.

Dirigimos, por isso, nossos agradecimentos àqueles cuja contribuição foi decisiva neste trabalho.

Pontifícia Universidade Católica de Minas Gerais
Dom Walmor Oliveira de Azevedo: Grão-chanceler da PUC Minas
Dom Joaquim Giovani Mol Guimarães: Reitor da PUC Minas
Professora Maristela Costa Andrade: Coordenadora do Curso de Psicologia – Unidade Coração Eucarístico
Professora Daniella Lopes Dias: Coordenadora de Especialização em Revisão de Textos do Curso de Letras.

Pastoral Presbiteral de Belo Horizonte
Dom Luiz Gonzaga Fechio, os padres, colegas, alunos e funcionários da Casa do Peregrino: Pe. Celso Antônio Rocha de Faria, Pe. Jorge Alves Filho, Pe. José Conceição Ramos, Pe. Luiz Fernando Nascimento de Oliveira, Pe. Paulo César da Silva, Pe. Ivanildo Teixeira Vieira, Pe. Lourival Felipe Soares, Pe. José Edjaldo de Andrade, Pe. José Geraldo Sobreira e a Professora Ana Lúcia Andrade Marçolla (Coordenadora da Área de Psicologia do Seminário da Arquidiocese).

Gratidão aos alunos estagiários da PUC Minas: Alex Valadares Cruz, Beatriz Neves Braga, Castilho Olimpio Gomes Junior, Júnior Henrique Pereira, Júlio Cezar Santos Souza, Maíra Avelar, Marcelo Inácio Fernandes Azevedo, Milene Rezende, Nara Gleisa e Silas Rosa Junior.

Secretaria e apoio logístico da Casa do Peregrino
Juliana de Assis Silva
Sebastiana de Fátima Pinheiro Vieira

Não posso esquecer de agradecer à grande amiga Irmã Maria Lourdes Urban[1], interlocutora principal deste texto, acolhendo-me desde a primeira hora até as últimas letras. Irmã Lourdes foi a alma deste trabalho, com sensibilidade, competência, dialogando comigo e corrigindo cada parágrafo.

O afeto e, em muitos momentos, o encorajamento e a dedicação da Maninha e filhos durante toda a produção desta obra.

Devo especial agradecimento ao meu amigo Dom Aloísio Jorge Pena Vitral com quem partilhei a aventura da criação da Casa do Peregrino, os debates e sugestões, inúmeros e enriquecedores, durante todo o processo de programação da Pastoral Presbiteral.

---

1. Irmã da Congregação de Nossa Senhora – Notre Dame.

Gratidão aos amigos Zulmar Wernke, gerente da Editora Vozes, Minas; Irmã Carmem Rodrigues, CFM[2]; João Bosco Castro Teixeira, Erika Finotti, Simone Pires Brito, Sônia Aparecida da Conceição Paquete, Dr. Wagner Siqueira Bernardes, Padre Dalton Barros de Almeida, Padre Carlos Fragoso Filho, Padre Pigi, Padre Áureo Nogueira de Freitas, diocesano; Padre Paulo Carrara, redentorista; Padre Ulpiano Vázquez Moro, SJ, Padre João Batista Libânio, SJ, e Padre Jaldemir Vitório, SJ, pelas críticas, correções, observações e elaborações do texto.

---

2. Irmã da Congregação das Clarissas Franciscanas Missionárias do Santíssimo Sacramento, Minas Gerais.

Apresentação

Cuidado de si e dos outros

Algumas reflexões e diretrizes sobre o significado da vida dos presbíteros na Igreja e no mundo são impressionantes. Tomar conhecimento delas nos embala e nos impacta ao mesmo tempo. São belas. São profundas. São instigantes. Vejamos.

1) *Aquilo que constitui a singularidade do nosso serviço sacerdotal, aquilo que dá unidade profunda às mil e uma tarefas que nos solicitam ao longo do dia e da nossa vida, aquilo, enfim, que confere às nossas atividades uma nota específica, é essa finalidade presente em todo o nosso agir:* **"anunciar o Evangelho de Deus"**[1]. Dúvida alguma ou qualquer objeção deveria obscurecer essa tarefa. Esse é o sentido maior da realização de vida, essa é a maior alegria dada ao coração e a todo o ser de um presbítero. É em meio ao povo de Deus que ele anuncia; é a partir do povo de Deus que ele proclama o anúncio, é nesse anúncio que ele se sustenta. Quanto mais o presbítero bebe dessa fonte, mais encharcado fica; quanto mais se sacia desse alimento, mais denso se torna.

2) Mas não sozinho. *Por isso, é necessário que a Igreja do terceiro milênio estimule todos os batizados e crismados a tomarem consciência de sua própria e ativa responsabilidade na vida eclesial. Ao lado do ministério ordenado, podem florescer outros ministérios em proveito de toda a comunidade, ajudando-a nas suas diversas necessidades: da catequese à animação litúrgica, da formação dos jovens às várias expressões do exercício da caridade, [...] na forma de serviço à cultura, à política, à economia, à família*[2], *aos pobres*

---

1. Cf. PAULO VI. *Evangelii Nuntiandi*, 68, citando 1Ts 2,9.
2. JOÃO PAULO II. *Novo Millennio Ineunte*, 46 e 51.

e excluídos, colocados à margem da vida, para que tenham vida plena. Em meio a todos os chamados... a singularidade do chamado presbiteral. Ele nutre o ânimo de vários ministérios e da diversidade ministerial ele se nutre, num processo de retroalimentação permanente.

3) *"Pastores dabo vobis" – dar-vos-ei pastores, segundo o meu coração*[3] é um oráculo do Senhor, proclamado pelo Profeta Isaías[4] ao povo de Deus, num momento em que esse povo, desviado do caminho, necessitava de direção, orientação, clarividência e sabedoria. Os pastores são norteadores do povo de Deus. Funcionam como luz a iluminar e na iluminação têm a alegria de consumir-se, como uma vela, cumprindo sua missão.

A Igreja é *toto urbe diffusa* – espalhada por todo o mundo, nem por isso é uma abstração, porque, na realidade, ela toma corpo e vida, concretamente, na Igreja particular[5]. É nessa Igreja que pessoas são chamadas e enviadas a anunciar, como ensina o Apóstolo Paulo: *Como invocarão aquele em quem não creram? E como crerão naquele que não ouviram? E como o ouvirão, se ninguém o proclamar? E como o proclamarão, se não houver enviados? Assim é que está escrito: "Quão bem-vindos os pés dos que anunciam boas-novas!"*[6] Essa é uma missão de todos os batizados. Mas como se enquadra no perfil o ministério presbiteral!

Essas palavras alentam a esperança combalida, projetam-nos para o futuro, mas nos confrontam com a realidade existencial de homens consagrados e, nesse confronto, fazem-nos mergulhar nas experiências concretas de vidas vividas na permanente oblação de si, com todos os seus sofrimentos.

Sofrimento psíquico dos presbíteros – Dor institucional, o livro do Prof.-Dr. William Cesar Castilho Pereira, que agora está em suas

---

3. Este é o belo nome da Exortação Apostólica Pós-Sinodal, escrita pelo Papa João Paulo II, na qual ele oferece orientações e traça um itinerário formativo para os presbíteros.

4. Cf. Is 3,15.

5. Cf. PAULO VI. *Evangelii Nuntiandi*, 79.

6. Rm 10,14-15.

mãos, é uma desvelação extraordinária e única. Desnuda e matiza questões importantíssimas da vida dos presbíteros e da missão da Igreja no mundo contemporâneo. Dessa matização nascerão muitos pactos vitais, curativos e humanizantes entre pessoas, entre vidas. Ser presbítero é um modo de ser, uma maneira de viver que comporta ao mesmo tempo buscar a Deus e dá-lo sem medida. Esse modo de viver uma vocação específica na Igreja recebe, por essa obra, uma contribuição inegavelmente consistente. A pesquisa de campo, no encontro e confronto entre as pessoas, baixou o véu e permitiu a fala libertária. Provocou análises em altíssimo grau de verificabilidade. O livro é dialógico, cheio de trocas de significados, permeado de testemunhos reveladores e do vigor da ciência a serviço do *"mais"* da vida humana em formato presbiteral. O pesquisador tem autoridade. Não é um de fora – é comprometido com os presbíteros! Mas também não é um de dentro – é decididamente leigo, cristão de fé expandida!

O livro toca o que parecia intocável: o sofrimento psíquico de presbíteros e, ao mesmo tempo, trata a dor da Igreja. Não é uma análise que expõe o nervo do problema e deixa a todos no sofrimento psíquico e sabedores da própria dor. O mais interessante, além da elucidação teórica do problema, é que a dinâmica desta obra – isto diz bem o que é este livro – leva a caminhos restauradores da inteireza do ser presbítero. São caminhos. Não são apenas indicações. Se os passos forem dados, a meta será alcançada. Estamos sob o paradigma bíblico-antropológico do ministério presbiteral: **o cuidado.** O Apóstolo Paulo faz um emocionado discurso de despedida, que é igualmente programático: é preciso que alguém fique para que ele vá. No *"ficar"* e no *"ir"* há um mesmo sustentáculo: a presença do **crucificado/dor-ressuscitado/cuidado.** Na realidade, esse discurso de Paulo é o seu testamento espiritual: *"Tenho a certeza de que não vereis mais o meu rosto, vós todos entre os quais passei anunciando o Reino. [...] Cuidai de vós mesmos e de todo o rebanho sobre o qual o Espírito Santo* *vos estabeleceu como guardiães, como pastores da Igreja de Deus que Ele adquiriu com o seu sangue*[7]. Presbíteros cuidados cuidam melhor.

Ao William, amigo-irmão de muitos anos, um agradecimento especial. Sei que muitos colaboraram nesta obra, mas sei também que sem você ela não seria construída, ao menos desta forma, tão interessante. Refiro-me à obra chamada **Pastoral Presbiteral da Arquidiocese de Belo Horizonte**, *locus* deste livro, que o confirma entre os mais importantes pensadores da condição presbiteral na Igreja contemporânea. Nosso agradecimento é também pelo seu *modus operandi*, que explicita a sua delicadeza e firmeza, sua lucidez e pedagogia, sua capacidade de levar o diálogo a sério, sua inteligência aguda, que o faz hábil em relacionar e sintetizar ideias. Agradeço ainda o cuidado que você tem consigo e com sua família, com as pessoas de vida consagrada, presbíteros e religiosas, com os mais pobres, conosco, com a vida. Ah! Sua fala, sempre pausada, que às vezes parece oração, azeita o processo de compreensão de muitas realidades difíceis, facilita a reflexão e possibilita as necessárias inflexões existenciais, que tanto aliviam as dores e libertam as pessoas.

27 de novembro de 2011,
Primeiro Domingo do Advento – esperança pura!
Dom Joaquim Giovani Mol Guimarães,
no sofrimento e na alegria de ser bispo hoje.

---

7. É o contundente e inspirador discurso de despedida de Paulo em Mileto, At 20,17-38.

Introdução

Estudam-se neste livro algumas questões sobre a Síndrome de Burnout nas relações de trabalho, particularmente o sofrimento psíquico acumulado pelos presbíteros no exercício do ministério presbiteral – a dor da Instituição Igreja.

O objetivo é de formalizar discussões que, há muito tempo, repousam silenciosas ao redor da Instituição da Igreja Católica. Ainda que fossem cada vez mais visíveis para os presbíteros, religiosos(as) e leigos(as), tais questões estiveram, ao longo dos anos, recalcadas pelo "não dito", pelo silêncio sagrado e pelos valores da sociedade. Hoje, no entanto, os conflitos emergentes da vida presbiteral gritam, dentro e fora das dioceses, e impõem aos bispos, padres e leigos engajados uma reflexão crítica a respeito das práticas e condutas do cotidiano da Igreja. Hoje as pessoas desejam falar, dialogar, pactuar com as autoridades.

O principal objetivo é analisar o desejo dos que buscam Deus através da vida presbiteral diocesana e religiosa; estudar as motivações que mobilizam esses sujeitos, contrastando-as com outros interesses do âmbito da espiritualidade, do humano-afetivo, da relação entre gêneros, da estrutura social, cultural, econômica e, sobretudo, da concepção de pastoral, construída pela Igreja contemporânea.

Se mérito este livro tiver, não se atribua aos resultados quantitativos ou qualitativos das pesquisas aqui apresentadas – insignificantes se comparados com os amplos levantamentos já realizados nesse sentido –, mas aos depoimentos de presbíteros, religiosos, religiosas e leigos que, de forma crítica, corajosa e inédita, falam a respeito daquilo que viveram, sentiram, rezaram, celebraram, sofreram, alegraram, nos períodos da história pré-Vaticano, Vaticano II e pós-Vaticano II, e que os faz esperar com esperança por novos tempos.

O texto convida os protagonistas a colocarem a Instituição Igreja em análise. Em que consiste o Método de Análise Institucional da Vida Presbiteral? Baseia-se, essencialmente, na hipótese de que é possível explicar e compreender o sofrimento psíquico dos que exercem o ministério numa realidade complexa, decompondo-a em elementos simples, através de seus principais analisadores – a espiritualidade, a motivação vocacional, o poder, a vida presbiteral, a dimensão humano-afetiva, o dinheiro, o prestígio, o prazer, o projeto pastoral e as novas gerações.

Esta é a proposta original deste livro: mais que uma simples leitura, um convite à participação coletiva no processo de análise do sofrimento psíquico, de homens e mulheres que consagram e dedicam suas vidas a serviço do Reino de Deus.

Toda a narrativa, aqui presente, teve seu início na experiência de vida na Igreja. Há mais de três décadas, dedico-me ao exercício de pesquisador em Institutos de Filosofia e Teologia, nas instituições religiosas masculinas e femininas e nas dioceses. Se, por um lado, a existência de laços afetivos tão antigos com a população presbiteral de religiosos e religiosas possibilitou-me conhecer de perto, e sob várias facetas, a realidade empírica, por outro, desempenhar o papel de pesquisador, ao mesmo tempo em que se está inserido em projetos de docência, poderia ofuscar o olhar e interferir na escuta exata dos sofrimentos psíquicos das pessoas ouvidas. Por esses motivos, redigir este texto demandou, mais que nunca, um constante trabalho de análise da implicação, ou seja, colocar sob suspeita o que se escrevia e se entendia.

O ato de pesquisar aproxima-se mais da *sabedoria* que da *ciência*. Esta, em muitos momentos, esvazia a criatividade pelo excesso de racionalidade instrumental. A sabedoria, por sua vez, situa-se ao lado do saber-sabor (prazer). Quando a ciência impregna-se de racionalidade instrumental, impede a entrada em cena do acaso, do caos, do elemento surpresa, do ato falho, do sonho, das utopias, da arte, do estético, do sagrado, e das misturas de subjetividades.

Por essa razão, neste trabalho de pesquisa com presbíteros, religiosos e religiosas optou-se pela epistemologia emergente, que concebe a produção de conhecimento como uma troca de saberes e experiências, levando em grande consideração o compromisso, a ação dialógica entre pesquisador e pesquisado.

Dessa forma foi que se estabeleceu o contato com a população pesquisada, visando escutá-la, dialogando e convivendo com ela, tomando refeição juntos, participando da Eucaristia, fornecendo impressões do mundo contemporâneo, esclarecendo dúvidas, vivendo esperanças e amargando desesperanças. Além disso, firmou-se um compromisso de devolução dos dados advindos do processo de investigação, tanto na forma de livro como em debates, seminários e meios eletrônicos ou virtuais. A devolução sistemática dos dados é um ato político e ético. Uma determinada pesquisa tem sempre lugar em uma situação concreta em que quem a realiza está, ética e socialmente, comprometido com o impacto da mesma. Essa atitude reafirma que o sujeito pesquisado é produtor de conhecimento. Tal procedimento visa também favorecer a redução da distância entre ambos, aproximando, assim, o sujeito do objeto. Mesmo porque a devolução dos dados é importante dispositivo estratégico para as dioceses, comunidades presbiterais e religiosas prosseguirem em sua trajetória de fé e política. Um dos objetivos da produção do conhecimento para uma comunidade é obter informações visando, é claro, ampliar sua visão das questões ocultas e potencializá-las em suas reivindicações, estratégias e capacidade de ação e mobilização de novas subjetivações. Este livro é, pois, símbolo de um dever cumprido.

Neste livro apresento duas maneiras de estudar a síndrome de sofrimento psíquico dos presbíteros e religiosos. A primeira delas foi através do levantamento bibliográfico sobre o tema. Foram analisados autores europeus, estadunidenses, brasileiros e, principalmente, produções das organizações da Igreja Católica: a Conferência Nacional dos Bispos do Brasil (CNBB), a Conferência dos Religiosos do Brasil (CRB) e a Comissão Nacional dos Presbíteros (CNP). A segunda forma metodológica de estudar a matéria foi através da pesquisa "qualitativa", de suma importância, considerando-se que a ação humana é fundamentalmente simbólica. Basta lembrar o que sobre isso diz Santos:

> O comportamento humano, ao contrário dos fenômenos naturais, não pode ser descrito e muito menos explicado com base nas suas características exteriores e objetiváveis, uma vez que o mesmo ato externo pode corresponder a sentidos de ação muito diferentes. A ciência social será sempre uma ciência subjetiva e não objetiva como as ciências naturais; tem de compreender os fenômenos sociais a partir das atitudes mentais e do sentido que os agentes conferem às suas ações, para o que é necessário utilizar métodos de investigação e mesmo critérios epistemológicos diferentes dos correntes nas ciências naturais, métodos qualitativos em vez de quantitativos, com vista à obtenção de um conhecimento intersubjetivo, descritivo e compreensivo, em vez de um conhecimento objetivo, explicativo e nomotético[1].

A investigação deu-se, então, através de "entrevistas abertas e semiestruturadas", utilizando-se da técnica de "história oral". Se, de um lado, as entrevistas abertas privilegiam a possibilidade de o entrevistado discorrer livremente sobre o tema proposto, de outro lado, as entrevistas semiestruturadas possibilitam a análise da interlocução, com o objetivo de comparar, checar e aprofundar pontos controversos dos documentos analisados.

As pessoas entrevistadas, pois, falaram livremente sobre questões subjetivas, como viam e viviam a realidade da história ministerial na qual estavam inseridas. A história oral, na verdade, devolve a

---

1. Santos, 1995: 22.

história às pessoas em suas próprias palavras e, apresentando-lhes o passado, ajuda-as a caminhar para um futuro construído por elas mesmas, certas de que não vale a pena só resgatar o passado e, sim, a esperança cravada em seu contexto.

Mais: se objetivo principal de uma pesquisa metodológica é a produção da teoria, a entrevista é um instrumento flexível, facilitador da sua produção. A linguagem escrita é, gramaticalmente, linear, concisa, mesmo quando possuidora de abundante riqueza vocabular. A fala, por sua vez, gravada em entrevista é, em geral, gramaticalmente *primitiva*, cheia de redundâncias, rodeios e retalhos de lembranças flutuantes, plena de chistes e atos falhos. Enquanto discurso hesitante, volta, repetidamente, às mesmas palavras e frases. Esses contrastes, porém, não são absolutos, nem dentro da fala nem dentro do texto escrito. Trata-se de um movimento de ida e volta entre o objetivo e o subjetivo. Por isso, a entrevista pode revelar o "não dito" que existe por trás dos registros de documentos oficiais e dos segredos institucionais. Ou, então, a divergência pode apresentar-se em dois relatos perfeitamente válidos, a partir de pontos de vista diferentes, os quais, em conjunto, proporcionam pistas essenciais para a interpretação final, para a elaboração da teoria.

Para facilitar a comunicação e o delineamento do objeto, um roteiro[2] foi preparado. Organizado de forma flexível, sendo apenas um guia para fazer os entrevistados falar sobre o assunto, esse roteiro continha uma série de questões que deveriam favorecer a dinâmica de uma conversação mais rica que a simples resposta a perguntas. A ordem dos temas não obedecia a uma sequencia rígi-

---

2. O roteiro consistiu de temas relacionados à vida dos presbíteros e religiosos: espiritualidade, motivação vocacional, vida presbiteral e comunitária, poder, dimensão humano-afetiva, questões relacionadas à pedofilia, dinheiro, vida interpessoal entre o pároco e o vigário, projeto pastoral e novas gerações. Além disso, pesquisou-se, em várias dioceses e congregações, dispositivos emergentes que apontassem saídas para esses impasses. O principal agenciamento apontado pelos entrevistados foi a Pastoral Presbiteral.

da, mas à ênfase que os entrevistados davam aos assuntos em pauta – atenção flutuante/associação livre. Esperava-se com isso que a quantidade de material produzido fosse maior e com um grau de profundidade superior àquele dos documentos e da bibliografia consultada.

A riqueza da matéria está na diversidade das respostas e nas particularidades mais sutis. A opção pelo método qualitativo é que permite atingir regiões inacessíveis às simples perguntas e respostas. A opinião de uma pessoa não é um simples bloco homogêneo, e as respostas, susceptíveis de serem recolhidas nas entrevistas, são múltiplas para uma mesma questão, podendo mesmo ser contraditórias e estruturadas de maneira influenciada por níveis subjetivos e objetivos.

O que torna as entrevistas subjetivas e os dados coletados um instrumento privilegiado para o pesquisador é a possibilidade de "a fala ser reveladora" de condições estruturais, de sistemas de valores e símbolos e, ao mesmo tempo, ter a magia de transmitir, através de um "porta-voz", as representações de grupos determinados, em condições históricas, socioeconômicas e culturais específicas.

As fontes qualitativas de entrevistas e de história oral podem, de fato, transmitir informações fidedignas? Essa pergunta deve ser familiar a todo método de pesquisa, como também, é evidente, a toda fonte de pesquisa qualitativa. Seguindo as recomendações de Thompson,

> os recursos do historiador são as regras gerais para o exame de evidências: buscar a consistência interna, conferência cruzada de detalhes de outras fontes e confronto da evidência com um contexto mais amplo[3].

Na verdade, essas são as mesmas recomendações para outras fontes de pesquisa, pois todas são falíveis e cada uma possui força variável em situações diferentes. Thompson, na consideração das entrevistas, alerta, em primeiro lugar, para que cada entrevista seja apreciada quanto à sua coerência interna, pelo que

---

3. Thompson, 1992: 176.

deve ser lida como um todo. Se um informante tem uma tendência a mitificar ou a produzir generalizações estereotipadas, isto se repetirá no correr de toda uma entrevista. Então, as narrativas nela contidas poderão ainda ser tomadas como evidência simbólica de atitudes, mas não como fidedignas quanto ao detalhe factual, como seriam com um outro informante[4].

Em segundo lugar, Thompson sinaliza a necessidade de se fazer um confronto com outros dados quando existem muitos itens de um material coletado e "certos detalhes podem ser comparados com fontes manuscritas e impressas"[5]. Todo material coletado de uma única fonte deve ser encarado com reserva; deve-se buscar uma confirmação das informações obtidas.

O último item apontado pelo autor é a importância de se colocar a evidência dos dados coletados dentro de um contexto mais amplo, como "a época, o local e a classe social de onde provém cada entrevista, para saber, mesmo que determinado detalhe não possa ser confirmado, se a entrevista como um todo soa como verdadeira".

Quanto ao conteúdo das entrevistas, esse pode ser caracterizado como ilusão ou crença sem fundamentos quando faltam bases sólidas e bem explicitadas. No que diz respeito à validade dos resultados, usa-se o instrumento da "saturação dos modelos" recomendado por Kaufmann. Segundo o autor, os depoimentos a princípio são muito enganosos, tornando-se aos poucos mais claros e estabilizando-se:

> Os fatos confirmam as grandes linhas e precisam de pontos de detalhes, até o momento em que é possível considerar que existe saturação: os últimos dados recolhidos não informam mais nada ou quase nada. Neste momento o pesquisador já provou por si próprio a validade dos resultados, graças a

---

[4]. Ibid.: 176.
[5]. Ibid.

esse instrumento interno; resta-lhe somente trabalhar a argumentação e a apresentação pública, a confirmar recortando com outros recursos[6]

Todo material recolhido das entrevistas foi submetido a uma análise transversal singular, teológica, psicológica, sociocultural, econômica e institucional da Igreja no tocante aos aspectos do sofrimento psíquico do presbítero. Concluída a fase de investigação, a proposta foi de organizar os grandes temas pertinentes à síndrome do sofrimento psíquico do presbítero. Mas, ao mesmo tempo em que se pesquisava a dor institucional, os próprios depoimentos, as consultas documentais e os autores investigados apresentavam saídas interessantes. Tais alternativas foram condensadas no dispositivo denominado Pastoral Presbiteral. Desses grandes temas que serviram de interlocução com os entrevistados, surgiram os capítulos deste texto.

No capítulo 1 está condensada boa parte do resultado da pesquisa bibliográfica sobre a Síndrome de Burnout, que trata do sofrimento psíquico das pessoas que exercem atividades profissionais, principalmente aquelas pessoas que têm desgaste afetivo no desempenho do trabalho provocado pela fadiga de compaixão. Além disso, enfatiza-se a importância do "não dito" no entorno do diagnóstico e do tratamento. Analisam-se dois tipos de clínica que pretendem cuidar das pessoas portadoras da Síndrome de Burnout: a clínica disciplinar e a clínica psicossocial institucionalista. A primeira vê o sintoma centrado apenas no indivíduo: trata-se de um modelo positivista centrado em base organicista. O segundo modelo tem como premissa a clínica transdisciplinar. Esta, a partir dos sintomas, pretende trabalhar os sujeitos para transformar as relações de trabalho levando em consideração vários saberes.

O capítulo 2 é dedicado a discutir questões pertinentes à maneira de organização da Igreja numa determinada linha de tempo, estru-

---
6. Kaufmann, 1996: 14.

turando-a com os depoimentos das personagens ouvidas através das periodizações da história, que são muitas, em virtude dos diversos olhares transversais.

Privilegiam-se três grandes cenários no processo eclesiástico das últimas décadas: Pré-Vaticano II, Vaticano II e tempos atuais. Cada tempo produziu diferentes concepções espirituais, formas de governar, de ensinar, de manejar o dinheiro, de conceber a dimensão humano-afetiva, de projetar ações pastorais e sistemas jurídicos. Cada período produziu crises e estabilidades, conflitos, enfrentamentos e formas inventivas de estratégias de enfrentamento. Cada estágio foi acompanhado pelos protagonistas com fortes sofrimentos psíquicos ou Síndrome de Burnout. Esses sofrimentos ora foram ditos, ora foram vividos dentro de um silêncio sagrado.

No capítulo 3 apresentam-se os impactos da Pós-modernidade na vida psíquica dos presbíteros e religiosos. Sobre as antigas e atuais matrizes societárias, abrimos várias interrogações, como: são sofrimentos psíquicos ou comportamentos desajustados dos padres e religiosos? Nesse espaço discute-se o cotidiano dos padres e religiosos no que tange aos grandes temas de suas vidas: a espiritualidade e missão; a vocação e suas vicissitudes; o presbitério e a vida comunitária; a dimensão humano-afetiva, o problema da pedofilia e efebofilia; a questão do poder e do dinheiro na vida presbiteral; o masculino e o feminino na Igreja; projetos pastorais, a relação entre párocos, vigários e a questão das novas gerações.

O capítulo 4 dedica-se à construção do dispositivo Pastoral Presbiteral, apontado pela Conferência Nacional dos Bispos do Brasil e pelo Conselho Nacional dos Presbíteros como o principal agenciamento de programas de gestão de cuidado com a vida dos presbíteros e religiosos. Cuidar da vida é cuidar do ser humano, integrando e compatibilizando as várias dimensões: corporal, espiritual, social, cultural, de lazer, política, ambiental e geracional. Vida que se aprimora, para si e para o outro. Vida que clama saúde física, psíquica e espiritual. Vida que exige cuidado e ternura constante.

Há mais de uma década, os protagonistas da CNP vêm insistindo na necessidade dos presbíteros se organizarem e criarem ações concretas de vida nas suas diferentes dimensões. Por isso, aqui se apresentam alguns programas de gestão de cuidado no que tange às necessidades acima descritas.

As lições apreendidas a partir deste estudo são infinitas, e esperamos que contribuam para novas reflexões e aprimoramento da formação religiosa.

Verão de 2011
William Cesar Castilho Pereira

1

A Síndrome de Burnout

1.1 Introdução

Neste capítulo inicial arriscarei a trilha do generalista com todos os limites e perigos desse desafio teórico. O primeiro trabalho, no entanto, é esclarecer o significado do conceito de Síndrome de Burnout. Há literatura sobre o assunto especialmente na área da saúde, da educação e em diversas esferas da instituição do trabalho. Existem estudos de intervenção em diferentes clínicas: médica, ergonômica, psicossociológica e da análise institucional. Para o nosso caso, analiso três autores, seus modelos epistemológicos, os conceitos construídos e as indicações terapêuticas. Em seguida, organizo os principais sintomas da Síndrome de Burnout descritos pela clínica clássica e discuto o significado deles na construção do diagnóstico. Além disso, enfatizo a importância do "não dito" no entorno do diagnóstico e do tratamento. Finalmente, analiso dois tipos de clínica que pretende cuidar da Síndrome de Burnout: a clínica disciplinar e a clínica psicossocial institucionalista. A primeira vê o sintoma centrado apenas no indivíduo. Trata-se de um modelo positivista centrado em base organicista. O segundo modelo tem como premissa a clínica transdisciplinar. Essa, a partir dos sintomas, pretende trabalhar os sujeitos para transformar as relações de trabalho.

1.2 Considerações sobre a origem do termo Burnout

Pela palavra "Burnout" designa-se a síndrome que extrai as forças afetivas do sujeito, produzindo o enfraquecimento pessoal e de realização no trabalho. Em sua origem, a palavra inglesa *Burnout* é o resultado da junção de *burn* (queima) e *out* (exterior), caracteriza-se como um sofrimento psíquico acumulativo, fruto de desgaste orgânico, principalmente nas relações afetivas interpessoais no trabalho, provocado pela exaustão de comportamentos "hétero" ou autoagressivos. Usa-se também *worn-out* para designar coisas gastas ou pessoas exauridas ou cansadas.

O conceito "Burnout" ganha destaque quando o psicólogo Herbert J. Freudenberger[1], em 1974, utiliza-o pela primeira vez, em diagnóstico clínico, referindo-se ao alto custo emocional que as pessoas têm no desgaste afetivo e no desempenho do trabalho provocado pela fadiga de compaixão.

A Síndrome de Burnout desenvolve-se lenta e silenciosamente por um longo período. O pesquisador Herbert Freudenberger, e sua colega Gail North, dividiram o processo em 12 estágios[2], que podem se suceder, alternar-se ou ocorrer ao mesmo tempo:

1) Necessidade de se afirmar

Ambição exagerada na profissão leva à compulsão por desempenho. Há uma imposição interna irresistível que leva o indivíduo a realizar determinado trabalho ou função. Pode ser consciente ou inconsciente, independente dos resultados.

2) Dedicação intensificada

Para fazer jus às expectativas desmedidas, a pessoa intensifica a dedicação e passa a fazer tudo sozinha.

---

[1]. Herbert J. Freunderberger (1926-1999), nascido na Alemanha e naturalizado norte-americano, utilizou o vocábulo "Burnout", pela primeira vez em 1974, no seu livro *Burn-out*: The High Cost of High Achievement (*Burn-out*: o alto custo da alta *performance*).

[2]. Leal, 2010: 6-11.

3) Descaso com as próprias necessidades
A vida profissional ocupa quase todo o tempo. A renúncia ao lazer é vista como ato de heroísmo.

4) Recalque de conflitos
Percebe algo errado, mas não enfrenta a situação temendo deflagrar uma crise. Surgem os primeiros problemas físicos.

5) Reinterpretação dos valores
Isolamento, fuga dos conflitos e negação das próprias necessidades modificam a percepção. Amigos ou passatempos são desvalorizados. A autoestima é medida apenas pelo trabalho. O embotamento emocional é visível, quer dizer, o indivíduo se torna desconectado, perde a energia, a sensibilidade e tem dificuldade em responder a estímulos externos por alheamento.

6) Negação de problemas
Torna-se intolerante, julga os outros incapazes, exigentes demais ou indisciplinados. Os contatos sociais são quase insuportáveis e, por isso, evitados.

7) Recolhimento
A pessoa vive ensimesmada, com crescente desesperança e desorientação. No trabalho, limita-se ao estritamente necessário. Muitas recorrem ao abuso de álcool ou às drogas.

8) Mudanças evidentes de comportamento
Quem era tão dedicado e ativo revela-se amedrontado, tímido e apático. Atribui a culpa ao mundo, mas sente-se cada vez mais inútil.

9) Despersonalização
Rompe o contato consigo mesmo, desvaloriza a todos e a si próprio e relega necessidades pessoais. A perspectiva temporal restringe-se ao presente, e a vida limita-se ao funcionamento mecânico.

10) Vazio interior
A sensação de vazio interno se torna cada vez mais forte. Excede-se na vida sexual, na alimentação e no consumo de drogas e álcool.

11) Depressão
Indiferença, desesperança e exaustão de prostração física ou moral. Sintomas dos estados depressivos podem se manifestar desde a agitação até a apatia. A vida perde o sentido.

12) Síndrome do Esgotamento Profissional
Total colapso físico e psíquico. Alta incidência de pensamento suicida. É urgente recorrer à ajuda médica e psicológica.

Já o modelo teórico de Edelwich y Brodsky[3], desenvolvido na década de 1980, explica a Síndrome de Sofrimento Psíquico no Trabalho a partir de quatro fases:

1) Entusiasmo
É a fase de excesso de entusiasmo dos indivíduos, grande ilusão, energia amorosa e expectativas irreais sobre o trabalho sem conhecê-lo realmente.

2) Estancamento
Caracteriza-se pela mudança de foco de outros interesses: amigos, lugares, família para o trabalho. A atenção se volta não prioritariamente para a produção ou a invenção, mas unicamente para o salário, o horário e as promoções.

3) Frustração
Nessa fase ocorrem dúvidas e perguntas recorrentes: se vale a pena o trabalho que está executando; se tem sentido colaborar com os demais quando estes não auxiliam em nada; se é interessante continuar lutando contra as barreiras burocráticas. Os obstáculos cres-

---
3. Gil-Monte, 2006: 108.

cem demasiadamente e decrescem as forças e energias vitais para transpô-los. Nessa fase podem aparecer problemas emocionais, fisiológicos e comportamentais.

4) Apatia

A apatia é um mecanismo de defesa frente à angústia da frustração. Os trabalhadores fazem o mínimo de suas tarefas, evitam inovações, mudanças ou novidades. Desejam a estabilidade como sinônimo de estagnação e morte.

Outro modelo teórico de Síndrome de Sofrimento Psíquico no Trabalho é de Price y Murphy[4]. Ele foi desenvolvido a partir de 1984, e sua matriz teórica baseia-se na questão da perda ou do luto. Para os autores, o trabalhador passa por diversas fases no trabalho exigindo elaboração de significativas perdas, como: perda de ilusão, perda de benefícios, perda de sentir-se amado ou prestigiado, perdas relacionadas à competência. Segundo esses autores, a Síndrome de Sofrimento Psíquico caracteriza-se por atravessar seis fases sintomáticas.

1) Desorientação

O trabalhador toma consciência da realidade do trabalho e sente-se aquém de alcançar as metas dos companheiros com quem trabalha.

2) Instabilidade emocional

Caracteriza-se pela instabilidade emocional incrementada pela falta de apoio social por parte de outros membros da equipe de trabalho. Assim, desenvolvem-se no trabalhador mecanismos de isolamento e distanciamento, até dos profissionais de ajuda, acarretando fortes sinais de resistência para receber auxílio terapêutico.

3) Culpabilidade

Os trabalhadores consideram-se culpados de ações alheias ao seu domínio, ou ao seu controle. A ocorrência desse tipo de situações

---

4. Ibid.: 109.

leva os sujeitos a adotar comportamentos excessivamente frios e distantes dos demais.

4) Solidão e tristeza

Caracteriza-se por fortes traços de depressão, isolamento e graves somatizações.

5) Solicitação de ajuda

É marcado pela atitude de buscar ajuda terapêutica.

6) Restabelecimento do equilíbrio

Caracteriza-se pelo desejo de mudança e sustentação do tratamento.

As três abordagens, acima descritas, sobre a Síndrome de Burnout ou do Sofrimento Psíquico, descortinam aspectos importantes sobre os sintomas mais recorrentes a partir das queixas dos funcionários de uma instituição de trabalho. Os dois primeiros autores assumem uma linha evolucionista do entusiasmo, seguida da lenta, consciente ou inconsciente, desilusão do sujeito frente ao trabalho. A proposta deles é mais coerente com a etimologia da palavra *Burnout*: o declínio ou apagamento gradativo do ardor profissional e relacional. Sugere um esvaziamento da fonte motivadora. A tristeza decorrente da gradativa percepção de uma realidade que não corresponde à expectativa leva à experiência de uma exaustão lenta, à semelhança da agonia da abelha, que se afoga em seu próprio mel. Já o terceiro autor procura enfocar mais a Síndrome do Sofrimento Psíquico na questão do luto ou do rosário de perdas que o sujeito é convocado a reelaborar durante o percurso de seu trabalho: perda da competência, dificuldade no relacionamento afetivo, baixa autoestima, perda de *status* e prestígio. Compõe-se de sentimentos de frustração e desânimo, advindos do inevitável confronto com as limitações próprias e externas. Mede-se o próprio valor apenas pela aprovação do desempenho e pela impressão que causa. A dependência da avaliação externa não permite perceber os próprios aspectos positivos, gerando a sensação de estar sob a constante ameaça de perdas eminentes. As perdas geram inseguranças, inadaptação, vulnerabilidade e, consequentemente, mais perdas, num processo descendente. Com o correr do tempo, o sentimento é sepultado e expresso de outra maneira como um sintoma. O corpo é simbolicamente afetado na lista de sintomas intermináveis.

Nas três abordagens, a tensão afetiva ou sofrimento psíquico é nitidamente perceptível nos sujeitos particulares, sem nenhuma análise deles em relação às condições do trabalho. A pesquisa dos autores descreve com precisão os sintomas, mas teima em esconder os segredos dos "não ditos" e das paixões adoecidas no entorno das organizações do trabalho. Em outras palavras, estão ocultas as contradições entre afeto e razão nas relações sociais e no controle de enfretamento das estratégias do empregado frente à instituição do trabalho. O trabalhador não tem a quem e nem espaço para dizer do seu sentimento em relação às suas inquietações, angústias sobre o trabalho, saúde, salário, família, os jeitos de fazer, aspirações de promoção e realizações.

A instituição também não revela e nem desdobra suas metas secretas e as estratégias pelas quais conduz o trabalhador na consecução de seus propósitos. As dores do Burnout são depositadas apenas em cada sujeito trabalhador, um por um, jamais são analisadas como resultado das relações da instituição com o funcionário. As divergências quase irreconciliáveis entre exigências da instituição e anseios do trabalhador certamente geram tensões, que são negligenciadas.

No Brasil, a "Síndrome de Burnout" integra a Lista de Doenças Profissionais e Relacionadas ao Trabalho (Ministério da Saúde, Portaria no 1339/1999), além de estar registrada nos Anais da Classificação Internacional de Doenças, 10ª revisão, CID-10[5], com o seguinte código e descrição: "Z 73.0 - Sensação de estar 'acabado'".

---

5. Classificação de transtornos mentais e de comportamento da CID-10, 1993.

Em linhas gerais, há consenso entre várias teorias diferentes sobre a Síndrome de Burnout. Na prática, porém, diante de questões mais específicas, como diagnóstico, tratamento clínico e prognóstico, surgem várias interpretações. A partir da segunda metade do século XX cresce, aos poucos, o estudo da Síndrome de Burnout ou Síndrome do Esgotamento Profissional como sendo associada aos graves problemas decorrentes das condições de trabalho em que o ser humano está submetido. Assim, na literatura da saúde, os estudos científicos têm ocupado espaço na psicotécnica do trabalho, na medicina e segurança do trabalho, na ergonomia, na psicologia ocupacional, na psicopatologia do trabalho, na psicossomática, no serviço social e na análise institucional. O objetivo da pesquisa científica é de fortalecer a validade do conceito, da identificação dos fatores de risco, da proteção aos trabalhadores, da origem do problema e do possível diagnóstico, tratamento, prognóstico e práticas terapêuticas.

Além dos esforços da comunidade científica, as organizações empresariais, sindicais, movimentos sociais e meios de comunicação têm alertado a população, divulgando informações básicas e os principais fatores de risco sobre a Síndrome de Esgotamento Profissional.

Apesar das pesquisas e publicação dos resultados sobre a Síndrome de Burnout, ainda existem muitas polêmicas e generalizações quanto ao diagnóstico clínico. A questão epistemológica – construção do conhecimento – acerca da síndrome, a amplitude ou extensão do conceito, a metodologia utilizada para a pesquisa, a responsabilização do indivíduo pelo episódio, sem a consideração dos inúmeros elementos contextuais envolvidos, são alguns dos fatores que merecem maior investigação. Mais à frente, a nossa proposta procura aprofundar esse fenômeno no campo da intervenção psicossocial institucionalista.

Foram observados, nos primeiros estudos sobre a Síndrome de Burnout, ou Síndrome do Esgotamento Profissional, uma incidência predominantemente em profissionais que tinham contato ou relações interpessoais de forte intensidade de afeto ou agressividade.

Os sentimentos que eram "a favor dos outros" passaram a se transformar em "repulsa". Ou seja, a síndrome se desenvolvia em pessoas que antes faziam da ajuda afetiva aos outros a sua profissão e que esperavam o mínimo retorno amoroso, como professor, assistente social, médico, enfermeiro, psicólogo, padres, religiosos, freiras e atendentes públicos. Há em comum entre essas pessoas a procura de satisfação no trabalho que busca fazer os outros felizes, melhores, curados. Para tanto, a empatia seria o requisito básico e primordial, pois tais profissões demandam o relacionar-se com sensibilidade emocional, apontando para um estado de compreensão em que os profissionais procuram se colocar no lugar do outro, com o propósito de melhor entender suas dificuldades e necessidades.

Esse esforço por perceber a estrutura de referência do outro exige um exercício de altruísmo e ascese de si, um distanciamento pessoal dos próprios pontos de vista. Evidentemente tal esforço gera angústia; uma vez que há encontro com a dor, que se fundamenta nos laços afetivos e amorosos, esse estado tende a se consolidar, gerando um sofrimento cada vez maior. A construção do vínculo afetivo, o compartilhar com o outro sua singularidade se alicerçada no espírito de compaixão conduz a um envolvimento absolutamente inevitável, que interfere no dia a dia, produzindo angústia, revelando emoções e fragilidades. O oposto seria o distanciamento emocional, indiferença, o esforço por se manter insensível para não se envolver. Esse comportamento desumanizante é também doloroso e exaustivo. A sensibilidade solidária promove um relacionamento, aproxima, leva ao convívio e ao diálogo. Vê-se além do olhar, sente-se. O desenvolvimento da sensibilidade capacita a experimentar sentimentos compassivos e ternos, a vivenciar emoções. No entanto, sem um suporte de sustentação, há o risco de o sujeito ser arrastado pelas próprias limitações e impotências, o que, consequentemente, leva à desintegração do seu EU. Segundo o Padre Edênio Valle, padres, religiosos(as) ocupam o topo dos grupos dos que mais sofrem no contato direto com o público com que trabalham. Dado que desconstrói o possível mito "do manto sagrado de proteção" que cobre os membros da Igreja:

> Usando métodos científicos, um grupo de psicólogos brasileiros avaliou e comparou o nível de estresse de 1.600 profissionais que atuam em contato direto com um público carente de ajuda e, em especial, nas chamadas profissões de ajuda, ou seja, pessoas como jornalistas, policiais, controladores de tráfego aéreo, profissionais de bolsas de valores, médicos, professores e religiosos. Pela primeira vez em pesquisas desse tipo realizadas em nosso país, também foi incluído na amostragem um grupo de religiosos católicos (padres e freiras). Ao comparar os resultados de cada um dos grupos, constatou-se que os padres e as freiras eram os mais estressados de todos. Cerca de um quarto deles se sentiam sobrecarregados do ponto de vista físico e psíquico, enquanto era inferior o índice de estresse de grupos constituídos por policiais (23%), executivos em empresas (21%) e motoristas (15%)[6].

Portanto, as pesquisas já se estendem a todos os profissionais que interagem afetivamente (paixão) com as pessoas, que cuidam, solucionam problemas de outras pessoas ou, ainda, que estão submetidos a fortes exigências de trabalho das organizações cada vez mais técnicas, burocratas e virtuais[7]. De modo pouco preciso, trata-se de uma forte paixão pelo ideal que envolve o sujeito no trabalho, mas, também, de uma profunda desilusão ou desencantamento.

Assim, a Síndrome do Esgotamento Profissional recebe do mais amplo diagnóstico, denominado estresse[8], até o restrito episódio

---

6. Valle, 2010: 791.

7. Gil-Monte, 2006: 110

8. O conceito de estresse é tão amplo que muitas vezes é dominado pelo senso comum. O termo provém do inglês e sua origem está vinculada à área biológica. Os primeiros estudos centraram-se em respostas fisiológicas apresentadas por animais quando expostos a situações aversivas ameaçadoras. O estresse no trabalho tem sido objeto de análise de vários autores como Cadiz et al., 1997; Jaffe, 1995. Cf. Gil-Monte, 2006.

psiquiátrico de depressão. Entre esses dois diagnósticos há, ainda, uma diversidade de classificações, tais como: exaustão emocional, despersonalização e baixa realização profissional. Quadros clínicos que podem apresentar diversas sintomatologias:

- **Esgotamento emocional** e a diminuição de recursos psíquicos, intelectuais e baixa autoestima.
- **Despersonalização**, isto é, desempenhar o próprio serviço sem envolver-se pessoalmente, tratar os usuários como objetos, procurando reduzir ao mínimo o próprio investimento amoroso.
- **Somatização** ou manifestação generalizada no corpo, como: cansaço físico, mal-estar geral, fadiga, frequentes dores de cabeça, aumento da pressão arterial, úlceras digestivas, aumento dos batimentos cardíacos, desordens gastrintestinais, dores de coluna e musculares, fibromialgias, entre outras.
- **Transtorno de comportamento**, como: irritabilidade e frequentes conflitos interpessoais, quadros paranoides, distanciamento afetivo, absenteísmo, baixo rendimento constante e quadros depressivos.
- **Probabilidade** de desenvolver outras condutas aditivas, como: consumo de álcool, fármacos, drogas, uso excessivo da internet ou transtornos alimentares, como, bulimia e anorexia.

Para o tratamento tradicional da Síndrome de Burnout recomenda-se a combinação de medicamentos, como tranquilizantes ou antidepressivos, para atenuar a ansiedade ou a depressão, com a psicoterapia que busca a elaboração dos sintomas.

Assim, os transtornos acima descritos não são termos exatos, porém são usados para indicar a existência de um conjunto de sintomas que podem ser observados na Clínica Disciplinar Individual[9], na maioria dos casos associados a sofrimentos psíquicos e orgânicos.

---

9. Clínica Disciplinar Individual está centrada na epistemologia positivista.

Ao se adotar apenas o modelo de tratamento da Clínica Disciplinar Individual, peca-se pelo reducionismo, pois não se reconhece o fenômeno em toda a sua amplitude, fixando-se apenas no sintoma, sem se avaliar todos os episódios relevantes e emergentes que estão no entorno da patologia. Essa estratégia nos leva também a uma questão: é o sujeito o único responsável pelo seu sintoma, ou é o modo de organização do trabalho que produz certos comportamentos inadequados?

Sem dúvida devemos cuidar do sujeito em sofrimento. Os sintomas afetam negativamente as emoções, provocando transtornos nas relações interpessoais e na produção profissional. Por conseguinte, haverá um crescente declínio no poder de resistência, desequilibrando o sistema imunológico e reduzindo ainda mais a capacidade de superação. Apenas recomendamos um olhar mais amplo, de uma clínica que leva em conta outros fatores atravessados e transverzalisados. Trata-se de uma clínica que observa os elementos que circulam no entorno do modo de funcionamento do trabalho e do sujeito, como: o poder, o dinheiro, o saber, o prazer, o prestígio, o equipamento, suas crenças e realizações. Assim, primeiramente, o sintoma passa a ser localizado na ponta do *iceberg* e, posteriormente, amplia-se o campo de análise com múltiplos olhares sobre o sujeito e a organização do trabalho. Os componentes envolvidos no processo estão entrelaçados de tal modo que, ao tentar corrigir a desordem emocional da alma em sofrimento, separando-a do contexto de onde se originam as tensões, consegue-se tão somente conter as reações, que são poderosas alavancas de enfrentamento contra instrumentos de dominação.

1.3 O sintoma como o "não dito"

Por meio do quadro de transtornos da clínica disciplinar acima descritos pode-se fazer uma análise do que geralmente chamamos *sintoma*. Imaginemos a seguinte situação: um trabalhador **A** chega ao serviço público de saúde apresentando, como de rotina, a sua queixa:

"Doutor, vim aqui, porque não consigo mais dormir. Onde trabalho é um verdadeiro inferno. Minha cabeça não para de doer e agora apresento irritações frequentes com uma vontade de explodir a toda hora. Eu gostaria que o senhor me desse um remédio para curar tudo isso".

A princípio, para se compreender essa queixa do trabalhador **A**, faz-se necessário ir além, ultrapassar a noção de sintoma advinda do modelo médico de ciência. A noção que apresentamos aqui se opõe à noção do paradigma da clínica individual, ela vai além do dito do paciente, entendendo a queixa como um modo de dizer, que evidencia aspectos que estão para além do dito, o "não dito". Sem necessidade de fixar-se nas palavras exatas, um olhar que perscruta além delas não examina apenas o corpo, mas percebe o que está sendo comunicado através da dor. O sofrimento é uma reação ao que é percebido, definindo uma percepção de algo negativo. Talvez não seja possível adentrar muito profundamente com tão poucas informações, talvez fosse possível uma abordagem que pudesse gentilmente favorecer uma oportunidade para o paciente se sentir confiante, e que o ajudasse a compreender suas próprias queixas, encontrar talvez as palavras exatas para nomeá-las.

Situando-nos melhor, podemos dizer ainda que, o que foi informado ao doutor pelo trabalhador **A** é apenas uma parte da situação. É necessário dar lugar à palavra para aprofundarmos a raiz do sintoma. O que está no entorno da insônia, da dor de cabeça e da irritabilidade? Qual o processo que fez com que o trabalhador **A** chegasse à situação atual de desânimo e apatia? Que cenários da instituição da empresa, Igreja, escola e família se juntaram para que o corpo começasse a dar sinais de que algo não estava bem?

O que há na "palavra" de tão amedrontador para que o ser humano frequentemente, em vez de fazê-la falar, escolhe o caminho do sintoma? O que a escolha dessa forma de expressão não verbal representa? O que está por trás das palavras do trabalhador? O que ele também quis dizer, mas não pôde ou foi obrigado a dizer? Ele não consegue dormir porque há muito barulho onde trabalha? Não é aceito pelos colegas ou pelos chefes? A pressão desumana quanto ao horário, entrada, saída, produção, uso adequado das máquinas, escore de produção está além de sua compreensão ou capacidade física? As perdas de prestígio, de competência, de *status*, situação econômica, de realização que não são vistas pelo coletivo? São as marcas desse sofrimento que deslizam para o corpo e para o psiquismo. Ele pode se tornar hétero ou autoagressivo, por problemas invisíveis ou recalcados: doença ou perdas na família, contas a pagar, brigas e desprestígio.

Cobranças e pressões injustas geradoras de sentimentos de inadequação e ineficiência, incompreensões devido à comunicação distorcida ou mal articulada, toda uma estrutura organizada poderosa demais, estabelecendo elevados modelos a serem imitados, valores culturais que não combinam com o padrão proposto, desnível social e/ou intelectual, sentimento de rejeição, conflitos familiares ou internos, violências sofridas, perfil em desacordo com a função, estagnação do potencial: os sintomas vão além da insônia e da dor de cabeça. Eles falam mais alto. A busca por fazer cessar os sintomas – este recurso desesperado do inconsciente – só pode ser porque, obviamente, este é o lugar mais confortável e menos desafiante para o sujeito. Essa visão simplista é a mensagem de uma estrutura que tem seus próprios interesses, nem sempre coerentes com os dos pacientes em tratamento. Originalmente, são elaborados para exercer um domínio dissimulado, protecionista, criando dependência. Adotando a supressão dos sintomas, o problema passa a ser apenas do portador desses sintomas. No mínimo, quer-se ignorar o quanto o caminho pode ser mais acidentado.

Quando o trabalhador diz que "está irritado e tem vontade de explodir a toda hora", está informando que o corpo foi afetado por uma questão que está além de seu entendimento, ele não sabe dizer o porquê ou como isso aconteceu. É um fenômeno do psiquismo, que perpassou o sistema nervoso e se instalou no organismo. O sintoma só poderá ser lido corretamente se vier junto à causa desencadeadora: "minha cabeça dói porque está explodindo de mágoa do meu chefe! Alojei dentro de mim toda a exigência e cobrança do meu superior".

O trabalho que deveria lhe trazer prazer, prestígio e realização está sendo uma fonte de doença. O sintoma pode ser transformado em vida e energia se for escoado pela palavra consciente e autônoma. Quando nos sentimos feridos, machucados, inclinamo-nos a buscar alívio falando insistentemente sobre a mágoa, como o animal lambendo onde dói. O sofrimento exige que se lhe dê atenção; sabemos que algo está errado quando estamos machucados. Mas há que tornar essa forma de conforto mais eficaz, na proporção em que o sofrimento é revelado e superado.

A psicanálise tem leituras que vão além do "dito" e são da ordem do "mistério", isto é, algo aconteceu no corpo do trabalhador, no sistema nervoso ou na sua alma que ele não sabe explicar, não entende, fugiu de sua alçada de compreensão. Então quando se usa o termo "sintoma", é preciso ouvir as palavras "insônia e dor de cabeça" como "signo e sinal" e saber que isso vai bater em outra porta, passar do biológico ou anatômico para o psiquismo, em forma de "irritabilidade", "autoagressividade", "depressão" – que é o "sintoma". Por causa desse "sintoma", também conhecido como "significado" de uma situação, o trabalhador **A** vai procurar o doutor. Ele vai falar ao doutor tudo junto, sem distinguir um do outro: signo/sinal: dor de cabeça e insônia + sintoma = agressividade ou tristeza. Podemos então montar a equação:

Trabalhador **A**: signo/sinal = sintoma
(dor de cabeça + insônia) → (irritabilidade, tristeza, desilusão, vontade de morrer)

Esse sintoma pode ser tratado de duas maneiras. Primeiro, pela clínica disciplinar onde o profissional acolhe o funcionário, investiga a natureza da doença, em seguida classifica o estado patológico num quadro nosográfico. Além disso, a clínica individual se propõe não só a estabelecer o prognóstico da doença, mas ainda a escolher o tratamento mais apropriado. Para isso, o profissional da saúde dispõe de um sistema de investigação multivariado, ou seja, uma "investigação armada", destinada a reunir informações, procedendo ao exame direto do doente, com a ajuda dos mediadores técnicos, instrumentais, biológicos etc. Em seguida, prescreve um medicamento para curar a dor de cabeça. O trabalhador **A** toma a medicação e volta bem ao trabalho.

Também se pode encaminhar o trabalhador **A** para a clínica psicossocial institucional. Esse modelo de clínica também acolhe e cuida do funcionário. Mas, através de uma escuta atenta, analisa as fontes de seu sintoma. Ora, o espaço da palavra está saturado de equívocos, ou seja, do "não dito". O lugar da palavra é também aquele em que o sujeito dá testemunho de sua própria cegueira, já que não sabe realmente o que diz através do que enuncia, do ponto de vista da verdade de seu desejo. Por essa razão, o estabelecimento do diagnóstico se subtrai aos dados empíricos objetivamente controláveis. Portanto, propõe uma análise ampla do setor em que ele está inserido, investiga os fatores que predominam no entorno das relações entre os funcionários. Esses fatores são múltiplos, como: as relações de poder e afetivas, as condições materiais de trabalho, as leis e as normas, o grau de realização, o rendimento econômico, as condições físicas e orgânicas, as potencialidades e criatividades que envolvem os sujeitos.

O sintoma, nessa perspectiva, não se produz segundo as regras de um restrito funcionamento corporal, neurológico, fisiológico ou mesmo anatômico. Muito pelo contrário, ele fala de um corpo representado psiquicamente, um corpo erógeno, fraterno e imaginário. A manifestação física da dor encoberta um desejo psíquico. Em suma, "minha cabeça dói", "meu corpo está explodindo de mágoa": ora, a palavra só tem sentido na frase, e a frase, no contexto em que é dita. Portanto, o sintoma é a síntese do corpo biológico, do masculino ou do feminino, do corpo histórico, do corpo cultural, negro, mulato ou branco, do corpo trabalhador, constituindo a junção entre o mau funcionamento físico e o que dele o trabalhador **A** pode extrair, simultaneamente, de prazer ou desprazer. Ou seja, encontramos, num aparente sintoma, elementos encobertos que, em grande medida, são desconhecidos ao sujeito e pelo equipamento da clínica disciplinar.

1.4 Consequências dos conceitos: sintoma, gozo e alienação para o trabalhador

Sintoma é a união entre as duas coisas, "o significante" (por exemplo, a dor de cabeça) e "o significado" (por exemplo, a tristeza). Toda vez que adoecemos produzimos a dor do corpo e a dor da alma. Na dor da alma ou do psiquismo extraímos uma sensação que chamamos prazer ou desprazer. Essa sensação muitas vezes passa desconhecida pelo sujeito. Essa forma de sentir silenciosa chama-se "gozo". Quando desdobramos a palavra "sintoma", temos a seguinte expressão "sem tomar", ou seja, "sem tomar nada". A expressão "sem tomar nada" sugere uma relação que não é de troca, dar e receber, mas constitui-se numa relação narcísica de fechamento em torno de si, ensimesmado. "Sem-tomar-nada" é um tipo de prazer basicamente narcisista.

Em outras palavras: O sintoma "irritabilidade" no trabalhador **A** esconde um gozo, voltado para si e desconhecido, ao qual, ele, trabalhador, não tem acesso, isto é, não toma consciência, é proibido de saber. A forma de fugir dessa situação é a "alienação", quer dizer, o trabalhador é, muitas vezes, obrigado a não pensar no sofrimento ou na situação de injustiça da realização dos direitos básicos para conseguir sobreviver. A alienação[10] é a única saída enganosa que o sujei-

---

10. Etimologicamente, a palavra "alienação" vem do vocábulo latino *alienatione*, de *alienare*, que significa "transferir para outrem, alucinar, perturbar". Essa clivagem leva o indivíduo ou os grupos sociais a um estado de não pertencimento, de ausência de controle de si mesmos, de seus direitos fundamentais, levando-os a um estado de coisificação (reificação) enquanto estrangeiros de si, do outro e do social.

to encontra frente à dor. O trabalhador é, muitas vezes, obrigado a não pensar para não sofrer, ou agir sem pensar para não sofrer. O sujeito convive com o sofrimento, subtraindo-o, e registrando na sua fantasia psíquica um gozo. É a clínica da alienação: a anestesia psíquica como meio de driblar a dor.

Assim, a situação do trabalhador **A** pode ser perfeitamente articulada e lida de duas maneiras. A primeira postura clínica disciplinar centraliza a atenção no sujeito frente às suas queixas. O foco do acompanhamento terapêutico será a descoberta dos sintomas que indicarão a vinculação da patologia com a ação de trabalhar. Desse modo, desvia-se o foco de atenção da organização do trabalho e das relações dos trabalhadores entre si. Esse método visa à investigação do sintoma enquanto sinal gerador de mudanças fisiológicas, anatômicas, neurológicas e psicológicas. A clínica disciplinar diferencia o signo do sintoma. O signo seria "aquilo que representa alguma coisa para alguém"[11], sendo também o indicador registrado de forma objetiva pelo profissional, por exemplo: o exame de laboratório, o teor de glicose no sangue. As mensagens implícitas nos sintomas são lamentavelmente subestimadas. As emoções são poderosas, e canalizá-las para fora requer o auxílio de palavras apropriadas que as exprimam. Sem esse recurso, exige-se um esforço para reprimi-las altamente consumidor de energias. Ainda que seja possível falar sobre os sentimentos, a palavra não é a emoção, não é o sentimento, e tem-se a sensação de que qualquer fala empobrece o clamor interno.

A investigação diagnóstica concentra-se nas particularidades do indivíduo visando à criação de estratégias de enfrentamento do sujeito com a realidade do trabalho. Por exemplo, o aumento da pressão arterial pode acarretar um acidente cardiovascular, ou a situação prolongada de baixa satisfação do trabalho pode produzir estresse e menor investimento organizacional. O foco principal da clínica dis-

---

11. Peirce, 1995: 94.

ciplinar individual é auxiliar o sujeito a buscar o máximo de bem-estar possível frente aos seus sintomas. Não há a preocupação de fazer o trabalhador participante de seu processo de adoecimento junto à instituição ou colegas de trabalho na remoção das causas que trazem estresse ou outros sintomas de insatisfação. Nesse caso, o sintoma passa a ser tratado para impedir que destrua o organismo afetado, silenciando o alarme benéfico que indica o perigo, bloqueando a percepção dos fatores externos causadores dos sintomas. Não oferece possibilidades de solução a partir do próprio paciente, ele mesmo capaz de chegar a um diagnóstico da situação em que, talvez, os dois lados em conflito possam ser contemplados ou, ao menos, minimizar os impactos negativos da crise.

A segunda maneira de ler o sintoma do trabalhador **A** é pela via da clínica psicossocial institucionalista. A clínica disciplinar, ao deter-se somente na busca pelos signos da doença, aliena o sujeito, ao passo que a clínica de intervenção psicossocial institucionalista, quando procura os significantes dessa doença, não exclui o sujeito, mas responsabiliza-o como ser desejante ou protagonista de sua história. O sintoma não está separado do signo. Ele é um signo acrescido do registro subjetivo da dor e do prazer, "não posso respirar" ou "não posso falar". "Que conteúdo é esse que posso soltar"? Ódio, frustração, prazer, afeto?

Para que o paciente participe do processo de reestruturação interior precisa haver um reconhecimento de sua responsabilidade. A supressão de sua profunda necessidade humana por um senso de contribuição e gratificação precisa ser percebida para que se promova uma progressiva reversão.

Desde que se descobriu, através da psicanálise, a predominância psíquica do inconsciente sobre o indivíduo, já não existe sintoma físico, biologicamente puro. Este é sempre o resultado de uma subtração, é o que fica depois que se tira o psiquismo, pois o desejo atinge e mediatiza tudo o que se entende por necessidade. A esfera da necessidade passa, então, a ser contrabandeada pelo desejo.

Sobre o trabalhador **A**, concluindo, diríamos que ele fala através de dois "Eus" simultâneos. O Eu consciente e o Eu inconsciente – o "não dito" – representados pela voz da objetividade e da subjetividade.

Objetividade e subjetividade são duas faces da mesma moeda. Tomando a posição de um observador, descobre-se um mundo onde a "arte do viver" prega "peças" uma depois da outra. Indo ao "teatro", tentando ler o que aparece, mas sobretudo o que está sob as cinzas e que não se quer ver ou admitir, ficamos surpresos. Há que considerar ainda o tempo psicológico e cronológico, bem como o espaço físico e social da captura das atitudes. Felicidade ou insatisfação acompanham essa carruagem em ato contínuo. Essa "fala" objetiva e subjetiva vem "dita" (bendita, abençoada) pelo cabelo des/alinhado, pela postura do corpo como um todo: altivo ou cabisbaixo; pela higiene, timbre de voz, pelo olhar sorridente ou opaco; pelo estilo da vestimenta: cor, combinações, calçados, adereços, *piercings*, tatuagens, maquiagem; alimentação saudável ou *fast food*; presença em momentos sociais como festas, ritos, danças; tipos de músicas da clássica ao *funk* que ouve ou propaga; curtição das amizades e das relações auto e heterossexuais. A fala e os gestos têm relevância especial porque trazem a sua história e o sentido de vida, a relação com o transcendente, com o planeta e com os outros. Da fala e dos gestos emergem os sonhos que remetem aos ancestrais ou a projetos futuros e sua missão na sociedade com suas ansiedades e ilusões.

Dor e prazer pertencem à área subjetiva. E, infelizmente, o Aparelho Clínico Disciplinar possui apenas o receptor do código da objetividade, ele escuta o signo indicador do objetivo, quer dizer, da queixa ou indisposição, mas ensurdece diante da escuta subjetiva que são as causas desencadeadoras da situação, provocadas pelo indivíduo e/ou agravadas pela instituição.

Diríamos que a demanda explícita é atendida, através do diagnóstico, do prognóstico, do remédio e do atestado, e a demanda implícita seria atendida de forma contrabandeada e perversa. A consulta com o doutor está concluída, os exames confirmaram as hipóteses do doutor, e o trabalhador sai com a receita para a farmácia ou o balcão do SUS e o atestado de afastamento de alguns dias para a instituição. Mas o "não dito" permanece calado. O remédio pode fazer calar a dor da alma. As causas da insônia, dor de cabeça e irritabilidade não foram removidas. Essas causas podem ser localizadas no mundo das relações. O doente já não observa mais os sintomas emitidos pelo corpo, como manchas, cor, consistência e cheiro da urina, das fezes, tipo de alimentação ou líquidos que ingere. O doutor é que tem que saber! O espinho não é retirado, mas encoberto. A analgesia impede a manifestação da pungência da dor, mas não interrompe a laceração devastadora. Quando a dor fala, somos chamados a ouvir. Quando a calamos sem o esforço de interpretá-la, perdemos o contato com sua origem, impossibilitando a cura.

Considerando que esse corpo biológico, histórico, trabalhador e cultural foi criado para gerar prazer e realização psíquica, e que apenas encontra condições objetivas favoráveis e subjetivas desfavoráveis, só lhe resta um caminho para escoar essas energias-pulsões e representações: fazer o caminho de volta. Ou seja, cabe-lhe investir no próprio corpo em forma de sintoma, de forma fechada e absoluta, preso ao seu próprio Ego Narcísico Alienante. Isto é, investir caladamente no próprio corpo produzindo uma variedade de sintomas. Assim, a mudança sucessiva dessa energia é oposta a esse destino cruel: caminhar livremente para fora em direção ao outro. O trabalhador A se vê prisioneiro de si, fechado em seu corpo, alienado e silenciado pela repressão. Portanto, esse sintoma denuncia muita coisa. Denuncia a subjetividade "trabalho", a subjetividade "homem-mulher", a subjetividade "étnica", a subjetividade "produção artística estética". Denuncia as contradições da estrutura social, política e cultural. Denuncia aquilo que guardamos no estômago, a atividade criativa engolida, suspensa e impedida de vir à tona. Denuncia, finalmente, a identidade sexual, representada no prazer e no desprazer. A sexualidade, portanto, encontra-se na articulação dos dois eixos da vida humana: do individual ao coletivo. O corpo é a sede tanto da sexualidade como do trabalho e de qualquer outra atividade humana.

Trocando em miúdos, o trabalhador A, ao prestar serviço à instituição, quer ser feliz, ser reconhecido, quer ser visto pelos coordenadores e pelos pares. Quer saber-se querido, desejado, benquisto e amado como homem/mulher, digno de confiança e confidências. Quer ser capaz de expressar o seu potencial filosófico, religioso, cultural e artístico pela dança, construção cultural, pintura e criação.

Quando nos deparamos com os transtornos do corpo físico, notamos que as pessoas ignoram seu funcionamento, sua fisiologia, sua anatomia e, sobretudo, os seus desejos. As associações que, em grande medida as pessoas fazem, referem-se sempre a um corpo negado, desconhecido, silencioso, irritado, cheio de sensações de tensão, nervosismo, medo e pavor. No entanto, essa sensação de ansiedade aumenta ainda mais com a ignorância, acarretando fortes traços de angústia. Juntamente à ignorância, soma-se o alto grau de frustração, provocando o aumento da agressividade e fortes sinais de regressão. A impossibilidade de uma maior elaboração do sofrimento psíquico acarreta forte descarga de agressividade autodirigida (componente masoquista) ou reações físicas de ataques histéricos, dissociação de memória, ausência e formas de alienação. É frequente seguirem-se, a esses quadros, crises de despersonalização, ocasionando internações em hospitais psiquiátricos.

Novamente, no modelo da clínica disciplinar, o importante é controlar o sintoma, mas não a ponto de ele desaparecer, e sim ludibriando-o, enganando-o com remédios ou com a frequência assídua ao Centro de Saúde, onde ocorre a queixa livre e desordenada.

Portanto, a Síndrome de Burnout ou do esgotamento profissional manifesta-se visível através da diminuição da percepção da realidade, da capacidade de agir, do aumento da impotência e da perda da autonomia, que é fruto das inúmeras controvérsias do ambiente de trabalho, somado à divisão de classe social, do poder, do saber e do prazer subjetivado pela produção do aparelho psíquico. A tristeza, como diz Marilena Chauí, "é o caminho da servidão individual e política, sendo suas formas mais costumeiras o ódio e o medo recíprocos"[12]. O ódio é a ruminação da servidão voluntária, é o puro ressentimento, quer dizer, o re-sentimento, o sentir atrasado. Sentir atrasado é o mote do escravo. O indivíduo fixado no sentimento de rancor gasta as suas energias emocionais, puxa a vida para o abismo em vez de projetá-la para o planalto da realização.

1.5 O modelo de clínica disciplinar e o modelo de clínica psicossocial institucionalista

O modelo de clínica disciplinar é filho da chamada ciência positivista[13], que acentua a prática do ofício em um único saber ou de apenas um profissional. Seu referencial fixa-se somente no modelo orgânico, psíquico ou social. Sua abordagem clínica condensa-se exclusivamente no indivíduo, linear e unívoco. Os sintomas são vistos de forma restritiva. Essa abordagem alinha-se a um modelo clássico de saúde e doença. É útil a construção e elaboração do diagnóstico clínico, mas não para a compreensão do fenômeno e nem para o tratamento abrangente. A clínica disciplinar desviou-se do caminho inicial. Ela foi subvertida pelo sintoma, tornando-o algo fixo, transformou a adequação da pessoa em função da instituição do trabalho. O diagnóstico clínico inicialmente é uma invenção,

---

12. Chauí, 1983: 45.

13. O método positivista parte do princípio de que primeiro devemos saber para prever a fim de agir. A análise da clínica disciplinar pretende descrever e categorizar a atividade, para, em seguida, favorecer o processo de tratamento. Aqueles que agem são sempre os profissionais. A clientela não é sujeito da ação, é sempre mero objeto.

mas o seu desvio é conservador, a serviço do sistema econômico e político. A clínica disciplinar é desarticulada de uma visão ampla e geralmente neutra em relação às questões ético-políticas das instituições e organizações. Trata-se de ações estagnadas, homogêneas, com técnicas e atividades profissionais predominantemente curativas. As raízes originárias permanecem incógnitas. Os procedimentos clínicos centralizam-se em um profissional, produzindo efeitos colaterais de dependência, de mitificação, de dominação e na manutenção do monopólio do saber e do poder. A maioria das atividades clínicas é desenvolvida em hospitais, clínicas de convênio e consultórios privados com fortes dispositivos de controle e vigilância.

O modelo de clínica psicossocial transdisciplinar é filho da epistemologia emergente, que acentua a multiplicidade de práticas em torno de vários profissionais. A clínica empregada é de intervenção psicossocial institucionalista. O paradigma emergente crê que a realidade do ser humano é complexa e aconselha a integração de aspectos sociais, psíquicos, biológicos, religiosos e antropológicos. Recomenda a abordagem interdisciplinar, interparadigmática e o trabalho de equipes interprofissionais horizontalizadas. A abordagem enfatiza práticas nos grupos, organizações e instituições articuladas com aspectos históricos e sociais. Sinaliza uma formação que integra o ensino, a pesquisa e a extensão, sendo que as atividades carecem de ser realizadas prioritariamente nos serviços e dispositivos com potencialidade de vida e de transformação. As técnicas e atividades profissionais devem ser predominantemente preventivas com ênfase em dispositivos criativos e inventivos. Efetiva a participação da clientela na definição de prioridades, planejamento, execução e avaliação dos serviços, e na formação dos profissionais. O controle social se organiza através de pesquisa e devolução dos dados com diálogos simétricos entre o profissional e a clientela. Os espaços de intervenção são múltiplos e as ações acontecem nas residências, espaços comunitários, empresas, comércios e organizações religiosas.

Diante dos dois quadros paradigmáticos, podemos concluir que a Síndrome de Burnout é sustentada e produzida pela clínica disciplinar. Os sintomas são tratados individualmente, escutados na sua maioria por um único profissional e avaliados como dificuldade ou inadequação do próprio sujeito frente ao trabalho.

Os meios utilizados para a prevenção e condução são tradicionais: escuta atenta dos sintomas, diagnóstico, medicação e psicoterapia individual. As perspectivas de corte positivista acabam por buscar uma fonte do problema, a qual, na maioria das vezes, é referida a algum "defeito" do indivíduo. Ao escutarem os mesmos diagnósticos, os sujeitos sentem o cerco da culpa se fechar sobre si mesmos ao serem tidos como anormais, histéricos, fingidores ou imaturos, pela incapacidade de tolerar as pressões da vida e do mundo do trabalho, resultando na aceitação passiva de uma condição discriminante, que vai corroendo a autoimagem e reduzindo o senso de valor. Essa condição leva a uma atitude conformista aparente, mas a revolta reprimida emerge nos sintomas cada vez mais exasperantes, na evasão, no comportamento agressivo, na postura de isolamento e exclusão. Parece não haver saída. A tirania da culpa tem o potencial destruidor de uma submissão que escraviza. O que fazer? O corpo está em outro lugar, e os profissionais não o encontram.

Com todo respeito ao esforço da comunidade científica dos cuidadores da Síndrome de Burnout, ainda prevalece uma polêmica de viés dialético da existência ou não da doença, do fato de ela ser somática ou psíquica, ou ainda, se ela é resultado de uma questão meramente individual ou relacional com o ambiente do trabalho. Descrever e delimitar o sofrimento psíquico, sua localização, o número de pontos acometidos e a intensidade não reproduzem os sentidos que têm um doer. "A dor da gente não sai no jornal". "Deixe em paz meu coração. Que ele é um pote até aqui de mágoa. E qualquer desatenção, faça não. Pode ser a gota d'água", já dizia Chico Buarque[14]. O coração saturado de farpas dolorosas não se contenta com respostas prontas.

Se escolhermos o caminho hermenêutico da interpretação, podemos sempre perguntar: Por que essa dor? Por que nessa circunstância? Por que essa intensidade? O que significa esse sintoma? Por que a mesma forma terapêutica? A busca constante de interpretação coloca em xeque a própria oferta e demanda por profissional da saúde, tratamento e cura. Quanto maior for a oferta de dispositivos de um determinado produto, mais demanda teremos para esses serviços. Mas cabe aqui perguntar o que é encomenda, demanda explícita e implícita e produção de oferta do equipamento de saúde dentro do quadro de sintomas do trabalhador **A**.

Quanto à encomenda: o trabalhador **A** apresenta-se com uma doença e procura o médico, profissional encarregado socialmente de lidar com essa queixa e com essa recomendação: "há de me dar uma solução para esse sofrimento".

Quanto à demanda implícita: é um pedido para que o profissional médico colabore na manutenção desse círculo narcisista alienante que realiza seu gozo: "me maltrate, me acolha incondicionalmente, me humilhe, me faça participar de seu poder, de sua entidade idealizada, para que eu possa sentir-me de novo não separado, fusionado e não sujeito crítico".

A análise da produção de oferta e demanda compreende, num primeiro momento, a "oferta oficial" formulada pelos membros responsáveis de uma determinada instituição ou organização do trabalho. Geralmente, são os membros da hierarquia profissional na pessoa dos diretores, supervisores, enfermeiros, médicos, psicólogos, farmacêutico, assistentes sociais, fisioterapeutas de uma organiza-

---

14. BUARQUE-HOLANDA, C. & PONTES, P. *Gota d'água*. São Paulo: Civilização Brasileira, 1975 [Disponível em http://letras.terra.com.br/chico-buarque – Acesso em 06/09/11.

ção do trabalho que encomendam um tipo de serviço de saúde aos empregados de uma determinada empresa.

Esse momento de exame de um determinado serviço de saúde, através de uma cuidadosa escuta, visa elucidar as razões claras e ocultas que motivam a formulação de tais pedidos, e de que maneira esses serviços chegam até os trabalhadores acometidos de alguma síndrome de sofrimento orgânico ou psíquico: que expectativas têm sobre a oferta e quem as produziu? Baremblitt enfatiza:

> Não existe demanda espontânea; toda demanda é produzida, é gerada, e existe um cruzamento na natureza da demanda, de tal maneira que não é necessariamente a organização que oferece um serviço a única responsável pela produção de demanda desse serviço[15].

Em outras palavras, quando uma determinada organização de trabalho, empresa, escola, Igreja, deseja analisar o porquê de várias pessoas procurarem os serviços médico, psicológico, psiquiátrico ou de assistência social para se livrar de algum mal-estar, acaba concluindo que alguma oferta foi produzida e alguém respondeu a ela. Também na Síndrome de Burnout, algum dispositivo – discursos sobre doença/saúde, boletim, programa de prevenção e serviços profissionais – paralelamente produziu a demanda.

É nesse jogo de demanda e oferta que se pode produzir tanto a autonomia e a liberdade de escolha, como também a dependência, a ignorância e as formas recalcadas que impossibilitam os demandantes de possuírem seu próprio saber e sua própria determinação.

Outro aspecto que deve ser observado quanto à produção da oferta e da demanda explícita e implícita é o que denominamos análise da implicação: análise do compromisso sócio-econômico-político-libidinal, consciente ou não, em relação à tarefa por parte do profissional: médico, psiquiatra, psicólogo, enfermeiro, assistente social, fisioterapeuta. Segundo Baremblitt, cabe a cada um deles perguntar-se:

---

15. Baremblitt, 1992: 106.

> Como foi que vendi isso (a oferta desse serviço), para que foi que vendi, que coisas realmente posso ajudar a solucionar ou devo caminhar em outra direção, dar de volta ao usuário o que ele solicita de mim?[16]

A análise da implicação deve ser o cerne do trabalho analítico e ético de um programa de saúde da empresa, e não consistir somente em analisar os trabalhadores clientes, mas em analisar a si mesmo – o profissional – a todo o momento, inclusive na própria intervenção da prática da saúde. Há profissionais que trabalham à maneira "mafiosa", com base no segredo, no "não dito". A análise da implicação é o compromisso ético e político do profissional que se sente livre e autônomo da organização a que pertence.

Análise de demanda implícita ou do encargo: os responsáveis, médico, enfermeiro, psiquiatra, psicólogo, assistente social, fisioterapeuta, ou as pessoas que têm autoridade para requerer uma intervenção de saúde e que, enfim, "passam a encomenda" (produção da oferta), também têm demandas individuais. É por isso que existe uma grande diversidade e muitas contradições entre todas as demandas possíveis da população envolvida. Não basta, portanto, escutar apenas as queixas explícitas do grupo de trabalhadores sobre seu estado de saúde/doença, satisfação ou insatisfação dentro da organização do trabalho. Eles têm uma visão parcial da instituição e de seus sintomas. É imprescindível escutar os dois grupos: os trabalhadores e os profissionais da saúde. A esse processo denomina-se "análise de demanda implícita ou do encargo".

Há uma diferença importante entre demanda implícita e explícita, e é somente na escuta atenta que ela pode ser revelada. Por exemplo, o médico pode demandar uma relação afetiva com o chefe da empresa e, por medo de ser demitido, pode tamponar o verdadeiro sintoma do trabalhador. Ao contrário, os trabalhadores podem

---

16. Ibid.: 107.

solicitar da organização do trabalho uma vida segura, cômoda e passiva, visando esconder-se ou adiar mudanças significativas de várias situações insalubres da empresa. Portanto, a análise da demanda e do encargo evidencia os níveis de resistências entre os diversos segmentos do coletivo, que podem ocorrer por recalcamento, desconhecimento ou má-fé.

Diante de alguns transtornos, síndromes ou sintomas pode estar oculta uma série de motivações além dos meros sinais fisiológicos, neurológicos e psicológicos. No entanto, o que se percebe a partir de um olhar mais atento é uma multiplicidade de motivações que levam o sujeito a buscar viver da e para aquela situação.

O sujeito que produz um determinado sintoma encontra um lugar de possibilidades – escolhe sair de uma realidade hostil na expectativa de alcançar outra que lhe ofereceria o tamponamento daquilo que lhe falta. Problemas familiares, financeiros, dificuldades nas relações interpessoais – questões com o poder, o saber, o prazer e o prestígio atravessam o portal do cotidiano das relações de trabalho.

A administração da Síndrome de Burnout está centrada na política do modelo de clínica disciplinar, monoprofissional. Tem como meta a reestruturação do sintoma individual sem levar em conta as contradições das circunstâncias do entorno da organização do trabalho. Nos procedimentos metodológicos clínicos disciplinares inclui-se a escuta atenta dos indivíduos através dos signos, desvinculando-os dos sintomas. A filosofia que sustenta a Teoria da Clínica Disciplinar é o positivismo. As iniciativas de mudança cabem simplesmente ao diretor da organização, que contrata um corpo de profissionais de sua inteira confiança. Cabe apenas à direção e aos profissionais dessa organização conduzirem os rumos dos projetos de saúde. A vida das organizações de trabalho transforma-se em grandes dispositivos de subjetivação de doença devido à forte concentração na Síndrome de Burnout, nos sintomas ou nos quadros psicopatológicos. Essa concepção acredita que a causa da síndrome está centrada preferencialmente nos indivíduos portadores de estruturas orgânicas ou psíquicas frágeis.

Além disso, tais sujeitos acabam se marginalizando e alienando-se dos problemas internos da organização. Assim, o marginalizado ou doente se torna responsável pela ignorância, pela falta de preparo humano, técnico e relacional com os membros da empresa. Transforma-se numa peça necessitando de reajuste e manutenção. O Modelo de Clínica Disciplinar surge, portanto, para a Síndrome de Burnout, como antídoto ou remédio contra a ignorância, injetando milagrosamente novo entusiasmo, maior alegria e felicidade total entre os componentes. O saber médico será o artífice dessa grande obra. A organização do trabalho estrutura-se, então, empresarialmente, com competência, segundo uma gradação lógica e racional, visando o melhor de si mesma e de cada trabalhador. Ao entusiasmo dos primeiros tempos suscitado pelo tipo de organização do trabalho acima descrito, de forma simplificada, sucede progressivamente uma crescente decepção, principalmente por causa do número crescente de indivíduos com graves sintomas, exatamente pela escolha filosófica do dispositivo.

A filosofia do Modelo de Clínica Psicossocial Institucionalista parte da concepção de que a Instituição do Trabalho é um aparelho que produz subjetividades múltiplas: da alienação e dominação à consciência crítica e autonomia. De acordo com essa teoria, os doentes, os portadores da Síndrome de Burnout, os marginalizados e os desajustados são os grupos submetidos a inúmeros dispositivos de opressão. São marginalizados e apresentam conflitos porque, psíquica e socialmente, estão impedidos de possuírem força simbólica – capital cultural – desejos e potencialidades possíveis. São submetidos a um jugo desigual de forças e poder tão cruel quanto sutil e, aparentemente, inócuo. Enxergar a realidade sob essa ótica é pôr-se ao lado dos desfavorecidos, ouvir seu clamor internalizado, preso nas correntes de um sistema organizacional opressor.

Em relação à questão da Síndrome de Burnout, equacionamos a seguinte proposição: primeiramente, as teorias da Clínica Disciplinar pretendem ingenuamente resolver o problema dos sintomas através da escuta individual, detalhamento do diagnóstico e prognóstico e do controle interno do indivíduo através de formas terapêuticas de estratégias de enfrentamento das aptidões ou competências dos sujeitos. Tais procedimentos são baseados na mentalidade que atribui ao médico o dever de diagnosticar e prescrever, como se fosse possível medicar os problemas sociais e políticos. Ora, as competências ou aptidões não estão dentro das pessoas, estão na situação relacional do trabalho. É no acontecer do trabalho que surgem as competências. O sujeito não é um mero estoque de competências ou aptidões. Os recursos ou competências do sujeito dependem das condições que se lhe oferecem e da situação de trabalho que ele tem.

A filosofia da Clínica Psicossocial Institucionalista acredita na transformação das condições do trabalho visando a potencialização da produção – criação da pessoa. As modificações das condições de trabalho produzem infinitas aptidões e fluxos desejantes entre pessoas. Essa visão resgata o valor da positividade ou do encantamento do trabalho enquanto lugar de agenciamento de invenção e de criação. Além disso, abarca uma vastidão de possibilidades imprevisíveis, quando encoraja a mente deprimida a buscar incentivos em si mesma e no coletivo, fornecendo elementos motivacionais a partir do momento que abraça o todo, aliviando o fardo esmagador da culpabilidade. Não se trata de cuidar das pessoas, trata-se de fazer trabalhar os sujeitos para transformar o ambiente de trabalho.

O esforço mais essencial é realizado no assumir consciente do próprio poder transformador, quando o senso de dignidade se opõe à exploração. Portanto, o foco não é meramente cuidar dos sintomas, mas sim cuidar da organização do trabalho. Isso significa dizer que é necessário a análise da demanda explícita e implícita, a verificação da produção dos sintomas coletivos pela palavra, da escuta dos não ditos institucionais. Ressalta-se que o profissional tem dificuldade de se reconhecer como parte integrante de um todo, direcionando a si a causa do desajuste devido a essa mesma transferência provocada pelo método que não amplia as investigações à organização do trabalho, centrando tudo no trabalhador. Essas são as causas que impedem o aprofundamento necessário; dessa forma, entende-se que a falta de reflexões referentes ao ambiente, à forma organizacional e política da instituição faz com que os profissionais permaneçam cada vez mais alienados da realidade no que diz respeito ao envolvimento de toda a organização em seus sintomas – sinais de alerta.

Quando a investigação se estende é possível detectar equívocos nos programas relacionais e identificar deficiências no sistema, porque é reconhecida uma dimensão maior a ser questionada e julgada. Além disso, a investigação extensa compreende uma abertura em que é possível buscar recursos que permitam desafiar as estruturas de dominação e poder opressivo, canalizando as energias poderosas das emoções e dos sentimentos para ações transformantes, que se manifestem contra a inevitabilidade, que interfiram assertivamente e restaurem. Tal investigação também promove a conscientização de que, embora distintos, somos um todo abrangente, sendo, portanto, impossível tratar isoladamente os componentes do todo. Surge uma nova proposta para uma atenção resolutiva, valorizando a participação dos profissionais em sua própria recuperação, quando ele entende que é preciso ser agente de transformação de um todo no qual ele está inserido. Assim, ele pode direcionar sua raiva, mágoa ou revolta reprimidas para ações que promovam mudanças efetivas, com estratégias de planejamento levando em conta as barreiras a serem enfrentadas, enxergando com maior clareza onde estão os obstáculos a vencer. As emoções geradoras dos sintomas passam a ser direcionadas como se faz com o fogo, para que se tornem úteis, objetivando a transformação da situação que as originaram. Reintegram a confiança e desfazem o sentimento de impotência.

A força da palavra dos sujeitos é o exercício do diálogo que se transforma, sobretudo, na participação efetiva dos demandantes através da autogestão e da autoanálise.

1.6 Síndrome de Burnout no meio da Igreja: "homens e deuses"

Concluo este capítulo inspirando-me no filme *Homens e deuses*, de Xavier Beauvois[17], que relata a história de um grupo de monges franceses que viveram a experiência da morte na mão de fundamentalistas islâmicos durante a guerra civil na Argélia nos anos 1990.

Uma das questões que o filme discute é o amor universal ao próximo e seus limites. O cristianismo tem seu epicentro na afirmação segundo a qual devemos amar a todos igualmente, de modo universal. Esse ideal resume o que existe de melhor na civilização humana. O seu cultivo eleva a autoestima do homem através de construções fantásticas e de "concepções possíveis de perfeição". Trata-se de uma relação de espelho na qual se contemplam o Criador e a criatura. Deus e o ser humano.

A vivência plena desse ideal pode levar o homem a igualar-se a Deus. Tem razão o velho mito do paraíso perdido: a tentação satânica, que a todos acossa, é o desejo de "ser como Deus" (Gn 3,5)[18]. Há o risco de confundir Deus com os valores da civilização ou de cada cultura. A exigência do ser humano de aproximar-se desses ideais não o transformaria num semideus? O ser humano alterar-se-ia numa espécie de deus "protético", ou seja, um deus substituto artificial de uma parte perdida ou que lhe falta?

Há controvérsias quanto a vivência desse ideal: "Amarás o Senhor teu Deus de todo o teu coração, e de toda a tua alma, e de todo o teu

---

17. *Homens e deuses* (Des hommes et des Dieux). Diretor: Xavier Beauvois, 2010 (França). Distribuição: Imovision. Site oficial: http://www.sonyclassics.com/ofgodsandmen.

18. As citações bíblicas de todo o texto tem como referência: *Bíblia Sagrada - Edição Pastoral*. São Paulo: Paulus, 2006.

pensamento". "E o segundo, semelhante a este, é: Amarás o teu próximo como a ti mesmo" (Mt 19,19).

À primeira vista poderemos expressar um sentimento de estranheza e surpresa frente à proposta de Jesus. Por que deveríamos fazer isso? Em que nos ajudaria? Principalmente, como levar isso a sério? Que recurso psíquico teríamos para viver isso plenamente? Ora, nosso amor é algo precioso, que não podemos consumir irresponsavelmente com alguém que não nos ofereça a certeza da reciprocidade. Trata-se de um dever, uma ordem ou um ideal cultural que se me impõe com muito sacrifício? Uns acreditam que o amor deve ser dado a poucos porque, na realidade, a maior parte das pessoas não necessariamente merece amor. Assim, se todos devem ser amados, o que se faz é desqualificar a experiência do amor.

Dito isso, e dado que não é possível, no espaço e no escopo de interesse de que dispomos, direcionar essa reflexão apenas para o campo da possibilidade do amor, limito-me a analisar a questão da missão da Igreja que me parece central no tema Síndrome de Burnout ou do sofrimento psíquico ao qual me refiro. A distância entre a imagem ideal e real do presbítero ou do religioso aumenta proporcionalmente frente aos documentos, regras, leis, mas pode diminuir quando se aproxima de experiências humanas. Meu pensamento se centra aqui em uma questão: Como viver essa missão do amor universal – experiência de Deus – por seres humanos tão frágeis?

O ideal não prevê nenhuma separação entre vida humana e vida com Deus; cada qual é um trabalhador a todo o momento, um presbítero, religioso ou cristão. Radicalmente, homens e a organização da Igreja têm uma causa a defender, e só existem porque existe essa missão de "amar o próximo como a si mesmos". Se não creem mais, só lhes resta retirar-se ou sentir-se profundamente frustrados.

Os presbíteros e religiosos vivem tensionados frente a esse ideal e a realidade do cotidiano. São pessoas que fizeram a escolha de dedicar a própria vida para ajudar o próximo e, geralmente, iniciam com muita coragem esse sonho. Em certa altura da sua experiência se encontram esvaziados de energia amorosa, incapazes de renovar as motivações e esperanças que tinham no começo.

Pesquisas realizadas por nós constatam essa cisão. Quando questionamos seminaristas, padres, religiosos sobre quais foram as motivações ou desejos que os levaram a procurar a vida presbiteral ou religiosa, o primeiro conjunto de respostas concentrou-se em desejos de comunhão com Deus ou o sagrado, vinculadas às imagens do amor ao próximo. As motivações também versaram em torno do altar, da cerimônia litúrgica, dos cantos, dos ritos e da construção da igreja matriz, como diferentes maneiras de viver o sagrado, unidas ao povo. A força imaginária de vínculos entre Deus e o amor ao próximo, aqui, estabelece forte ressonância com a vocação presbiteral ou religiosa.

Na origem da vocação tem importância a representação que a pessoa faz de si como algo plausível, atraente, valioso. Certa idealização da vocação vem precisamente da força de tal imaginário, que reinava onde as vocações se despertaram. Ali o sagrado se impunha fortemente. Trata-se do desejo de ajudar a comunidade, de fazer o bem e de servir ao próximo, aliado à identificação com as figuras religiosas e também com os párocos, como se eles representassem uma possibilidade ou caminho para estar mais próximo de Deus e levar sua palavra ao povo. Segue uma série de expressões[19] que alinham o amor a Deus e ao próximo:

- Vida austera, simples, ajudar o próximo, saber das coisas, estar próximo de Deus, de Jesus e do povo.
- O profundo desejo de realização pessoal no encontro com Deus. Tratava-se de sede do transcendente, de desejo de santidade e de amor ao próximo.
- A partir da necessidade de ir ao encontro do outro. Mais objetivamente, de servir.

---

19. Estas expressões que se seguem foram retiradas de depoimentos de presbíteros de diversas pesquisas realizadas pelo autor deste livro e de sua equipe de pesquisa.

- O desejo de anunciar a Palavra de Deus a todos os povos, de uma maneira consciente e responsável. Desde criança adorava ler a Bíblia. Sempre gostei do Pai misericordioso.
- A vontade de consagrar a minha vida a Deus; na inteira disponibilidade para amar e servir ao seu povo.

Contraditoriamente, quando perguntamos quais as suas maiores decepções ou dificuldades em relação à vida presbiteral ou religiosa, as respostas tiveram um caminho inverso. Ou seja, observou-se um declínio acentuado do ideal para a frustração. Observamos relatos sobre dificuldades de relacionamento, principalmente entre os colegas presbíteros e religiosos que não se entrosam e são desunidos. Esse sentimento talvez proceda da carência de receptividade por parte dos padres mais experientes. Os presbíteros relataram também dificuldades afetivas: insegurança, autoritarismo, isolamento e decepção. Houve também alguns que se referiram ao desrespeito de leigos para com os padres[20].

- Falta de entrosamento entre os presbíteros.
- Relacionamento ruim entre padres e religiosos.
- Infelizmente as máscaras predominam.
- A comunhão presbiteral que precisa ser unida.
- Vida humano-afetiva: autoritarismo e insegurança.
- Sobretudo na questão administrativa – econômica; funcionários.
- Acredito que minha grande dificuldade até o momento é ver a falta de unidade e respeito entre os irmãos e os presbíteros. Infelizmente muitos visam *status*, carreirismo e melhores paróquias.
- Leigos que não respeitam os padres. Pensam que podem tudo e até se revoltam quando ponho ordem na casa.

Os relatos acima descritos mostram sinais de agressividade, disputas avarentas e frustrações. Qual realidade se esconde atrás disso,

---

20. Fragmentos de depoimentos de presbíteros de diversas pesquisas realizadas pelo autor deste livro e de sua equipe de pesquisa.

que as pessoas gostam de negar? Ora, o ser humano não é uma criatura completa e ávida de amor. Há entre os seus dotes de bondade, um forte sentimento de agressividade. Assim, consequentemente, o próximo não pode ser visto ingenuamente, apenas como um possível colaborador ou objeto de profundo amor. Há também um amigo íntimo convivendo com um rival perigoso.

Infelizmente, o próximo é também objeto de rivalidade, competição, de humilhação, tortura e exploração erótica. A existência dessa inclinação à agressão, que podemos sentir em nós mesmos, é fator que perturba nossa relação com o próximo e desencadeia quadros de profunda depressão, desilusão e sofrimento psíquico.

Evidentemente não é fácil, para os seres humanos, principalmente os presbíteros e religiosos, renunciarem à gratificação de sua inclinação à agressividade. Por isso as instituições recorrem a tudo para pôr limites aos desejos agressivos entre os seres humanos. Há limites coercitivos, autoritários, militares, despóticos e hierárquicos. Há também propostas de estimular as pessoas a estabelecer identificações e relações amorosas de um ideal de amar ao próximo como a si mesmo.

É verdade que, até agora, esse empenho do ideal religioso não alcançou resultados extraordinários. Provavelmente, esses ideais transformaram-se em fortes sistemas hierárquicos de poder e de dominação entre os humanos. Os presbíteros esqueceram que a sua posição no mundo deve ser apenas um referencial ético, uma proposta humana de se viver. Dessa forma concordamos com o teólogo espanhol Castillo[21]:

> O plano de Deus não pode ser concretizado no projeto religioso ou sagrado de divinização, mas um projeto profano e laico de humanização. Deus não se encarnou no sagrado e seus privilégios, nem no religioso e seus poderes. Deus se mesclou com o humano. Portanto, encontramos Deus,

---

21. O presente texto é um extrato do discurso lido por José Maria Castillo na solenidade em que recebeu o Doutorado *Honoris Causa* da Universidade de Granada, Espanha, 2011.

sobretudo, no profano, no laico, no secular, no que é comum a todos os humanos, sejam quais forem suas crenças e suas tradições religiosas. Porque o determinante, para encontrar Deus, não é a fé, mas a ética, que se traduz em respeito, tolerância, estima e misericórdia.

Provavelmente, a organização da Igreja transformou a incompletude do ser humano numa "prótese divina" ao anular a condição humana. Essa atitude de tamponar a condição humana tem produzido desencanto e desilusão no exercício da profissão presbiteral e religiosa. A anulação da condição humana desenvolveu-se a partir de forte repressão das relações de afeto entre os presbíteros e religiosos. Sobre os grandes ideais elevaram-se fortes exigências morais. Ou seja, o mandamento "Ama teu próximo como a ti mesmo" quando é elevado a uma forte exigência, é a mais forte defesa contra as manifestações humanas e um belo modelo divino contra qualquer incompletude humana. Assim, temos uma formidável inflação de amor frente a uma miséria humana. Novamente recorremos a Castillo[22]:

> Quando a teologia afirma que Jesus é a encarnação de Deus, o que na realidade está dizendo é que Jesus é a humanização de Deus. Por isso, o "Senhor da Glória", assim como se humanizou em Jesus, pôde dizer e deixou como sentença a afirmação decisiva: "O que fizestes a um destes, foi a mim que fizestes" (Mt 25,31-46). Nessa sentença definitiva, já não se levará em conta nem a fé, nem a religião. Só ficará em pé o humano, o que cada ser humano tiver feito com os outros seres humanos.

O fenômeno de Burnout ou do sofrimento psíquico na Igreja tem em si elementos de provocações éticas importantes para todos os presbíteros e religiosos protagonistas da relação humana: cuidar do outro pressupõe o dever de cuidar de si mesmo e da organização na qual a relação e o cuidado pastoral se expressam. O fato de

---

22. Castillo, 2011: 10.

sermos "chamados a amar os outros como a nós mesmos" exige um apelo para cuidar dos outros, mas também para ter cuidado de si. Ocorre, no entanto, que poderosa exigência interna faz com que frequentemente o cuidado com o outro exceda o cuidado de si. Assim, grande parte das frustrações advêm do objetivo não alcançado, do sentimento de insuficiência ou incompletude diante daquilo que projetamos ser, atormentados por uma infinidade de limitações. Somente terá sentido e futuro o exercício profissional ou ministerial do presbítero ou religioso se ele for capaz de trazer algum sentido à vida humana. Assim ele potenciará a melhor resposta que podemos dar aos nossos desejos de humanidade. Que contemple e respeite as necessidades temporais, sem encorajar projeções descabidas e irrealizáveis. Quero dizer que seus desejos devem buscar uma forma de vida que, por ser mais plenamente humana, seja também mais plenamente feliz.

Um dos objetivos deste livro é de implementar uma reflexão psicossocial institucional sobre as condições de vida dos presbíteros e religiosos, não para ressaltar apenas o lado ideal, mas para focalizar sua concreta experiência de vida humana.

Assim, investimos em conhecer várias pesquisas sobre a Síndrome de Burnout ou sofrimento psíquico em padres e religiosos, como: na Itália, na Diocese de Pádua, através dos estudos de Marcantonio Caltabiano, Luciano Sandri, Giorgio Ronzoni, Umberto Andreetto e Luciano Manicardi (2008); nos Estados Unidos, dos textos teológicos, pastorais e psicanalíticos produzidos por Donald Cozzens (2002); na França, por meio de uma intervenção psicossocial da Comunidade Religiosa Cisterciense realizada por Eugène Enriquez (1997) e das contribuições da psicanalista Françoise Dolto (1979); na Espanha pelas substantivas reflexões sobre psicanálise e religião construídas por Carlos Dominguéz Morano (2004), e Pedro R. Gil-Monte (2010), pesquisador do trabalho. Finalmente, aqui no Brasil, através das obras do Padre João Mohana (1967), das publicações científicas da CNBB, Ceris, CRB e nas pesquisas que venho realizando[23], por mais de vinte anos, em dioceses e congregações religiosas masculinas e femininas.

No segundo capítulo iremos recorrer a fragmentos da história da instituição Igreja inserida na memória humana. Nossa intenção é examinar satisfatoriamente a importância do trabalho presbiteral e religioso para o desenvolvimento amoroso. Nenhum outro dispositivo para a condução da vida prende a pessoa tão firmemente à realidade como a ênfase no trabalho ministerial.

A atividade presbiteral ou religiosa traz particular realização quando é escolhida livremente, isto é, quando permite tornar realizáveis, através da sublimação, tendências afetivas existentes e utopias ativas. Portanto, o trabalho presbiteral ou religioso não é muito apreciado como via para a felicidade quando é movido por fortes repressões, estruturas burocráticas, disputas avarentas de poder, prestígio e saber.

---

23. Há mais de 10 anos nossa Equipe de Análise Institucional vem realizando trabalhos de pesquisa e intervenção em congregações religiosas e dioceses na América Latina: Argentina, Brasil e Peru. No Caribe: Haiti e República Dominicana. Na Europa: Itália. Continente africano: Moçambique.

2

A Síndrome de Burnout no presbitério

A sarça ardia no fogo, mas não se consumia (Ex 3,2)[1].

Arder, mas não queimar.

2.1 Introdução

A partir da década de 1980 começou a ser estudada uma constelação de sintomas em pessoas que tinham feito a escolha de dedicar a própria vida para ajudar o próximo. É um fenômeno típico do tempo presente, caracterizado pelo "esgotamento físico, psíquico e emocional, em decorrência de trabalho estressante ou excessivo. É um quadro clínico resultante da má adaptação do ser humano ao seu trabalho"[2]. Os ministros do sagrado, presbíteros, religiosos ou religiosas são pessoas que iniciam com muita coragem e idealismo a aventura da vida religiosa. Depois, sentem-se reduzidos quanto à realização pessoal no trabalho, além do sentimento de impotência e de inutilidade diante de um conjunto de expectativas inalcançáveis. Em certo tempo, encontram-se esvaziados de energia e de ideais,

---

1. *Bíblia Sagrada*, 2006.
2. França, apud Pereira, 2004.

exauridos emocionalmente e incapazes de renovar as motivações e as forças espirituais que tinham no início do ministério sacerdotal ou religioso.

Caso esses sintomas perdurem, podem chegar a uma crise irreversível, que determina o abandono do ministério ou a permanência na Igreja de modo passivo, improdutivo e depressivo. Esses sintomas são também chamados de Síndrome de Burnout na Igreja ou de Síndrome do Bom Samaritano Desiludido por Compaixão[3]. Tal fenômeno potencializa-se pela sobrecarga de trabalho burocrático e repetitivo, sem criatividade, repleto de frustrações geradas pelo contato com os paroquianos, além de insucessos pastorais, de dificuldades de relacionar-se e conviver com o colega pároco ou vigário. Observa-se, também, que esse quadro é, contemporaneamente, agravado pela baixa autoestima, pelo baixo *status* da profissão de padre, pela redução do sentido de pertença do presbitério, pelo grave contraste entre os valores pessoais e aqueles exigidos pela instituição da Igreja.

As causas mais citadas nas entrevistas realizadas para este estudo[4] são: a desistência de amigos próximos do ministério presbiteral, a dificuldade em dar seguimento aos projetos pastorais, a ausência, cada vez mais frequente, de participação de leigos na Igreja, os entraves na vida grupal presbiteral devido às maledicências, à falta de ética, às divisões competitivas de poder entre os padres párocos e vigários, aos conflitos entre gerações, às questões de prestígio entre os colegas sacerdotes e religiosos, ao recalcamento e às dificuldades em lidar com a dimensão afetiva/sexual; as injustiças sociais nas congregações e nas distribuições de paróquias de alto poder aquisitivo, a ausência de criação de novas formas de vida paroquial, o afastamento do carisma e da espiritualidade do presbítero no mundo contemporâneo.

---

3. Ronzoni, 2008.

4. Pesquisa realizada pelo autor e de sua Equipe de Análise Institucional na última década.

Concordamos com os estudos e com os dados científicos oriundos da década de 1980 sobre a Síndrome de Burnout, mas discordamos que os sintomas dessa síndrome são recentes. Pode-se pensar que novo é o maior afloramento e divulgação dos sintomas na mídia nos dias atuais. No livro do Êxodo[5], Moisés já apresentava um quadro de profunda desilusão e desmotivação no exercício da liderança do povo hebreu. Seu sogro, chamado Jetro, percebendo o esgotamento psíquico de Moisés lhe disse:

> Tua maneira de agir não é boa. Vais te esgotar, e o mesmo acontecerá com este povo que está contigo. A tarefa é muito pesada para ti. Não podes cumpri-la sozinho. Agora, ouve a minha voz! Dou-te um conselho, e que Deus esteja contigo! Sê, pois, o representante do povo diante de Deus, informarás as pessoas sobre os decretos e as leis, fazendo-as conhecer o caminho a seguir e a conduta a tomar. E mais: escolherás, dentre todo o povo, homens de valor tementes a Deus, dignos de confiança, incorruptíveis, e estabelecê-los-ás como chefes de mil, chefes de cem, chefes de cinquenta e chefes de dez. Alivia a tua carga. Que eles te ajudem a carregá-la (Ex 18,16-23).

A Síndrome do Bom Samaritano Desiludido de Moisés caracterizou-se na forma de se governar o povo hebreu. O tipo de governança escolhido por Moisés foi o de centralizar toda a decisão sobre os seus ombros. Além disso, Moisés sentia-se frustrado pela impossibilidade de realizar todos os desejos da população, e de não poder organizar a sociedade hebraica nascente como ele queria. Ele poderia também dizer não ao povo, mas parecer-lhe-ia que, fazendo isso, ele se sentiria pior. A finitude causava-lhe sentimento de culpa. O ter que repartir o poder e o saber jurídico causava-lhe impotência e insegurança. Aos poucos, os sintomas falaram mais alto, e Moisés procurou ajuda terapêutica junto ao sogro Jetro. O diálogo entre os dois produziu em Moisés novas estratégias de enfrentamento. Com a mudança na

---
5. *Bíblia Sagrada*, 2006.

forma de fazer as coisas, Moisés obteve novas formas de relacionamento com o povo e produziu diferentes formas de subjetividades cooperativas e amistosas.

Queremos enfatizar que a Síndrome do Bom Samaritano Desiludido por Compaixão existe, mas é produzida e sustentada pela forma de organização social entre os sujeitos e as instituições do trabalho. Por exemplo, a Igreja pode produzir, ambivalentemente, relações autônomas ou dependentes; subjetividades produtivas ou reprodutivas, em diferentes tempos históricos.

O objetivo deste capítulo é, essencialmente, discutir questões pertinentes à maneira de organização da Igreja numa determinada linha de tempo, estruturando-a com os depoimentos das personagens ouvidas através das periodizações da história, que são muitas, em virtude dos diversos olhares transversais. Dessa maneira, pode-se dizer que não há apenas uma configuração de governar, de produzir o poder e o saber, mas múltiplos estados de se viver em sucessão, que se formam e se desmancham em períodos e espaços múltiplos. São inúmeros cenários, com diferentes atores e várias narrativas.

Assim privilegiamos, resumidamente, três grandes momentos no processo eclesiástico nas últimas décadas: pré-Vaticano II, o Vaticano II e os tempos atuais. Cada tempo produziu diferentes concepções espirituais, formas de governar, de ensinar, de manejar o dinheiro, de conceber a dimensão humano-afetiva, de projetar ações pastorais e sistemas jurídicos. Cada período produziu crises e estabilidades, conflitos, enfrentamentos e formas inventivas de estratégias de enfrentamento. Cada estágio foi acompanhado pelos protagonistas com fortes sofrimentos psíquicos ou Síndrome de Burnout. Esses sofrimentos, ora foram ditos, ora foram vividos dentro de um silêncio sagrado. Evidentemente, todos os homens e mulheres que vou mencionar neste trabalho são para mim objeto de uma grande admiração, porque são eles que me introduziram nesse ofício de análise. Portanto, é com grande respeito que iremos tentar traçar esse caminho da história dessas três gerações: pré-Concílio, Concílio Vaticano II, pós-Concílio. Nossa intenção é demonstrar, nesta sintética narrativa, as formas de organização social predominante em cada tempo, e a influência delas nos presbíteros e religiosos. A Igreja está no mundo social, faz parte, toma parte, é autora e coadjuvante desse mundo.

2.2 O cenário institucional da Igreja pré-Vaticano II

1) As sociedades pré-moderna e moderna

O marco divisório entre as sociedades pré-modernas e as modernas é a melhor forma de compreender a instituição da Igreja antes do Vaticano II.

As sociedades pré-modernas, predominantemente feudais, eram base de todas as matrizes societárias originárias da Igreja Católica. Sua legitimidade ocorria por meio de narrações míticas[6]. A estrutura político-religiosa estava ordenada em três grandes grupos sociais: os reis e o clero, a nobreza e os vassalos, e os servos. O lugar de uma pessoa era predeterminado por seu nascimento. A base econômica era a terra e os ofícios dos artesãos, e a subjetividade dominante era o comunitarismo. A nomenclatura "comunidade" extrapola o sentido de mero espaço local: a rede simbólica em torno da comunidade abarca uma teia de configurações com alto grau de intimidade pessoal, compromisso moral, coesão social, continuidade espacial e temporal, sentimentos de pertencimento, motivações e desejos comuns. Sua organização é originária da instituição familiar e da Igreja,

---

6. Os mitos não são imutáveis. Eles estão inseridos num contexto sócio-histórico, econômico, psíquico, cultural, linguístico, religioso etc., esgotando-se e desgastando-se. Como tudo na vida, é preciso reinventá-los, recriá-los. Quando um mito torna-se eterno, dá lugar ao fanatismo e desenvolve uma fusão entre os membros, restringindo o processo criador, inventivo e produtivo. Viver eternamente preso a um único significado em relação ao mito é viver sem "revolução", sem indignação e sem imaginação. É optar pela conservação e estagnação.

lugares de segurança do regime feudal, território de estabilidade, de pertinência e de unidades orgânicas de grupos.

Na rede imaginária e simbólica do campo comunitário, condensavam-se traços identificatórios em que o mundo rural feudal apresentava uma cultura imutável, através da família, da Igreja e da esfera política da realeza como o centro de todo o poder. No mundo religioso rural, as pessoas eram constituídas pelo ambiente, pelas tradições e, sobretudo, pelas limitações materiais, educacionais e estéticas. Na vida dos camponeses o dinheiro era escasso. Muitos comiam da sua própria produção. Compravam e consumiam pouco, trocavam objetos entre si. Não havia variedade. O tempo era lento, o espaço era imenso e a intimidade era pública. A vida entre os camponeses era repleta de partilha: os habitantes uniam-se em associações de artesãos e festas religiosas e folclóricas.

O pensamento filosófico medieval era constituído por um sistema de fundamento único, centrado na figura de Deus, que suprimia qualquer manifestação da diferença e das relações igualitárias e horizontais. O mundo era apresentado como um todo sem rupturas. Por causa desse pensamento, a religião passou a ser a principal e insuperável garantia do sistema cultural e social e, não poucas vezes, também do sistema político. A religião passou a ter uma função ordenadora, explicativa e legitimadora.

O conhecimento era uma fonte de certeza e apoiava-se nas narrativas dos contadores de histórias. As experiências, então, eram adquiridas dentro de estritos horizontes temporais, espaciais e sociais. Não obstante, a lentidão do desenvolvimento cuidava que se experimentasse uma sensação de imutabilidade e de condições basicamente constantes. Alguns mosteiros eram autênticos latifúndios e gozavam de prestígio político, enquanto outros viviam em extrema pobreza, com populações excluídas e marginalizadas.

Do Concílio de Trento (1545-1563) ao Vaticano II (1962-1965), a Igreja viveu praticamente quatro séculos sob a inspiração de uma eclesiologia de forte matriz defensiva e apologética, que alcançou, no Concílio Vaticano I (1869-1870), um dos momentos mais emblemáticos da Igreja, com a declaração da infalibilidade papal. Roma pronunciava-se sobre os mais diversos assuntos e com a consciência de dizer verdades inquestionáveis. Não se percebia sinal de dúvida ou perplexidade. O efeito dessas verdades era proporcionar segurança à população cristã sobre as tormentas das incertezas e das crises humanas.

Do Concílio de Trento, a Revolução Industrial até 2ª Guerra Mundial

O quadro social e a Igreja de Trento	Subjetividade da pessoa humana	Pastoral de Trento
Forte estrutura institucional de poder e saber: • Família: da família camponesa à nuclear burguesa. • Escola: tradicional e disciplinar. • Igrejas cristãs: sistema hierárquico vertical. • Indústria: taylorista e fordista. • Estado totalitário. • "Sociedade Disciplinar"[7].	• O indivíduo coeso, racional, disciplinar. • Autoridade centralizada, força do recalque. • Menor transparência nas relações. • Marca cristã, racista, sexista, de classe social e heteronormativo. • Importância do passado, na tradição, nos costumes culturais. • Conservação das grandes tradições. • Império da ordem, sujeito bussolado. • Amor: sólido nas tradições e heranças familiares.	• Sacerdote. • Dispositivo de paróquia, rural, restrito, estreitas relações com o presbitério e com a Pastoral de Conjunto.

---

7. A "Sociedade Disciplinar" caracteriza-se pela mecânica do poder calcada em disciplinas, hábitos, exercícios, saberes, verdades e regras instituídas. Tempo das instituições fortes, como o Estado, a penitenciária, a escola, a fábrica, o exército, a Igreja e a família patriarcal que, preconizando a vigilância permanente dos sujeitos por alguém que sobre eles exerce seu domínio, produz subjetividades e corpos dóceis, individuais e totalizantes. Foucault, 1997.

Até o Concílio Vaticano II as dioceses seguiam normalmente as orientações do Concílio de Trento. A forma de governar do bispo era marcada pelos traços da Reforma Católica e, em seu bojo, havia o espírito romano, clerical, tridentino, individual e sacramental. Uma das consequências da Reforma Católica, no Brasil, foi o enorme contingente de congregações europeias, grupos que se estabeleceram nas cidades, construindo colégios, paróquias, obras sociais e as missões. Esse período é chamado de "Catolicismo Reformado".

> Era a metodologia de trabalhar com muita gente, de conversão do atacado, de uma vez, como se dizia. Diferente de hoje, por varejo, mais miúdo, em pequenas comunidades. De juntar uma multidão e durante três noites pregar o evangelho, pregar os chamados novíssimos, os vícios, denunciar o pecado individual. Geralmente eram três noites com atendimento às confissões, à catequese e ali os casamentos de quem não estava casado, mas estava vivendo junto, mas a catequese no estilo tradicional mesmo (depoimento de padre)[8].

Para Eduardo Hornaert,

> [...] as Santas Missões tiveram igualmente um aspecto profundamente social, não só no sentido de unir o povo que normalmente vivia tão isolado nas imensidões do sertão, mas sobretudo realizando obras de máxima importância para as comunidades interioranas, como pontes, estradas, canais de irrigação, açudes, cemitérios, igrejas, tanques ou cacimbas. Uma obra que marca em todo canto a realização das Santas Missões é o cruzeiro erguido em mutirão na praça central da cidade [...] Podemos dizer que as Santas Missões eram momentos de administração popular [...][9].

---

[8]. "Depoimento de padre": Todos os depoimentos apresentados por padres, religiosos, religiosas, seminaristas, vocacionados e leigos não serão identificados com nome do entrevistado por serem sigilosos. Esses depoimentos fazem parte dos relatórios de pesquisas e de análise institucional realizados pela equipe de trabalho coordenada pelo Professor William Cesar Castilho Pereira. Serão apresentados como "depoimento de padre ou religioso(a) ou leigo(a)".

[9]. Hoornaert, 1984: 52.

Também o Projeto de Pastoral das Dioceses era centrado no forte ideário do Concílio de Trento: ênfase na sacramentalidade, na construção de seminários diocesanos e de catedrais, e na estruturação de normas enérgicas visando à formação espiritual e intelectual do clero. O respeito à hierarquia eclesial, as questões dogmáticas relativas ao purgatório, às indulgências, ao culto aos santos, à veneração das imagens de Cristo, de Nossa Senhora, além de várias questões disciplinares, como a indissolubilidade do matrimônio. Era proibido o uso da comunhão sob duas espécies e da língua vernácula na liturgia.

Como pontos propositivos, o Concílio de Trento deu um vigoroso impulso à vida religiosa da Igreja. Fugindo da tentação do luxo e das artes profanas, definiu como missão essencial da Igreja e de seus pastores a salvação das almas: "seja lei suprema a salvação das almas". A reforma e a exigência de seminários em cada diocese, além de contar com um rigor na seleção dos candidatos e de proporcionar o acesso ao sacerdócio a ricos e pobres, deu novo sabor à pastoral.

Como pontos restritivos nessa longa e difícil transição da Igreja tridentina, poderíamos citar: a excessiva centralização do poder no papa e a imagem da Igreja como estrutura de governo hierarquizada; a clericalização da Igreja em detrimento da participação dos leigos; a rigidez litúrgica e a acentuação do devocional na espiritualidade cristã, realçando a contraposição àquilo que a Reforma protestante pedia: o uso da Bíblia, a graça, a liturgia na língua do povo e a valorização do sacerdócio de todos os batizados. O período tridentino e pós-tridentino pode ser definido com duas palavras: Reforma (atitude firmemente renovadora e carismática na teologia e na vida interna da Igreja); e Contrarreforma (combate ao protestantismo e tendência à disciplina e centralização). Os dois momentos, carismático e disciplinar, completaram-se.

O Concílio de Trento segundo Ney de Souza,

> pode ser constatado em duas frentes: a uniformização da liturgia, na língua e nos ritos; e a uniformização da formação do clero, centrada de maneira predominante no pensamento medieval e realizada em língua latina.

A dinâmica realizada de maneira homogênea procurava garantir, ilusoriamente, a unidade universal[10].

O dispositivo do Concílio de Trento acabou criando um mundo superprotetor para o catolicismo, como um útero fóbico, através de espiritualidade e ascese disciplinar[11]. Por exemplo: no ideário tridentino, a preocupação principal era com a vida espiritual do clero, tanto que uma das preocupações imediatas do bispo era criar, no centro da cidade, uma Casa de Retiros para presbíteros e leigos, como relata um presbítero idoso:

> Meu bispo foi tridentino. Era um bispo agradável, tratava bem os padres, mas também era rigoroso na parte de disciplina eclesiástica. Foi um homem de grandes construções, inclusive no seminário, e se preocupou muito com a formação do clero (depoimento de padre).

> Ele era um exemplo vivo, um santo, um homem de muita oração, de muita vida interior, dentro daquele estilo, ainda, tridentino, sem dúvida nenhuma, era profundamente religioso. Tudo isso nos marcou muito. Ele dava muito valor à celebração da missa. Antes da missa ele permanecia ajoelhado em preparação. Quando acordávamos cedo íamos juntos à casa dele, fazíamos meditação ali, na capela dele, capela episcopal. Essa preocupação com a vida espiritual era realmente marcante, existia uma valorização muito grande da vida ou vivência litúrgica (depoimento de padre).

> Ele era implacável no cumprimento das rubricas, da solenidade, majestade da liturgia. Era um homem simples; às vezes, eu o encontrava, no quarto dele, costurando, remendando a própria batina. Numa semana santa, ou numa missa pontifical ele vinha com todas as indumentárias

---

10. Souza, 2003: 108.

11. Ascese disciplinar é profundamente sacrificante, repleta de mortificação e construída pelo caminho progressivo de renúncia de si mesmo e regulada pela dor e autopunição. O sujeito sente-se altamente comprometido com a lei.

> que, naquele tempo, eram imaginadas e obrigatórias, por exemplo, as cáligas, o sapato de pano, as luvas, a candela ao lado, tudo o que ele fazia tinha que ter um padre ou seminarista com o candelário. Ele valorizava muito a vida litúrgica. Hoje, ao analisar, vejo com mais capacidade crítica como a vivência interior dele era uma complementação maravilhosa do Mistério do Cristo (depoimento de padre).

Decorrente dessa valorização da vida espiritual e litúrgica, havia muita preocupação de que cada paróquia tivesse sua casa paroquial. Nas visitas pastorais, o bispo zelava enérgica e vigilantemente pela exatidão dos livros de tombo, de batizado e de crisma.

> Ele era como um chefe: ele mandava e nós obedecíamos. Cumpríamos a promessa de obediência com ele. Era meio autoritário, não nos chamava para conversar: Você gostaria de ir? Você pode ir? Naquele tempo, ele mandava um bilhete dizendo: eu preciso de seus trabalhos espirituais em tal lugar. Então íamos para o lugar que ele havia determinado (depoimento de padre).

A construção do seminário era o projeto prioritário de todo bispo para a sua diocese. Ainda durante o governo episcopal, dever-se-ia criar a Obra das Vocações Sacerdotais (OVS), associação religiosa feminina de senhoras que trabalhava para levantar fundos e rezar para que o seminário acontecesse e prosperasse. Nesse tempo, era incentivada a atividade da Congregação Mariana para leigos e de várias congregações religiosas femininas e masculinas a trabalharem na diocese, tanto na área da saúde como na de educação.

2) O contraste da Igreja com a sociedade moderna

A partir do século XVII a sociedade moderna, por sua vez, gestou um novo parâmetro de legitimação, que se explicitou no paradigma da ciência, pela mediação do discurso da racionalidade. Sua estrutura política centralizou-se na criação do Estado Moderno, conferindo a todas as pessoas o estatuto de cidadãos, no respeito pelos "direitos humanos fundamentais", basicamente três – liberdade, igualdade e fraternidade –, consagrados numa Constituição a que todos deviam obedecer. Seu diferencial estava na liberdade de decidir e agir sem submissão às formas tradicionais de autoridade, baseadas numa compreensão sagrada do mundo.

A base econômica da Modernidade era sustentada pelo modelo industrial, centrado predominantemente no capital. A subjetividade constituída era focada no indivíduo, o burguês, em formas de identidade cada vez mais privadas. Na rede imaginária e simbólica do meio urbano e individualista, a cidade estava sempre em construção, tudo era novidade e sedução. O *locus* urbano abrigava diferentes tipos de pessoas, ideias, religiões, culturas, profissões, atividades, projetos, poder local e grupos. Não havia garantia de padrões de comportamentos prefixados, exaltava-se sempre a mutação. As pessoas eram seduzidas pelo desejo de fazer sua vida pessoal, individual, livre e autônoma. Escolhiam um tipo de vida própria e mais isolada, na qual a intimidade era cada vez mais privada. O dinheiro tendia a circular mais e as pessoas eram estimuladas a comprar e a consumir compulsiva e exacerbadamente, sempre em busca de novidades. As instituições, sobretudo as ligadas ao capital, produziam sempre a sensação de que as coisas mudavam. O tempo era veloz e transformava curtas distâncias em períodos imprevisíveis. O espaço era condensado e fragmentado. A paisagem da cidade assustava, seduzia e alucinava, com seu poder predominantemente virtual. O palco da violência anunciava a ausência de sociabilidade e o alto grau de anomia e isolamento. O cidadão experimentava a perda da pertença única, transformando-se em um desconhecido entre desconhecidos, pois estava vinculado a múltiplos grupos.

O pensamento filosófico moderno era constituído por um sistema de fundamento único centrado na razão, que suprimia também qualquer manifestação da diferença e, gradativamente, tornou-se um aparelho de dominação, marcado por uma trajetória de uniformização.

Um dos alvos mais atingidos pela força revolucionária da Modernidade foi a Igreja. Esta era considerada pela burguesia como uma instituição que gozava de riqueza, de privilégios e de poderes contrários aos ideais da nova sociedade. Entre o final do século XVIII e início do XIX, bispos e sacerdotes foram expropriados dos seus bens e condenados à morte, à prisão, à extrema pobreza e abandono ou ao exílio. Na vida religiosa consagrada, a situação não foi melhor. Acusando os votos religiosos de serem contrários aos direitos humanos, o movimento revolucionário da Modernidade deu passos sucessivos e rápidos em direção à supressão de ordens e congregações religiosas através da nacionalização de suas casas, confisco dos bens, proibição da emissão de votos e admissão de novos membros.

3) A Igreja distancia-se da Modernidade

A Igreja fragilizou-se gradativamente com o avanço da Modernidade. Como instituição milenar, recusava-se a aceitar a possibilidade de mudança. A vida diocesana era experimentada como algo já definido, passível de ser levado adiante naquela mesma formulação histórica encontrada nos primeiros séculos. O cotidiano dos religiosos praticamente não sofreu alterações entre os séculos XIV e XX, tanto o clero diocesano como a vida religiosa consagrada participaram à distância do pensamento filosófico, político, científico e da Revolução Industrial.

Gradativamente, a população cristã viu-se seduzida pelos ideais da Modernidade liberal. Sua fé foi posta à prova, tanto pela falta de comunicação entre o clero e o laicato, consolidando-se a ideia de que a Igreja é o clero, quanto pela entrada em cena de outros sistemas filosóficos nascidos do Iluminismo, que pretendiam substituir a religião pelo culto da razão, pela ideia de progresso individual, pela liberdade e pela secularização, ou pelo laicismo[12]. Assim, para

---

12. Padre Libânio comenta que "enquanto o laicismo significasse a independência do Estado diante da Igreja, não teria sido funesto. Mas o poder civil teve a pretensão de impor limite à religião, para fazer unicamente de seus interesses temporais a última norma de sua ação" (LIBÂNIO, 1971: 47).

os católicos que já tinham recebido o impacto da Modernidade liberal, democrática, marcada pela subjetividade, autonomia das pessoas, consciência histórica, práxis transformadora, as declarações de Roma já não produziam enormes dificuldades e mal-estar.

Após o choque da Revolução Francesa e das intervenções napoleônicas, tanto na França como no norte da Itália vivia-se o período denominado Restauração, que teve início em 1815, quando, no Congresso de Viena, as grandes monarquias, sentindo-se ameaçadas em seu poder pelos ares revolucionários, estabeleceram uma ordem conservadora que mantiveram até cerca de 1848. Novas congregações foram fundadas. O regime era substancialmente conservador e o catolicismo, nostálgico do passado, vivia da ideia de que a Revolução Francesa fora um período de tempestade que passou, como se fosse possível voltar à vida religiosa consagrada nos moldes tradicionais. O clero é pensado, então, na qualidade de intercessor diante de Deus, devendo rezar e cuidar do culto divino, não lhe cabendo preocupar-se com atividades sociais e pastorais.

Mas nem toda vida religiosa consagrada encontrava-se capturada pelo sistema feudal e espiritualmente decadente, ainda que faltasse alguma adaptação inventiva aos tempos modernos. Sua forma ética explica como, apesar de todos os esforços revolucionários para extingui-la, ela não só não desapareceu como veio muito em breve a experimentar um crescimento excepcional, completamente inesperado e mesmo inovador. A própria Revolução Moderna fez nascer uma forma diferente de VRC: uma onda de homens e mulheres inspirados que tiveram a graça de perceber as contradições das mudanças sociais e políticas e souberam dar uma resposta adequada aos desafios que a nova sociedade liberal lhes lançava. Foram numerosos os fundadores, no século XIX e início do XX, que, com sua força carismática, conseguiram mobilizar muitos cidadãos generosos. Por sua abertura à sociedade nascente e pela aceitação de novos desafios, fora dos muros dos conventos, acabaram alargando o campo imaginário e simbólico da Igreja, antes um gueto fechado em si mesmo, e assim saíram, não só pela Europa, mas por vários continentes, visando à evangelização do Reino de Deus.

Paralelamente, a sociedade vive um período conturbado: agravam-se cada vez mais os problemas de ordem social, a produção agrícola já não é suficiente para alimentar a população e tem início o fenômeno da migração para as cidades. Embora a indústria não esteja ainda instalada, já se observam sinais de que a revolução industrial está se aproximando.

Porém, contrariando o desejo de restauração por parte da nobreza, a Revolução Francesa dera frutos e, num contexto de pobreza bastante forte, eram cada vez mais claros os problemas sociais vivenciados pelas populações europeias. Isso contribuiu para a aproximação entre clero e povo. Também a condição da mulher começava a mudar, e o catolicismo passaria a aceitar um pouco mais uma vida ativa para o sexo feminino.

Assim é que, na primeira metade do século XIX, cerca de uma centena de congregações femininas foram criadas, sobretudo na Espanha, França e na Itália, com algumas características em comum. Eram iniciativas quase espontâneas. Grupos isolados, em geral mulheres de classe média, às vezes de origem rural, que sentiam necessidade de se dedicar mais efetivamente aos pobres e uniam-se em pequenos grupos. Houve uma multiplicação de iniciativas parecidas, porém isoladas umas das outras, não havendo uma articulação maior. Contribuía para a manutenção dessa situação de isolamento o fato de os bispos não gostarem das grandes ordens religiosas, pois temiam que a independência das mesmas resultasse na perda da ajuda dos pequenos grupos que trabalhavam para a Igreja, mais especialmente para eles, na base das dioceses.

As novas congregações tinham um caráter muito prático: não eram fundadas por uma espiritualidade especial, um carisma particular, mas como resposta a situações concretas. Assim, surgiam grupos que se ocupavam de pessoas pobres, outros que se dedicavam aos deficientes, às prostitutas ou ex-prostitutas, à educação popular (que surgia em decorrência da assistência aos pobres, quando se percebia que, além de assistência, eles necessitavam da educação). Mais ao final do século XIX, quando conseguem escapar do domínio episcopal, essas congregações começam a se tornar missionárias. No contexto geral, prevalece uma espécie de imediatismo, de caridade que se volta apenas para as necessidades do povo. Inicialmente, alguns desses novos institutos não ostentavam qualquer sinal externo, nem possuíam bens econômicos que denunciassem sua presença e ação. Viviam no meio do mundo, evangelizando através de ações transformadoras na educação, na saúde e em obras sociais. Eram tempos difíceis dentro e fora da Igreja. Sua estrutura hierárquica não via com bons olhos as novas formas de vida religiosa consagrada, e o sistema liberal vigente tinha sérias dificuldades em aceitar os novos dispositivos instituintes do catolicismo. É interessante ressaltar o fato de que a Igreja, apesar de ter se fechado ao mundo moderno liberal, exportou modelos e instituições europeias para colônias e territórios – período da colonização do Oriente, América e África[13] Assim, expressou-se um religioso:

> Nosso instituto, como muitos outros institutos, era internacional pela geografia, mas eurocêntrico na cultura e na formação. Fazer o noviciado no Japão, ou no Paraguai não era muito diferente. Estudar Teologia em Buenos Aires, ou em Bombaim era o mesmo. Estudavam-se os mesmos temas e consultavam-se os mesmos autores. As orações seguiam os chamados métodos "universais" e, em todas as partes, aplicavam-se as mesmas normas de vida religiosa, isto é, aquelas da tradição católica pós-tridentina.

---

13. Para Souza, a "realização da mentalidade tridentina coincidiu com a expansão marítima e comercial europeia. O 'descobrimento' de novas populações e do novo mundo fez a Igreja compactuar com os colonizadores a atitude moderna e a superioridade ocidental. Aliada a essa atitude, houve a imposição de formas rituais e expressões religiosas europeias, destruindo as tradições locais, de enorme herança cultural, como foi o caso da China, Índia, as populações americanas, maia, asteca e inca" (SOUZA, 2003: 108-109).

Durante esse período, o que existia era certa uniformidade, em vez da interculturalidade autêntica. Mesmo que isso desse um forte sentido de unidade à Congregação, não levou em conta a riqueza particular de cada cultura específica. Somente estava se criando um tipo de instituto e, obviamente, uma única maneira de ver a vida religiosa e de realizar o trabalho missionário, com base na cultura dominante da Congregação. De fato, nessa etapa, alguém teria a sensação de que, para chegar a ser um religioso, era preciso aprender a ser europeu ou deixar de lado o ser indonésio, japonês, argentino, paraguaio, brasileiro ou africano.

Logo, a Igreja, ambivalentemente, legitimou poderes do centro dos estados liberais e foi obrigada, ao mesmo tempo, a apoiar formas instituintes religiosas. O resultado de toda essa luta de resistência foi que, nos séculos XIX e XX, a Igreja teve que se curvar diante dos resultados propositivos, concedendo aprovação pontifícia a mais congregações religiosas que em todos os séculos anteriores juntos.

4) Acontecimentos sociais antecedentes do Concílio Vaticano II

Já no início do século XX, as naves inabaláveis da Modernidade, que atravessaram longos mares agitados, defrontam-se com inúmeros maremotos. A antiga profecia do velho Marx concretiza-se: "tudo que é sólido desmancha no ar". Além de Marx, o historiador Eric Hobsbawm também sintetiza o período compreendido entre 1914 e 1991 no livro *O breve século XX*, sugerindo dividir esse período em três etapas: "a era da catástrofe", "a era de ouro" e "a era do desmoronamento". As projeções sinalizadas por diferentes autores e diferentes campos do saber humano, anunciadas em meados do século XIX, de fato realizaram-se.

Seguindo as trilhas de Hobsbawm, podem ser descritos os principais acontecimentos de cada uma das etapas do mundo contemporâneo ou, como alguns autores dizem, mundo pós-moderno. A primeira era, "da catástrofe", é marcada pelas duas grandes guerras, pelas ondas de revolução global em que o sistema político e econômico russo surgia como alternativa histórica ao capitalismo, e pela grave crise econômica de 1929. O modo de produção capitalista, desprovido de instituições democráticas adequadas e dos valores éticos iluministas (racionalidade substantiva, igualdade, fraternidade etc.) que haviam justificado sua hegemonia durante a etapa heroica de sua consolidação, revelava sua natureza cruel, o autoritarismo de suas relações sociais e econômicas, a tendência inexorável à concentração de renda, à exclusão social e à coisificação das relações humanas.

Nesse período, é também notório o avanço da ciência, do conhecimento, da educação e do progresso material. Paradoxalmente, presenciamos aí a crise econômica mundial nas estruturas econômicas capitalistas liberais e socialistas e, consequentemente, o desaparecimento de instituições democráticas, entre 1917 e 1942, com o surgimento do totalitarismo representado pelo nazismo e pelo stalinismo. Quando a Europa era tomada pelas forças do nazismo, dois pensadores da chamada Escola de Frankfurt, Theodor Adorno e Max Horkheimer[14], afirmaram que o "fascismo é a verdade do capitalismo", ou seja, o fascismo havia desnudado o capitalismo e revelado a sua verdadeira face.

Esse momento fecha-se com o fim da secular hegemonia europeia. A Europa, até então, centro inquestionável de poder, de prestígio, de riqueza, de intelecto, de civilização e de forte racionalismo entra em declínio. Até o mapa mundi foi redesenhado, e os pobres, pela primeira vez, puderam localizar seu próprio chão. O arrogante manto europeu deixava de cobrir o resto do mundo.

Depois da Segunda Guerra Mundial surge a "era de ouro" e a economia de mercado toma feições mais civilizadas e humanas (key-

---

14. Adorno e Horkheimer, 1996: 113.

nesianismo)[15], ao menos nos países centrais do sistema, graças às pressões por melhorias sociais originadas pela Guerra Fria e às duras conquistas obtidas pelos trabalhadores. Do ponto de vista social, viveu-se o auge do *Welfare State*. Dada a óbvia impossibilidade de a economia de mercado resolver, por si só, os grandes problemas sociais por ela mesma criados ou acirrados, o Estado assumiu com diferentes graus de eficácia a missão de diminuir as diferenças sociais e assegurar um nível razoável de qualidade de vida para todos os cidadãos.

Porém, "a era de ouro", na expressão criada por Hobsbawm, chegou ao fim em meados da década de 1970. Até esse período assistimos à modernização de países agrários atrasados (a Revolução Verde), e à criação de estratégias para sepultar as ideias e os modelos socialistas. No plano estritamente econômico, pouco a pouco foi implantado um processo de globalização. Houve, de fato, nos últimos vinte anos, um crescimento considerável do comércio mundial, propiciado pela abertura das economias nacionais, o que atendeu aos interesses das grandes companhias internacionais. Durante os anos de 1950, sobretudo nos países desenvolvidos e cada vez mais prósperos, muita gente, muitas pessoas sabiam que os tempos haviam de fato melhorado, especialmente se suas lembranças alcançavam os anos anteriores à Segunda Guerra Mundial.

Contudo, somente após o grande *boom*, nos perturbados anos de 1970, é que se começou a perceber que o mundo capitalista moderno passara por uma fase excepcional de sua história. Buscou-se um nome para descrevê-la: "os 30 anos gloriosos – a era de ouro"[16].

---

15. Hobsbawm analisa que "as políticas keynesianas funcionaram muito bem nas décadas de 1950 e 1960, em parte devido às condições políticas, pois os próprios governos se esforçaram para que dessem resultados; mas também porque havia na época condições específicas que não podem ser repetidas. Nesse período, foi possível aumentar os lucros, os salários e os mecanismos de proteção social sem, ao mesmo tempo, reduzir o crescimento ou produzir uma inflação incontrolável" (HOBSBAWM, 2000: 93).

16. Hobsbawm, 1999: 253.

Essa foi uma época de revolução tecnológica e eletrônica na qual novidades como TV, disco de vinil seguido de fitas cassete e *compact discs*, pequenos rádios portáteis transistorizados, relógios digitais, calculadoras de bolso, produção de alimentos industrializados perecíveis, geladeira, máquina de lavar, telefone e o desenvolvimento sofisticado da fotografia provocaram uma grande transformação no cotidiano. A produção de signos nesse período não se constrói no espaço de Gutenberg, mas no espaço eletrônico, atingindo milhões de pessoas. Quanto mais complexa a tecnologia envolvida, mais complexa era a estrada que ia de sua descoberta ou invenção até sua produção, e mais elaborado e dispendioso era o processo a ser percorrido. "Pesquisa e desenvolvimento tornaram-se fundamentais para o crescimento econômico e, por este motivo, reforçou-se a já enorme vantagem das economias de mercado desenvolvidas sobre as demais"[17].

A cultura jovem tornou-se a matriz principal da revolução cultural, no sentido mais amplo de uma revolução política, social, econômica e em toda atmosfera da vida urbana e industrial. O *blue jeans*, o *rock*, o *jazz*, a droga, o consumismo eram o prenúncio de uma diferente sociedade[18] que estava próxima: novas relações matrimoniais, liberdade sexual, crise das instituições e da autoridade, dos valores, das normas, da história, da impessoalidade nas relações e do afrouxamento das matrizes clássicas de representação.

A principal consequência da revolução cultural foi sentida nas economias de mercado industriais urbanizadas, do velho núcleo do mundo capitalista. A partir dos anos de 1930, percebiam-se modificações advindas da crescente intervenção e participação do Estado

---

17. Hobsbawm, 1995: 261.

18. Essa é também a preocupação de Hobsbawm quando analisa que "a despolitização dos jovens é um dos problemas mais óbvios e complexos de nossa época. Não é nada claro qual será o papel dos jovens na política do século XXI" (HOBSBAWM, 1995: 117).

na economia capitalista e no desenvolvimento massivo de políticas de bem-estar social, no que a literatura chama de fase fordista e keynesiana. Esse período modificou as relações convencionais entre patrões e trabalhadores, do âmbito da empresa do setor produtivo para a órbita da cidadania, entre o Estado e o cidadão, através de formas mais complexas de exploração e luta, em torno das tributações, da espoliação urbana, do acesso à seguridade social e a bens de consumo coletivo (serviços de saúde, educação, transporte, moradia etc.). Em outras palavras, a sobrevivência da população passou a depender não só do poder de compra do salário, mas também de sua posição dentro do sistema de cidadania, assegurando ou não os benefícios e serviços sociais coletivos.

Após os anos de 1970, o padrão fordista e keynesiano foi se esgotando, surgindo, então, a "era do desmoronamento". Nesse período, a sociedade passou a conviver com o desemprego em massa provocado por cíclicas e severas recessões. A população de rua cresce assustadoramente em quase todas as capitais de países industrializados e em vias de industrialização. O Estado assume uma postura neoliberal e limita seus gastos com políticas públicas sociais. A desigualdade volta a aparecer e se acentuar. Os dois regimes, capitalista e socialista, que até então disputavam o poder estatal, entram em crise. Paralelamente, velhos padrões de relacionamento social e humano desintegram-se, como a quebra de elos entre gerações (presentismo), a exacerbação do individualismo (narcisismo), a erosão das grandes matrizes societárias – justiça, Estado, público etc. – a descrença para com as religiões tradicionais e a preferência pelas formas religiosas fundamentalistas ou pelos movimentos sociais e políticos de cunho nacionalista.

A crise das matrizes da Modernidade e das ciências, o colapso do socialismo real, os anos rebeldes da década de 1960 e os novos atores sociais, os novos padrões societários, a cidade como espaço urbano-industrial, a ausência de representação simbólica, a sociedade pós-moderna, o individualismo exacerbado, a valorização da plasticidade e do culto ao corpo, do simulacro, do cambiante, a crise dos paradigmas científicos e outros sintomas constituem o pano de fundo do cenário emergente do Concílio Vaticano II.

2.3 A Igreja do Vaticano II

Até a primeira metade do século XX a Igreja Católica constituía-se num império espiritual, ora medieval, ora moderno, exercendo uma autoridade que imitava as ideologias do poder imperial. Sua teologia concentrava-se no Reinado de Cristo. Maria, a Rainha do Céu, envolvia-se ativamente no curso da história.

A autoridade centrista, vertical, altamente burocratizada começava a dar os primeiros sinais de esgotamento. Desde a primeira década do século XX a teologia e a doutrina social da Igreja achavam-se congeladas e distantes das organizações sociais. Um padre, influente teólogo e professor universitário, assim se expressou, analisando a Igreja antes do Vaticano II:

> Era uma Igreja que, do ponto de vista institucional, era extraordinariamente forte, estável, permanente, com um discurso absoluto e total, baseado na força extraordinária da Palavra de Deus, da revelação, do dogma, e da autoridade do Magistério. Do ponto de vista de organização, tratava-se de uma hierarquia vertical, em que os que sabem decidem e dirigem aqueles que estão nos degraus inferiores da hierarquia. E nós, como fiéis, e até o próprio religioso colocava-se como um fiel, obedecendo passivamente, sem termos a necessidade de buscar nem compreender. Era a época da obediência passiva. Uma Igreja de atuação perante a cultura leiga e civil, com uma atuação de oposição, em grande parte de condenação, uma Igreja que se opunha à Modernidade, por exemplo, ao Iluminismo, à força da razão, da inteligência e das decisões humanas, que condenava tudo aquilo que não fosse de acordo com a mais antiga tradição. Então, vemos uma Igreja com um discurso, com uma organização e com uma prática fortís-

sima. Naquele tempo isso tudo era vivido pela comunidade de fé dos cristãos com tranquilidade de consciência e segurança quanto às normas e crenças institucionais. Era muito diminuto o espaço para posicionamentos subjetivos e à crítica. Essa Igreja missionou o mundo de 1500 a 1960 (depoimento de um padre, teólogo e professor).

Pós-Segunda Guerra Mundial, anos de 1960

O quadro social e a Igreja Vaticano II – Conferências latino-americanas	Subjetividade da pessoa humana	Pastoral Vaticano II
• Grande transformação das estruturas institucionais: Estado Moderno e de Direito, Democracia, Direitos Humanos, Insurreição das minorias sociais. • Capitalismo Industrial. Bens exportados e importados (sete trilhões de dólares em um ano). • *Declínio da Sociedade Disciplinar.*	• O sujeito dividido entre o consciente e o inconsciente. Ator social e político. • Autoridade avaliada. Enfraquecimento do recalque e início da transparência das relações. • *Luta pela igualdade*: gênero, etária, étnica, opção religiosa, ecológica, partidária e sexual. • Importância do passado engendrando o presente. • Forte compromisso com os valores culturais. Transformações, microrrevolução cultural. Império das revoluções políticas e culturais moleculares dos oprimidos.	• Presbítero e ministros leigos. • Dispositivos: paróquia, foranias/áreas e regiões. • Modo de vida urbana, conectado a múltiplas relações transversais. • Pequenas comunidades de base.

A sociedade caminhava a passos largos para fortalecer o alto grau de racionalização, industrialização e urbanização. Frente às matrizes modernas, a Igreja apresentava como contraponto, em vão, suas três principais forças monásticas: a fé vivida em grupos bastante fechados sobre suas próprias tradições, crenças e estilos disciplinares, o trabalho manual – artesanal – e o mundo rural. O impacto mais imediato do mundo moderno para a Igreja Católica foi o distanciamento da celebração da Eucaristia e de outras celebrações sacramentais por parte de fiéis da alta e média burguesia que, atraídos pela sedução da Modernidade, resolveram trocar de paradigmas e estilos de vida, agora manifestados sob a forma do individualismo, da secularização e do consumismo.

No final do século XVIII, uma das missões das congregações religiosas era atrair as ovelhas desertoras que fugiram do aprisco eclesial. Para suprir a carência do clero e a fuga da classe média, a Santa Sé estimulou as ordens religiosas da Europa a enviarem sacerdotes, religiosas e irmãos para diversos países do mundo. O dispositivo utilizado para mudar o mundo foi a educação formal – colégios católicos –, como meio de formação da liderança cristã intelectual de vanguarda, atividades hospitalares e assistenciais. Era o período da "neocristandade", com sua missão de conquistar o mundo e restituir a seus quadros os leigos distantes. Assim, a partir do século XIX, várias congregações religiosas abraçaram essa ideia e marcharam com idealismo, missão e determinação no cumprimento da empreitada. Cada congregação foi criando seu ideário, seus traços de identidade, seus símbolos, seus lemas, suas bandeiras e suas cores sustentadas pelas suas constituições. O trabalho não foi em vão: as cifras positivas estão registradas na história de cada país. Basta ver os depoimentos de inúmeros religiosos e leigos. Entretanto, esses resultados otimistas foram solapados pelo balanço negativo de uma realidade muito mais complexa e difícil: o saldo negativo do período pós-Segunda Guerra Mundial. O mundo clamava fortemente por uma mudança substantiva.

Adaptações sempre aconteceram na Igreja. No entanto, especialmente depois da Segunda Guerra Mundial, sentiu-se a necessidade de questionar essa instituição eclesial poderosa, imponente, que começava a não abrir espaço para certos sentimentos, desejos, anseios que correspondiam às necessidades da própria Igreja, em um mundo cambiante.

Surgem muitos surtos de efervescência teológica na Europa, como as publicações de P. Teilhard de Chardin, os trabalhos teológicos de B. Häring, H. Küng, K. Rahner, Congar e a escola de renovação teológica na Alemanha. O movimento litúrgico começou no final do século XIX, mas se firmou com a participação dos beneditinos no século XX.

Esse movimento vai conectar-se depois a outro dispositivo importante de leigos, o Movimento da Ação Católica[19]. Ambos, de certa maneira vinculados, trouxeram várias renovações à esfera da liturgia e à área social, sobretudo na linha humanista de Jacques Maritain.

O próprio Pio XII iniciou a reforma litúrgica, mudanças pequenas, mas simbolicamente grandes no campo da liturgia. No Ano Santo de 1950[20], o Papa Pio XII propõe um congresso mundial sobre a vida religiosa consagrada em Roma, onde se reúnem as autoridades visando um momento de estudo e de confronto com as exigências e necessidades da época, ainda no velho estilo romano. Também se acelera no Brasil, segundo Irmã Carmelita de Freitas, o processo de mudança na Igreja e na vida religiosa consagrada[21]. São várias

---

19. Importante movimento católico que surgiu nos anos de 1950 e que, nos anos de 1960, teve expressiva repercussão junto às populações pobres das periferias dos grandes centros urbanos (PAIVA, 1973: 233). Segundo Souza, "nos anos de 1930 e 1940, o confronto entre os tradicionalistas e os modernos deu-se em torno das reformas litúrgicas e da primeira Ação Católica, passando o conflito principal depois a dividir os modernos daqueles que tinham ligação com o movimento popular. E a JUC será um dos primeiros movimentos a intuir a mudança e a atuar numa nova direção" (SOUZA, 2003: 42). Desde então a JUC realizou uma ação pioneira de ocupar posições na sociedade civil e pôr em questão as normas e a segurança da hegemonia vigente.

20. A CRB (Conferência dos Religiosos do Brasil) nasce em 1954, em consequência desse congresso, no qual se percebia que a VR precisava ser descentralizada e repensada a partir de outras perspectivas. Não se constatava, até essa época, nenhum sinal de trabalho conjunto, de equipe ou de integração entre os religiosos no campo pastoral, de formação e social-político.

21. Para conhecimento mais aprofundado desses eventos, recomendo a análise de Freitas no artigo "Primórdios e alicerces (1954-1965)".

as expressões e dimensões desse processo renovador: o movimento bíblico, o movimento litúrgico, a catequese, a renovação paroquial e teológica, o Movimento por um Mundo Melhor (MMM) e, finalmente, a experiência de educação de base[22] na capital de Natal, RN (décadas de 1950 e 1960) e a Ação Católica Brasileira, ambas inspiradoras da Teologia da Libertação e das Comunidades Eclesiais de Base (CEBs). Faltavam doze anos para o Vaticano II acontecer, o que demonstra que não foi apenas essa a razão da grande renovação teológica que se apresentou desde então. O Concílio foi, na verdade, o desaguar de anos de insatisfação dentro e fora da Igreja, cerceada pela via institucional burocrática que, pela insegurança de sua liderança, adiava os enfrentamentos e os desafios da Modernidade, sobretudo a questão científica.

Após a morte de Pio XII, João XXIII viu seu papel como "um ofício muito humilde de pastor". Quebrou hábitos de séculos, visitando doentes nos hospitais e os prisioneiros no Cárcere Regina Coeli. Escreveu duas encíclicas de cunho social, *Mater et Magistra* e *Pacem in Terris*, onde legitima e encoraja os setores da Igreja a se comprometer com a luta pela justiça social. Anunciou, por fim, um grande concílio da Igreja a 25 de julho de 1959, convocando-o para 25 de dezembro de 1961. Com o Concílio Vaticano II, ele abre para a Igreja a oportunidade de se despir do "homem velho" e de se converter, em "homem novo". Colocando-se a urgência de voltar às fontes, a Igreja reassume sua identidade de "povo de Deus".

---

22. Movimento de Educação de Base (MEB) foi um programa de educação de base bem-sucedido lançado pela Igreja de Natal, no Rio Grande do Norte, e encampado pela Igreja no Brasil, em 1960. Visava uma alfabetização conscientizadora, capaz de mobilizar e politizar o alfabetizando. Agia nas zonas agrárias mais atrasadas e sem recursos.

Houve vozes de resistência de pessoas influentes que não desejavam a mudança[23], mas o papa as repudiou como "profetas da escu-

---

23. "A preparação do Concílio Vaticano II, no entanto, foi feita também pela antiga cúria romana, extremamente conservadora. Em parte, a expectativa do Vaticano II era negativa. Esperava-se que o Concílio fosse rapidamente concluído com documentos conservadores, pois houve um Sínodo do clero em Roma anteriormente e as decisões foram superconservadoras, já no pontificado de João XXIII. Não havia, portanto, nenhuma expectativa daquilo que o Concílio acabou sendo. O clima ainda era de poder, de um saber regrado e limitado. Nos primeiros 25 dias do Concílio, todos os esquemas preparados pela cúria romana foram rejeitados por um grande número de bispos da Europa Central. O cardeal de Colônia pediu a palavra, coisa que não acontecia desde o Vaticano I: "por aí, nós não vamos longe". "Nós queremos reescrever todos os documentos". Criou-se uma crise no Concílio e surgiu um grupo chamado "Grupo Internacional de Bispos e Padres" para reescrever os documentos (cf. BEOZZO, 2005).
"*Mais uma vez os ânimos se dividiram entre os esperançosos e os apreensivos*. Enumeravam-se razões sérias para ambas as posições. Os *temerosos* se situavam em duas fronteiras. Os *conservadores* temiam uma sacudidela na ancestral Igreja romana, abalando-lhe a estabilidade e firmeza. Os *progressistas* apontavam uma série de sinais sombrios no horizonte, alguns até mesmo do próprio pontificado de João XXIII. Fora convocado um *sínodo romano* antes do Concílio cujas decisões reforçavam medidas tradicionais. Duas delas, embora muito secundárias, como a de reafirmar a obrigação do chapéu eclesiástico e a da proibição de clérigos frequentarem cinemas públicos, repercutiram simbolicamente com cheiro de mofo. A Constituição apostólica *Veterum Sapientia* (1962) de João XXIII insistiu no ensino da filosofia e teologia nas instituições eclesiásticas na língua latina, quando já se começava a fazer as preleções em língua vernácula. Ao referir-nos ao movimento bíblico, aludíamos a um ambiente de hostilidade reinante nos anos imediatamente anteriores e no início do Concílio contra os avanços da exegese. Além dos dois renomados exegetas Zwerwick e Lyonnet, como dissemos acima, outros professores de Escritura tiveram sua licença de ensinar retirada. Assim o meu professor de Exegese em Sankt Georgen, Frankfurt, F.X. Schierse, em pleno curso, foi removido para o noviciado para ensinar grego aos noviços. Como que para confirmar toda essa escura expectativa, vieram as *nomeações para as comissões preparatórias* do Concílio. Criaram-se dez comissões e três secretariados. Com a vantagem de ganhar a cúria para a preparação, observa o P. Beozzo, foi confiada a presidência de cada uma das comissões preparatórias a um cardeal prefeito dos diferentes dicastérios. Mais preocupante foi nomear para a presidência da Comissão Teológica o todo-poderoso e temido Cardeal A. Ottaviani. Nesse sentido, continua o Pe. Beozzo, o trabalho preparatório ficou sob o controle da cúria romana. Num primeiro momento, K. Rahner foi impedido de ser nomeado como perito conciliar. Era um clima tenso e de temor. E de onde poderiam vir as esperanças? Embora fossem escassos os sinais de abertura, foram-se somando com o correr dos dias e aumentando a expectativa positiva, passando de improvável e imprevisível para real e crescente. Resumindo, a convocação do Concílio não atenuou as preocupações de que se continuaria numa linha conservadora no campo doutrinal, como a encíclica de Pio XII *Humani generis* anunciara (cf. LIBÂNIO, 2005: 60).

ridão, sempre prevendo desastre, como se o fim do mundo estivesse próximo". Certamente, sem o Concílio, o fim da Igreja Católica estaria muito próximo. Essa "flor de inesperada primavera" reavivou símbolos vitais e antigos há muito esquecidos pela Igreja Católica. Para João XXIII, o Concílio deveria ser um momento ecumênico, de forte vida pastoral e, sobretudo, *aggiornamento*, renovação, atualização e diálogo com o mundo moderno. Construíram-se vivas metáforas: "Igreja como morada de Deus, povo de Deus, povo peregrino em marcha" etc. Os meados da década de 1960 foram, assim, um tempo de renovação, entusiasmo e esperança para muita gente. Havia programas de reformas em todas as áreas de atividades católicas e um proclamado senso da presença do Espírito. A Igreja passou por uma revisão de alto a baixo.

As propostas do Vaticano II, de estar no mundo e despojar-se dos privilégios do poder eclesiástico, somaram-se à bandeira da Teologia das pequenas comunidades de base, as CEBs, que proclamava a "opção preferencial pelos pobres", indicando ampla solidariedade para com as vítimas da opressão. Devia-se descobrir a realidade do mundo e do cristianismo não em meditações metafísicas ou doutrinárias, mas no compromisso prático com as dificuldades e sofrimentos dos oprimidos. Reforçou-se a inserção de padres e religiosos brasileiros nos meios populares, assumindo-se novas formas de evangelização e expandindo sua presença para regiões carentes.

A ideia era que havia uma urgência de mudança: o modelo de paróquia que respira sobretudo a Teologia Tridentina teve que ser modificado, e a saída estava na descentralização da paróquia fortemente fixada sobre a figura do pároco. Assim, a Igreja passou a se organizar em pequenas comunidades, tendo o padre como grande animador, pedagogo – porque tem que educar para essa vivência comunitária –, elo de interligação, catalisador, líder emergente, despertando lideranças, dando protagonismo aos leigos e fazendo com que os mesmos ocupassem seu papel. Daí o fortalecimento dos conselhos, a diversidade dos ministérios e a renovação litúrgica. Inaugura-se, assim, com o Concílio Vaticano II, o "Catolicismo Renovado".

As CEBs foram originariamente gestadas pela preocupação da hierarquia da Igreja em dinamizar a participação dos leigos e recuperar o espaço perdido na sociedade moderna[24]. A principal preocupação era colocar o saber clássico, de orientação acadêmica, a favor do "saber do povo". A perspectiva de resgatar o saber popular tomou corpo à medida que os agentes optaram pela construção de uma teoria gerada a partir da prática do cotidiano e das experiências populares: "pensar a partir dos pés e das mãos". Tais princípios foram estabelecidos visando potencializar o universo simbólico popular e minimizar a força do racionalismo intelectual de inúmeros militantes da classe média, de formação universitária e adeptos das concepções marxista-leninistas. As expressões "agente externo", "universo simbólico", "popular", "base", "partilha", "inserção", "imersão", "diálogo", "fé e vida", "trabalho intelectual x trabalho manual", "participação", "comunidade" e a expressão de ordem "ver, julgar e agir" passaram a fazer parte do dicionário de todo agente externo das CEBs a partir dos anos de 1960 e 1970. Portanto, o marco referencial da renovação da Igreja Católica naquele momento está na participação efetiva dos leigos na vida eclesial, com clara opção pelos pobres e pela transformação social.

Durante o período entre as décadas de 1960 e 1970, várias dioceses e Congregações quebraram fortes estruturas institucionais: o *clegman* e o hábito religioso foram substituídos pelo traje civil,

---

24. Com o advento da Modernidade, assistimos a um esvaziamento do religioso pelo excesso de racionalidade. A moral cristã deixou de comandar as áreas econômicas, que se tornaram autônomas, regidas pelo mercado e pelo lucro, e as ciências separaram-se da Igreja. O desdobramento da racionalidade e sua ação capilar sobre a vida e o pensamento modernos manifestaram-se, sobretudo, em três faixas importantes: a secularização do pensamento e das instituições, o pluralismo cultural e doutrinal e a confrontação de ideologias. Daí a preocupação da Igreja, nas décadas de 1950 e 1960, em recuperar o espaço na sociedade perante seus discípulos (cf. PRANDI & SOUZA, 1996).

promoveu-se a organização das paróquias em pequenas comunidades, facilitou-se o acesso de presbíteros a cursos superiores fora de seus próprios estabelecimentos, teve fim a segmentação de religiosas em conversas e coristas[25], aumentou o número de candidatos negros[26], iniciou-se uma nova consciência crítica e senso de justiça social em outras regiões brasileiras mais desafiantes, como, por exemplo, o Nordeste. Assim, desencadearam-se poderosas forças de restauração e libertação, causando alegria, ansiedade, perplexidade, medos e desejos. Vários presbíteros, religiosos e religiosas que viveram esse tempo expressaram-se sobre ele:

> O Concílio Vaticano II foi profundamente inovador em termos de eclesiologia, ou seja, em termos de visão da Igreja, de concepção da Igreja. Por exemplo, o Santo Papa Pio X, no início do século XX, afirmava com clareza: "a Igreja é uma sociedade desigual, tem os pastores e as ovelhas. As ovelhas só têm a obrigação de seguir os pastores". O Vaticano II, ao contrário, afirmava: a missão cristã é a missão de seguir o Evangelho, torná-lo presente na sociedade, é uma missão de todos os cristãos sem distinção, e há uma dignidade de todos pelo batismo e todos participam de um sacerdócio comum, todos são chamados a prestar culto a Deus, e a prestar serviço à sociedade em igual medida (depoimento de padre).

> Foi um impacto, uma revolução que foi de Deus, sem dúvida nenhuma. Esse processo de renovação foi profundamente traumático, mas renovador. Nós passamos a ser religiosos com um jeito novo de ser, mais autêntico, mais ligados às inspirações iniciais, por um lado, com uma tentativa de

---

25. As congregações religiosas despontavam, no século XIX, com as marcas da Igreja medieval: piramidal, hierárquica, estratificada entre aqueles que sabem, possuem e se constituem, e os que devem permanecer imutáveis e fixos na base da pirâmide.

26. Até os anos de 1990 o Brasil tinha 12.700 padres. Se a Igreja não praticasse o racismo, deveria ter em seu seio um número de padres negros proporcional à população negra na sociedade brasileira, ou seja, 7 mil padres. No entanto, havia apenas 200. Dos 370 bispos, só 6 eram de origem negra.

traduzir as realidades presentes. E com uma prática que respeitou, pela primeira vez, de maneira consciente, a realidade humana do religioso ou da religiosa (depoimento de religiosa).

Ocorreram vários traumas emocionais, pessoas que tinham uma confiança absoluta naquilo que era tradição. De repente, o magistério começa a falar diferente através do Concílio. Os teólogos, os peritos e os técnicos das ciências humanas começam a fazer propostas novas, que contrariam convicções e que propõem práticas que antes eram consideradas por muitos até pecaminosas. Lembro que, preparando o Capítulo Geral de minha congregação, nos reunimos, um grupo de formadores e de peritos, e fizemos textos que seriam nossas propostas para o processo de formação na vida religiosa. Um dos conselheiros provinciais, um homem considerado de grande autoridade, de grande prestígio, disse-me depois: "olha, fui lendo o que vocês escreveram, ponto por ponto, foi doendo no meu coração. Mas eu lia, via o que vocês citavam e fui ver que está tudo fundamentado no Concílio, então tenho que aceitar". Esse foi um homem que sofreu, mas aceitou. Convivi com ele mais de 20 anos depois, e ele aceitou. Outros não conseguiram aceitar. Eu tive confrades, um teólogo, professor de teologia, que se afastou da congregação porque, segundo ele, "a congregação não era mais fiel à sua história, ela mudou. Essa congregação que está aí agora não é aquela com a qual eu me comprometi". Então, foram acontecendo decisões traumáticas, no sentido de quebrar estruturas na própria organização de vida. Antes, nós vivíamos na comunidade tradicional monástica observante, em que a formação para a vida religiosa consagrada era muito clara e muito tranquila. O modelo estava pronto, era o do religioso observante: o trabalho do formador era repetir com seus formandos a mesma formação que já havia recebido, não havia necessidade de ser perito. Por que fazer pedagogia? Era transmitir aquilo que eu aprendi: se sou fiel à tradição que recebi, passo isso para os formandos. E o papel do formando era mais simples ainda: ser submisso, calado e introjetar o modelo que lhe era apresentado. Isso caiu por terra. Até hoje, vamos ser práticos, a vida religiosa está procurando o que fazer e como fazer o processo de formação (depoimento de religioso).

Eu acho que foi bom porque tinha que mudar! Abriram-se os horizontes, abriram-se as janelas, o episódio do Concílio fez as pessoas se assumirem. Tivemos que nos assumir. Era tudo uma "nenenzada"! Nossa mãe, a responsabilidade dobrou e os problemas aumentaram, porque, se você errou, você é responsável pelos seus atos. Eu acho que foi bom! A Igreja estava muito atrasada (depoimento de religioso).

Eu vejo que foi uma coisa boa. Tirar o hábito, sair para as obras, acho que realizei um sonho. Uma vez disseram: quem sabe um dia as irmãs vão dar comunhão! E eu dei um pulo! Eu fui uma das primeiras que ganhou licença de Roma. Foi uma abertura! Houve irmãs que foram heroínas, no sentido de arriscar! Ninguém tinha preparo. Encontram barreiras, porque a cultura do povo achava que se deve manter aquela religiosidade, e achava que irmã não podia fazer certas passeatas, irmã não podia fazer política. Nem todo mundo entende bem isso, ainda hoje [...] (depoimento de religiosa).

Depois do Concílio houve uma "explosão de experiências". Todos os rincões da Igreja resolveram experimentar e modificar as formas que levavam até então. Os grandes conventos, por exemplo: as grandes comunidades se esfacelaram e algumas ficaram pequenas, mais aconchegantes. Já dizíamos isso em tempos da esquerda de 70: haviam comunidades mais aburguesadas e outras que foram para uma inserção mais radical nas periferias, usando o campo da América Latina e da África na vida religiosa. E também houve mudanças no comportamento, no modo de vestir, nos horários, nas atividades, na participação da "vida mundana"; quer dizer, houve uma quantidade enorme de experiências de todos os tipos. Inclusive, algumas mais avançadas, afetivas e até sexuais dentro da própria vida religiosa, e aí os superiores começaram a ficar preocupados e tiveram que começar a dizer não: "essas experiências sim, essas não, essas convêm, essas não convêm" (depoimento de religioso).

Olha, antes, dava um pouco de raiva, uma angústia e um desespero, porque a gente tinha que ficar dentro daquele quadrado, mas era mais fácil viver, porque você obedecia, você não pensava [...] Porque você não precisava pensar. Mandou? Tudo bem! Deu errado? A culpa não é sua! Mandou, eu fiz! Depois do Vaticano II, foi uma reviravolta tão grande! Aquela mudança de hábito: fui uma das últimas a tirar. Eu tirei porque me roubaram o hábito de noite! Você tinha que se ajeitar. Aquele cabelo lambido, aquelas roupas: a gente ficava sem graça. De noite roubaram meu hábito. Mas eu já tinha roupa, só que eu não tinha coragem de trocar. Aquele pescoço meio branco, sabe? Aquilo lá foi horrível! Algumas irmãs ficaram desnorteadas e foi aquela debandada na congregação! Para quem não tinha um pouco de cérebro pensante [...] foi uma época muito difícil (depoimento de religiosa).

1) A divisão entre as classes institucionais: padres, irmãos, mestras ou irmãs coadjutoras

Aspecto fundamental nas congregações religiosas masculinas e femininas, razão primeira de muitas cisões e segmentações no grupo, a divisão histórica entre padres, irmãos, irmãs de coro, mestras e coadjutoras merece destaque especial na reflexão do grupo religioso.

As congregações despontavam, no século XIX, ainda com as marcas da Igreja medieval: piramidal, hierárquica, estratificada entre aqueles que sabem, possuem e se constituem, e os que devem permanecer imutáveis e fixos na base da pirâmide. Tecnicamente, a diferença entre os dois grupos vinha da forma de votos que faziam. Os presbíteros e as mestras faziam votos plenos, solenes e progrediam de *status*; os irmãos, as coadjutoras faziam votos simples. Mas, se a distinção técnica era um tanto sutil, a social era evidente. Os presbíteros e as mestras eram superiores sociais aos irmãos e às coadjutoras, e como tais tratadas dentro da comunidade. Por certo, isso indicava também uma desigual distribuição de poder, os subalternos não eram indicados na eleição do governo do Instituto. A leitura atenta de alguns dos pontos das Constituições de uma determinada congregação confirma essas ideias:

> Membros do Instituto
>
> Neste Instituto há Irmãs Mestras e Irmãs Coadjutoras ou Conversas. As primeiras são as que têm aptidão para se dedicarem à educação das meninas por meio da Pia Obra, nos colégios e nas escolas. As segundas são as que se destinam aos trabalhos domésticos da comunidade.
>
> Noviciado, votos simples e profissão/Irmãs Coadjutoras
>
> Então serão admitidas entre elas mediante a emissão dos votos de Pobreza, Castidade e Obediência as <u>Irmãs Professas</u>, e o de promover a Pia Obra da Santa Fundadora, segundo as regras do Instituto. [...] As Irmãs Coadjutoras não farão a última prova dos seis meses, pois não fazem profissão solene nem o quarto voto. No mais, porém, deverão uniformizar-se às Irmãs Mestras.
>
> Qualidades requeridas das <u>Coadjutoras.</u>
>
> Todas estas disposições se requerem igualmente daquelas que se apresentam para ser admitidas entre as Irmãs Coadjutoras, exceto os conhecimentos e talentos que se referem à instrução, o que deve ser suprido pela aptidão e o amor ao trabalho.
>
> <u>Governo do Instituto</u>
>
> A Superiora-Geral, as quatro assistentes e a administradora são eleitas por nomeação feita através de cartas de todas as superioras das Casas Centrais e por votação das Irmãs Professas da casa de Roma.
>
> (Constituição e Regras do Instituto Religioso, Roma, 1851, grifo no original)

Cerca de mais de um século depois, o tempo amadureceu e a hora chegou trazendo uma nova fermentação de igualdade, de compaixão e reconciliação entre a vida religiosa. Cabe registrar que a virtude da compaixão é diferente do sentimento neurótico de culpa. A compaixão é o desregramento do afeto e da paixão. A culpa é o desregramento do narcisismo, do amor a si mesmo.

Até o Vaticano II, a vida religiosa era constituída de forma macroestrutural, uniformizada, verticalizada, pautada por uma espiritualidade medieval negativa em relação aos valores humanos. Os códigos institucionais e as forças inconscientes do recalcamento impediam os olhos de ver, os ouvidos de escutar e a boca de transmitir, através da palavra, a linguagem dos sentimentos e dos desejos. Era uma servidão voluntária e difícil de perceber:

> Eu percebia isso, essa servidão em todas as minhas companheiras, mas era uma coisa que nós tínhamos assumido. Eu sentia que ali valíamos mais pelo que rendíamos, que mesmo a coisa em si. Nós não tínhamos obrigação. Não podíamos falar com as alunas, com as madres ou com as professoras. Então, vivíamos no nosso trabalho e respondíamos pelo setor por que éramos responsáveis. Nós éramos proibidas: não podíamos ler o jornal, nem pegar em livro. Para você ter uma ideia, eu, como religiosa, fui manusear a Bíblia depois de 20 anos de vida religiosa... Então, o sentimento que tínhamos... Eu sempre procurei fazer tudo por amor a Deus mesmo, mas pensava assim: meu Deus, quem sabe se eu tivesse mais preparo, eu pudesse até ajudar mais e melhor. Mas eu encarava isso como uma tentação. Isso foi coisa que assumi: eu sabia que a Constituição era assim, e assumi espontaneamente. Mas depois, quando houve a junção, sentíamos que havia uma rejeição do outro lado: as madres não aceitavam isso, que a classe se unisse. [...] Acho que tínhamos complexo de inferioridade: levávamos mais na linha da humildade, achávamos que não éramos ninguém mesmo e que estávamos ali para servir. E, no caso da meditação, as madres tinham uma hora e nós tínhamos meia hora para meditar. E, mesmo assim, tinha uma madre que vinha e lia os pontos da meditação para nós (depoimento de religiosa).

Evidentemente, as cicatrizes foram introjetadas tanto no nível institucional quanto no nível das relações entre as irmãs, e mesmo pessoalmente: ódio, vingança, apatia, indiferença, boicote, discriminação, domínio e, por que não, também afeto e ternura. Era a dor da instituição.

> [...] Mas a coisa não sai, não sai de dentro de nós. Pensávamos que não devia ter sido assim, achávamos que deveria ter sido de outra maneira (depoimento de religiosa).

> Porque, quando eu entrei para o convento, não podíamos estudar: o que sabíamos ficava naquilo mesmo. Eu estudei pouco, só fiz o segundo ano primário na roça, porque eu morava na roça. Quando eu entrei, não podia estudar mais. E nem conversar com ninguém. Isso quer dizer que eu fui ficando fechada. Quando entrei, era só trabalho de casa, limpeza de casa, lavanderia, enfermaria [...] Eu ajudei tanto tempo [...] Depois, estive na cantina, nas casas. No começo, eu não sentia nada, achava que era assim mesmo. Depois de uns tempos que vi que as pessoas estudavam, que as irmãs estudavam. [...] Agora que eu vejo que não é como eu pensava, porque, agora, nós estamos no meio do povo (depoimento de religiosa).

> Tanto é que cobram muito de nós: vocês têm que participar, têm que fazer isso, têm que fazer aquilo. Isso eu sinto! Porque eu não tive oportunidade de aprender; como é que agora depois de velha não entra mais nada na nossa cabeça. Eu sinto que estou melhorando: eu já converso, mesmo sem saber muito [...] Tenho coragem de chegar e falar o que estou sentindo. Por outro lado, eu sempre chorei muito (depoimento de religiosa).

> Porque o início da nossa vida foi muito marcado pelo poder das superioras, entende? Nós éramos classe, irmãs mestras ou irmãs coadjutoras, dependendo do grau de instrução que tínhamos. O trabalho doméstico era feito pelas irmãs que tinham menos cultura, menor grau de estudo. Isso nos marcou muito (depoimento de religiosa).

Com o Concílio Vaticano II, foi decretada a unificação das categorias de Presbíteros, Irmãos, Mestras e Coadjutoras. Era uma determinação que gradativamente já manifestava a insatisfação e aspiração do coletivo.

> São muito marcadas [as coadjutoras], sabe por quê? Foi uma vida muito difícil, a que elas tiveram. Tudo era separado: recreio, sala, as roupas eram diferentes. Inclusive, as mestras antigamente não lavavam nem a própria xícara (depoimento de religiosa).

Mudança simplesmente por decreto não garante a plena transformação. É claro que era um passo importante. A transformação exige mudanças estruturais e novas atitudes grupais e pessoais. Quanto a essa problemática, atualmente, a grande maioria dos irmãos e das irmãs entrevistadas felizmente confirma a ocorrência de importantes metamorfoses na vida religiosa. Mas, mesmo na maneira de se expressar demonstra-se que a segmentação ainda existe:

> Coadjutoras e mestras? Ah, isso vemos até hoje. Elas são muito marcadas, as irmãs do trabalho (depoimento de religiosa).

Essa situação apresenta-se ambivalente na vida institucional religiosa. Por um lado ex-coadjutoras apontam que as ex-mestras são de modo geral beneficiadas e ocupam na maior parte das vezes os principais cargos na província, como: coordenadora provincial, conselheira, ecônoma, secretária e mestra de noviças.

Por outro lado, observa-se que a estratégia grupal é controvertida: quem vota nos padres ou nas ex-mestras para ocuparem cargos de chefia na vida religiosa, são também os irmãos e as ex-coadjutoras. O oprimido introjeta o opressor e o aloja dentro de si transformando-o em um querido e amado hóspede. Quando os irmãos ou as ex-coadjutoras são solicitados a ocuparem cargos eles demonstram resistências. A estratégia grupal da manutenção do poder, do saber, do prestígio e da acomodação e da resistência de não ter que assumir funções são mantidas por ambas as partes de forma tácita, silenciosa e repleta de ganhos secundários.

Em proporções diferentes, mas com traços semelhantes, na vida diocesana, ocorrem as mesmas crises com a divisão entre pároco e vigário.

Há uma expressiva necessidade de criação de um dispositivo para que se possa falar desse episódio histórico, de suas consequências e das cicatrizes cravadas na alma de cada um dos envolvidos e depositadas nas relações institucionais. Os depoimentos e os sintomas de cada dia nas comunidades são bastante esclarecedores acerca desse mal-estar e do mal dito que reina entre os membros da Igreja. Se o coletivo criar um dispositivo para aflorar o bem-dizer, ou seja, dar a palavra às partes, encontrará paralelamente o bem-dito.

2) Crise de vocações

Por mais progressistas e entusiásticas que parecessem essas ideias e experiências, surgiram também ambivalências, crises, rupturas, resistências, receios e processos de desestruturação no novo estilo de vida de mulheres e homens no mundo. Nos anos de 1970 a Igreja em todo o mundo é surpreendida por uma crise de vocações. Durante esse período, um grupo significativo de presbíteros deixou o ministério e a vida religiosa, enquanto que outro grupo soube suportar a angústia de separação dos companheiros e a elaboração da ansiedade frente à expectativa do novo: as mudanças pós-Vaticano II. Mais do que isso, podemos afirmar que o grupo, ao longo do tempo, soube oferecer um novo lugar para o exercício do ministério presbiteral frente às transformações pelas quais passou.

> Nosso bispo viveu numa situação muito difícil. Na verdade, acho que ele foi mais um bombeiro apagando incêndio daqui, incêndio dali, e ele ficou como bispo diocesano apenas sete anos (depoimento de padre).

> Os grandes feitos de nosso bispo, acho que não foi ter deixado as coisas ficarem piores (risos), a grande obra dele acho que não foi ter deixado piorar ainda mais (depoimento de padre).

> Foi um tempo de crise. No tempo dele fecharam-se os seminários. Foi uma onda que correu o Brasil inteiro. Além de fechar aquele tipo de seminário, também houve uma cisão no clero, e muitos deixaram o sacerdócio. Foi um tempo cheio de "panelinhas": uns aceitavam a orientação do bispo, mas outros já não aceitavam tanto. E isso magoava muito a vida do novo bispo. Houve uma crise e resistência: muitos padres deixaram o sacerdócio e teve uma divisão (depoimento de padre).

> O novo bispo era tímido: um bispo sem muitas decisões ou muitas posições enérgicas, como era o nosso anterior, do velho estilo de Trento. Ele foi um bispo muito acolhedor, tivemos experiências bonitas com ele, mas foi um bispo que pegou a época das crises, como chamávamos as crises dos padres. Dezoito padres deixaram a diocese nessa época. Ele, quando percebia problemas no padre, ia pessoalmente visitar (depoimento de padre).

Além da saída de presbíteros, o clero e o povo assistiram minguar o número de vocacionados e, consequentemente, presenciou o fechamento de seminários. Não se tratava de uma crise localizada, mas de uma virada na própria concepção de Igreja, de vocação e do dispositivo seminário de modelo macro. Várias dioceses, nesse período, conseguem motivar a reabertura do seminário em formato micro, com assistência mais personalizada, vocações mais adultas e maior engajamento pastoral dos seminaristas.

> Aquele modelo de formação não respondia concretamente à necessidade da Igreja. Havia uma estatística que, de cada 100 seminaristas, um se tornava padre, aí votaram pelo fechamento do seminário, ficariam lá só os da Filosofia, a princípio os do 2º grau (depoimento de padre).

Também na vida religiosa consagrada ocorreram várias mudanças. Assim, várias irmãs comentaram seus momentos difíceis de desestabilização:

> Eu acompanhei o processo antes e depois do Concílio. E aconteceu abertura! João XXIII abriu as portas e as janelas decidirmos, nos tornar outras pessoas! Eu gostei! Foi

tudo maravilhoso. Foi muito bom e chegou tarde. Agora, teria que abrir mais algumas coisas. Com a abertura muitas irmãs foram embora. Muitas irmãs saíram achando que a congregação ia acabar. E muitas ficaram porque acharam que não tinham condições de sobreviver lá fora. Mesmo sem vocação, muitas ficaram e ainda estão revoltadas, perturbando, brigando, xingando! Porque nessa abertura não tiveram coragem de sair. Isso é muita dor, conviver com irmãs que ficaram revoltadas, que não tiveram coragem para sair (depoimento de religiosa).

A nossa Geral, naquela época, dizia assim: "Eu teimo em confiar nas minhas irmãs!" Aquela abertura foi uma descoberta do mundo! Eu acho que foi uma caminhada muito bonita, que começou com a liturgia. Depois veio a leitura dos textos de Puebla e Medellín. Foi possível descobrir que a vida religiosa tem valor, tem o seu lugar. A radicalidade do batismo, uma descoberta nova, e essa abertura toda. A nossa congregação foi uma das primeiras que se abriu, tirou o hábito e foi para o Nordeste. Agora a situação que está ficou difícil, com alguns retrocessos, encruzilhadas [...] Eu acho que é bonito porque a nossa vida vai sendo construída a cada dia! (depoimento de religiosa).

Eu peguei as duas pontas: em 1961 estava no noviciado e parecia que havia um leque que se abria. Um dia, só podíamos ler livro de santo e, depois, nós começamos a pegar a Bíblia na mão, ler documentos da Igreja, ler artigos de jornal. Quando cheguei aqui ganhei uma Bíblia. O Concílio foi uma janela que se abriu e nos deu liberdade de falar, de ler jornal, acompanhar os documentos da Igreja. Antes, não sabíamos o que acontecia (depoimento de religiosa).

O que sentíamos, que as irmãs falam e que perdurou depois, é que, antes do Vaticano II, tudo vinha estabelecido. Então, a irmã fazia aquilo que estava estabelecido, o que estava sendo pedido, o que era mandado. Isso para algumas era sagrado, e, para algumas, imposição. A partir do

> Vaticano II você tinha que ajudar a perceber, a se orientar e não ficar esperando orientação de fora. Para algumas irmãs isso foi muito difícil porque ninguém mandava ou estipulava, então, não sabiam o que fazer. Mesmo hoje, se não é pedido a algumas irmãs para participar disso ou daquilo, não tomam a iniciativa. Quem decidia era a madre! Havia uma dependência muito grande, até para sair e comprar as coisas. Agora não: o trabalho é maior, mas é melhor. É muito mais evangélico, sem dúvida! (depoimento de religiosa).

Padres e religiosas, apesar de suas altas aspirações espirituais, estavam imbuídos dos privilégios eclesiais e societários. Naquele tempo, ocupavam a presidência do conselho dos diretores de escola, eram autoridade na paróquia, consultores de casais da classe média. Eram reverenciados e respeitados pela batina ou pelo hábito. A era pós-Vaticano II traz uma série de contrastes: do pedestal à participação; de pregador a animador de comunidade; da espiritualidade monástica a uma espiritualidade secular; da salvação de almas à libertação de pessoas excluídas por opressão econômica, cultural, intelectual, de gênero, de raça e pela idade. Muitos presbíteros e religiosos ressentiram-se da ausência da ideia de ministério, carisma e consagração especial, e resolveram abandonar a vida consagrada, pois fantasiosamente concluíram ter as desvantagens de permanecer na Igreja e nenhuma vantagem da vida leiga como "consolação".

> Vi que a vida estava muito mais fechada e se abriu: o ser igual a todas as pessoas, o não ter a batina. Fui muito criticado na minha paróquia. As pessoas diziam que eu sem a batina era secular demais. O que mais gostei não foi isso, claro. O ir para o mundo foi muito positivo. Os valores que temos se chocam com os valores do mundo e, às vezes, não é fácil se integrar. Por isso, a nossa congregação, depois do Vaticano II, teve muitas feridas, muitos irmãos saíram. Vi irmãos que se apaixonaram por uma pessoa. Eu, como congregação, dou graças a Deus pelo Vaticano II (depoimento de religioso).

2.4 A opção pelos pobres

Embora muitos presbíteros, religiosos e religiosas tenham crescido em maturidade e eficácia como resultado da alteração de opções e identidades após o Vaticano II, outros se desestabilizaram. Os que permaneceram foram seguindo outras opções, talvez mais exigentes e até radicais. Surgiu na América Latina, nas décadas de 1960 e 1970, uma teologia com forte expressão de libertação. Seguindo o materialismo histórico, até certo ponto, ela insistia em que a luta de classes é um fato, e que é impossível permanecer-se neutro. O texto-chave dessa abordagem foi *Teologia da Libertação* (1975), de Gustavo Gutiérrez, teólogo peruano, e de Leonardo Boff, teólogo brasileiro. Posteriormente despontaram, para ratificar esses princípios, duas Conferências Episcopais Latino-americanas: Medellín (1968) e Puebla (1979).

A Teologia da Libertação proclamava a "opção preferencial pelos pobres", indicando ampla solidariedade para com as vítimas da opressão, pela adesão às suas lutas e emancipação de uma maneira prática comprometida. Devia-se descobrir a realidade do mundo e do cristianismo, não em meditações metafísicas ou doutrinárias, mas no compromisso prático com as lutas dos oprimidos. Às propostas do Vaticano II de estar no mundo e despojar-se dos privilégios do poder eclesiástico, somaram-se as bandeiras da Teologia da Libertação, e esses ideais foram incendiando algumas dioceses e parte da VRC dos anos de 1960 e 1970. Para os religiosos, esses ideários traduziram-se numa profunda aspiração por uma vida comunitária mais evangélica, e num questionamento quanto à educação das elites em seus colégios, os atendimentos nos hospitais e na assistência às obras sociais. Assim a nova visão teórica e prática da VRC exigia um aprimoramento do senso crítico, especialmente quanto à história, à política e à economia. Para os presbíteros diocesanos o ideário da Teologia da Libertação significa um jeito novo de organizar a paróquia em pequenas comunidades de base. Esse modelo eclesial estimulava a descentralização do pároco e propiciava o aumento de compromisso do leigo na vida da Igreja,

Nos capítulos gerais decorrentes da década de 1970, várias congregações buscaram, com afinco, fazer uma releitura do seu carisma à luz dos valores evangélicos. Retomaram o estudo da espiritualidade, o que reavivou o interesse pela vida e obra de seus fundadores. Cresceu a perspectiva da educação como um ato político e relacionado ao tipo de pessoa e de sociedade que se quer construir. Realizando os seus capítulos gerais, as congregações que já vinham num longo processo de discernimento assumiram, finalmente, a opção pelos pobres como referencial de vida e direcionamento da missão. Com isso, foram caracterizando seu novo rosto da missão. Também na vida diocesana se vê reforçar a inserção nos meios populares, descobrindo e assumindo novas formas de evangelização e de paróquia, expandindo sua presença para outras regiões mais carentes, sobretudo no Nordeste e Centro-oeste. De outro lado, definiram também seu campo na educação formal, como processo de libertação integral, transformação social e construção de outro modelo de sociedade.

Nesse período o Brasil já estava mergulhado em uma ditadura militar. A Igreja passou a ser, supletivamente, o único canal que abrigou as formas de protesto, de organização e as saídas inventivas dessa dura escravidão. O momento era radical, não havia opções dentro da sociedade civil, por exemplo, de movimentos sociais alternativos que pudessem livremente se estruturar. O paradigma central que funcionava como chave de leitura da sociedade era o materialismo histórico. Os cenários internacionais e nacionais estavam impregnados de revoluções: movimento feminista, do negro, ecológico, de gênero, cultural, dos índios, dos operários, dos camponeses e dos favelados. Os primeiros fermentos das produções simbólicas, contraculturais, que foram penetrando nas massas eram o descrédito na figura da autoridade, nas instituições e nas grandes teorias, as mudanças do macro para o micro, do poder vertical para o poder horizontal, do saber formal para o saber popular, da Igreja sacramental para a Igreja inserida e evangélica, do catequizar e converter a liderança mais abastada para a conscientização e organização de líderes operários, favelados e camponeses.

Assim, a Conferência Nacional dos Bispos do Brasil (CNBB) e a Conferência dos Religiosos do Brasil (CRB), com a nova consciência de uma Igreja Povo de Deus, fizeram-se "a voz dos que não têm voz e nem vez", como diziam os agentes de pastoral das Comunidades Eclesiais de Base (CEBs). Uma parcela de presbíteros e religiosos aderiu a esse movimento de corpo e alma. O contexto social da época contribuiu expressivamente para tudo isso: a Revolução de Cuba, a Guerra Fria, a vitória de Allende no Chile e do sandinismo na Nicarágua, os movimentos revolucionários dos anos de 1960 – *hippies*, sexualidade, Beatles – as crises nas instituições, na centralidade do poder, a descrença na razão instrumental e na epistemologia da ciência moderna. Nenhum aspecto permaneceu de fora sem que fosse radicalmente marcado por revoluções.

Pouco a pouco, em razão mesmo dessa opção de inserção, muitos presbíteros e vários religiosos deixaram a macroestrutura de paróquia, a atividade em colégios, hospitais e obras assistenciais e optaram pela experiência em comunidades menores, no meio dos pobres. Presbíteros e freiras perceberam que, a partir do compromisso com o povo e do engajamento nas CEBs, a vida diocesana e religiosa consagrada foi recriada, surgindo um jeito novo de ser Igreja. Houve uma mudança de ótica, de espírito e, sobretudo, de estrutura institucional. As transformações atingiram todos os aspectos da vida religiosa: a vida afetiva da comunidade, os votos, a missão e a produção criativa de trabalhos. Os presbíteros e religiosos entraram na vida do povo, o povo também entrou na vida da comunidade de Igreja. Essa interação ajudou a desenvolver entre as partes o espírito de coragem, a luta, a perseverança, a confiança, o aprendizado da convivência com o conflito e ajuda mútua.

1) O narcisismo das pequenas diferenças grupais

Gradativamente, foi-se definindo nas paróquias e nas congregações a questão da educação popular[27] como meio de conscientização do povo em vista da transformação social. A questão da radicalidade da opção pelos pobres, como vários presbíteros e religiosos disseram nas entrevistas que realizamos, abriu uma ferida grupal, provocando uma cisão profunda que até hoje vem sendo elaborada. A opção de viver em pequenas comunidades inseridas transformou-se em um dos mais importantes analisadores de dioceses e das congregações/províncias. Os depoimentos sinalizam análises ambivalentes de um lado, novas descobertas para a vida da Igreja; de outro, ressentimentos, mágoas, perda de identidade, formas de desestruturação e novas construções.

> Eu não concordo em morar lá junto com os sem-terra! Eu posso ajudar, entendo um pouco de terra, mas morar lá, eu nunca faria isso! Eu "não dou para aquilo", não está em mim! (depoimento de religiosa).

---

27. Os movimentos de educação popular "lançaram-se ao campo da atuação educativa com objetivos políticos claros e mesmo convergentes, embora cada um deles enfocasse o problema à sua maneira e mesmo lutassem entre si. Pretendiam todos a transformação das estruturas sociais, econômicas e políticas do país, sua recomposição fora dos pressupostos da ordem vigente; buscavam criar a oportunidade de construção de uma sociedade mais justa e mais humana. Além disso, fortemente influídos pelo nacionalismo, pretendiam o rompimento dos laços de dependência do país com o exterior e a valorização da cultura autenticamente nacional, a cultura do povo. Para tanto, a educação parecia um instrumento de fundamental importância. A perspectiva educativa desses grupos, entretanto, caracteriza-se pelo "realismo"; eles buscam métodos pedagógicos adequados à preparação do povo para a participação política. Esses métodos combinam a alfabetização e educação de base de diversas formas de atuação sobre a comunidade em geral, considerando como fundamental a preservação e difusão da cultura popular e a conscientização da população em relação às condições socioeconômicas e políticas do país. Nessa busca de método e em sua justificação, refletiram-se as divergências políticas e ideológicas entre os grupos. Discutia-se o conceito da cultura popular, o papel da arte e da alfabetização, bem como a ênfase que cada uma delas deveria merecer e, finalmente, o problema da diretividade ou não diretividade dos métodos, por trás do qual colocava-se a questão da manipulação das massas. Entretanto, apesar das divergências, os grupos influíram metodologicamente uns sobre os outros, e essas influências recíprocas provocaram diversos processos de revisão nos movimentos" (PAIVA, 1973: 230-231).

> Acho que não são só os pobres que têm que ter uma vivência de evangelho, que têm que ter uma vivência cristã! (depoimento de religioso).

> Quem tem esse carisma de trabalhar com os pobres, eu acho que é muito bom: tanto para quem trabalha nas escolas, como para quem trabalha na parte social (depoimento de religiosa).

> Eu achei que não foi bom a saída das irmãs para a periferia, porque esvaziou as grandes comunidades. Achei "o fim da picada" ninguém se preocupar com isso. Muitas saíram dos grandes colégios para se sentirem livres. Pensaram que lá era melhor e, depois, deu no que deu: nada faziam lá, precipitaram-se muito. O que dava dinheiro eram as obras. Saíram para periferia, e daí? (depoimento de religiosa).

> Eu fui me adaptando: aprofundando, convivendo, descobrindo a caminhada do povo. Havia uma certa linha de ação bem diferente da nossa diocese. A diocese não nos dava nada. Trabalhamos com aquilo que a congregação nos prepara. Mas aqui não é mole! É um baita sertão. Eu gosto de fazer o trabalho na inserção (depoimento de religiosa).

> Outras iniciativas foram: formação de leigos, criação de grupos de fé e política, Comunidades Eclesiais de Base, ecumenismo, pastoral da moradia, celebração de datas de comemoração de pastorais sociais e obras assistenciais (depoimento de religiosa).

Há um fenômeno nas organizações e instituições que poderíamos denominar "de narcisismo das pequenas diferenças". Trata-se de uma dificuldade dos elementos de um grupo de viverem com a diferença e de não suportarem o menor desvio da parte de outros que compartilham a mesma cultura grupal. Esse sentimento de intolerância à diferença geralmente se transforma em uma categoria de "inimigo", do tipo perseguição[28]. É importante tomar posição com relação às ideias e as posições controvertidas de outras pessoas e de situações adversas. Entretanto, por vezes, essa luta desloca para a polêmica destrutiva, pessoal e vinculada a uma ferida narcisista.

Uma imposição unilateral pode correr o risco de sacrificar, em nome de uma identidade narcisista, a própria razão de ser da vida comunitária de igreja e das vivências grupais, inerentes às pessoas vivas com seus desejos de felicidade. É preciso compreender essa influência histórica reestruturando-a politicamente, exorcizando o fantasma e a ideia de inimigo, a fim de diminuir a intensidade das lutas desagregadoras internas, antropofágicas.

Coincidentemente ou não, retornando o olhar sobre a história das congregações na primeira década de 1800, percebe-se uma crise de identidade que atingiu dois pontos essenciais: o carisma e o modo de governar. Assim, na década de 1970, emerge durante a nova proposta de se fazer a vida religiosa ou diocesana, um conflito essencialmente parecido sobre o carisma e o modo de governar da Igreja. Tal problemática veio a se aflorar compulsivamente na Igreja diocesana e religiosa, abrindo fissuras no interior dos grupos de padres, religiosos adeptos ao sistema de paróquia centralizada ou obras, como colégios e pastorais sociais e inserção popular.

Sinais dos tempos. Eis a questão colocada para a instituição Igreja de forma radical e narcísica: de um lado, constituíam-se num grupo de eleitos e privilegiados de Jesus e, de outro lado, num grupo de homens e mulheres humanas que caminhavam com o Povo de Deus?

Como é vivido o fenômeno da diferença entre as pessoas dentro da Igreja? A diferença é utilizada para fortalecer ainda mais as partes intactas, narcisistas, perfeitas e puras? As diferenças são experimentadas simplesmente para acirrar os antagonismos e promover

---

28. O indivíduo usa, preferencialmente, a projeção como defesa e transforma a interação com o outro numa luta entre perseguido e perseguidor.

de forma imaginária as marcas de um grupo "religioso", "militante" e devoto de lideranças vanguardistas messiânicas salvadoras do mundo? Toda diferença quebra a uniformidade e a igualdade narcisista.

Ora, a diferença quebra a manutenção e a conservação e inaugura o caos, o novo, a desordem, o diferente. Será que as diferenças entre as pessoas não poderiam ser vividas e toleradas por participantes de um grupo que têm a nítida convicção de que não sabem tudo, não têm todo o poder, e nem dispõem de todo o prestígio do mundo? Até que ponto essas pessoas têm a convicção de que são humanas, limitadas e frágeis?

A divisão que ocorreu entre as décadas de 1960 a 1980 fragmentou a experiência comunitária da Igreja, a vida diocesana e religiosa em dois grupos: os adeptos da paróquia como centro, educação formal e os partidários da educação informal e das pequenas comunidades inseridas no meio do povo. Apesar dos esforços e de vários confrontos históricos que visavam permitir-lhes realizar em conjunto decisões e trocas de informações, não se chegou a elaborar as raízes dessa cisão e nem se descobriu um modelo para remediar as dores das feridas. Esses dois grupos, mais ou menos homogêneos e rigidamente convictos que estão absolutamente certos, ainda não foram capazes de perceber o contexto psico-sócio-cultural, religioso, econômico em que tudo isso ocorreu. Cada parte preferiu personalizar as múltiplas causas do contexto social. Desse modo, a luta de cada parcela continuará surda e sem uma linguagem fluida capaz de deslizar outras formas inventivas e interativas. Há que refletir sobre a preferência por viverem na camuflagem e sufocadas pelas maledicências e pelos boicotes.

Os conflitos contemporâneos entre uma Igreja de pequenas comunidades e de uma Igreja midiática são resíduos dessa situação que se arrasta há anos. É necessário rever os motivos atuais desse conflito. Será que os dois grupos têm mais prazer pelo que tudo isso arrasta por contrabando, como o prazer pelo poder e pelo domínio, do que pela mística ou pela evangelização midiática?

2.5 A Igreja pós-Vaticano II

1) Transformações socioculturais dos anos de 1980

Ulrich Beck[29] elabora o conceito de subjetividade individualizada contrapondo a concepção de sujeito entre dois tempos: da Modernidade e do momento contemporâneo. Para ele, há uma tensão entre a reflexão e o reflexo. A subjetividade contemporânea é predominantemente reflexa, indeterminada e imediata. É marcada pelo mundo da velocidade e da rapidez das decisões. O contemporâneo é impelido a selecionar entre a abundância de escolhas. As gerações anteriores prescindiam de infinitas escolhas, pois viviam mergulhadas na era da carência. A subjetividade pretérita pautava-se pela reflexão. O sujeito contemporâneo vive imperativamente num ambiente de risco em que o conhecimento prévio e profundo e os equipamentos de mudanças psíquicos são precários.

O sujeito contemporâneo é resultado do enfraquecimento das instituições clássicas: o Estado, a família nuclear burguesa patrimonialista, a escola, as igrejas tradicionais, os grupos étnicos. Relaciona-se com instituições fragmentadas e com transformações subjetivas cosmopolitas. O cosmopolitismo é um dispositivo do sistema global que pressupõe movimentos generalizados e múltiplos.

Para Debord[30], em *A sociedade do espetáculo*, a torrente de significados pode produzir o novo, como também pode dilacerar o sujeito, sobrecarregando sensorialmente sua subjetividade. A sobrecarga gera o embotamento sensorial, regressões e infantilismo, que constitui a matéria-prima do individualismo, exibicionismo e narcisismo.

Ao fazer circular novas imagens subjetivas e aspirações, surgidas da sociedade globalizada, surgem inusitados estilos de vida e costumes, impondo o que deve ser pensado, configurando diferentes

---

29. Beck, 2002.

30. Debord, 1967.

discursos e novos padrões que são sedutoramente apresentados para escolhas.

Nas versões foucaultiana[31] e deleuziana[32] vivemos a ambivalência entre a "sociedade disciplinar e a sociedade de controle". A primeira caracteriza-se pela mecânica do poder calcado em disciplinas, hábitos, exercícios, saberes, verdades e regras instituídas. Tempo das instituições fortes, como o Estado, a penitenciária, a escola, a fábrica, o exército, a Igreja e a família patriarcal que, preconizando a vigilância permanente dos sujeitos por alguém que sobre eles exerce seu domínio, produz subjetividades e corpos dóceis, individuais e totalizantes.

O paradigma da sociedade de controle funciona transformando, contínua e rapidamente, o sujeito em outros moldes, impedindo a identificação dos modelos de moldagem. É um novo modo de dominação: um poder disperso, distante e interpenetrado nos interstícios espaciais por supostas ausências de limites. É o reino da automação e das subjetividades mass-midiáticas. É o império da produção de imagens efêmeras sustentado pela veiculação instantânea de sistemas de simulacros – a metonímia no espaço cidade.

O que fazer nesse *locus* da cidade? Apenas duas coisas: vender e comprar mercadorias ou imagens, o que dá no mesmo, pois, inócuos, eles não têm profundidade ou consistência.

Encontramo-nos frente a uma nova ordem simbólica, caracterizada por um grande consumo[33] de signos e imagens, mas, antes de

---

31. Foucault, 1997.

32. Deleuze, 1992.

33. Segundo Hobsbawm, "por sua própria natureza, a sociedade de consumo contemporânea cada vez mais obriga as estruturas políticas a se adaptarem a ela. Na verdade, a teoria do livre mercado alega que não há necessidade da política, pois a soberania do consumidor deve prevalecer sobre todo o resto: o mercado supostamente deve garantir o máximo de escolhas para os consumidores, permitindo-lhes satisfazer todas as suas necessidades e desejos por meio dessas escolhas" (HOBSBAWM, 2000: 118).

mais nada, encontramo-nos frente a uma profunda semiotização da vida cotidiana, processos construídos pela nova indústria cultural transnacionalizada. O sujeito contemporâneo pode ser considerado tanto ator como consumidor, uma figura emblemática da sociedade do espetáculo que apresenta um imaginário em constante pane.

São os primeiros fermentos das produções culturais que sinalizam a virada pós-moderna ou, como diz Jameson em sua ousada tese, o pós-moderno não é senão a lógica cultural do capitalismo avançado. É a terceira e mais profunda fase do capitalismo, o capitalismo multinacional, cujas estruturas estão intensamente marcadas pela nova tecnologia[34]. Em outra formulação: a produção cultural integrou-se à produção de mercadoria. "A promoção da publicidade como a arte oficial do capitalismo traz para a arte estratégias publicitárias e introduz a arte nessas mesmas estratégias"[35]. Portanto, os grandes centros industriais, a arquitetura e a produção cultural estão imbricados e vinculados a um novo estilo de capitalismo. Ou seja, a produção cultural atinge o inconsciente e perverte os desejos, incitando assim o avanço tecnológico que, por sua vez, desperta novos desejos. Entra-se numa roda de produção de desejos sem fim.

O capitalismo é um sistema onde o crescimento da produção, para atender a necessidades e desejos, só faz aumentar a demanda por novas formas de desejo. Pois a questão básica do capitalismo está em seu permanente estado de insatisfação. O capitalismo vive da produção da carência, onde a falta é constitutiva do sistema de produção e consumo. Não se trata da carência de necessidades, que escraviza os pobres, mas sim da carência no âmbito do desejo, que move compulsivamente o consumidor ocidental. Seus princípios essenciais repousam na falta de equilíbrio estrutural e no seu caráter antagonista: vive-se de crise em crise. Seu estado normal consiste

---

34. Jameson, 1992.

35. Harvey, 1993: 23.

em viver insatisfeito e perigosamente. E a dimensão da satisfação é a insatisfação absoluta, ou seja, o excesso.

A elite capitalista guia os desejos das massas: o luxo estéril que hoje deleita a elite amanhã se torna objeto de desejo para as massas. Esse é o objetivo do dispositivo "cidade vitrine", produtora de uma demanda de cultura de massa: nova estética, mídia de imagem, *shopping centers* grandiosos e monumentais – novas catedrais. Puros e vazios significantes que se traduzem em momentos absolutos de um presente perpétuo – o "presentismo".

A realidade nos é dada nas imagens, na versão midiática, na simulação, de modo que não sabemos distinguir a realidade da imagem, a verdade da simulação, a certeza da opinião. A "cidade vitrine" distorce a percepção do tempo histórico, coletivo, desestruturando-o, ao se polarizar sobre o presente.

O Big Brother Brasil ou a Casa dos Artistas envolvem essas distorções. Estimulam fantasias primárias regressivas e fixações infantis, como a cena primária. O *voyeurismo* e o exibicionismo atuais se concretizam mediados pelo "mesmo buraco da fechadura do quarto do casal", tornando público o privado, provocando fantasias incestuosas e obscenas.

2) Pós-modernidade e a Pastoral Midiática

Dentre os padrões de comportamento do ser humano contemporâneo, vários teóricos têm destacado diferentes temas, circunscritos aos campos subjetivo, social e político, tais como a crise das matrizes da Modernidade e o surgimento de novos padrões pós-modernos, a falência do Estado do Bem-Estar Social e o colapso do socialismo real, a dicotomia convencional entre o Estado e a sociedade civil, a democracia e os direitos do cidadão, as formas crescentes de participação política não institucionalizada e não convencional, a tensão entre a subjetividade de regulação e a de emancipação social, a crise das clássicas organizações e instituições centralizadoras: Igreja, família, educação, partidos, sindicatos e a abertura de novos formatos organizativos, o esgotamento das tradicionais estratégias e táticas de esquerda e as novas alternativas em busca das transformações sociais, questões que se posicionam fora do campo econômico e com foco em temas de intensidade política e cultural como o feminino, as etnias, as questões etárias, religiosas, ecológicas, culturais, pacifistas, antifascistas, de consumidores e de empreendimentos de autogestão, de cooperativas agrícolas e industriais, de projetos de atenção à infância e à adolescência, da população de rua e de cooperativas para construção de moradias.

O advento de tais movimentos instala o debate sobre o colapso ou, pode-se dizer, a implosão das tradicionais posições de dependência e de cristalização da autoridade nas esferas institucionais. Em outras palavras, aqueles movimentos determinaram o questionamento das funções e responsabilidades do Estado, da educação, da família, dos sistemas religiosos, da produção estética, do mercado de trabalho, da ciência, da tecnologia, dos partidos e sindicatos. Os cidadãos politicamente ativos estariam ampliando seu engajamento na sociedade por meio do envolvimento em grupos e em formas originais de solidariedade nos denominados "novos movimentos sociais".

Tais questionamentos têm proporcionado discussões sobre as metanarrativas presentes em discursos totalizantes sobre a origem do mundo, a problematização da identidade e das representações, a crise do sujeito, o eclipse da verdade, a desconstrução dos modernos paradigmas científicos e a desestabilização de infinitas estabilidades. Nunca em nossa história a vida cotidiana e as sociedades em que ela ocorre foram tão radicalmente transformadas, em tão pouco tempo, de forma tão difusa e não localizada, configurando um quadro político global de mudanças.

Essas "mudanças" ou "novas ideias" têm recebido diversas denominações que condensam explicações e expressões ideológicas, numa grande variedade de teorias e pensamentos, oriundos de diferentes campos do saber: da filosofia, das ciências naturais, sociologia clássica, da estética, da arquitetura, do urbanismo, da linguística, da psicanálise etc.

Minado, desde o nascimento, por noções conflitantes e atravessado por sistemas político-econômicos, projetos teóricos, produções culturais e transformações ideológicas, esse novo tempo tem sido batizado por inúmeros autores e recebido diversos nomes: *sociedade do espetáculo* (Guy Debord), *sociedade de risco* (Ulrich Beck), *Pós-modernidade* (Lyotard e Boaventura Santos), *capitalismo tardio* (Fredric Jameson), *sociedade pós-industrial* (Daniel Bell), *Modernidade tardia* (Anthony Giddens), *Modernidade contemporânea, pós-burguesa, tecnotrônica, Modernidade líquida* (Zygmunt Bauman, Alain Touraine e outros). Não há um consenso teórico-conceitual sobre este novo tempo, há apenas demarcações e concepções distintas.

Pastoral Midiática

Os artefatos tecnológicos e cibernéticos ocupam o centro da vida social contemporânea. A máquina midiática já faz parte do cotidiano de evangelização da Igreja. A grande questão é o discernimento teológico, crítico, profético e político frente a esses meios. Primeiro, ninguém pode ignorá-los. Nem tampouco deixar de reconhecê-los como instrumentos extraordinários de comunicação, de evangelização, de democratização nas lutas e conquistas das minorias singulares: afetivas/sexuais, raciais e étnicas, etárias, nacionais, idiomáticas, religiosas e estéticas.

A grande questão é a mitificação, a dominação e a exploração que esses meios estão sendo subutilizados e arrastando por contrabando condutas perversas através de espetáculos religiosos de massas alienadas pautadas na sensação e do puro gozo maníaco e eufórico. A lógica de garantir audiência leva este tipo de igreja a correr permanentemente atrás de novidades capazes de impressionar e de anular as diferenças econômicas, culturais, raciais, etárias, confessionais e de gênero. A potência da mídia religiosa pode ser entendida por dois grandes ingredientes: o místico e o marketing. Sobre isso, é importante analisar o depoimento do Padre Zezinho[36]:

---

[36]. Padre Zezinho, dehoniano, é um dos protagonistas da música popular católica do Brasil. Entrevista concedida à *Revista Família Cristã*, ano 77, n. 908, ago./2011, p. 4-5.

Precisamos nos preocupar mais com a formação dos nossos padres e leigos. Há muita gente que você percebe que nem sequer leu o Catecismo, mas está na mídia católica, pregando uma hora por dia!

É gente que não leu a Bíblia, não conhece os principais documentos da Igreja e todo dia está na rádio e na televisão. O resultado? Muito louvor, muita emoção, muito testemunho pessoal e quase nenhum conteúdo didático-doutrinário!

É preciso saber o que a Igreja está pensando, as verdadeiras preocupações da Igreja. É preciso agir mais com o pensamento e menos com a emoção! Vão me dizer que fazem isso para concorrer com as novas Igrejas evangélicas ou neopentecostais, que cada vez estão mais cheias de gente.

Nesse cenário, a Igreja precisa urgentemente abrir uma discussão transparente, ética e democrática no sentido de clarear quais os protagonistas que dominam esse mercado midiático religioso; quais são as suas reais intenções; o que está por detrás de tudo isso, que vigora muito mais o silêncio inviolável do que a palavra. Além disso, deve-se analisar se todas as tendências pastorais estão sendo contempladas nos espaços que esses meios de comunicação detêm. Finalmente, se essas mensagens se alinham com os Planos de Pastoral da CNBB e da Igreja local ou se são meros caprichos ideológicos de pequenos grupos que detêm o monopólio do mercado[37] religioso.

---

37. Pesquisas recentes sobre o mercado religioso mostram os seguintes indicadores: 10 milhões de cópias (CD), 6 milhões de cópias vendidas de *Ágape* e 430 mil de cópias do CD *Ágape musical*, do Padre Marcelo.
Na área do cinema e fé, o filme *Nosso lar* foi visto por 4 milhões de espectadores e rendeu 36 milhões de arrecadação bruta; o filme *Chico Xavier* foi visto por 3,4 milhões de espectadores e rendeu 30 milhões de arrecadação bruta e o filme *Maria: a Mãe do Filho de Deus* 2,3 milhões de expectadores estiveram nas salas de cinema e rendeu 12,8 milhões de arrecadação (cf. *Estado de Minas*, 25/09/11, Caderno Cultura, p. 4). Ainda, Marcelo Barros analisa: "A *Veja* publicou uma pesquisa comparando, entre outros dados, quanto tempo a televisão brasileira dedicava por semana a programas religiosos na década de 1970 e quantas horas dedica ao mesmo tipo de programação em época mais recente. Descobriu que em 1975, no conjunto das emissoras de televisão havia 1:10h de programação religiosa por semana. Em 1996, programas religiosos ocuparam por semana a média de 151:25h. Praticamente em todos os canais abertos há diariamente programas religiosos e já se espalham emissoras exclusivas de igrejas e movimentos espiritualistas. Segundo O *Estado de S. Paulo* 'a religião virou um ótimo negocio no Rio. Quem tem um canal que é concessão do governo federal aluga para um grupo de religiosos e pode ir para casa. Ganha um dinheirão...'" (BARROS, 1997).

Abrem-se diante dessas questões inúmeras interrogações: como manter a fidelidade a Jesus Cristo num contexto de mercado midiático do sagrado em que se multiplicam a cada dia e são ofertados inúmeras possibilidades de fé? O Apóstolo Paulo já sinalizava a dimensão da liberdade como predicado importante para a fidelidade e a fé. "As pessoas abandonam uma religião por outra porque lhes faltam a experiência profunda e a clareza da natureza da fé. Querem ter na fé cristã aquilo que os pagãos tanto cultivavam em suas religiões: a proximidade visível com os deuses"[38]. Querem um deus que esteja intervindo continuamente em sua vida, substituindo-lhes as decisões, os atos de liberdade. Confundem Deus com censura, vigilância, punição ou prosperidade. Por isso, buscam um deus dos milagres, das ações maravilhosas, das emoções mais profundas em interesse próprio. Pervertem a concepção de Deus transformando-o em produto que disputa fregueses num supermercado religioso. Deus pertence ao mundo das pessoas e não no território das coisas.

3) Mudanças significativas na Igreja pós-Vaticano II

Dificilmente os idealizadores do Concílio Vaticano II, das cinco conferências latino-americanas[39], e de inúmeros dispositivos criados nessas últimas décadas poderiam imaginar que tais empreendimentos trouxessem tão significativas mudanças e, ambivalentemente, profundas controvérsias de um projeto neoconservador, que se relacionam, lado a lado, após duas décadas do Concílio Vaticano II.

---

38. LIBÂNIO, J.B. "Entrevista". *Jornal Opinião*, 2004, p. 4.

39. Rio de Janeiro (1955), Puebla (1968), Medellín (1979), Santo Domingo (1992) e Aparecida (2007).

Iniciamos pelas metamorfoses substantivas ocorridas na instituição da Igreja, para depois pontuarmos, nos dias atuais, os pontos do projeto neoconservador. Nenhum profeta ou protagonista desses acontecimentos podia calcular quão longe e quão rapidamente essas mudanças levaram a transformações fecundas na Igreja diocesana e na VRC. Em todos os campos, houve um verdadeiro potencial de transformação: na pastoral, nas estruturas paroquiais, no poder, na forma de lidar com o dinheiro, na dimensão humano-afetivo/sexualidade, no corpo e na vestimenta, nas estruturas arquitetônicas dos conventos e das casas, nas obras sociais, colégios, hospitais, na vida comunitária, e, sobretudo, na espiritualidade e na missão. O que aconteceu e ainda acontece é verdadeiramente uma "refundação"[40].

Nas águas tormentosas e criativas do Concílio Vaticano II emergem boas lutas cujo potencial de metamorfose podemos resumir em alguns aspectos:

- Descobrem-se maneiras diferentes de experimentar o carisma, a espiritualidade, a missão.
- Modificam-se as formas pastorais de dioceses, constituições de institutos e congregações. Surgem novas formas, mais evangélicas, de governar e viver o poder.
- Redescobrem-se o afeto e a busca de relações humanizadoras. Repensam-se a administração dos bens e o uso do dinheiro.
- Criam-se as pequenas comunidades, a maioria com inserção no meio rural, na periferia das grandes cidades, até mesmo com trabalho remunerado, a fim de garantir a autossustentação do grupo fraterno.

---

[40]. Refundar a vida da Igreja é ir fundo à cata de sua verdadeira profundidade e na busca de sua primeira fundamentação, recolocando-a sobre seu sustentáculo originário. O fundamento em questão só pode ser Jesus Cristo.

- Aprofundam-se as mudanças institucionais no exercício da autoridade, com novas formas de poder redistribuído e responsável entre todos. Princípio de subsidiaridade[41].
- Buscam-se novos espaços paroquiais, novas relações e modelos de formação, destacando o equilíbrio entre gênero, etnias e ecologia.
- Afloram vocações vindas dos meios populares, obrigando a vida da Igreja a enfrentar novos desafios na formação, como seminários menores e intercongregacionais: Novinter, Juninter etc.
- Mudam-se os hábitos como residências seculares, horários, gestos, postura corporal, exercício profissional e processo de inculturação[42] frente a outras religiões, raças, gênero e diferentes combinações culturais.
- Surge novo esforço para se construir uma teologia a partir da realidade local, distanciando-se de modelos europeus romanizados.

---

41. O princípio de subsidiaridade significa que: num corpo político, as parcelas, apesar de se relacionarem hierarquicamente, cada uma delas desempenha a sua função, ou o seu ofício e, para tanto, são dotadas de autonomia, a base da diversidade em que a união é conseguida pelo movimento de realização do bem comum. O poder político não está apenas concentrado na cabeça do corpo político. Pelo contrário, reparte-se originariamente, constituintemente, por todos os corpos sociais dotados de perfeição. Desse modo, cada corpo social tem um certo grau de autonomia para a realização da sua função. E o corpo político não passa de uma instituição de instituições de um macrocosmos de microcosmos e macrocosmos sociais, de uma rede de corpos sociais. Porque há uma diversidade que apenas se une pela unidade de fim, pela unidade do bem comum que a mobiliza.

42. Trata-se de um processo de evangelização inculturada que se dá no diálogo entre o evangelizador e uma comunidade portadora de cultura. Nesse processo de inserção o Evangelho é acolhido no cotidiano da vida de um povo de tal modo que este possa expressar, concomitantemente, sua fé e sua cultura. É um processo educativo que desafia a paciência histórica, o poder e a autoridade, pois o evangelizador vem de outro modo de vida.

Geração revolução tecnológica virtual – Nativos digitais dos anos de 1980

O social e a Igreja midiática	Subjetividade da pessoa humana	Pastoral midiática – inculturação
Dissociação das estruturas institucionais: • Família: família tentacular. • Escola: ensino a distancia. Indústria: trabalho terceirizado. • Igreja: múltiplas formas religiosas. • Estado moderno: Estado globalizado/neoliberal. • Capitalismo financeiro: 1 trilhão e 500 bilhões de dólares por dia. *Sociedade disciplinar e sociedade de controle*[43].	• Múltiplos sujeitos e devires. • Sociedade de curto prazo. • Transformações molares globais e midiáticas. • Império do prazer e do consumo das massas. • Amor líquido. Maior transparência nas relações. • Autoridade midiatizada pelas câmeras de controle. • Diminuição do recalque e aumento da paranoia: medo, perseguição, esgarçamento e fragmentação das pessoas. *Luta pela diferença*: gênero, etária, étnica, opção religiosa, partidária e sexual. Importância do presente: presentismo. *Carpe diem.*	• Cultura midiática e evangelização. • Ciberespaço. • Líderes carismáticos – ícones da comunicação. • Dispositivo macro de comunicação. • Espetacularização da fé. • Política neoconservadora.

Com uma diferente estrutura institucional de Igreja muitos presbíteros e religiosos ficaram libertados espiritual, cultural e psicologicamente de recalques históricos. Muitos, no entanto, não suportaram esse momento de intenso conflito pessoal, grupal e institucional. A ideologia medieval, hierárquica, supostamente espiritual neutra tinha sido muito bem assimilada na consciência de vários presbíteros dominados, acostumados à "segurança" de sua situação e temendo

---

43. O "paradigma da sociedade de controle" funciona transformando, contínua e rapidamente o sujeito em outros moldes, impedindo a identificação dos modelos de moldagem. É um novo modo de dominação: um poder disperso, distante e interpenetrado nos interstícios espaciais por supostas ausências de limites. É o reino da automação e das subjetividades mass-midiáticas. É o império da produção de imagens efêmeras sustentado pela veiculação instantânea de sistemas de simulacros – a metonímia.

mudanças. Ou, como afirma o teólogo Häring: "de uma simples ética da obediência para os súditos da Igreja a uma corajosa ética da responsabilidade para cristãos maiores de idade"[44]. Na prática, diante da proposta de mudança e libertação, a primeira reação de muitos foi de aparente impotência, como quem acreditava na onipotência da instituição da Igreja capaz de perpetuar-se; ou de medo, como quem acreditava na onipotência dos bispos e superiores, capaz de afugentar qualquer sinal de angústia.

O período pós-Vaticano II foi marcado por turbulências e descobertas de um mundo complexo. Assim, a instituição da Igreja foi interpelada de forma mais aberta e transparente por vários analisadores: poder, dinheiro, saber, prestígio, carisma, obras, idade, gênero, sexualidade, espiritualidade e missão.

Autores franceses e belgas, ao analisarem os sintomas provenientes dessas turbulências, usaram metaforicamente as palavras "morte da vida religiosa". Já os teólogos dos países de língua inglesa empregaram o termo "caos institucional". No Brasil e em outros países latino-americanos, o tema interessou mais a grupos restritos, alguns presbíteros e bispos diocesanos e os religiosos psicólogos, exatamente pela densidade afetiva na qual os sintomas estavam apoiados. Tais sintomas mexem com afetos, alimentam mal-estar, fantasias regressivas e persecutórias que desencadeiam indiferença, desesperança, insegurança, fragilidade, angústia, incertezas e crises agudas de identidade não somente do sujeito, mas, sobretudo, da instituição, que produz novas formas de subjetividade. O conceito de afetividade foi compreendido para muito além de uma simples questão psicológica ou genital. A crise afetiva dos presbíteros e dos religiosos era apenas a porta de entrada de um sintoma mais amplo, ou seja, da produção de novas subjetivações provenientes de novos modelos societários, consequentemente, um novo jeito de se fazer presbítero ou religioso.

---

44. Cf. Häring, 1999: 47.

A subjetividade (modos de ser, de sentir, de pensar e de agir constitutivos do sujeito em determinado momento histórico) é tecida, no contexto institucional, pela rede de micropoderes que sustenta o fazer cotidiano. Assim, não existe afetividade humana estável, conservadora, natural ou adequada a essa ou àquela cultura. Toda cultura produz múltiplas subjetividades, construções linguísticas de si mesmo e do outro a partir de infinitas redes de crenças e desejos. São respostas da linguagem cultural frente ao desejo e à interdição: imagens, representações, saberes e narrativas que espelham as nossas aspirações de prazer, de dor, de vergonha, de juízo, de temores, de felicidade, de espiritualidade, de aflição e de infinitos não ditos.

A primeira iniciativa para trabalhar esses sintomas humano-afetivos partiu de presbíteros e bispos diocesanos[45] que perceberam os mais sutis bloqueios contra as mudanças oriundas do Vaticano II. Padre João Mohana constatou que havia intenso movimento de estudo dos documentos conciliares, mas em muitos presbíteros as ideias do Concílio entraram na mente e não penetraram no cotidiano de suas vidas. E, assim, escreveu na introdução de seu livro[46]:

> O Concílio pode estar todo em nossa cabeça e não estar nada em nossa vida, porque entre nossa cabeça e nossa vida existe o nosso inconsciente. Muitos de nós ainda não somos o padre e o bispo que o Concilio espera, devido a um conjunto de fatores que trazemos dentro de nós e para os quais não somos suficientemente advertidos.

Mohana, com o aval pleno e solidário de alguns bispos, desencadeou um projeto de autoanálise de padres e bispos utilizando retiros do clero e os seus próprios livros. Os temas tangenciavam as questões do inconsciente, dos conteúdos recalcados, mecanismos

---

45. Padre João Mohana, médico e psicanalista da Arquidiocese de São Luiz do Maranhão, foi um dos melhores representantes dessa análise da afetividade na vida diocesana. Além dele, na década de 1970, Dom Avelar Brandão e Dom Delgado apoiaram essas abordagens em suas dioceses de Teresina e de Fortaleza.

46. Mohana, 1967: 9.

de defesa: projeção e introjeção. Também foram analisados os inúmeros complexos humanos de inferioridade e superioridade, a sexualidade e o celibato, a questão do feminino, da mulher e do casamento. Para ele o cognitivo, o espiritual e o novo formato de Igreja do Vaticano II dependiam de pessoas humanas mais maduras e livres. O recalque produzia homens imaturos, infantis, repletos de sentimentos de culpa, armazenando bloqueios pessoais graves com consequências para o desempenho pastoral. A visão de afetividade na obra de Mohana não era reducionista ou mero psicologismo. Seu referencial teórico tinha um compromisso com a liberdade da pessoa humana com consequências para o desempenho pastoral:

> Podemos, assim, libertar-nos de certas formas de ilusão concernentes à nossa liberdade e tornar-nos realmente mais livres em face das vias secretas que formam o labirinto, no qual, muitas vezes, o homem perde a sua real personalidade[47].

A segunda iniciativa de compreender as crises afetivas da Igreja partiu de um grupo de religiosos da CRB. Assim, vários ex-membros da ERP[48] da CRB relembraram[49] as primeiras análises da equipe sobre os conflitos afetivos dos religiosos e as formas de encaminhamento, principalmente, a ideia da análise institucional como instrumental possível na VRC no Brasil:

> – O grupo de reflexão de psicólogos nasceu da tentativa da CRB de responder a um projeto do Cone Sul (Argentina, Brasil, Chile, Paraguai e Uruguai), em que as Conferên-

---

47. Ibid.: 27.

48. A Equipe de Reflexão Psicológica (ERP) existe há vários anos na CRB-Nacional. Fez sua primeira reunião em abril de 1987. Os primeiros participantes foram: Dalton Barros de Almeida, Manuel Maria Rodrigues Losada, Victoriano Baquero Miguem, José Luiz Cazarotto e Vitor Hugo Silveira Lapenta. A ERP fez um trabalho silencioso que aparece relativamente pouco, mas de grande importância para a vida religiosa, do ponto de vista afetivo, psicossocial e institucional.

49. Entrevistamos seis ex-membros da ERP/CRB-Nacional, durante o 2º semestre de 2004, com o objetivo de coleta de dados para a elaboração desse texto.

cias Religiosas do Brasil e desses países se propuseram a um encontro de estudos no Chile, em 1989, sobre a afetividade da vida religiosa, para responder às crises que vinham surgindo na VR. A CRB ficou encarregada de fornecer os subsídios fundamentais. Para isso, convocou para Belo Horizonte um seminário, em setembro de 1986. E aí, nesse seminário, estavam convocadas pessoas da teologia moral, da direção espiritual e da área da psicologia religiosa para subsidiar a CRB sobre a afetividade na vida religiosa. Então começamos estudando o que é a afetividade, como lidar com a afetividade, o que nós podemos falar sobre a afetividade. Esse seminário propôs imediatamente à CRB que, como existia um grupo de reflexão de teólogos, era preciso ter o grupo de reflexão de psicólogos. Logo propusemos realizar um seminário de psicólogos aqui no Brasil para discutir a afetividade e a vida religiosa. Começamos a escrever subsídios em forma de livros para serem publicados, por exemplo: *Afetividade e vida religiosa* (1990). Um dos grandes problemas emergentes pós-Concílio era a afetividade. Depois de dois anos de estudo, a ERP produziu o volume: *A vida religiosa enquanto instituição: leitura psicológica* (1992). Aí começamos a escrever subsídios em forma de livros para serem publicados.

– Então vocês detectaram que um dos grandes problemas emergentes pós-Concilio era a questão da afetividade?

– Sim, a afetividade.

– Mas eu posso dizer que era um sintoma?

– Era um sintoma. Já se percebia, porque todo mundo estava lidando com essa realidade em toda parte, todas as comunidades religiosas.

– E o Senhor se lembra mais ou menos desse documento, o que vocês iam fazer?

– Bom, para começar, a dizer para os próprios religiosos o que é a afetividade, como isso funciona, como isto está dentro desse conceito de crise que está vivendo a humanidade. Propondo à vida religiosa que se dê atenção às dimensões humanas, aos membros dos institutos religiosos, que é preciso dar atenção à afetividade. É claro, eu me lembro muito bem, como eu dizia para um colega meu que tinha sido provincial, um homem de grande prestígio, de uma cabeça muito boa. Eu falei: vou participar de um seminário que vai tratar das relações de homem e mulher na vida religiosa. Ele me perguntou: o que é isso? O que pode, o que não pode? Essa era a angústia de todo mundo, abrindo as portas para a afetividade, então surgiram os impulsos e o desejo e como lidar com isso? O que vamos fazer? O que vamos viver? O que é abertura sadia, o que é abismo, o que é negativo? E tanto a afetividade, em nível pessoal como em nível de convivência fraterna, e a afetividade na formação, a formação afetiva.

– Bom, daí vocês viram algum resultado desse trabalho. Perceberam se tinham que avançar? Para onde?

– Sim, vimos que a afetividade não se dava só em nível pessoal, mas em nível comunitário, e o comunitário dependia da instituição, onde a convivência estava instituída; então, concluímos que era preciso retrabalhar os processos institucionais. Começamos pelos processos grupais, mas nós não aprofundamos muito os aspectos de dinâmica de grupos. Tivemos um seminário sobre os grupos humanos da vida religiosa, que trabalhou mais os aspectos relacionais e afetivos.

As duas iniciativas, a diocesana e a religiosa, da ERP, percorreram alguns territórios do Brasil através de retiros, seminários, encontros de formação do clero e de religiosos. Aos poucos, principalmente, o grupo da ERP, da CRB, perceberam que apenas trabalhar em nível de sujeitos individuais era muito importante, mas não resolvia profundamente os problemas, e, muitas vezes, até as próprias províncias e dioceses sentiam isso, e pensavam que o psicológico era uma espécie, alguém que vai apagar o fogo, que vai resolver os problemas, os conflitos mais imediatos. Parecia que havia uma outra realidade de fundo que também tinha que ser analisada.

Foi daí que surgiu a temática da Análise Institucional na vida religiosa. A primeira questão foi entender o conceito de instituição. Segundo, que não se tratava de dois caminhos distintos: o sujeito individual e o sujeito institucional, o coletivo, a Igreja. O que parece fundamental é que os dois caminhos tinham características comuns: a instituição como produtora de subjetividades que produzem dependência, culpabilidade, infantilismo ou a subjetividade que faz brotar sujeitos livres, autônomos, conscientes e responsáveis. O objetivo era entender a relação dos sujeitos, das pessoas, dos presbíteros na Igreja ou na comunidade religiosa. O segundo objetivo do movimento institucionalista era propor à organização o processo de autogestão. Nesse processo os elementos deveriam se responsabilizar e assumir a própria gerência em todos os sentidos do trabalho, do envolvimento com a diocese ou vida religiosa.

Ao avaliarmos essas duas iniciativas de trabalhar as questões humano-afetivas na Igreja, a diocesana e a dos religiosos, podemos concluir que elas foram tímidas dentro da amplitude e da complexidade da Igreja no Brasil. Primeiro, pela densidade do tema: a afetividade. A dimensão humano-afetiva é uma questão com a qual a Igreja lida mal e com a qual tem sérias dificuldades: recalque, proibições e a longa história de repressão. Segundo, que não foi um projeto da Igreja, e, sim, de algumas pessoas: padres, bispos e psicólogos religiosos. E, finalmente, o material teórico produzido foi complexo e de difícil compreensão por parte dos presbíteros e religiosos.

Além da dificuldade com o tema da afetividade, a Igreja pós-Vaticano II vem, ambivalentemente, lidando ora com mudanças na forma de governança, ora com atitudes conservadoras de centralização e formas doutrinárias incompatíveis com o momento contemporâneo. Já no final do Pontificado de Paulo VI, despontaram sinais de contenção e, no Pontificado de João Paulo II, o clima de retrocesso ganha mais força com o projeto neoconservador.

Até hoje, concomitantemente, há dois projetos[50] que atravessam a instituição da Igreja: um paradigma restaurador-centralista[51] que reforça a cúpula universal da Igreja e o outro, partidário de uma proposta de subsidiariedade que busca sua sustentação na hermenêutica de Igreja particular e singular, em dioceses, paróquias e pequenas comunidades inseridas. Ora, a lógica não poderia ser outra numa instituição tão fortemente consolidada em valores absolutos, segurança afetiva inabalável, saberes inquestionáveis, práticas verticais de poder, centralização despótica do dinheiro e manipulações regressivas e infantilizadas.

As instituições totais, como a Igreja, tendem a ser reprodutoras de indivíduos normatizados, modelados numa subjetividade serializada. Antes do Concílio Vaticano II, a preocupação maior era estabelecer um dispositivo disciplinar ao mesmo tempo moral e psicológico, capaz de controlar o sentir, o pensar e o agir. A subjetividade produzida nesse contexto era perfeitamente previsível, normativa e imutável.

Parece-nos que o Concílio Vaticano II possibilitou a toda a Igreja uma melhor correspondência às realidades sociais, econômicas, políticas, culturais e, principalmente, de ordem subjetiva. Foi um grande divisor de águas entre a sociedade pré-moderna e moderna, um extraordinário elo entre a Igreja e o mundo científico laico. Isso significou não apenas aceitar a ciência, mas o reconhecimento das novas bases da sociedade. A sociedade tradicional baseava-se essencialmente na obediência às autoridades hierárquicas e religiosas, enquanto, na realidade, as pessoas querem opinar, dialogar, negociar. Buscam soluções de

---

50. Dia 3 de fevereiro de 2011, centenas de teólogos da mais alta competência e responsabilidade, alemães, suíços e austríacos lançaram um manifesto propondo ao Vaticano reformas para a Igreja em 2011. O documento exige uma virada necessária e ressalta seis pontos essenciais para essa mudança: 1) Estrutura de participação; 2) Comunidade; 3) Cultura do direito; 4) Liberdade de consciência; 5) Reconciliação; 6) Celebração.

51. Segundo Boff (1996), trata-se de um projeto centralizador, levado pelas forças do Centro: o Vaticano, com o papa e a cúria romana. O paradigma libertador apresenta-se como alternativo ao anterior e emerge diretamente das pulsações do segmento subordinado: membros do clero, das congregações religiosas, leigos. Seu eixo seria a comunidade dos cristãos em sua vida e missão profética.

consenso, querem pactuar e sabem que as decisões tomadas hoje não são eternas. Os presbíteros e religiosos foram convocados a abandonar as seguranças e as certezas tradicionais em busca de mais adequada correspondência às exigências contemporâneas.

As conferências latino-americanas ratificaram essas propostas e aprofundaram antigas opções da VRC, de inspiração evangélica e com os olhos voltados para o pobre como o grande protagonista da construção do Reino de Deus. Houve mudanças notáveis, transformações corajosas e inovadoras, sem receitas e modelos prefixados. A Igreja constituiu-se num celeiro de criação e invenção, ainda que, logicamente, com dificuldades. A Igreja de Jesus ainda continua sendo um grande reservatório de esperança para a humanidade. Como afirmou Libânio[52]:

> A Igreja tem a enorme graça de pôr como referência última, principal, insuperável a pessoa de Jesus Cristo. E quanto mais se conhece o Jesus histórico, mais se percebe a força revolucionária de sua pessoa. Ele não deixa nenhuma estrutura esclerosar-se, sem que lhe seja acicate de mudança. Diante dessa figura de Jesus, muitas estruturas eclesiásticas sofrem terrível crítica. A partir dele, cabe falar de contínua reconversão da Igreja.

A crença na pessoa do Jesus histórico, através de inúmeros protagonistas, levou a Igreja a se lançar nas "águas mais profundas" com determinação, de forma nômade, num processo de refundação de sua origem. Com desprendimento e coragem, foram abandonados os dispositivos disciplinares[53], formas de poder vertical, saberes tradicionais, em direção às fontes de origem, ressignificando o

---

52. LIBÂNIO, J.B. "Entrevista" Adi tal, 18/02/11, p. 1-6.

53. Foucault (1999: 120), ao estudar a disciplina, indica que uma nova microfísica do poder constituída por "técnicas sempre minuciosas, muitas vezes íntimas, importantes porque definem um certo modo de investimento político e detalhado do corpo, emergiu no mundo moderno e espalhou-se por todo o corpo social. A disciplina é uma anatomia política do detalhe: trata-se de pequenas astúcias dotadas de um grande poder de difusão, arranjos sutis, de aparência inocente, mas profundamente suspeita, dispositivos que obedecem a economias inconfessáveis, ou que procuram coerções sem grandeza".

passado com atualidades emergentes sobre o olhar do Apocalipse: "Eis que faço novas todas as coisas" (Ap 21,5).

No pós-Vaticano II muito se fez para alinhavarem essas duas ideias fecundas: a mudança na esfera do humano-afetivo e na forma de governar. Usaram inúmeros dispositivos pedagógicos, como: cursos, seminários, vídeos, folhetos, livros e práticas de pastoral renovadas. Constatamos uma gênese histórica de inúmeras iniciativas autogestivas e libertárias que existiram e existem, desde a fundação da Igreja, com Jesus Cristo, até os dias de hoje. Assim com Mestre Eckhart, Francisco de Assis, Domingos de Gusmão, Inácio de Loyola, Teresa D'Ávila e João da Cruz, surgiram na Igreja movimentos nômades, na contramão de formas instituídas e conservadoras. Não há nada mais temido, mais vigiado e até odiado pelo sistema político, social e eclesial do que esse germe instituinte que se encontra debaixo das cinzas das instituições. Muitas transformações foram realizadas sem o necessário aval de autoridades constituídas. São experiências com maneiras diretas de comunicar as decisões e saberes[54]. São organizações moduladas pela potência ativa, peculiaridades e com capacidade de produzir.

2.6 Conclusão

Começamos este texto com uma epígrafe de Moisés retirado do livro do Êxodo: "A sarça ardia no fogo, mas não se consumia" – "arder, mas não queimar", e que podemos associá-lo à plenitude, à utopia (arder) do ofício do presbítero ou do religioso. Talvez não exista lugar de maior intensidade de ideal e de sonho como a vida eclesial para se sentir tão apaixonado pelo ministério do sagrado. Ela dispõe de um imenso capital psíquico que a distingue do resto das formações filosóficas, culturais e institucionais. Nesse sentido, a magnitude da experiência de Deus associada à vida de desejo psíquico constitui-se

---

[54]. Veja no final desse capítulo o quadro comparativo entre as Estruturas de Árvore e Estrutura de Rizoma, ou seja, Igreja pré-Vaticano II e pós-Vaticano II.

num manancial de transformações inigualáveis. Entretanto, a Igreja é constituída de seres humanos: incompletos, frágeis, ambiciosos, ciumentos, invejosos e também virtuosos. Além disso, os seres humanos criaram instituições complexas e plurais. As instituições são formas milenares e se constituem através de leis, normas, convenções e tradições. Assim, a Igreja orienta-se pautada em fortes hierarquias encarregadas de decisões, de administração, de sistemas de divisão de trabalho e de influências e competências de poder e de saber.

O maior tempo da complexidade da conduta humana ocorre no interior da instituição do trabalho. No caso particular, o presbítero e o religioso no interior da Igreja. Assim, as relações sociais de trabalho na Igreja produzem subjetividades autônomas ou dependentes ou subjetividades produtivas ou reprodutivas em diferentes tempos históricos. Estudar o sofrimento psíquico dos presbíteros e religiosos na organização da Igreja implica estudar as interações entre o clero e religiosos entre si e os mecanismos de funcionamento das instituições, ou seja, os analisadores: espiritualidade, poder, dinheiro, saber, afetividade/sexualidade, vida comunitária presbiteral, as práticas pastorais e os conflitos das novas gerações.

Quando estes sujeitos, presbíteros e religiosos, não possuem manejo adequado de estratégias de enfrentamento com a organização, acabam não só **ardendo**, mas **queimando**-se por dentro. Nesse caso, produzem sintomas ou a Síndrome de Burnout. São estados de esgotamento emocional, físico ou mental, resultado de engajamento e de trabalho conflitivo em inúmeras implicações na vida da Igreja. O esgotamento físico pode se manifestar em forma de cansaço e de fadiga crônica que acarreta a diminuição de envolvimento do sujeito no trabalho pastoral. Além disso, o esgotamento se caracteriza por sentir-se emocionalmente exausto, desiludido, triste, deprimido, ressentido e impossibilitado de agir na vida da Igreja. O esgotamento pode levar os presbíteros e religiosos à perda de suas *autorreferências*, sentimentos de culpa e de desenvolvimento de atitudes de menor valia. O esgotamento psíquico leva à perda de quadros de maior qualidade da instituição. Provavelmente, esses sintomas percorreram a vida de bispos, padres, religiosos e leigos durante toda a história institucional da Igreja. Até hoje, esses sintomas fazem-se presentes no cotidiano dessa gente e gritam por melhores qualidades de vida dentro da Igreja. Analisá-los individualmente é correr o risco de reforçar estigmas ou processos de culpabilização, regressão e infantilismo. Nossa intenção é a de contextualizar os sintomas dentro de uma visão sócio-histórica institucional. No próximo capítulo vamos analisar alguns importantes comportamentos atuais, produzidos entre a relação da organização da Igreja e dos presbíteros e religiosos.

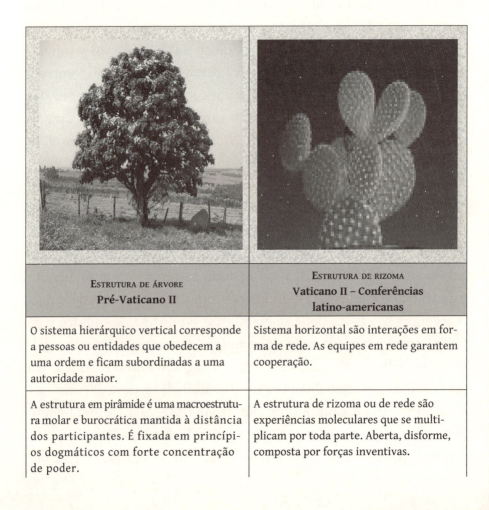

Estrutura de Árvore Pré-Vaticano II	Estrutura de Rizoma Vaticano II – Conferências latino-americanas
O sistema hierárquico vertical corresponde a pessoas ou entidades que obedecem a uma ordem e ficam subordinadas a uma autoridade maior.	Sistema horizontal são interações em forma de rede. As equipes em rede garantem cooperação.
A estrutura em pirâmide é uma macroestrutura molar e burocrática mantida à distância dos participantes. É fixada em princípios dogmáticos com forte concentração de poder.	A estrutura de rizoma ou de rede são experiências moleculares que se multiplicam por toda parte. Aberta, disforme, composta por forças inventivas.

Dispositivo paróquia é um modo de vida provinciana, rural, restrito e estreito de relações afetivas e pastorais. Autossuficiente e isolada.	Dispositivo paróquia/forania é um modo de vida urbana, conectado a múltiplas relações transversais.
No curso da história da Igreja sucederam-se períodos em que ora se valorizava o pastoreio colegiado, como nos primeiros tempos, ora se valorizava a figura do pastor constituído hierarquicamente. O clericalismo é fortalecido pelo autoritarismo, pelo centralismo decisório e pela inflação dos símbolos clericais e nas funções restritas dos ministros ordenados.	O Concílio Vaticano II cria a visão privilegiada de Igreja como povo de Deus. Uma estrutura de redes de serviços interligados, onde todos são sujeitos e não objetos de sua história. Os conselhos pastorais são uma forma eficaz de participação da comunidade na construção de sua identidade, ou seja, o rosto de ser Igreja. A articulação das paróquias em estruturas mais dinâmicas e participativas, como as foranias, procura responder àquele apelo de "conversão pastoral" da Conferência de Aparecida.
Acentua limites de interesse, de atividades, de pensamentos que se refletem nas práticas pastorais, favorecendo a competição e o isolamento entre os presbíteros e os cristãos.	A Igreja do Vaticano II percebe os sinais dos tempos, cria paróquias organizadas em foranias, apoiando-se mutuamente em espaço privilegiado de comunhão fraterna, para melhor aproveitar as potencialidades e enfrentar os desafios da realidade urbana.
Centraliza-se toda a pastoral na figura do sacerdote, de forma piramidal, reduzindo as diferentes dimensões do ministério cristão à dimensão sacerdotal.	Com o Vaticano II os carismas ganham força, e o ministério não fica reduzido ao sacerdote; propaga-se na comunidade de fé através da palavra e da profecia. Presbíteros e ministérios leigos.

3

Sofrimento psíquico ou conduta desajustada dos presbíteros?

3.1 Introdução

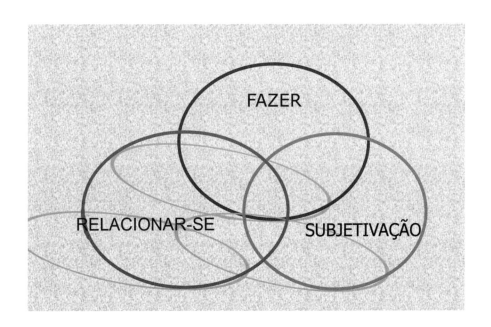

Em cada sociedade, em cada época, há uma forma particular de fazer as coisas, ou seja, de produzir trabalho, de novos arranjos de relacionamentos entre as pessoas e, consequentemente, de produção de subjetividades. Esse esquema não é apenas uma tipologia, mas uma proposta de estudo dos diversos modos pelos quais as culturas podem diferenciar-se umas das outras. Esses três conceitos não definem algo irrefutável, mas ajudam a perceber os acentos e as tensões que se sofre na vida do ser humano. Na figura acima, no espaço de intersecção entre os três platôs se produzem as metamorfoses sociopolíticas. Os espaços não se localizam dentro de um sistema justaposto, e, sim, transversal.

A intersecção é buraco de mistura, errático e antropofágico[1]. Desse modo, as metamorfoses se espalham, simultaneamente, no fazer, no relacionar-se e no processo de subjetivação.

Nas sociedades primitiva, medieval, moderna e pós-moderna presenciamos uma enorme metamorfose no modo de fazer as coisas, nos vínculos amorosos e na produção de subjetividades. É importante definirmos o que entendemos com cada um desses conceitos.

O fazer está relacionado à produção de energia. É a capacidade ou potência que um corpo, uma substância ou um sistema físico tem de realizar trabalho. O fazer é a transformação da energia em ato (ação). O fazer é a potencialidade. No jargão marxista é o modo de produção.

Na sociedade primitiva, os seres humanos utilizavam, basicamente, nos espaços da terra, no cosmo e na natureza, a energia física. Na sociedade medieval, os territórios agrícolas eram fixados em feudos, o fazer era marcado pela dimensão laboral. Na Modernidade, o espaço do trabalho concentrou-se nas fábricas em torno das máquinas, produzindo mercadorias em séries. Contemporaneamente, a extensão do fazer humano adquiriu o hiperespaço cibernético de informações. Os espaços são mais simultâneos e multiplicam-se principalmente através dos artefatos da internet

---

1. Andrade, 1990.

e da telefonia celular. São as Tecnologias de Informação e Comunicação (TIC). Aumenta a importância do espaço e encolhe o tempo. Privilegia-se a velocidade como sinônimo de rapidez, pressa e pragmatismo. Multiplicam e diversificam-se espaços lisos em detrimento dos espaços estriados e fixos[2]. Os espaços lisos rompem com as demarcações, as fronteiras entre as nações, os territórios étnicos e centros institucionais.

Desse modo, ao fazermos o trabalho diferentemente, mudamos a maneira de relacionar-se e produzimos novas subjetividades. E o que entendemos por relacionar-se? Relacionar-se tem haver com diferentes condutas de viver a afetividade.

Na sociedade primitiva, o traço principal de relacionamento era a vivência entre as pessoas em torno do clã. A afetividade era mantida por um conjunto de pessoas constituídas de famílias de ascendência comum de forma estável e sem diferença. Na sociedade medieval, o relacionamento afetivo era mantido por forte estratificação social do rei ao servo. O comunitarismo prevalecia entre as diversas camadas sociais. A intimidade pública era mais evidente do que a privada. A estabilização afetiva era sustentada pelos alterados poderes entre a hierarquia monárquica e a Igreja Católica. Na Modernidade, a estratificação social declina com o surgimento das classes sociais. Assim, os relacionamentos amorosos foram mantidos por fortes sistemas institucionais do Estado, da família, da educação, da Igreja, do trabalho e do território urbano. A afetividade institucionalizava-se, seguia uma rotina para continuar, estruturar e manter o estabelecido. Pelo excesso do sistema jurídico e da racionalidade, o afeto se viu congelado numa gaiola de aço. Já na Pós-modernidade, os relacionamentos afetivos tendem a se distanciar das formas institucionalizadas. Enfumaçam as identidades conservadoras e resistentes. Surgem afetos fluidos, líquidos e instáveis.

---

2. Deleuze e Guattari, 1997: 181.

Os diferentes modos de fazer as coisas, juntamente com os novos arranjos afetivos, simultaneamente, produzem os processos de subjetividades. Para compreender esse conceito, é necessário, como recomenda Guattari, dissociá-lo da ideia de indivíduo, tão preciosa à concepção prevalente de sujeito moderno. Para aquele autor, indivíduos são o resultado de uma produção de massa e, portanto, serializados, registrados e modelados[3]. A subjetivação, por sua vez, não é passível de totalização, configurando-se de forma aberta, repleta da multiplicidade dos agenciadores, já que

> [...] está em circulação nos conjuntos sociais de diferentes tamanhos: ela é essencialmente social e assumida e vivida por indivíduos em suas existências particulares. O modo pelo qual os indivíduos vivem essa subjetividade oscila entre dois extremos: uma relação de alienação e opressão, na qual o indivíduo se submete à subjetividade tal como recebe, ou uma relação de expressão e de criação, na qual o indivíduo se reapropria dos componentes da subjetividade, produzindo um processo que se chamaria de singularização[4].

Subjetivação é uma rede ou um folheado, em que vários espaços vão coexistir, na qual tudo se enuncia e o conjunto dessas enunciações gera a produção do pensar, sentir, agir. Desse modo, na sociedade primitiva e medieval presenciamos sujeitos marcados de subjetividades comunitárias, estáveis e coesas. Na Modernidade, produzem-se subjetividades individuais, autônomas, cidadãos livres e iguais entre os demais. A marca principal da subjetividade pós-moderna é o distanciamento de qualquer traço de igualdade. A palavra de ordem da subjetividade contemporânea é a diferença entre individualidades. O preço da diferença é a atomização do sujeito e é pago por distanciar-se o mais possível de identidades cole-

---

[3]. Guattari e Rolnik, 1986: 31.

[4]. Ibid.: 33.

tivas, da racionalidade, da norma disciplinar e das forças institucionais. É um tempo imperativo do novo e do diferente. Estamos vivendo um momento ambíguo e de grande perplexidade diante do *"novo"*. É um período de grandes transformações culturais.

1) Momento contemporâneo

Depois do período da Segunda Guerra Mundial, irrompe entre nós o surto de "ideias novas", exigindo impor-se como padrão de comportamentos, de práticas culturais, bem como de princípios político-econômicos. Essas ideias estão vinculadas à emergência de novas formas de experienciar o tempo e o espaço. Elas espelham novas subjetividades de relacionamento com a autoridade, a afetividade/sexualidade, a autonomia e a liberdade. Elas traduzem o abalo que se efetuava na realidade concreta das propostas iluministas – a crise da razão ocidental e dos paradigmas das ciências, no desenvolvimento urbano desordenado, pós-industrial, na estética, na arte, na via da ação política, no campo linguístico, na organização do trabalho, especialmente após a crise do sistema capitalista, do bem-estar social e do socialismo.

Essa "nova era" abre polêmicas e questiona os alicerces da Modernidade: a ciência empírico-analítica, a organização da vida a partir da razão instrumental manipulada pelo capital, proporcionando uma crise da consciência ética e dos valores morais vigentes.

Talvez esteja em aberto um novo conceito de razão, para além da instrumental, operatória e manipuladora de fenômenos, superando-se, assim, o reducionismo da razão, através de uma outra concepção de ciência, sem correr o risco de confundir razão com razão instrumental e sem abrir-se espaço para um clima de relativismo, subjetivismo e irracionalismo absoluto.

Nesse momento, outro tipo de "passagem" insere-se na sociedade na qual vivemos: somos uma sociedade planetária global. Atingimos fronteiras do mundo, onde toda uma parte depende inteiramente de outra. Podemos imaginá-la como um espaço aberto, no qual as mudanças se multiplicam e aceleram cada vez mais, como enormes formações arqueológicas.

A sociedade pós-moderna[5] faz coexistir de fato diversas contemporaneidades: culturas diferentes, não só em conteúdos, mas em densidades históricas, herança do passado com antecipações futuras. É uma sociedade multiétnica, multicultural e também multi-histórica.

No espetáculo da mídia tudo se torna contemporâneo, porque se transforma em imagem, enquanto, em realidade, as culturas e os territórios transportam suas histórias, pertencem a uma fase diversa da evolução humana, colocam-se longe numa escala temporal diversificada.

É com essa pluralidade que cada um de nós é chamado a conviver. Devemos aprender a atravessar não só as babéis da língua e da cultura, mas sobretudo a passagem do tempo histórico diverso, sem nos perdermos.

Em todo momento de transformação cultural há um movimento pendular: há pontos convergentes e divergentes, aspectos propositivos e restritivos sobre as demarcações e seus rumos. Portanto, o que estamos denominando de crise da Modernidade e advento da Pós-modenidade? Há pelo menos duas posições, que se entrecruzam.

A primeira podemos denominar de posição emancipatória. Assim, a Pós-modernidade abre maior espaço para a liberdade do saber, exercendo profunda função libertadora das alteridades postergadas pela Modernidade: a natureza, o feminino, o pacifismo, a arte, a etnia, a sexualidade – novas gerações, identidades sociais e políticas. Como afirma Boaventura,

---

5. Esse novo tempo tem sido batizado por inúmeros autores e recebido diversos nomes. Não há um consenso teórico-conceitual sobre este novo tempo, há apenas demarcações e concepções distintas.

> [...] vivemos num mundo de múltiplos sujeitos. A minha proposta é que, em termos gerais, todos nós, cada um de nós, é uma rede de sujeitos em que se combinam várias subjetividades correspondentes às várias formas básicas de poder que circulam na sociedade. Somos um arquipélago de subjetividades que se combinam diferentemente sob múltiplas circunstâncias pessoais e coletivas. Somos de manhã cedo privilegiadamente membros de família, durante o dia de trabalho somos classe, lemos o jornal como indivíduos e assistimos ao jogo de futebol da equipe nacional como nação. Nunca somos uma subjetividade em exclusivo, mas atribuímos a cada uma delas, consoante as condições, o privilégio de organizar a combinação com as demais. À medida que desaparece o coletivismo grupal desenvolve-se, cada vez mais, o coletivismo da subjetividade[6].

A segunda posição é complexa e preocupante. Podemos classificá-la de Pós-modernidade instrumentalizada, maníaco-eufórica. As visões globalizantes esfacelam-se, deixando o indivíduo desprotegido e entregue a si. O abismo do abandono aprofunda-se, e, com ele, as crises de depressão. Fala-se em morte das utopias, fim da história, ausência de representações e metateorias. Talvez para esconder, nesse fenômeno, a profunda decepção diante das palavras, dos símbolos e dos discursos vazios, espalha-se um novo modo de vida: *a fragmentação do sujeito, a cultura narcisista, império do gozo e do consumismo.*

Juntam-se a essas "passagens" as dimensões sociais e culturais das migrações que hoje envolvem massas enormes de pessoas carentes de políticas de assistência e de direitos humanos; também as migrações religiosas, estéticas, artísticas, musicais; as migrações com novos padrões econômico-políticos, eletrônicos, tecnológicos e industriais.

Ainda sabemos pouco sobre essas profundas mutações antropológicas, étnicas, societárias que virão e, sobretudo, quando se verificar que a história humana se transformou em contemporaneidade.

---

[6]. Santos, 1996: 10.

Talvez este seja o pior momento para esquecermos a dimensão da Razão e da Cultura ou, como lembrava José Paulo Netto[7], "considero os tempos atuais como tempos difíceis para a razão".

Essa situação tem criado uma espécie de orfandade e de perdas filosóficas, religiosas e políticas substantivas. Os ventos pós-modernos que sopraram no mundo, colocam-nos diante de vários impasses: perdas de referências totalizantes e momentos históricos definidos. O momento é outro e difícil para aqueles que foram formados nessa estrutura da verdade absoluta. Hoje somos chamados, mais do que nunca, à "desconstrução, à reconstrução e à reinvenção".

Isso quer dizer que nos encontramos frente a uma nova ordem simbólica, caracterizada por um grande consumo de signos e imagens, mas, antes de mais nada, encontramo-nos frente a uma profunda semiotização da vida cotidiana, ou seja, uma vida representada por sinais e signos, processos esses construídos na nova indústria cultural. Nessa problemática, qual seria a influência da nova cultura e das novas tecnologias sobre a Igreja e a vida dos presbíteros, religiosos e cristãos?

Isso representa uma transformação radical para os interesses dos padres e religiosos, já que devemos não só atualizar códigos e linguagens, mas também entender a novidade dessas formas culturais de representar e de influir nas condutas humanas da pastoral.

2) Impasses da pastoral

Depois de um período expansivo de projetos pastorais e quase pleno da Igreja com o Vaticano II, brotam hoje novos tempos, com ambiguidades, desafios e questões atuais a serem refletidas e respondidas.

Um primeiro bloco é a questão da "participação dos presbíteros e leigos na vida comunitária eclesial". Depois do Vaticano II, trabalhamos

---
7. Netto, 1992.

vendo na participação dos cristãos batizados ou intergrupos – atores sociais – uma chave para restaurar uma nova democracia na Igreja e nas comunidades eclesiais. Hoje em dia essa ideia torna-se conflitiva e diluída, dado que a nova mediação entre atores sociais é atravessada cada vez mais em um mercado de mensagens produzidas industrialmente pela mídia religiosa impessoal. Há uma tensão entre uma *pastoral centrada na cultura instrumentalizada* "pós-moderna", em uma versão individualista e fragmentada do tipo neoliberal, com uma *pastoral emancipatória* que reconhece a diversidade das identidades sociais e subjetividades. Essas implicam conteúdos críticos e éticos, tais como aqueles gerados a partir das diferenças de classe social, gênero, idade, etnia, cultura, implicações ecológicas, preferência erótica.

Como os padres e religiosos vão interferir nesse mercado? Como a Igreja vai nos representar nesse espaço? Como os protagonistas vão criar canais de comunicação interna e externa para os trabalhos de evangelização? Outra questão: que canais as pequenas comunidades eclesiais vão usar ou criar para se comunicar na macroestrutura da Igreja?

O segundo bloco de tensão apresenta-se entre um "projeto geral", essencial, para o conjunto da Igreja e da sociedade, e uma *diversidade de práticas* múltiplas e localizadas.

As opiniões entrecruzam-se: alguns sentem como limitação o fato de não contarmos hoje com uma bandeira de luta referencial, por exemplo, o *marco conceitual do Vaticano II*; *os estudos e formação bíblica*; *o ecumenismo*; a *opção preferencial pelos pobres*. Para outros, ao contrário, essas características ou identidades acabam exercendo um papel totalizador e autoritário; portanto, defendem a diversidade e formas microrganizativas repletas de alternativas: de movimentos carismáticos, midiáticos, Nova Era, de natureza espiritual e global. Há uma crise entre o que se considera como essencial e acessório. Há princípios éticos inegociáveis. Ou tudo isso virou moeda de troca?

O terceiro ponto de tensão está localizado nas relações entre a "subjetividade", isto é, ilusões, desejos, fantasias, e a "realidade estrutural objetiva". Já se sabe, através da observação do cotidiano, das pesquisas e produções teóricas, que não é apenas por falta de escolaridade, ignorância, medo, fome e situações econômicas desfavoráveis que grupos populares se submetem aos desejos da classe dominante.

Quando o aparato psíquico-desejante é capturado por formas repressivas dos grupos dominantes, esse desejo de mudança, inventivo, profético e político falha, inibe-se. Cede, então, às forças conservadoras, reprodutivas e míticas do "senhor" que passa a dominar e explorar o "escravo". Há uma nova forma pastoral midiática travestida de fortes matizes conservadoras e autoritárias. Cotidianamente, esse tipo de pastoral despeja no ar toneladas de aparato moralista, com fortes traços de medo, culpa e infantilismo sobre a alma do povo.

Existe um quarto problema que reúne as tensões entre a Igreja institucional, os presbíteros, religiosos e os cristãos. É a dimensão política, ou, mais concretamente, entre as experiências de pastoral de base e as instâncias que atuam na cúpula da organização e gestão eclesial através dos bispos e burocracia diocesana.

Essa tensão tem se manifestado de diversas maneiras. Há casos onde o governo eclesial não alcança exercer um trabalho conjunto com as lideranças populares. Na teoria, falam em parcerias; na prática, o que impera é o centralismo tecnoburocrático na versão do clericalismo.

Há também um quinto conflito especial entre os padres, religiosos e liderança local de leigos. Nesse caso o governo eclesial tem-se amedrontado cada vez mais no atendimento às reivindicações de lideranças retirando-se do espaço e negando sua participação através de funções e responsabilidades comunitárias, administrativas, financeiras e pastorais. A pergunta atual é: Quais são as relações entre a liderança leiga, presbíteros, religiosos e hierarquia eclesial?

Finalmente, outro ponto polêmico sobre a pastoral incide no impacto na relação entre a igualdade e a cidadania, e ainda, entre a subjetividade e a diferença. A emancipação por que lutam os cristãos não é política partidária, mas, antes de tudo, de cunho da fé, evangélico, social e libertador. Hoje em dia, as relações interpessoais se pautam por formas organizativas; deseja-se uma democracia direta e participativa. Logo, são diferentes das que presidiram os modelos de paróquia centralizadora numa democracia representativa. Ou seja, antes do Vaticano II, os cristãos centralizavam suas atividades no sacerdote como autêntico representante de sua comunidade.

A novidade dos movimentos eclesiais de hoje não reside na recusa da política eclesial, mas, ao contrário, no alargamento do político, enquanto participação responsável. Hoje, mais do que nunca, na correlação de forças de poder dentro da Igreja, existem o bispo, os padres e religiosos, as pequenas comunidades com seus representantes – o povo de Deus.

Trilhados os últimos cinquenta anos de história da organização da Igreja com o Vaticano II, observa-se, atualmente, a necessidade de reorganização dos movimentos eclesiais no sentido de uma nova configuração frente a um certo quadro de evangelização missionária participativa descentralizadora. Há uma mudança do caráter dos movimentos: de submissos, infantilizados, culpados e proibidos passam a autônomos e mais responsáveis. Os movimentos pré-Vaticano foram subjetivados em circunstâncias diversas a assumirem as seguintes características: forma rígida, fixação em princípios unitários, alta coesão interna; busca de resultados pré-fabricados; preso ao código do mestre, centralização onipotente e fortes traços autoritários; ausência da dimensão subjetiva, onde o sujeito, muitas vezes, era sufocado pelo coletivo.

Os novos movimentos eclesiais assumem, com o Vaticano II e as cinco conferências latino-americanas, outras características: abertura interna, disforme, composta por forças antagônicas e conflitivas; busca de resultados gradativos e contínuos; diversos líderes, organização mais descentralizada e democrática; maior espaço para as dimensões subjetivas e do convívio entre o eu e o eclesial. É tempo de criação, desconstrução e antítese.

É inevitável o redimensionamento com o passado, principalmente após o desmoronamento dos paradigmas antigos visando a esperança de construção de novos modelos. A questão é o que nos reserva o futuro, sobretudo na perspectiva de uma Igreja mais encarnada na vida do povo de Deus. A Igreja de Jesus nunca poderá funcionar sem grandes esperanças e paixões, mesmo quando esses ideais são parcialmente derrotados por insegurança das hierarquias e, exatamente por isso, é possível continuar lutando.

O problema não está centrado na obtenção de vitórias absolutas, e sim, nas contínuas lutas, nas grandes causas que marcaram a Igreja, sobretudo no Brasil com seu testemunho profético eclesial e social:

- quanto aos princípios comunitaristas, de solidariedade, de partilha, da autogestão, de festa folclórica e de todas as manifestações de fé popular;
- quanto aos sujeitos humanos múltiplos e criativos capazes de inventar sempre novas subjetividades de gênero, etária, étnica, ecológica, religiosa e cultural;
- quanto ao valor da razão, um dos fundamentos da consciência crítica;
- quanto aos valores da democracia, da cidadania civil, política e social e da defesa dos direitos humanos que fundamentam o Evangelho;

- quanto aos movimentos sociais de fé na política, verdadeiras máquinas de guerra[8] no fortalecimento da Igreja dos pobres e do Reino de Deus;
- quanto à importância da Igreja como avalista dos princípios éticos, do evangelho e desejos dos cristãos na sociedade;
- quanto aos paradigmas da teologia emergente que sabe articular o senso comum[9] com a razão visando o processo de evangelização missionária de Aparecida.

O tema da presente reflexão se situa nesse clima pós-moderno em que vários paradigmas foram ressignificados e outros perderam a consistência. Ao olhar primeiro para a comunidade eclesial a que os presbíteros, religiosos e religiosas servem, a identidade desses homens e mulheres se modificou profundamente. Não se apresentam como alguém dotado de um poder sagrado transmitido e recebido a ser usado, mas como pessoas humanas a serviço da comunidade cristã. A sociedade se mostra, como vimos acima, altamente modificada, pelo modo de fazer as coisas, os novos vínculos amorosos e

---

8. "Máquina de guerra" é uma expressão dos teóricos da esquizoanálise, Deleuze e Guattari, e significa trajetos, estratégias e táticas nômades, desterritorializadas (não fixadas, basicamente instituintes e informais), contrapondo-se às formas sedentárias (fixadas, instituídas, centralizadas, burocratizadas, como o aparelho de Estado). Conforme os autores, a máquina de guerra "se projeta num saber abstrato, formalmente diferente daquele que duplica o aparelho de Estado. Diríamos que toda ciência nômade se desenvolve excentricamente, sendo muito diferente das ciências régias ou imperiais. Bem mais, essa ciência nômade não para de ser 'barrada', inibida ou proibida pelas exigências e condições de Estado" (DELEUZE & GUATTARI, 1995: 26). Portanto, máquina de guerra é todo dispositivo grupal capaz de operar alianças com outros dispositivos, no sentido de ser interpenetrado por forças da transversalidade e de produzir efeitos de criação e novos agenciamentos subjetivos, políticos, sociais e culturais.

9. Chamo a atenção para as observações de Gramsci, que nos alertam para o fato de que o senso comum (muitas vezes a forma de conhecimento do povo), além de ser alienação, constitui um depósito de sabedoria de um determinado povo e da sua cultura. Temos que valorizar o senso comum sem retificar o saber popular. Isso pode ser feito na medida em que há diálogo, participação democrática e socialização de interesses. Isso não é basismo, pois basismo é ausência de propostas de um dos interlocutores, no caso, o técnico. O inverso chama-se autoritarismo (GRAMSCI, 1978: 138-139).

diferentes processos de subjetivação, logo, o ministério presbiteral e religioso segue a mesma dinâmica e metamorfose.

Eis que as matrizes societárias da Pós-modernidade chegam com novas propostas espirituais, de governar, de afetividade/sexualidade, de conhecer, de exercício pastoral, de comunicação virtual, de orientação do espaço e do tempo e de temas emergentes, como: a votação sobre a lei do "casamento" entre homossexuais; votação sobre projeto de liberação de aborto de anencéfalos; questões de reopção matrimonial; dos conflitos ecológicos ligados às Usinas de Belo Monte, Jirau e Santo Antônio; pesquisas com embriões, eutanásia – prática clínica clandestina; e demais temas emergentes colocados na ordem do dia e que atingem os valores evangélicos e éticos do ser humano.

É sobre esses impactos da Pós-modernidade na vida psíquica dos presbíteros e religiosos, que pretendemos refletir. São sofrimentos psíquicos ou comportamentos desajustados dos padres e religiosos? Neste espaço pretendemos discutir o cotidiano dos padres e religiosos no que tange aos grandes temas de suas vidas: a espiritualidade e missão; a vocação e suas vicissitudes; o presbitério e a vida comunitária; a dimensão humano-afetiva, o problema da pedofilia e efebofilia; a questão do poder e do dinheiro na vida presbiteral; o masculino e o feminino na Igreja; projetos pastorais, a relação entre párocos, vigários e a questão das novas gerações.

3.2 Espiritualidade e missão

O primeiro tema marcante na vida do presbítero é a espiritualidade. A palavra espiritualidade vem do latim *spirituale,* deriva do espírito. Significa qualidade fecunda do espírito. Espiritualidade é a força do sopro de vida de Deus que impulsiona a viver e orienta o projeto de vida em relação à comunhão conosco mesmos, com os outros e com Deus, por seguimento de Jesus Cristo, sob a ação do Espírito Santo. A espiritualidade é o mais fecundo encanto da vida de Deus no interior humano.

Quando se fala de espiritualidade na vida do padre ou religioso, quer se falar da possibilidade de experimentar Deus. A diversidade de histórias de cada sujeito e de cada instituto permite que essa busca ocorra de várias maneiras, e os presbíteros realizam essa procura de forma diferenciada, através de infinitas formas de oração: Liturgia das Horas, Leitura Orante da Palavra de Deus ou meditação; oração pessoal e/ou comunitária, celebração dos sacramentos, sobretudo, da Eucaristia; retiro anual, recitação do terço, adoração a Jesus Sacramentado, estudo teológico apurado, as obras de assistência social, prática da ascese como exercício do cultivo de virtudes, da pastoral e o permanente múnus presbiteral: a missão evangelizadora.

> Espiritualidade é aquilo que nos move e nos faz dar passos além das próprias forças; é algo que estimula; a ter um encontro com Deus, consigo mesmo e com o próximo (depoimento de padre).

> Vem do Espírito, num sentido mais amplo; ser um outro Cristo; caminhar com pessoas que o Espírito escolheu (depoimento de padre).

> É comunhão e fraternidade; nasce de uma profunda experiência com Deus e se estende à comunidade que servimos (depoimento de padre).

> Acontece quando há intimidade com Deus e quando há condições de viver outras experiências no cotidiano da vida; missão a ele confiada vinculada ao Espírito Santo (depoimento de padre).

> A oração pessoal é fundamental. Acredito que o nosso grande diferencial, sendo presbítero, é a questão da oração. Eu nunca deixo de me alimentar diariamente da Palavra de Deus. Acho que cada um tem que ter o seu tempo de espiritualidade. Porque sem a espiritualidade perde-se o alimento que propicia a que outras dimensões aconteçam (depoimento de padre).

> A oração é importante, eu procuro sempre rezar, de manhã, por que isso ajuda no meu modo de ser, no meu modo de agir com as pessoas, e de perceber as coisas, de chegar às pessoas (depoimento de padre).

> O ponto de partida, o ponto de chegada da nossa vida é Jesus Cristo. A espiritualidade requer disciplina e a nossa espiritualidade tem uma base que é Jesus, e é vivida no dia a dia nas pequenas coisas, dando testemunho de Jesus (depoimento de padre).

Para muitos padres, a espiritualidade do presbítero ou religioso está diretamente relacionada à experiência da celebração da Palavra e da Eucaristia com o povo. Potencializa a relação com Deus pela experiência litúrgica comunitária. Assim, muitos enriquecem e alimentam a vida do discípulo e da missão evangelizadora pela Palavra de Deus e da Eucaristia.

> A espiritualidade também está presente na leitura constante da palavra da Bíblia, porque a leitura da Bíblia te ilumina, e quanto mais você lê, mais ela te fala, e mais você fala com ela também (depoimento de padre).

> Eu rezo com o povo. Rezo a missa, o terço e medito a Palavra de Deus, na Bíblia, sempre com o povo (depoimento de padre).

Já os religiosos vivenciam determinada espiritualidade específica conforme seu carisma e missão. Há práticas baseadas nos Exercícios Espirituais de Santo Inácio, ou dos fundadores como Francisco de Assis, São Bento, São Domingos, Charles de Foucauld e tantos outros. Cada qual deu uma tônica especial aos seus seguidores, conforme os "sinais dos tempos", atualizados pelos apelos contemporâneos. O Ofício Divino, ou seja, a Liturgia das Horas, o discernimento pessoal ou comunitário, o seguimento radical de Jesus Cristo são orientações comuns a todos os institutos.

Estar conectado a uma vivência autêntica da espiritualidade não pode ser apenas tarefa comunitária. A espiritualidade diz, também, da maneira como cada sujeito toma para si a experiência religiosa e suas motivações. Viver a espiritualidade de forma íntima e introspectiva é o que permite que, no dia a dia, cada um aposte de novo na vida consagrada. É preciso perguntar por que tem sido tão difícil, na diocese ou província, o exercício de escutar e rever o verdadeiro significado da espiritualidade e identidade na vida presbiteral e religiosa nos tempos atuais pós-modernos.

> Vendo essa crise, eu percebo que precisamos trabalhar mais a oração, a interiorização do valor, a busca de aprofundamento. A província oferece, mas cada pessoa precisa buscar mais isso (depoimento de padre).

> Eu acredito que a dificuldade toda de interiorização é o medo do silêncio, isso porque o silêncio denuncia quem nós somos [...] Percebo uma certa inquietude, alguém que às vezes está em silêncio, não fala com a boca, mas fala com o corpo, procura coisa pra mexer com as mãos. Eu sinto que isso ainda precisa ser trabalhado, porque uma verdadeira espiritualidade integra, harmoniza a pessoa. As questões de agressividade, de tratamento com o povo e até dentro da diocese estão relacionadas a uma verdadeira falta de vida e de oração, seja a oração pessoal, seja a oração comunitária, o celebrar a Eucaristia às vezes com ritualismo, isto é uma vida, é um mistério que você está celebrando, então eu sinto que isso precisa ser aprofundado com maior intensidade também. Ainda temos um caminho grande a percorrer, porque não é só recitar as coisas (depoimento de padre).

> Há uma escassez muito grande no que diz respeito à questão da espiritualidade. Muitos frades se limitam a ir à capela de manhã e ao meio-dia. Outros não vão e não têm o momento de oração pessoal. Isso é grave, porque fui formado escutando todo o tempo que a oração é o combustível, um carro que, para andar precisa de combustível, nosso combustível é a oração, a espiritualidade. Em nossa província isso não funciona muito bem (depoimento de padre).

> Em retiros, por exemplo, muitos não querem ir e, quando vão, transformam esse momento num grande recreio de adolescentes. Quando a gente convida os presbíteros, escutamos alguns dizerem: não gosto de retiro, não gosto de oração (depoimento de padre).

> Se a pessoa não tem espírito de oração, ou seja, chega rápido e lê, reza só por estar junto, a oração não surte efeito, porque é preciso relaxar um pouco – aqui no retiro alguns padres, não participam das orações, nem na hora do almoço e muitas vezes esses padres que não participam das orações são considerados lideres (depoimento de padre).

Parece muito difícil obter tranquilidade espiritual em um mundo onde as questões do tempo e do espaço sofreram profundas mudanças. Então, esse horror ao vazio nos esvazia. A pressa, a rapidez e o medo ao vazio e todos os dispositivos que temos para deixar nenhum vazio nos colocam mais o risco de nos esvaziar do que de nos preencher... uma vez que o que preenche a vida, principalmente, é a dimensão espiritual, psíquica, é o trabalho da imaginação, do carisma, do sonho e da utopia. O tema da espiritualidade e do carisma de presbíteros e religiosos, por isso mesmo, ganha importância, e tem sido debatido, sem, contudo, chegar a um consenso. Entrevistando um grupo de padres e religiosos que estão inseridos pastoralmente, em várias dioceses, percebemos um leque de respostas bastante variado.

Primeiramente, há um estrato amplo de presbíteros que não conseguiu elaborar nenhuma reflexão sobre o tema de sua identidade, espiritualidade, seu carisma e sua missão: "não compreendo isso até hoje"; "essa é uma questão complicada". "Às vezes quando eu ouço essa expressão me incomoda bastante"; "muita coisa vem na minha cabeça, mas não sei precisar exatamente"; "é algo muito abstrato"; "não sei nada disso"; "Há os que se dedicam aos sacramentos, outros às pastorais, outros aos meios de comunicação e à docência. Não tenho clareza".

Outro grupo, dessa vez menor, destacou que a espiritualidade e o carisma do padre diocesano é a "Igreja Particular". O padre tem que estar profundamente identificado com a sua diocese, sua história, sua realidade social, econômica, política, suas prioridades, suas opções, sendo presença viva na caminhada dessa Igreja, integrado e com forte sentimento de pertencimento no presbitério. Esse grupo enfatiza a importância da história do povo da paróquia, do vínculo grupal, da comunhão entre os presbíteros e estes com o povo de Deus.

> A pastoral e a evangelização paroquial são a essência do carisma: a evangelização a partir das comunidades, das paróquias e das redes de comunidades, um trabalho de pastorais e do movimento de evangelização mais voltado ao mundo. Não é só intraeclesial, mas também extraeclesial. O padre secular, a própria palavra diz: *mundo*. Mais acesso às realidades do mundo, não estou ligado só aos acontecimentos internos da paróquia, mas dialogar com o mundo moderno, com a universidade dos acontecimentos, dialogar com os profissionais de todas as áreas (depoimento de padre).

Outro aspecto ressaltado é a inculturação com o povo: o presbítero diocesano ou religioso seria aquele homem sensível, identificado às múltiplas realidades de sua diocese, comunidade eclesial: étnica, etária, de gênero, ecológica e religiosa.

> O presbítero é alguém que está mais inserido, mais presente na vida da comunidade, na vida da família. Quando participamos de uma paróquia nos sentimos todos como uma grande família. E, conforme o tempo que ficamos, nos envolvemos mais com as pessoas da comunidade, chamando as pessoas pelo nome, nos preocupando, conhecendo mais a situação de cada família (depoimento de padre).

Uma expressão muito usada por um pequeno grupo para falar de sua subjetividade como presbítero diocesano foi a metáfora evangélica do Bom Pastor (Jo 10; Lc 15). A exemplo de Jesus, Bom Pastor que "conhece suas ovelhas e elas o conhecem", "chama cada uma por seu nome" e "caminha à frente de suas ovelhas e elas o seguem". Trata-se da caminhada do povo de Deus pelas estradas da vida, tendo o Bom Pastor como guardião das trilhas desse rebanho.

> Acabamos nos esquecendo do fator fundamental do pastoreio do povo de Deus, que é a entrega, o sacrifício, a doação. E a partir daí poderíamos resumir tudo isso nesse amor esponsal pela Igreja (depoimento de padre).

> Pra mim a pastoral é sinônimo de pastoreio. E nesse sentido que ela tem uma abrangência muito maior do que simplesmente cuidar de um grupo que tem um ideário ou algum itinerário, seja ele qual for. Podemos pastorear pessoas diferentes. O pastoreio parece-me que implica uma motivação maior do que simplesmente gerir, administrar, conduzir. Ele implica a transmissão de algo que é próprio, que é da gente, uma espiritualidade (depoimento de padre).

> O carisma é o Cristo Bom Pastor, aquele que se preocupa com as ovelhas com a comunidade, no sentido de poder ser presença do Cristo na vida dos fiéis. Outra coisa é ter uma liderança no meio do povo, porque as comunidades, por onde passamos têm uma história de caminhada (depoimento de padre).

Há outra parcela que acentua o "valor da espiritualidade no carisma missionário" como centro da identidade do clero diocesano e da missão do religioso. A missionariedade seria dom e empreitada dados à Igreja por Jesus Cristo:

> Ide por todo o mundo e pregai o Evangelho a toda a criatura (Mc 16,15).

> [...] e enviou-me para anunciar a Boa-Nova aos pobres, para sarar os contritos de coração, para anunciar aos cativos a redenção, aos cegos a restauração da vista, para pôr em liberdade os cativos, para publicar o ano da graça do Senhor (Lc 4,14-21).

> Eu vim para que todos tenham a vida, e para que a tenham em abundância (Jo 10,10-11).

> Vendo a multidão, ficou tomado de compaixão, porque estavam enfraquecidos e abatidos como ovelhas sem pastor.

> Disse, então, aos seus discípulos: "a messe é grande, mas os operários são poucos. Pedi ao Senhor da messe que envie operários para sua messe" (Mt 9,35-38).

Esse movimento de missionariedade dentro da instituição diocesana ou provincial quebra a perspectiva endógena eclesial e o investimento grupal autoerótico. O voltar-se para o mundo produz o aspecto libidinal e amoroso, marcado pela alteridade. Trata-se de um processo de evangelização nômade, não somente paroquializado e fixado na pessoa do padre. O ardor missionário desperta uma posição instituinte, muitas vezes sufocada por estruturas hierárquicas, burocráticas e paroquiais caducas.

> Eu diria é o que mais me motiva, é o ardor de uma espiritualidade missionária: uma pessoa sensível para as necessidades do tempo e das pessoas do seu tempo (depoimento de padre).

Ser missionário é "fazer-se próximo" dos excluídos, "apostolado junto àqueles que estão longe", o que também esbarra na opção preferencial pelos pobres, marca profunda do início da caminhada da Igreja, nos anos 1950 e 1960, na época da Ação Católica (JEC, JOC, JUC) e na proposta das CEBs; das conferências latino-americanas: Rio de Janeiro, Medelín, Puebla, São Domingos e Aparecida.

Algo chama atenção nas entrevistas quando prestamos atenção às faixas etárias correspondentes às vocações oriundas do Vaticano II e das duas conferências latino-americanas: Medelín (1968) e Puebla (1979). Tal agrupamento coloca o acento do carisma, da espiritualidade e da missão "naqueles que estão longe, isto é, junto a todos quantos o Senhor, nosso Deus, quer chamar" (At 2,39), alinhando-se aos princípios de tais documentos, que abriram, historicamente, uma nova concepção de espiritualidade e missão da Igreja, dialogante com a realidade dura e emergente da América Latina. Assim, para esse grupo, a missão e a espiritualidade passaram a ser entendidas não somente no contexto geográfico e territorial, mas principalmente sob a perspectiva cultural e social, com ações junto aos excluídos e marginalizados.

Em outra direção, cresce principalmente, na faixa dos mais novos entre os padres diocesanos e religiosos, uma espiritualidade vinculada a "movimentos leigos, de apostolados midiáticos e de novas comunidades cristãs". Trata-se de uma espiritualidade que vai de encontro à profunda renovação espiritual carismática.

Para esse grupo de presbíteros, hoje em dia, o padre diocesano e os religiosos não dispõem de carisma que os identifiquem. Para eles não há pastoral, apenas movimentos. A pastoral midiática é global, não se vincula à Igreja particular de uma diocese ou de uma determinada congregação.

> Nós não temos um carisma específico. Aqui mergulhamos em um dos carismas, que poderia garantir certa espiritualidade e manter a chama da vocação. Mas não existe aquele carisma de que todos nós fazemos isso ou aquilo. Meu carisma é a Renovação Carismática (depoimento de padre).

Para o Padre Libânio,

> [...] tal espiritualidade mostra certo aspecto híbrido. Sem dúvida, assimilam-se a leveza, a alegria, a festividade, a liberdade, a espontaneidade, a tônica de oração próprias de tal tipo de espiritualidade. No entanto, ela tem-se adaptado e até reforçado o lado institucional do momento atual, seja por meio de práticas morais e religiosas com certa rigidez, seja por valorização das autoridades eclesiásticas e do regime canônico. Em princípio, o carisma entra em tensão com a instituição, mas o movimento carismático, por enquanto, comporta-se bem, ao menos externamente, em relação ao regime canônico[10].

O grupo da faixa de presbíteros e religiosos idosos marcados pela subjetividade entre os períodos, de Trento e pré-Vaticano II, vivenciaram importantes momentos de crise. Para eles não foi fácil modificar paradigmas de espiritualidade a partir de práticas devocionais estruturadas dentro de regras e disciplinas rígidas:

---

10. Libânio, 2011.

> Nós, que somos padres, tínhamos e temos obrigação de rezar todos os dias, isso chamava-se breviário, hoje é oração das horas, é realizada com silêncio absoluto. Vou contar um fato curioso, que eu até tinha um pouco de vergonha, no tempo da Igreja piramidal, povo passivo. Todo padre era obrigado a reservar-se para sua paróquia, em cada capela, a chamada desobriga. O padre ia, para ter como o povo confessar. Então aí um caso curioso: uma vez cancelei o breviário e estava na capela atendendo o povo, era confissão só individual, não havia comunitária, só individual, então quando era 23h50min faltava rezar um restinho do breviário, o povo era tão passivo, que eu me levantei e falei: "gente, por favor, são 23h50min, e eu preciso acabar o breviário, aqui agora, me dá um tempinho aqui, que eu vou acabar, e continuo as confissões até a hora que for preciso". E com aquele povo ali humilde, me ajoelhei e rezei aquele restinho. Hoje eu vejo que não precisava daquilo, eu fui apegado àquela linha "tenho que rezar antes da 00h00min". Meu Deus do Céu! O povo é mais importante. Hoje se acontecer isso, eu vou atender é o povo. Então eu acabei de rezar, eu continuei com as confissões enquanto houve gente, ninguém voltou pra casa né, sem a confissão. Quer dizer, o apego, eu tive isso, foi até exagero, mas o apego me ajudou a manter minha fidelidade, mas absorvendo espiritualidade (depoimento de padre).

Logo, o padre idoso é a figura que representa a história da tradição da espiritualidade que vai se construindo na Igreja, sendo importante referencial para que as comunidades eclesiais se espelhem, inspirem-se. Portanto, ele é a testemunha da transformação, da ressignificação da fé encarnada nos momentos de transformação da Igreja e da sociedade.

> A espiritualidade do padre idoso é a minha tábua da salvação. É o que me segura. É o que me mantém. É o que dá sentido à minha vida. Quando a coisa fica muito confusa, quando envolve o lado afetivo, por exemplo, eu tenho a segurança na espiritualidade (depoimento de padre idoso).

O padre idoso, ao longo de sua vida, acumulou experiência, sabedoria e conhecimento, levando-o a vivenciar a espiritualidade de maneira única e peculiar. Portanto, incentivá-lo a continuar vivenciando essa experiência, e transmiti-la dando testemunho para os mais novos, é uma iniciativa muito animadora, pois enriquecerá de maneira substancial a vivência sacerdotal daqueles que ainda passarão por essa fase em sua vida.

Homens anciãos que, por sua fidelidade permanente à Palavra de Deus e sua inquestionável autenticidade, levaram outras pessoas a ver neles imagens de sabedoria. São eles presbíteros e religiosos que adquiriram uma imagem superior à própria vida, os párocos de quem os avós falam, os professores lembrados nas salas de aula e os profetas do cotidiano da vida junto aos oprimidos.

A espiritualidade sustenta a vida presbiteral, pois se constitui como a pedra angular sobre a qual se edifica toda a missão sacerdotal. Precisa ser sustentada na vida em comunidade, com os fiéis, cuja fé deve ser incentivada pelo presbítero, para que esta surja entre os fiéis, e esses tenham consciência da importância de exercitá-la e alimentá-la pela Eucaristia, participando da Igreja, de maneira dedicada e inteira.

A espiritualidade é a paixão, ideal e vida. É ela que anima o encontro com Deus. É a profundidade máxima da vida do presbítero. A causa de Jesus é a causa do presbítero.

> A espiritualidade tem que ser encarnada. A vontade do Pai que está no céu é que sejamos muito felizes [...] Temos que, em primeiro lugar, estarmos satisfeitos com nós mesmos (depoimento de padre).

Finalmente, um pequeno grupo de entrevistados sinaliza que a dimensão espiritual do presbítero ou religioso com o processo de urbanização e globalização está se desterritorizando do espaço tradicional da paróquia. Para eles, o espaço geográfico da paróquia é uma realidade rural, fixa e vertical. O mundo urbano demanda novas formas de territórios, lisos, múltiplos, descentralizados e em redes.

> Acho que a dimensão espiritual e do carisma dos padres estão em processo de mudança, ou seja, transformando-se. Eu

> sou professor, e têm alguns que são reitores, outros dirigem o jornal, a rádio, outros estão no tribunal eclesiástico, outros trabalharam pastoralmente na mídia. Hoje não é só a paróquia, mas são trabalhos que completam o carisma e a sua espiritualidade. Embora sejam trabalhos específicos, fazem parte do carisma e da sua dimensão espiritual (depoimento de padre).

Por meio das entrevistas, notamos como a compreensão dos vocábulos e expressões "Igreja particular"; "missão e carisma", "identificação com a história e a vida do povo"; "causa e paixão pelo Bom Pastor"; "estar junto dos que estão longe", "missionariedade" e "Reino de Deus", "espiritualidade das novas comunidades e movimentos carismáticos", "espiritualidade com tradição e história de vida" e "novos territórios e redes" não é, de modo algum, unívoca para os integrantes das dioceses, presbíteros e religiosos pesquisados.

Nessas expressões religiosas, concentram-se desde sempre o conflito latente entre as formas espirituais apoiadas pela Igreja tradicional e a Igreja renovada. O que se pode concluir a partir dessas breves anotações é que a espiritualidade do presbítero pesquisado sempre foi múltipla, cambiante, reveladora de uma face instituinte que, em algum momento, foi capturada e, em outro tempo, resistiu às decisões instituídas vindas da cúpula da Igreja Católica ou de pastorais hegemônicas. Apesar de responder às transformações da instituição Igreja como um todo, a espiritualidade marca-se, desde sempre, mudanças, por isso que é impossível de se definir através de uma só vertente.

O que se destaca aqui é que cada formação histórica (religiosidades tradicional, reformada e renovada) traz maneiras distintas de sentir e dizer sobre a espiritualidade. Cada época, em cada estrato histórico, tem camadas de coisas, palavras e sobrederminações econômicas, culturais, políticas e religiosas compondo múltiplos regimes. Não há, portanto, uma única luz a iluminar a verdade. Trata-se de extrair as variações que não cessam de atravessar os sujeitos e os grupos eclesiais.

Essa constatação permite que desnudemos aqui o xeque-mate que o conceito de "identidade" dá a todo momento na ideia de algo estático, definido, absoluto. "Identidade", ao contrário, é algo que sujeitos e grupos forjam exatamente para dar conta do indefinível, do inesperado, daquilo que não é capaz de ser regulado. Se a verdade é plural, só é possível pensar na identidade como processo, não como fenômeno acabado. Trata-se de máscaras necessárias para se forjar uma unidade naquilo que, em sua raiz, não tem unidade alguma. Toda identidade é soma, é mistura, é errática. Toda identidade é antropofágica.

Em seu *Manifesto antropofágico*[11], Oswald de Andrade vai dizer que "só a antropofagia nos une. Socialmente. Economicamente. Filosoficamente". Por "antropofagia" o autor compreende o fenômeno tipicamente brasileiro de pluralidade, de incorporação do outro ao que já é próprio do sujeito, produzindo um novo elemento, distinto de ambas as partes. Essa "nova identidade", pelas inúmeras possibilidades de combinação de suas partículas constituintes, não se faz fixa e imutável, mas fluida, sensível às alterações de quaisquer de suas partes. Falamos aqui da absorção da cultura alheia sem que, para isso, seja preciso submetê-la, fazê-la sumir. Ao contrário, a "antropofagia positiva" é a própria criação, pois incorpora o que o outro pode oferecer em sua singularidade. Nisso o Brasil obteve o sucesso que outros países não conseguiram: é exatamente a mistura de religiosidade, de culturas e povos nossa grande riqueza. No entanto, isso não imprime ao país, nem à sua religiosidade, algo que possamos compreender como uma "identidade da mistura". Simplesmente porque toda identidade é mistura. Não há como buscar uma identidade coesa, uniforme de uma única espiritualidade, seja do padre diocesano ou religioso. Na verdade, ela nunca existiu, nem quando a Igreja se mostrava mais Tridentina do que se mostra hoje. Não se

---
11. Andrade, 1990.

perdeu algo quimicamente puro. A "identidade" da espiritualidade entre os presbíteros sempre foi mistura e múltipla.

A angústia que aparece agora no grupo dos presbíteros é reflexo da própria época em que vivemos. Não falamos aqui de uma dificuldade exclusiva da Igreja, mas da sociedade como um todo, o que acaba tendo reflexos na vida religiosa. A Pós-modernidade é marcada pela "crise de identidade", quando tudo o que tínhamos como certeza mostra-se fluido e variável. Pensar a questão da identidade da espiritualidade dos presbíteros não é só repensar um modelo religioso, mas levar em conta mudanças sociais, que não permitem que se acredite que algo pode ser tão seguro e estável. A busca desse grupo de presbíteros por uma identidade nesse momento vem desta constatação: há uma forma institucional sólida que ruiu, cujo centro de gravidade apoiava-se na Religião Católica Romana, na política do Estado moderno e na moral privada da família nuclear burguesa. Talvez possamos dizer que não vale a pena tentar retomar essas bases, apenas, por questões saudosistas.

Forjar uma identidade é uma tentativa de cobrir o vazio de respostas que ronda o mundo presente. Aceitar esse vazio pode ser a forma de produzir, de se adaptar às mudanças que tanto assustam. O conhecimento é o triunfo da capacidade de questionar, a partir de um vazio que leva a novas descobertas.

Verificamos também que o grupo de padres carece de aprofundamento e atualização para um entendimento maior da espiritualidade, do carisma e do sentido de missão do presbítero e religioso inseridos na vida diocesana. Carece de um exercício diário, pessoal e comunitário da *Lectio Divina*. Sem esse retorno ao cultivo da paixão pela causa da pessoa de Jesus Cristo, a evangelização, lentamente, perde o sentido e o encanto. O humor, a alegria do múnus presbiteral, que provém do amor devotado ao Senhor e sua causa, morre e o padre começa a se perguntar a que veio? Iniciam os desvios do ministério. A amizade fraterna esfria, a dedicação diminui e o "bom samaritano da vida inteira começa a ficar desiludido"; é uma realidade espinhosa, testemunhada pelos presbíteros e leigos. A depressão entra no silêncio e no passar lento dos dias. É hora do *stop* consciente da retomada.

Talvez a principal questão referente ao carisma, espiritualidade e missão das dioceses encontrada nas falas dos que foram entrevistados seja a necessidade de construir aquilo que os padres chamam de identidade em torno do presbitério.

> Eu acho que a espiritualidade na nossa Igreja é muito fraca, e digo isso em âmbito geral, nós não temos oração de comunidade. Não cultivamos uma referência espiritual que nos une no presbitério (depoimento de padre).

Há, nas entrevistas, a consciência clara de que a mudança dos tempos exige também, como resposta, mudanças na forma de ser presbítero. Seria inviável esperar, no campo da espiritualidade, manifestações semelhantes às que existiam há tempos. A forma de se encontrar Deus inevitavelmente reflete a vida cotidiana, os sinais dos tempos no mundo de hoje. É assim que deve ser, em um grupo preocupado em atualizar sua fé e fazê-la mais do que mero instrumento de contemplação passiva. Existe entre os integrantes das dioceses, hoje, a noção de que a espiritualidade pode estar no dia a dia, não apenas em momentos específicos voltados para esse fim.

> Eu vejo a espiritualidade expressa na maneira como convivemos, a maneira como me disponho, e estou disponível ao povo, sempre pronto a servir. Penso que a toda hora vivemos em espiritualidade... (depoimento de padre).

Por outro lado, é fundamental não se entregar completamente a um tipo de vida baseado apenas no ativismo, na volatilidade do tempo. E o interessante é que, quanto mais se tenta preencher a vida com muitas atividades, fazendo o tempo render muito (muitas coisas na agenda em um dia só, alimentando essa sensação de que aproveitamos o tempo), mais se tem a sensação de que nada aconteceu. Uma vida presbiteral plena carece de momentos reflexivos, introspectivos, para além da espiritualidade que pode – e deve – se manifestar em atividades corriqueiras.

> Talvez falte um pouco os momentos de estar a sós, ou em grupo, ou retirar-se um pouco mais, achar um tempo também para isso. Porque senão a gente cai na atividade e vive quase só nisso (depoimento de padre).

> O que a gente percebe é uma grande ausência dos nossos sacerdotes e certa falta de espiritualidade. Na participação, no envolvimento dos padres da nossa paróquia. Falta mais presença deles e de uma viva espiritualidade. E a espiritualidade também deixa a desejar. Isso a gente consegue ouvir das pastorais (depoimento de leigo).

Uma queixa comum de vários entrevistados diz respeito à dificuldade do grupo de ultrapassar os estudos teóricos sobre o carisma do presbítero para reencontrar um ponto pessoal, íntimo, afetivo com a espiritualidade. Para muitos, a diocese teria se tornado, em alguns momentos, mais teórica, uma empresa burocrática e impessoal, do que verdadeiramente inserida na vivência presbiteral, no que diz respeito à espiritualidade. Fica aqui, assim, o alerta para que a consciência crítica do grupo e o questionamento – importantíssimo e indispensável – não se sobreponham à vivência pessoal da fé e do sagrado.

Pode-se dizer que a resposta para uma vida espiritual, segundo os entrevistados, não é encontrada apenas em uma espiritualidade tradicional, recitativa, centrada na reza do terço, na leitura de textos pré-fabricados. Não pode ser, por outro lado, reduzida apenas a uma espiritualidade mais orante, de silêncio, reflexão, absolutamente livre de fórmulas instituídas – importantes para conectar um grupo. É a convergência dessas duas vertentes que permite estabelecer formas próprias e autênticas de encontro com Deus sem que, para isso, seja preciso abrir mão do carisma e de uma referência consistente sobre a espiritualidade.

> A tendência com a teologia atual é as pessoas serem mais ativas, e justamente aí é que tudo devia ser mais aprofundado. Porque o sujeito vai ter que ter a motivação, a convicção. Então, tudo aquilo que fazemos fica muito superficial, não é? Depois, caiu de novo [...] faltou um pouco do estudo do espírito do presbítero diocesano, mas eu sei que é uma coisa fundamental na nossa vida a espiritualidade. Você persevera com o quê? Tem que ter alguma coisa (depoimento de padre).

Orar é, sem dúvida, uma experiência difícil. Pelo menos orar de modo sadio. "Não é fácil estabelecer um contato com alguém que jamais vimos, de quem não podemos fazer uma ideia senão por analogia e de quem não temos respostas pelas vias habituais da comunicação"[12]. Segundo os místicos, Deus é, por si, uma experiência do mais profundo vazio que, como um espaço mental para além do mundo, das pessoas e das coisas, podemos utilizar conforme nosso livre-arbítrio. Sabemos que não podemos confundir Deus com o templo, com os tempos e com os saberes, sendo esses apenas mediações que levam ao mistério; não um mistério que produz regressão, infantilismo, inquietude, medo, mas que determina a confiança afetuosa. Trata-se de uma concepção de espiritualidade de mistério amoroso, sem fusão em Deus, identificado à "loucura" no sentido da subversão profética. Isaías disse: "Deus é um Deus escondido" (Is 45,15). "Deus é o mistério do vazio: a expulsão dos vendilhões e o desejo de ver o templo vazio" (Lc 19,45; Mt 21,12); "a Eucaristia como ausência/presença" (Lc 22,24); "a experiência de angústia e morte no Jardim das Oliveiras" (Lc 22,36; Mc 14,33); "o túmulo vazio" (Mt 28,1; Lc 24,1); "o vazio deixado ao partir o pão com os discípulos de Emaús" (Lc 24,13).

"A espiritualidade, na prática da oração, pode levar pessoas a inumeráveis desvios ou autoenganos"[13], como: alienação, submissão, in-

---

12. Morano, 2003: 109.

13. Ibid: 110.

tolerância e fechamento narcísico. Todavia, nem sempre é assim. A atividade espiritual transforma muitas pessoas em seres mais integrados, profundos, tolerantes e abertos afetivamente ao relacionamento com o outro. Uma boa experiência espiritual deve ser acompanhada de exercícios de autoconhecimento.

A oração, como forma de expressão da espiritualidade, constitui o núcleo mais profundo e íntimo da experiência presbiteral, a ponto de se poder afirmar, com toda a razão, que não há experiência religiosa sem oração, nem oração que seja compreensível sem apoio de algum tipo de religiosidade.

A espiritualidade é um modo de ser do cristão, um alimento para cada dia de sua vida e em toda circunstância, a exemplo de Jesus Cristo. Para o presbítero, a espiritualidade está intrínseca a sua missão, que não só precisa despertar essa dimensão, convidando-o a conhecer, praticar e viver a fé, como dar testemunho ao povo de Deus.

Conclusão

Notamos que os entrevistados da pesquisa, de acordo com o método de entrevistas, limitaram-se a algum aceno sobre a função positiva que uma regular vida espiritual exerce sobre os presbíteros provados de várias maneiras no nosso tempo. Há um elemento estruturante da vida espiritual que, fielmente cultivado, pode produzir efeitos benéficos sobre toda a existência do padre. Antigamente era chamado de meditação. Hoje tornou-se conhecido com o nome de *lectio divina*. Qualquer que seja a sua definição, são importantes seu exercício e sua função. A reflexão diária sobre a Palavra de Deus e sobre os escritos dos grandes autores espirituais ou sobre os documentos mais importantes da Igreja reaviva no ser humano a fé não somente na história da salvação e nas verdades reveladas, mas também no seu ministério pastoral, renovando suas motivações profundas. Ensina os padres a olharem com o olhar de Deus o sentido da sua pobreza pessoal e dos seus fracassos. Isso os educa, dia após dia, a confiar naquela graça que sustenta os pobres e os humanos, que seguem adiante com humildade e amor. São valores não observáveis com os instrumentos da pesquisa sociológica ou psicológica. Mas são sempre os valores vividos em silêncio pelos padres que esperam contra toda evidente esperança.

Nas falas dos palestristas, algumas expressões são marcantes[14], como:

> **Reino de Deus e Espírito.** São dois temas importantes para nossa fé. A figura do bispo foi lembrada, pois a espiritualidade presbiteral não se sustenta sem a comunhão com o bispo. A Igreja está presente onde o povo está, movida pelo Espírito. O povo construindo o Reino de Deus através do Espírito. A espiritualidade faz tudo estar em movimento.

> **Espiritualidade é dom.** Espiritualidade não pode ser confundida com práticas do ministério. É um modo concreto de viver a vida. A espiritualidade está presente desde o batismo e na ordenação. Está no interior de cada um. Espiritualidade não é fruto de nossos atos e sim do dom de Deus: "Sois uma carta de Cristo" (2Cor 3,3). Na vida espiritual é necessário tomar consciência da ação de Deus e estabelecer com o evangelho de Cristo uma espécie de *link*. A partir daí é possível interpretar o que acontece em nossas vidas.

> É o Espírito do Senhor que decifra as ações em nossas vidas, por isto não devemos reprimir o dom que nos foi dado. Deixemos, na simplicidade, que o Espírito viva em nós, assim a oração vai se confundindo mais com a vida. O ideal é que toda vida seja oração. O retiro anual e a leitura espiritual são boas oportunidades para buscar dentro de cada um o encontro com Deus.

> Santo Inácio afirmava que, para crescer espiritualmente, é preciso sair do próprio querer, do próprio poder e do

---

14. Estas pontuações reflexivas foram feitas por três especialistas: Padre Áureo Nogueira de Freitas, diocesano; Padre Paulo Carrara, redentorista; Padre Ulpiano Vázquez Moro, SJ, na Oficina sobre Espiritualidade para os padres de 0 a 10 anos de ordenados. Arquidiocese de Belo Horizonte, 2011.

próprio interesse. O que nos move a procurar Deus é o que nos move a receber as pessoas. A vida afetiva é muito exigente, mas pode ser muito feliz quando se tem espiritualidade.

A espiritualidade é a identidade cristã vivida numa determinada circunstância. O padre não deveria nunca esquecer que é um cristão, isto é importante porque, às vezes, o padre se identifica apenas com o seu ministério. Mas antes de o receber, ele é um cristão. O padre, enquanto cristão, deve agir como quem está no meio da comunidade e não diante dela. Se representássemos a Igreja como um círculo, o lugar do padre seria o meio. Ele simboliza o que todos devem ser enquanto cristãos. Claro que há uma identidade presbiteral, fundamentada na vocação cristã. Hoje faz-se necessário uma assimilação pessoal da própria identidade cristã e vocacional. A Pós-modernidade é multirreferencial: "ela é tudo e o contrário de tudo". A tolerância é sua marca mais profunda. Ela tem uma face restritiva, o que se manifesta na negação de todo valor. O critério das escolhas se encontra na felicidade momentânea, na estética, no sentimento. Isso traz um problema para a Igreja, que deixou de ser a única referência de sentido. O cristianismo, segundo estatísticas, nem é a religião que mais cresce no mundo. O contexto atual, chamado de Pós-modernidade, é complexo e se torna cada vez mais complexo.

Neste contexto surge uma espiritualidade narcisista, marcada pela busca da solução de problemas pessoais. Mas toda verdadeira espiritualidade postula o encontro com Deus, o Transcendente, e o encontro com o outro. O encontro com Deus se dá no interior, mas repercute na relação com o irmão. O encontro com Cristo leva à construção do Reino de Deus anunciado por Ele. Mas não há verdadeiro encontro com Cristo sem oração, porque a oração revela-se um modo muito privilegiado de encontro com Deus, como atesta a espiritualidade cristã. Sem um encontro verdadeiro com Cristo, as motivações se fragilizam muito e as asperezas do exercício do ministério se tornam quase insuportáveis. Além disso, há o risco para o padre de se tornar um mero funcionário do sagrado e da instituição. Há paróquias modelo de empresa, onde tudo funciona, mas nada vive. O que faz viver? A espiritualidade vivida no encontro com o Senhor Ressuscitado. A oração facilita esse encontro. Assim, a vida do padre torna-se manifestação do Ressuscitado. Mais que mostrar, o importante é demonstrar o que o Senhor realiza através daqueles que aceitam ser seus instrumentos. O encontro verdadeiro com Jesus, que a teologia define como conversão, parece ser o elemento antigo e sempre novo para a transformação dos cristãos e do ministro ordenado, que se põe a seu serviço.

Causa – Espiritualidade tem a ver com motivação. O padre deve estar apaixonado pela causa de Cristo, uma vez que é sinal de Cristo. Sua missão é simbolizar o Cristo na comunidade e presidi-la em nome de Cristo-centro. Portanto, é fundamental cultivar uma amizade com Cristo, sobretudo através da oração. O encontro pessoal com Cristo mostra-se fundamental para a vida do padre. O relacionamento com Cristo sustenta a caminhada e ajuda a superar as frustrações que surgem na pastoral. Quando a motivação é sólida, suporta-se com mais facilidade as dificuldades que emergem no caminho. O Papa Bento XVI afirmou recentemente: *"A profissão do padre é a oração"*. Esta frase é profunda, porque tudo o que o padre faz brota de sua relação com Cristo, e esta se sustenta na oração.

Consagração e missão. O que caracteriza e dá forma à espiritualidade do padre diocesano é o pastoreio, a exemplo do Cristo-Pastor. E o pastoreio se faz verdade no meio da comunidade quando existe identificação com o dom do Espírito. O Espírito Santo configura o padre a Cristo-Pastor. O padre religioso segue um carisma específico, já o diocesano não existe sem o bispo, sem o bispo não se compreende o padre diocesano. Ele é colaborador do bispo e seu pastoreio está ligado a uma igreja particular. Ele preside uma comunidade específica que, por sua vez, deve estar ligada à igreja particular. O padre diocesano faz uma "ponte" entre sua comunidade e a igreja particular, cujo pastor é o bispo.

A caridade pastoral: o específico da espiritualidade do padre diocesano. Ela é a fonte do próprio ministério presbiteral. Sendo sinal do "Cristo Pastor", o presbítero torna-se alimento espiritual da comunidade que é por ele nutrida na Palavra de Cristo e na celebração do seu mistério através dos sacramentos. Por outro lado, o presbítero é alimentado através do exercício do seu ministério fazendo às vezes de Cristo no meio do povo. Trata-se de perceber o "ministério em si" como fonte espiritual para o próprio padre e a comunidade. Esta relação é, portanto, dialética: o presbítero, em Cristo, alimenta a comunidade e é por ela alimentado através do exercício do seu ministério sacerdotal. Esse aspecto ressalta a dimensão comunitária da espiritualidade do padre diocesano, onde ele pode dinamizar momentos para rezar com e pela comunidade, além das celebrações dos sacramentos. Existem experiências interessantes nesse sentido: a Liturgia das Horas e a Leitura Orante da Bíblia. É a partir de Cristo, na consciência dele sermos dele "ministros", que encontramos a fonte da espiritualidade do padre diocesano: "esse é o eixo, o próprio ministério diocesano". A experiência pessoal da oração com Cristo, se verdadeira, nos leva em direção aos outros. Logo, a oração comunitária é decorrência de uma exigência do encontro pessoal com Ele.

O Bom Pastor deve ser colocado como servo sofredor e é bom que se diferencie sacerdote de presbítero em relação às comunidades. Sacerdote se refere à casta, enquanto presbítero se refere ao serviço no exercício de uma sabedoria.

Na prática, como rezar hoje?
• Alguns aspectos não podemos perder de vista: o avanço da ciência e a secularização exacerbada. Tudo entrou em crise no mundo da técnica, o que provoca o desejo de um novo mergulho no ministério, na busca de preencher o vazio existencial. Na busca da oração deve-se considerar as dimensões da psique. Só é possível orar quando nos voltamos para todas as dimensões do ser humano.

- Há frustração quando o programa de evangelização se centra só no coletivo eufórico, sem levar em consideração as necessidades pessoais, as diferenças. Por outro lado, as pessoas estão marcadas por um individualismo profundo que influencia sua maneira de entender a Igreja e sua proposta de evangelização.
- Há muitas possibilidades de se fazer oração, o mais importante é rezar a vida e os acontecimentos. A Liturgia das Horas precisa ser repensada, pois pode tornar-se monótona. O atropelamento das atividades atrapalham a oração, por isso faz-se necessário criar um espaço adequado onde se possa rezar.
- É preciso lutar para não ser atropelado pelas atividades. Temos que rezar em comunidade, mas também é preciso um tempo de intimidade com Deus. Fugir do barulho para encontrar o silêncio revela-se uma necessidade para a vida do padre. Hoje as pessoas estão buscando o silêncio dos mosteiros para um encontro profundo com Deus.
- Rezar é silenciar-se diante de Deus para deixá-lo falar, é aí que conseguimos nos esvaziar de nós mesmos, deixá-lo entrar em nosso interior, assim ficaremos mais tranquilos e nos desafogaremos da luta do dia a dia.
- A espiritualidade se concretiza através do serviço à vida.
- Desafio pessoal é estabelecer, no ritmo diário, um tempo disponível para rezar. Hoje falta disposição para organizar o cotidiano incluindo a oração. Não é cristão aquele que não reserva 30min por dia para oração, porque a oração garante o relacionamento com Cristo.
- O que sustenta não é o intelectualismo, mas a oração, dentre elas o Rosário de Maria tem uma importância crucial.
- A oração deve estar vinculada às situações vividas, tem que haver capacidade de ouvir e ajudar outras pessoas a serem felizes através da oração.

• A experiência da oração está ligada ao profano ou ao sagrado? É possível distinguir o âmbito da oração? A dificuldade em responder a esta questão impede de perceber o que é a oração. Devemos ter cuidado com o dualismo maniqueísta entre o profano e o sagrado. O mistério da Encarnação é uma boa síntese.

• A oração não pode ser formal, nem obrigatória. O relacionamento com Deus tem que ser levado com muita leveza. Haveria dificuldade em manter o ministério se não houvesse o relacionamento com Deus. Às vezes é difícil rezar 10min, outras vezes é possível rezar 30 a 40min.

3.3 A vocação presbiteral e suas transfigurações

1) Introdução

O segundo aspecto da vida do presbítero é a trajetória de seu memorial do chamado de Jesus. Para a elaboração dessa parte, tomamos como referência os dados de pesquisa qualitativa realizada durante o ano de 2005 a 2010 com padres, religiosos, formadores e formandos de várias dioceses e congregações religiosas. Transcrevemos na íntegra e de forma literal diversos e significativos depoimentos, por entendermos que essas falas trazem uma dimensão precisa da magnífica e diversificada caminhada desses protagonistas da vida da Igreja. Optamos por manter todos os depoimentos anônimos, visando garantir, eticamente, o sigilo dos entrevistados.

O objetivo deste tópico é, essencialmente, discutir questões pertinentes à vocação religiosa, estruturando-as com os depoimentos das personagens ouvidas. O texto analítico não contém, em si, algo de fortemente inovador, mas o relato dos depoentes traz a novidade do desafio para a formação permanente da vida do clero diocesano e religiosa contemporânea.

No que se refere aos aspectos metodológicos, optou-se pela realização de entrevistas semiestruturadas, cujas questões foram apresentadas, previamente, aos entrevistados, que puderam então manifestar-se de forma crítica e oferecer sugestões. Durante os depoimentos foi solicitado aos depoentes que discorressem livremente sobre cada tema, buscando assim privilegiar a associação livre através da técnica de pesquisa da história oral. Devolvendo a história da vocação religiosa a essas pessoas, em suas próprias palavras[15], e restituindo-lhes um tempo passado a partir do presente, pode-se dizer que a entrevista auxiliou também no caminho para um futuro a ser por elas edificado.

A tessitura desenhada a partir das fitas gravadas foi agrupada de acordo com as perguntas e todo o material foi submetido a uma análise transversal e histórica, com diferentes enfoques. A visão histórica exige que seja muito bem posta a noção de periodização. Em outras palavras, necessitamos esclarecer o que entendemos como espaço e definir a divisão em períodos, pedaços de tempo submetidos à historiografia, com a manutenção das estruturas, conjuntos de relações e proporções prevalentes ao longo de certo intervalo. As periodizações, portanto, podem ser muitas, em virtude dos diversos olhares transversais. Dessa maneira, pode-se dizer que não há uma só vocação religiosa, mas vocações em sucessão, que se formam e se desmancham em períodos e em espaços.

A seguir, apresentaremos as perguntas e a construção da análise, dialogando com os depoimentos dos protagonistas.

2) O imaginário religioso e a vocação

A primeira pergunta, feita aos depoentes, referia-se a *sua história vocacional ou ao que os levou a assumir a vida presbiteral diocesana ou religiosa.*

O primeiro conjunto de respostas concentra-se em fortes identificações com Deus ou o sagrado, vinculadas às imagens do exercício

---

15. Ver cada tema nas perguntas feitas aos entrevistados.

presbiteral. As motivações versam em torno do altar, da cerimônia litúrgica, dos cantos, dos ritos e da construção da igreja matriz como diferentes maneiras de viver o sagrado, unidas à figura do padre. A força imaginária de vínculos[16] entre Deus e o exercício do ministério presbiteral apresenta, aqui, forte ressonância com a vocação presbiteral.

Na origem da vocação tem importância a representação que a pessoa faz dela como algo plausível, atraente, valioso. Esse imaginário social, no caso religioso, cumpre função fundamental. Certa idealização da vocação presbiteral vem precisamente da força de tal imaginário, que reinava onde as vocações se despertaram. Nele o sagrado se impunha com força. As crises surgem com o declínio do sentido de tal imaginário por obra do excesso de valor da secularização, de conflitos graves institucionais e de outras motivações que antes estavam recalcadas ou proibidas.

> Eu tenho uma dignidade muito grande de ser sacerdote, por que ser sacerdote é ser outro Cristo, principalmente quando consagro, quando perdoo, quando digo: *tomai e comei isso é o meu corpo, esse é o meu sangue*, na missa (depoimento de padre).

> [...] eu sempre tive a ideia muito bonita de ser padre [...] (depoimento de padre).

> Quando chegava lá eu via o padre celebrando, fazendo todo ritual, eu achava aquilo tão lindo e ficava pensando [...] Comecei a ajudar o padre, sendo coroinha ajudando a arrumar o altar e na celebração. Mas depois comecei a estudar e a aula batia com o horário das missas, mas como

---

16. Vínculo, segundo Dalton Barros de Almeida, significa: "As relações que nós, o sujeito, estabelecemos com o OBJETO (outros, ambiente, coisas), são vinculações múltiplas e de estruturas muito variadas. Nossos afetos são vínculos. Nossos vínculos impulsionam a nos vincular e ficamos afetados. Os vínculos nos comovem e nos movem. Afetos, sentimentos, emoções constituem estados do nosso ser. Emergem de nossos vínculos, resultando uma maneira de perceber (a nós, o outro, o ambiente, o mundo, Deus) e nos ligar a nós, aos outros, ao ambiente, ao mundo, a Deus (ALMEIDA, 1999: 124).

eu era bom menino e a professora sabia que eu estava na igreja, ela deixava eu chegar um pouco atrasado (depoimento de padre).

Minha vocação nasce disso e nasce também com uma boa dose de vaidade porque eu gostaria muito de ser padre, pra ser visto por todo mundo falar e todo mundo me ouvir, coisa linda, não é?! (depoimento de padre).

[...] mas eu não faltava à missa, e com meus sete anos, a igreja era longe da minha casa, eu ia à missa de qualquer jeito, se meu pai ou minha mãe não fossem, eu ia com os vizinhos [...] (depoimento de padre).

É, no meu caso foi. Porque havia todo um aparato visual. Capuchinho de batismo, capuchinho de cordão de São Francisco, capuchinho com a tonsura, isso tudo atraía a criança! (depoimento de padre).

Bom, eu pelo menos acho que foi a participação, o engajamento. Eu nasci numa família católica, vinha participando da igreja, apesar de morar na roça, a gente ia à missa sempre nos finais de semana, e ali eu fui crescendo, fui educado nesses valores, das ideias da igreja. E a partir daí acho que despertou o desejo de ser padre (depoimento de padre).

Eu era muito atraído pela liturgia, pelas cerimônias, eu achava aquilo lindo! E eu fui coroinha também por muito tempo (depoimento de padre).

Alguns candidatos à vida presbiteral, desde criança, manifestam, através de atividades lúdicas, uma sedução pelo sagrado. Para eles é isso que dá sentido às coisas, partir do profano e transformá-lo em algo sagrado sem negar o primeiro. O latente faz pulsar o sagrado, aquilo que revela a realidade no sentido mais forte do termo: a realidade absoluta, perante a qual o mundo profano, ou das aparências, dissolve-se como falsa realidade. O sujeito humano, pois, vive inserido no profano e o transforma – Mistério da Encarnação. Como sinaliza Fernando Pessoa: "Ele era nosso demais para fingir de Segunda Pessoa da Trindade"[17]. Nunca a divindade foi tão humana, nem a humanidade foi tão divina. O ser humano é sedento do Transcendente, do sagrado, como expressa o salmista: "minha alma tem sede do Deus vivo" (Sl 41).

Na infância essa manifestação do sagrado surge através de atividades lúdicas ou brincadeiras de construir altar coberto por lençóis e molduras de santinhos, impressos em papéis coloridos. Muitas vezes, os candidatos demonstraram que reproduziam, quando crianças, os ritos que vivenciaram nas idas à igreja, através da brincadeira. E é justamente através do lúdico que elas relacionam e elaboram o significado do profano e do sagrado. Ao brincar, a criança realiza um jogo de papéis, que propicia um lugar ao desenvolvimento e às elaborações simbólicas. Na brincadeira a criança transita com o imaginário. Quando brinca, ela se relaciona com o significado e não com o objeto, ou seja, promove um deslocamento do mundo perceptivo para o mundo dos significados/simbólicos. A criança tenta, então, no caso dos candidatos através dos brinquedos, relacionar-se e buscar o significado de Deus. "Não há brinquedo que não esteja ligado a essa dimensão existencial de busca."[18] É assim que surge o primeiro contato com Deus na fase primitiva da infância, quando o ser humano fantasia suas experiências com o sagrado de forma lúdica.

Na contemporaneidade, a mudança no imaginário infantil impacta o mundo vocacional. A entrada da rede eletrônica e da publicidade no mundo das crianças, de maneira arrasadora, pode destruir muitos imaginários religiosos da infância que, outrora, despertaram vocações. Os mitos religiosos não batem fundo na criança e nem ser-

---

17. Pessoa, 1972: 209.

18. Pereira, 2005: 23.

vem para alimentar futuras vocações. A cultura contemporânea da criança vem dos DVDs, da internet, da TV e de outros lugares semelhantes em que o religioso apenas aflora em sua profundidade. O tempo de exposição ao impacto da Igreja, com celebrações e outras atividades, não se compara com aquele dos meios de comunicação. Além do mais, esses últimos dispõem de refinada tecnologia de repercussão psíquica, alto investimento econômico visando o consumo exacerbado e o império do puro gozo.

> A minha mãe me conta que desde criança ela já sentia que eu tinha essa aptidão vocacional. Já estava claro para ela que era para eu ser padre, porque diz ela que eu era muito atento quando estava nas missas e prestava atenção. Em casa, diz ela, que eu brincava de missa. Até meu avô, pai dela, participava. E depois, quando chegou a pré-adolescência, eu percebi um pouco o sentido vocacional. Eu brincava com meus colegas, meus primos, de missa e tudo (depoimento de padre).

> Da minha casa eu via a torre da igreja e eu ficava só desenhando aquela igreja nos meus cadernos; em toda página tinha a torre da igreja, e não sabia por quê? (depoimento de padre).

> Sim, eu fui menino do interior, do nordeste. E desde criança, antes mesmo de assistir missa, eu brincava de celebrar, com meus irmãos, porque eu venho de uma família numerosa e muito religiosa. Então, eu sai do sítio aos nove. Aos dez anos, fui coroinha e morava na cidade (depoimento de padre).

> Inclusive quando eu era menino brincava de padre, tanto meu pai como a minha mãe ajudavam a preparar aquelas coisas pra mim, batina, barrete e material de missa para brincar. Então todos eles me apoiavam (depoimento de padre).

Daí a necessidade de resgatar o mito fundante da experiência com Deus e a história da vocação presbiteral. O mito é o lugar da preservação da alma das pessoas. É o museu virtual de gente com suas lembranças. A palavra é a janela deste *locus*. Essa liberalização congrega a palavra em torno da narrativa, provocando a identificação do presbítero, em uma rede simbólica, com a figura de Cristo, como fundador ou com o carisma de sua vocação. O mito é linguagem válida para dizer manifestar aquilo, que não se consegue expressar na linguagem comum. A linguagem mítica é, pois, uma linguagem diferente daquela a que estamos habituados, mas nem por isso deixa de traduzir algo que a linguagem comum não consegue. Os mitos não nos lançam, propriamente, para a origem dos tempos, mas nos convidam a mergulhar na raiz mais profunda da afetividade humana e de suas questões fundamentais. O mito nos diz sempre como alguma coisa nasceu. Por exemplo, a origem fundante da vocação presbiteral. O mito é a força do imaginário, o mundo das sensações e lembranças. Os mitos são fábulas ou parábolas da nossa existência. Vivendo-se o mito se sai do tempo profano, cronológico, e se penetra num tempo qualitativamente diferente, um tempo sagrado, simultaneamente primordial e indefinidamente recuperável[19]. O mito é também mistério: "o mistério da vocação". Nesse sentido, particularmente na questão da vocação presbiteral, o mito é criador do vínculo amoroso entre os candidatos à vida presbiteral e a Igreja. Somente o amor, o afetivo, é responsável pela existência da comunidade de fé.

A comunidade de fé, a Igreja, está presente no mundo rural e urbano. O *locus* de sua presença é visível nas comunidades rurais, nas paróquias, nas celebrações, nas festas folclóricas, nas devoções populares, nos movimentos leigos e religiosos.

Essas manifestações religiosas chegam ao Brasil através dos portugueses, ainda no início da colonização, nos séculos XVI e XVII, abrindo as portas para que a religião católica fosse, aos poucos, expandindo-se nas novas terras. O papel mais importan-

---

19. Eliade, 1989.

te desse período foi representado pela chegada das ordens religiosas, como jesuítas, franciscanos, beneditinos e carmelitas. Aos poucos, em razão da preocupação com o desbravamento do interior do país, criam-se e se multiplicam as dioceses e, consequentemente, as paróquias no Brasil.

Apesar das dificuldades, o espírito religioso encontrou forças para perdurar, especialmente entre o povo mais simples da área rural, que prosseguiu com suas promessas e ritos. Os ritos servem, justamente, como "regras de conduta que prescrevem como o homem deve se comportar em relação às coisas sagradas"[20]. São úteis, por isso, como manutenção de uma crença num grupo. É uma forma de criar uma memória no grupo e estabelecer uma identidade, no caso, presbiteral.

Nessa construção da identidade eclesial misturaram-se contribuições indígenas e africanas, o que fez emergir um novo catolicismo multifacetado, mas de formato patriarcal, já que desenvolvido no ambiente de engenhos e fazendas. A imigração europeia no Brasil também deu à nação, desde seu início, aspectos bem diversos do ponto de vista da religiosidade: cada colônia estabeleceu em terras brasileiras sua tradição e seus costumes. Essa mistura de conteúdos, que envolvia elementos indígena, português, africano e sertanejo é batizada por Eduardo Hoornaert de *o cristianismo moreno no Brasil*[21]. Denominamos esse período de "Catolicismo tradicional", com as suas associações de piedade, as devoções aos santos, novenas, procissões, quermesse, bandas de música, com o folclore e os festejos populares.

A vocação presbiteral é marcada por essa múltipla e expressiva religiosidade popular. Vários candidatos à vida presbiteral sinalizaram a força do catolicismo e suas múltiplas facetas de piedade popular: teológica, étnica, artística, tradições e valores morais:

---

20. Segalen, 2002.

21. Hoornaert, 1990.

Bom, ficando na cidade, ocasião de missa, despertando daqui e dali, passei a brincar de padre. Por exemplo, época de férias, meu pai levava eu e meus irmãos para a procissão, pra caminhar fora. Antigamente a gente tirava a tampa daquelas latas de dezoito litros e ia bater pra rua afora, na estrada como se fosse o prato da banda de música [...] (depoimento de padre).

[...] e eu lembro que eu via os oratórios, nas casas, das festas de Nossa Senhora. Eu lembro que já me empenhava em arrumar flores para arrumar os oratórios (depoimento de padre).

Mas tinha uma Semana Santa muito bonita, tudo ao vivo, e isso me chamava atenção (depoimento de padre).

Olha, eu desde criança falei em ser padre, muito novo. Em parte porque meus pais hospedavam padres lá na roça e eu conhecia padres. E via o padre rezando terço, fazendo procissão, o padre celebrando [...] (depoimento de padre).

Ah... de sinais de vocação, uma vez eu lembro uma turma de irmãos, colegas da roça e da cidade num domingo em conversa de menino de ir pro céu, pro inferno etc., aí veio aquela ideia [...] não, não tem medo de morrer, tem que ir para o céu. Aí veio a ideia de ser padre para ir para o céu. Coisa assim (depoimento de padre).

[...] não tem como a gente não ser influenciado pelos valores, pelo contexto religioso, local: festas folclóricas, barraquinhas, leilões, procissão, devoção aos santos [...] (depoimento de padre).

Havia uma missão redentorista na minha terra, os padres realizavam as missões populares no interior e aí eles juntavam todo mundo: crianças, jovens, adultos, famílias, faziam pregações [...] isso naquela época, da década de 1960, por aí ou [...] um pouco antes. E eles fizeram umas

> pregações e catequese para criança. Muita criança juntou na igreja à tarde. E fizeram uma pergunta, que é: "Por que Abel matou Caim?" E ficou perguntando e os meninos não prestaram atenção que era o contrário. Eu tinha nove anos e eu levantei a mãozinha e falei: "não foi Abel que matou Caim, foi Caim que matou Abel". E eles acharam muito interessante, me chamaram lá na frente, brincaram muito, essa coisa toda. Quando terminou essa catequese um dos padres chegou perto de mim e falou assim: "Você nunca pensou em ser padre não?!" De fato eu tinha pensado, mas não seriamente. A partir daquela pergunta que suscitou, eu comecei a interessar (depoimento de padre).

Recolhemos aqui testemunhos de vocações oriundas do mundo rural, urbano e de paradigmas pré-conciliar e pós-conciliar. Hoje em dia, a maior preocupação de alguns bispos é com os jovens identificados pelo mundo midiático, ou seja, com os padres cantores. Talvez essas vocações jovens vindas dos movimentos da Renovação Carismática Católica e das novas comunidades são recentes e mereçam maior estudo. No passado próximo, até os anos de 1990, o jovem apaixonado pelo seguimento de Jesus preferia as práticas de formação de pequenas comunidades de base nas periferias e zonas rurais. Era cabeludo e barbudo, usava sandálias de couro, camiseta com estampa de algum mártir popular e anel de fibras de tucum. Nesse momento, observam-se seminaristas com cabelos curtos, bem penteados, elegante aparência e perfumados. Usa-se geralmente o colarinho clerical, uma cruz peitoral pendurada em correntes de prata e camisas com estampas de santos ou da Virgem Maria. Preferem-se paróquias urbanas e que dispõem de dispositivos com fortes expressões espiritualistas, corporal e exercícios aeróbicos, emocional e músicas de sentimentos religiosos. As relações afetivas são mais cibernéticas, como, "vínculo.com" ou com forte líder de movimento religioso. Carecem de relações com a Igreja local, o bispo, o presbitério, e mesmo com o plano de pastoral da diocese. Cabe-se perguntar: Como se dá o despertar vocacional nesse contexto? Como o imaginário religioso se forma na contemporaneidade? Há estudos, análises sobre isso? Talvez valesse a pena um aceno sobre esse panorama, ainda muito incerto e fonte de perplexidade para alguns bispos e presbíteros.

3) A família no processo vocacional

A segunda pergunta proposta aos entrevistados foi relativa *à contribuição da família no processo de sua vocação presbiteral.*

Chamou-nos atenção a relevância da influência dos familiares como a mãe, o pai e os parentes próximos, no processo de escolha vocacional. Nesse sentido, a pesquisa explicita as características comuns do tipo de vida familiar do público que ingressa na vida diocesana ou religiosa, grande parte dele provindo de áreas rurais, que têm características bem diferentes da vida urbana contemporânea, obedecendo a um tipo patriarcal rígido. A figura do pai é, para grande parte dos entrevistados da pesquisa, percebida como austera, religiosa e voltada para o trabalho do campo ou pequenos comércios.

> A casa de minha família era tradicional, a gente rezava o terço toda noite, e o jantar era muito cedo, era às duas horas da tarde. Então à noitinha tinha um lanche, mas meu pai e minha mãe faziam o seguinte: primeiro rezava o terço, depois dava o lanche, pro pessoal não comer e ir dormir. Eu cresci nesse ambiente de muita religiosidade. Quando eu fui pra rua, com sete anos de idade, fui pra escola, já sabia ler, escrever e fazer as contas, minha mãe ensinou. Terminei o escolar, naquele tempo eram quatro anos, eu era esforçado, tirei primeiro lugar, e de repente me mandou pra a cidade [...] Passei lá dois meses fazendo admissão, mas eu não queria. Eu queria ser padre, mas tinha aquele temor do pai, muito respeito, não tinha como, eu criava uma lógica, estava longe dele. Mandei uma carta pra ele dizendo que queria ser padre e ele gostou demais da conta. Então ele pegou o empregado dele mais confiável e mandou até a cidade [...] a cavalo, pra levar pra mim

a licença para o seminário e uma carta, um bilhete de um parente dele, amigão dele, que fazia enxoval e me reverteu para a cidade [...] (depoimento de padre).

Bom, a minha história vocacional começou em meados dos meus seis anos de idade. Quando pela primeira vez meu pai me levou à missa. O que me marcou muito foi o momento da consagração. Aquilo me chamou atenção, e de certa forma cada final de semana pedia para ele me levar. Porque me sentia muito bem. Aos poucos fui conhecendo o que era Igreja, quem era o padre, por que tinha algumas coisas. E depois foi surgindo o desejo de querer ajudar. De certa forma, meu pai foi me educando, juntamente com minha mãe na escola da fé (depoimento de padre).

A imagem predominante da figura materna, por sua vez, é a da mãe benevolente, presente, acolhedora, abnegada, sacrificada, extremamente religiosa. São traços que, tradicionalmente, pontuam a figura da mulher como a única responsável pela afetividade da família, pela religiosidade, segurança e proteção, cuidados da saúde e educação dos filhos. Nas respostas dos entrevistados, há indícios de uma forte ligação afetiva em relação à figura da mãe. Muitos candidatos depositaram nessa figura a responsabilidade da vivência religiosa, da frequência às missas, da iniciação de práticas devocionais e do desejo pelo sagrado.

Há um vínculo forte entre a experiência mística e o sagrado com o feminino. O feminino e o sagrado são experiências do inefável e do indizível. A base da experiência mística não consiste nem no temor nem na submissão, mas sim no amor e na afirmação dessa ternura com Deus. O feminino e o místico armazenam a dimensão do amor e da amizade, enquanto sentido do desprendimento. Essa matéria-prima é a base do encontro e da experiência de ternura com Deus. Assim, a mística religiosa é feminina, amorosa e fluida. Não é à toa que o mistério da Encarnação tenha se concretizado na figura feminina de Maria. Maria, enquanto mulher, é porta-voz – palavra – da anunciação de Deus. Palavra que fecunda e gera vida. Foi através do feminino que o Verbo se fez carne. A encarnação de Deus na espécie humana representa nossa relação com o desejo, o amor. Deus é amor: *eros*, *ágape* e *filia*[22]. A Encarnação de Deus é vinho novo em barril novo. Desejo novo em ventre novo.

Nas entrevistas, vários presbíteros relataram que foi através da mãe, da mulher, do feminino, que receberam as primeiras palavras (fecundação) do Verbo de Deus.

> É, desde muito criança. O fato de acompanhar a mãe nas celebrações sempre me chamou muita atenção, perceber que existiam outras crianças que contribuíam com os padres, melhor dizendo, no altar. E de uma certa maneira, despertava uma inveja agradável, esse desejo de também fazer parte daquilo. Que era visualmente algo belo, tanto é que me chamava atenção, tinha noção, também, que aquilo era um serviço a Deus. Os anos se passaram, quando acredito que por volta dos seis, sete anos manifestei esse desejo a minha mãe de ser coroinha. Nós conversamos com o coordenador dos coroinhas e no primeiro momento eu recebi um não. Rapidinho a resposta chegou e aí comecei a estar bem próximo à igreja (depoimento de padre).

> Desde muito cedo eu já queria ser padre. Eu brinco que essa vocação é desde o seio materno. Minha mãe, quando conta minha história, ela sabe detalhado cada coisa (depoimento de padre).

Entretanto, uma relação demasiado estreita entre a mãe e a criança pode representar, mais tarde, um conflito na vida presbiteral diocesana: uma espécie de complexo materno eclesial, um útero protetor. Essa questão pode surgir frente a vivências de desestruturação

---

22. BENTO XVI. *Carta Encíclica Deus é amor*, 2005.

e instabilidade socioeconômica, que abalam a imagem do pai abastecedor e protetor da família, deixando excessivo espaço aberto para a figura materna, como provedora de afeto infinito, sem a autoridade paterna como balizadora.

> A minha mãe que despertou em mim, desde os três anos, rezava o terço [...] Eu tinha uma ligação forte com ela (depoimento de padre).

> A minha família tem uma contribuição muito incisiva. Principalmente a minha mãe, que sempre no interior era rezadeira das novenas, levava os filhos, fazia questão da gente participar. A família inteira deu muito apoio o tempo todo, mas, principalmente, a minha mãe (depoimento de padre).

> [...] eu tinha uma ideia de padre que era aquele homem que ia fazer o bem, e servir, falar de Deus, tudo era muito sagrado. Eu trabalhava na horta, minha mãe me colocava para lavar as mãos uma hora da tarde, com limão e sal para eu ficar com as mãos limpas para poder servir no altar, porque eu era coroinha, então eu tinha que clarear as mãos para poder servir no altar. Isso indica o respeito, a reverência que a gente tinha lá com as coisas de Deus (depoimento de padre).

> Eu tomo mais o grupo de jovens que me deu muita base, e nele tinha uma freira que era uma pessoa muito, assim, uma figura muito materna mesmo (depoimento de padre).

A pessoa presa à mãe não é livre para ser ela mesma, para ter uma convicção própria, para engajar-se socialmente. Não pode abrir-se ao mundo, nem abraçar nenhum projeto próprio. Está sempre na prisão da fixação maternal, dependente e infantil. O ser humano só nasce completamente e, portanto, fica livre para avançar e tornar-se ele mesmo, na medida em que se livra de todas as formas de fixação incestuosa, ou seja, de relações proibidas e culposas.

Foi observado que algumas mães, no processo vocacional dos seus filhos, posicionaram-se a favor da vontade do filho em seguir a vocação presbiteral por interesse de manter a integridade narcísica, como numa equação: filho igual ao desejo da mãe. Trata-se da vontade de manter a fixação maternal dependente e infantil do filho em sua mãe. Assim, pode-se supor que a mãe aceita a vida presbiteral do filho, mas por um interesse egoísta, ou seja, para que o filho não tenha outra mulher. Dessa maneira, ainda que de forma imaginária, o filho pertence sempre à mãe numa relação de admiração, desejo e dependência. Além disso, a figura da mulher representada, teoricamente, pela mãe, significará simbolicamente a experiência da proibição incestuosa.

> [...] minha mãe era muito religiosa [...] ela então descobriu que eu estava pensando em ser padre. Eu estava me preparando para ser noivo [...] Então eu falei isso pra minha mãe. Não sei se ela estava com raiva de minha namorada [...], eu não sei o porquê [...] ela deu um graças a Deus! (depoimento de padre).

Quando Jesus disse "Eu vim trazer a divisão entre o filho e o pai, entre a filha e a mãe, entre a nora e a sogra" (Mt 10,35) não queria dizer que vinha ensinar o ódio aos pais e aos filhos, mas sim expressar, da forma mais drástica e inequívoca, o princípio de que o ser humano deve romper os seus laços incestuosos e libertar-se para que possa tornar-se verdadeiramente humano.

Parece-nos de extrema importância analisar, também, a figura do pai e seus deslocamentos com a figura da autoridade eclesial. Ora, quando a imagem paterna é desfigurada, desvitalizada e persecutória, acaba reivindicando ao sujeito a construção imaginária de um pai ideal e mítico. Dentro desse contexto, é possível compreender algumas motivações de vocações presbiterais que podem demandar da instituição da Igreja, um *ethos* protetor e seguro e, inconscientemente, uma deferência identificatória com a imagem masculina de poder, tão abundante na Igreja – uma figura de autoridade eclesial ideal, como, por exemplo, o "pai-bispo". O padre pode reivindicar da autoridade diocesana a figura de um pai ideal que não teve ou que tenha rejeitado, para diminuir a insegurança fundamental de sua infância.

De repente essa figura do padre como um pai, em muitas famílias, em algum momento, acaba suprindo a ausência de alguma coisa. Também tive algumas dificuldades de relacionamento com o meu pai, uma figura autoritária, mas juntos nós fomos modificando isso. Mas eu acredito que a figura do padre é muito importante realmente. Ela influencia muito as pessoas, com certeza, numa paróquia, numa comunidade, pessoas vão até ele procurar alguma coisa de que esteja precisando. Pode ter influenciado isso na minha vida? Com certeza acredito que sim, então é essencial, essa consciência de referência na vida, e eu costumo dizer na minha motivação vocacional é o padre fulano, e que até hoje me motiva, conversamos, partilhamos, é um padre muito pastoralista, sempre junto com o povo. Uma pessoa humana e que acolhe sempre aquilo que a gente precisa também (depoimento de padre).

Olha, meu pai marcou muito pela solidariedade. Minha mãe eu tenho muito pouco dela, pois a perdi com quatro anos, agora meu pai era muito serviçal, ajudava muito as pessoas, era um homem de igreja (depoimento de padre).

Os comportamentos decorrentes desse fator podem ser os mais variados: desde uma inquietação e impaciência por parte do formando até comportamentos submissos que visem a realizar o desejo de poder da autoridade eclesial, reconstituindo, imaginariamente, o poder da figura paterna. É também possível nos depararmos com condutas de franca disputa e competição por afeto entre os membros do clero, o que se apresenta como mais uma das consequências da formação subjetiva dos padres, a qual visa atender à demanda do filho mais querido e mais amado.

Os padres que relataram não terem clara influência ou colaboração da mãe ou do pai, enfatizaram uma personagem, seja um bispo ou mesmo os diretores espirituais, como uma figura familiar, que supriria a falta desses pais na escolha da vocação presbiteral. Percebe-se, também, certo ressentimento desses padres com seus pais, o que, por sua vez, é suprido por essa figura religiosa, que assume um papel afetivo, referencial.

> Tive um grande apoio do padre fulano, foi meu pai dentro do seminário, porque o meu reitor não foi um pai pra mim. Ele me perseguia muito, e ele é quem me colocou lá dentro do seminário. Olha só, e ele me perseguia e o outro era o meu pai, ele me amava e estava sempre procurando me ajudar. [...] Nisso tinha uma linguagem maldosa, a linguagem popular que diziam que eu era peixinho dele. Sendo que na verdade ele era um pai e eu era um filho pra ele (depoimento de padre).

> Bem, desde pequeno eu gostaria de ser padre, mas meu pai pensava que enquanto ele fosse vivo que não iria ter um homem padre, nem militar e nem uma religiosa na família (depoimento de padre).

> Um certo padre me deu uma força muito grande, foi o maior amigo que eu tive em toda a minha caminhada, tudo eu falava e conversava com ele toda semana (depoimento de padre).

O seminário, por vezes, transforma-se em lugar imaginário e simbólico, onde o candidato pode cultivar e reproduzir subjetivamente o tipo angelical, puro, passivo e dependente. Nesse lugar, demasiadamente seguro pela afetividade do formador, o sujeito cultiva, inconscientemente, a dependência e a anulação. Sente-se refugiado da homossexualidade e passividade, evitando assumir sua agressividade adequada e a sua virilidade[23].

---

23. Frei Antônio Moser, citando Fernández-Martos (1985: 54), analisa esse grau de submissão inconsciente que alguns homossexuais apresentam na relação com a figura de autoridade: "quem tenha tratado com homossexuais ou vivido no ambiente saberá quantos deles se queixam da utilização de cada um pelos outros. Passar a uma autêntica relação altruísta [...] é viver realmente a 'separatividade' que há entre as pessoas. Esta vivência não é tão óbvia como à primeira vista possa parecer. [...] É frequente em muitos homossexuais, e o digo com dor, esta tomada de 'partes do outro' de maneiras muito sutis e, em geral, destruidoras; toma apenas seu sexo, sua ternura, sua beleza estética, seu presente [...]. Essa fragmentação ou parcialização do companheiro homossexual é núcleo e explicação da homossexualidade como risco de desumanização. Esta parcialização, atenção, não apenas se efetua no outro, mas em si mesmo: há, por exemplo, homossexuais que não querem saber nada de suas partes agressivas, e então se mostram sempre agradáveis, obsequiosos ou submissos, tratando de não despertar em nenhum outro a parte agressiva da qual, por problemas enterrados, fogem" (MOSER, 2001: 236).

Assim, os seminaristas se tornam, ainda que de forma teatral, domáveis, submissos e nulos para obterem o reconhecimento das autoridades, que ocupam um lugar importante através da restituição imaginária do poder da figura paterna tanto pelas autoridades quanto pela própria diocese. Os formadores podem corroborar com a dependência e passividade dos seminaristas, através de práticas de vigilância, de punição que não valorizam a diferença e os corpos dos sujeitos.

Alguns formadores têm dificuldade de se relacionarem com os seminaristas viris ou com aqueles que lidam bem com a agressividade/assertividade.

> Não tem jeito de ser bom seminarista porque o fingimento crescia na medida em que eram bons seminaristas, sabe? Umas gracinhas: cabeças pra direita, mãozinhas postas, uns anjos! Mais vai ser fingido assim na casa da vó! (depoimento de formador).

> Eu nunca concordei com o formador que fica vigiando (depoimento de formador).

> Eu vivo dizendo nas minhas aulas que corpo não existia: pra vestir, pra tomar banho tinha horário. Um minuto pra isso, dois pra aquilo, três pra aquilo outro (depoimento de formador).

> Você tinha que ser santo, homem não. Homem humano, isso não existia. Não se sabia lidar com o corpo, não se tratava disso. Então, essa é a crítica fundamental. Eu costumo dizer que eu passei quatorze anos dentro do seminário tentando não me deformar [...] Então esse cuidado eu tive que ter. Eu tentei não me deformar, no sentido de que eu prezava o meu valor de gente e o seminário sufocava isso muito porque a preocupação era formar o padre e não o ser humano. Eu tinha que ter uma visão muito crítica disso e sofria por causa disso, mas [...] (depoimento de formador).

É um caso típico de adestramento ou clonagem: busca-se reproduzir indivíduos que pensem a mesma coisa, que se comportem da mesma maneira em relação à figura da autoridade e sua Igreja, segundo esquemas bem conhecidos. Pior acontece quando a figura de autoridade da Igreja, não ciente de seus desejos e carências, atende às demandas transferenciais afetivas e sexuais dos padres ou formandos. Podemos afirmar que o problema não se situa tanto na condição homossexual da autoridade eclesial, mas, prioritariamente, na integração dessa dimensão da afetividade no conjunto de sua vida e da ação da Pastoral Vocacional. A relação transferencial entre o formador – figura de autoridade – sempre é um fenômeno que apanha os sujeitos desprevenidos. Daí a importância de conhecer o seu manejo através do diálogo. Entretanto, em virtude do caráter geralmente inconsciente que a transferência possui, em alguns casos, devemos reconhecer a insuficiência desses métodos e recorrermos a algum especialista, psicólogo, através da "supervisão de casos". Ao que parece, a negação e o encobrimento da situação humana acarretam efeitos danosos em todos os níveis: psíquico-afetivo, ético e da própria Pastoral Vocacional.

Em seminários, enquanto instituição total: rígida, hierárquica, silenciosa e vigilante, com facilidade vive-se a dupla linguagem. Como nele há um discurso monolítico, toda divergência soa mal e até rebelde, comprometendo a vida dentro dele. A dupla linguagem consiste em ter um discurso de valores, de comportamentos, de palavras para o interior da instituição e outro para si e para grupos fechados de confiança e às vezes de cumplicidade. E tal situação prolonga-se por anos até que se saia do seminário e se alcance a autonomia e independência. Aí o verdadeiro discurso se revela. Há casos em que o sujeito não dá conta de ouvir as suas primitivas motivações e, diante delas, dissolve-se loucamente. Mas, também, muitos iniciam o seu processo de maturidade conhecendo suas reais motivações e desejos. Espera-se que o processo formativo entenda a tensão entre as duas dimensões da vocação presbiteral: de um lado, ser "santo"; de outro, ser inteiramente "humano".

Como observava João Paulo II:
> sem uma oportunidade humana toda a formação sacerdotal fica privada de seu necessário fundamento[24].

Nos dias de hoje, a estrutura familiar passa por profunda transformação com forte repercussão na vocação presbiteral. A origem da vocação de muitos vinha de sua estabilidade religiosa. Cada vez mais as relações matrimoniais se tornam instáveis. Fala-se que a durabilidade média do matrimônio no Brasil anda pelos sete anos. Além disso, a perda rápida da religiosidade no seu interior fecha o cerco impermeável ao surgir de vocações. Evidentemente, o papel tradicional da mãe está a desaparecer na subversão da mudança da figura da mulher na sociedade, pela entrada no mundo do trabalho, pela forma de lidar com seu desejo, pela subjetividade feminina mais autônoma e livre da tutela do machismo. Por esse ângulo, nada leva a crer que surgirão vocações do tipo tradicional. Acrescente-se a diminuição drástica do número de filhos a dificultar que os pais pensem na vocação presbiteral para seu único filho.

Cresce o número de casamentos com fortes vínculos de amor, responsabilidade, autonomia e capacidade de decisão de ambos os esposos. Decrescem os vínculos matrimoniais por dependência econômica, dinastias, sobrenomes, conveniências e tradições. O amor está entregue às conjunturas do momento atual que dificultam sua estabilidade. O *amor líquido*[25] pode perder força para relações pautadas na dependência econômica ou de fortes traços tradicionais. Daí se segue, portanto, ainda maior instabilidade familiar. Que impacto tais transformações provocam no processo vocacional? As equipes

---

24. Cf. *Pastores Dabo Vobis*.

25. Bauman, 2008.

de formação vocacional estão suficientemente preparadas para esses novos desafios?

4) A Pastoral da Juventude

Outro caminho do "chamado vocacional", sinalizado pelos presbíteros entrevistados foi a Pastoral da Juventude. Os valores e a força de renovação da fé e da missão de transformação da sociedade concentram-se, muitas vezes, nos jovens. A Igreja Católica sempre teve uma forte tradição de trabalho religioso e social com a juventude. Desde 1935, mas, sobretudo, a partir 1950, a Ação Católica no Brasil concentrou seus esforços no segmento da juventude em diversas áreas e diferentes meios sociais: rural (Juventude Agrária Católica), estudantil secundarista (Juventude Estudantil Católica) e universitário (Juventude Universitária Católica), bem como no meio operário (Juventude Operária Católica).

Com a criação da Conferência Nacional dos Bispos do Brasil, a CNBB, em 1952, alguns dos elementos que mais contribuíram para o incentivo dos leigos, e especificamente, com a Pastoral da Juventude, foram os Planos de Pastoral da CNBB a partir de 1962: o Plano de Emergência (1962) e o Plano de Pastoral de Conjunto (1965). A partir desses planos os leigos são assim incentivados a participar, como sujeitos, nas tarefas temporais e movimentos apostólicos, acentuando-se a relevância da formação através da ação na vida, e a partir da vida dentro do método Ver, Julgar e Agir. Assim, ganham relevo os Planos de Pastoral da Juventude, com a divulgação de documentos e notícias atualizados (por exemplo, "Evangelização da juventude: desafios e perspectivas pastorais"[26], "Marco Referencial da Pastoral da Juventude do Brasil"[27], "Pastoral da Ju-

---

26. Disponível em http://www.cnbb.org.br/ns/modules/mastop_publish/files/files_ 493fde70b53fb.pdf

27. Disponível em http://www.cnbb.org.br/ns/modules/mastop_publish/?tac=136

ventude no Brasil"[28], "15ª Assembleia Nacional da PJB"[29], "Encontro em Belo Horizonte"[30], "Papa convoca a juventude a refletir sobre a esperança"[31], "Comissão da PJ do Regional Centro-Oeste elabora Plano de Ação"[32], IX Encontro Nacional da Pastoral da Juventude[33], com a missão de fazer valer o evangelho diante do jovem na Igreja e na sociedade. Passa à responsabilidade da Pastoral da Juventude a capacitação/formação do cristão-cidadão, através de experiências de grupo e do protagonismo, privilegiando os processos de educação e o amadurecimento na fé como resposta de sentido e orientação da vida.

A partir do Documento 85 da CNBB, "Evangelização da Juventude", há uma orientação para que cada diocese organize o Setor Juventude, pois a "Pastoral da Juventude" tradicional já não consegue mais atingir as "juventudes", não somente fora, mas também dentro da própria Igreja[34]. As dioceses e congregações precisam urgentemente potencializar seus meios de comunicação, bem como preparar profissionais competentes nessa área, particularmente para o trabalho com a juventude.

O bispo auxiliar de Campo Grande, MS, Dom Eduardo Pinheiro[35], afirma que

> Os jovens representam um enorme potencial para o presente e o futuro de nossos povos e de nossa Igreja. Os jovens

---

28. Disponível em http://www.cnbb.org.br/ns/modules/mastop_publish/?tac=136

29. Disponível em http://www.cnbb.org.br/ns/modules/mastop_publish/?tac=15%AA_Assembl%E9ia_Nacional_da_PJB

30. Disponível em http://www.cnbb.org.br/ns/modules/mastop_publish/?tac=Encontro_em_Belo_Horizonte

31. Disponível em http://www.cnbb.org.br/ns/modules/news/article.php?storyid=1127

32. Disponível em http://www.cnbb.org.br/ns/modules/news/article.php?storyid=645

33. Disponível em http://www.cnbb.org.br/ns/modules/mastop_publish/?tac=862

34. Disponível em http://www.cnbb.org.br/ns/modules/news/article.php?storyid=853

35. Cf. CNBB. *Documento 85*.

merecem melhor acolhida e sincero amor nas comunidades eclesiais e maior espaço para a ação.

Segundo Dom Eduardo, os documentos da Igreja reconhecem que os jovens são "cheios de dons" e que "eles fazem a diferença na Igreja e na sociedade", além de serem "amigos de Deus".

Na 15ª Assembleia Nacional da PJB, em 2008, a dimensão vocacional no processo formativo é vista como direito do jovem, que, para ser efetivado, precisa de pastores experientes no trato com a juventude, que provoquem os jovens ao chamado da vida religiosa e presbiteral. Os depoimentos abaixo apresentam a experiência de grupo de jovens como excelente dispositivo da Pastoral Vocacional.

> Olha, desde a adolescência eu tinha vontade de ser padre, claro que eu tive uma formação católica, sobretudo através da minha mãe e depois, na adolescência, eu me lembro de ir a missa sozinho sem ninguém me direcionar e eu sentia esses apelos dentro de mim. Depois, no grupo de jovens quando você passa por um bom tempo, eu já estava com meus vinte anos, isso veio com mais força. E eu brinco sempre, sempre driblando Deus, achando que não era pra mim porque eu achava que tinha que ser muito ou totalmente santo pra ser padre, santo naquele sentido que a gente, quando não é padre, pensa que é um modelo ideal de santidade. E depois disso quando eu fui aprofundando no grupo de jovens eu fui discernindo, fiz encontros vocacionais e vi que eu tinha vocação, sim (depoimento de jovem).

> Começou desde criança, pois sou de uma família religiosa, então sempre frequentei igreja, sempre participei, mas isso se configurou aos quinze anos, com a participação nas pastorais da juventude, nos trabalhos da igreja, foi me despertando mais para os serviços da igreja (depoimento de jovem).

> Nos meus quinze anos, mudei pra [...] e fui participar de um encontro de jovens na minha terra e uma palestra me chamou atenção. O tema era: "Não fostes vós que me escolhestes,

> mas fui eu quem vos escolhi". Aí, um belo dia, no Sagrado Coração de Jesus, meu avô e minha avó coroando o Coração de Jesus, e eu ao invés de ir pra casa dos meus avós como todos foram, eu deitei na minha cama, meu pensamento me levou lá na minha terra, e eu senti uma imagem do Coração de Jesus lá na minha terra, em cima do altar e foi abençoando as pessoas e parou sobre mim e me chamou. Então foi a partir daí que eu comecei a minha trajetória (depoimento de jovem).

> Eu não era muito de igreja, e quando eu ia para o interior eu tinha uma turma na terra dos meus pais, mas aqui em [...] eu não tinha uma turma assim de amigos, tinha o pessoal da escola, mas no bairro eu não tinha. E no bairro tinha um grupo de jovens muito ativos, então eu entrei para o grupo de jovens, fiquei muito tempo lá só fazendo as iniciativas, até que eu fui enveredando para esse lado (depoimento de jovem).

A atividade da Pastoral da Juventude abre espaço ao jovem para a oração, formação, exercício da cidadania e serviço voluntário, o que se dá através da evangelização. Por sua vez, a evangelização oferece a oportunidade para um encontro pessoal com Cristo e, pouco a pouco, um compromisso com a pessoa e projeto de Jesus, que vai amadurecer. Leva, assim, o jovem a construir um projeto de vida e à escuta de um chamado, a partir do que pode definir a sua opção vocacional. Portanto, o trabalho junto às Pastorais da Juventude revela um espaço para que o jovem viva sua fé, tenha um posicionamento crítico da realidade, construa e afirme a sua identidade, fortaleça laços da pastoral na sociedade e empreenda ações concretas e transformadoras para a sociedade.

> Eu sempre fui engajado na comunidade de base e por volta assim dos dezoito pra vinte anos eu estava na Pastoral da Juventude com aquele processo todo de engajamento social e minha fé cristã de engajamento e de descoberta. Eu fui sentindo uma necessidade maior de poder tá servindo, de poder tá ajudando, e nessa questão da descoberta, de querer ajudar, de querer servir, eu procurei o meu pároco, da mi-

nha paróquia de origem. Nós conversamos e ele me orientou a procurar a Pastoral Vocacional que foi o processo no qual eu comecei a fazer o discernimento [...] A pessoa que foi marcante pra mim foi o meu coordenador da Pastoral da Juventude. Ele montou um grupo jovem, e nós participávamos, ele era uma pessoa completamente cheia de experiência, tinha conhecimento de igreja. Então, muitas vezes, eu me espelhei na experiência que ele tinha. Ele tinha uma experiência tão profunda que ele instigava e encantava a gente. Eu considero que esse encantamento, ele que foi pra mim o ponto de partida para que eu chegasse aonde cheguei (depoimento de padre).

Eu sempre tive uma militância muito forte nos grupos de jovens, sempre acompanhei de uma forma bem significativa, bem presente. No ano de 1979, com essa experiência de paróquia acadêmica de pastoral, com a valorização de periferia, isso me deu uma motivação e saí até disparado (depoimento de padre).

Grosso modo, a Pastoral da Juventude, em tempo de Ação Católica, serviu de fonte vocacional de traço social e de compromisso com a libertação. Já na Pastoral da Juventude (PJ), de estilo Cursilho, o centro se para o lado da prática de atos religiosos e do cuidado com a vida moral. O clima geral, criado nos anos posteriores ao Concilio Vaticano II, favoreceu antes as vocações leigas que as clericais. A volta do clericalismo se deu mais recentemente com outro estilo de Pastoral Vocacional, antes ligada à vida paroquial, a certos padres-cantores e a movimentos de espiritualidade carismática. Cabe à Pastoral Vocacional avaliar a qualidade dos movimentos de jovens, principalmente a consistência crítica, a perseverança e a firmeza das vocações oriundas de cada Pastoral da Juventude. Não faltam grupos de jovens em que se trabalha com seriedade o discernimento vocacional, de onde surgem vocações para o clero diocesano e religioso. Mas a recíproca é verdadeira; há vocacionados que procuram a vida presbiteral na perspectiva de obter sucesso, fama e prestígio.

5) Vocação tardia

Uma outra abordagem dos entrevistados foi com relação aos candidatos de "vocação tardia". Tem crescido o número de vocações tardias. Elas escapam do modelo tradicional de vocação infantil e juvenil. A origem parece situar-se no desencanto de uma vida jovem sem utopia e sem sentido, ao se descobrir que existe a possibilidade de outro tipo de vida, uma espécie de utopia ativa. É a face propositiva da vocação tardia. Outros esbarram, pela primeira vez, com esse tipo de vocação já maduros e se encantam, abandonando o que faziam até então. Acontecem incompletudes no trabalho, na vida afetiva e sexual. A vocação emerge como resposta a esse vazio. Há ainda casos em que a vocação coincide com verdadeira conversão à vida cristã, depois de anos por outros caminhos e direções de puro ateísmo. O nexo entre ambas – conversão e vocação – parece fluir com facilidade. As duas participam da ruptura de um passado para um presente novo. Não faltam religações com vocações infantis não desenvolvidas que, de repente, eclodem em idade adulta.

Vários padres relataram ter optado pela vida presbiteral depois de uma longa jornada de experiência de vida. O testemunho desses presbíteros quebrou o modelo único de Pastoral Vocacional.

> É porque eu já namorei, eu já bebi, tive relacionamento sexual, essas coisas todas. Digamos que é o que a rapaziada faz normalmente. Então, já começou a mudar por aí, diante desse ingresso na Igreja, diante da visão que eu tive. De que eu, diante da Graça eu fui refletir sobre tudo e que o tempo todo, os quatro anos, na verdade, nosso Senhor estava caminhando comigo e eu não percebi. Eu fui descobrir depois que a Graça veio (depoimento de padre).

> Quando eu me vi com mais idade fui trabalhar para ajudar a família. Com dezesseis anos fui trabalhar com comércio. E aí a vida de trabalho, e quando eu vim para cidade pude voltar a estudar e trabalhar para ajudar a família como um dos objetivos, aonde eu pude terminar de estudar, porque no interior não tinha como. Lá eu tive uma experiência de namoro, pequena, sem grande significância. Depois, mais

> tarde, tive outra experiência de namoro e foi me ajudando a dar passos diante da seriedade da vida, e aprendi pela prática que não se brinca com os sentimentos das pessoas. Com muita seriedade, vi que o projeto de Deus me pôs perto daquela pessoa, mas que não seria esse o caminho, porque dentro de mim tinha aquela competição. Eu trabalhava no comércio. Então eu pude viver um caminhar, um chamado diferente. Eu tinha, se não me falha a memória, vinte e cinco a vinte e sete anos. E no seminário eles me acolheram para terminar o último ano do segundo grau. Caminhando passo a passo. Não foi desafiadora a vida dentro do seminário. No sentido de algo que seria aberrante. Desafios são processos. Sobretudo porque já tinha uma idade mais avançada, considerada uma vocação mais tardia (depoimento de padre).

> A minha formação foi independente, eu formei fora, eu tive acompanhamento de um bispo, mas eu trabalhei, paguei meus estudos, não dependi da Igreja, fui um caso extra, diferente, considerado na diocese, vocação tardia, porque eu ordenei com mais de quarenta anos (depoimento de padre).

Deus não convoca seus filhos para trabalharem na sua messe a partir de critérios estereotipados ou convencionais. Seu clamor supera questões etárias e étnicas, bem como as concernentes a habilidades ocupacionais, à diversidade de orientação afetivo/sexual, ao estado civil, às diferenças que indiquem necessidades especiais ou que digam respeito a classes sociais e econômicas. Sendo que, em meio à diversidade, conduz o encontro dos seus filhos com Ele, aqueles que, ao driblar os obstáculos, promovem o afastamento desse caminho e são levados ao seu serviço.

> O que foi o mais importante para a minha vocação foi o desejo de servir, eu já fui para o seminário um pouco mais velho, com vinte e oito anos, já trabalhava fora na época, eu ia aos finais de semana para a minha cidade e lá eu estava envolvido na igreja com grupo de jovens, era um dos líderes. E quando ia pra lá eu me envolvia com mulheres e tudo mais, e isso me pesava. Eu nem tinha namorada.

Um dia eu fiz o encontro *Shalon*, encontro de cristão por três dias, e lá, refletindo e ouvindo depoimentos, eu vi que quando estou na igreja me sinto feliz, me sinto bem, por que então não ir por este caminho a Deus? E foi assim (depoimento de padre).

Quando eu estava com aproximadamente vinte quatro anos, eu pensei: "Eu já consegui ajudar meu pai, mais do que ele me ajuda, agora eu vou seguir minha vida. Será que eu vou casar ou vou para o seminário?" Fiquei quieto uns dois anos pensando, namorando, mas naquela, caso ou não caso? Se casar e arrepender, e acabar querendo ir para o seminário? Se eu for para o seminário vou ter que largar minha casa. Tinha muita amizade com o padre da cidade. Contei para ele tudo isso. Ele disse tudo aquilo de formação. Um dia o padre me disse assim: "Gostaria que você tirasse dez dias de férias em janeiro para mim. Vou sair um pouco, fazer um retiro. Sem compromisso nenhum, só quero que você conheça um pouco a realidade do seminário para ver se é isso mesmo que você quer". Passei dez dias no seminário. Naquele tempo chamava "Semana Vocacional". Foi quando eu conheci, fiquei lá dez dias e foram mais de cem pessoas, jovens e adolescentes. Passei dez dias lá com ele, palestra todos os dias, entendi como era lá no seminário. Então eu saí e experimentei entrar no seminário. Hoje eu sou padre há onze anos. Eu me sinto feliz, me sinto realizado. E não troco a vida de padre por um nada. Nem para ser bispo (depoimento de padre).

Nos depoimentos dos presbíteros encontramos uma multiplicidade de pessoas com diferentes modos de vida: funcionário público, torneiro mecânico, advogado, comerciários, contabilista, pedagogo, negro, pardo, branco, viúvo, portadores de necessidades especiais e pessoas com orientações sexuais hétero e homossexuais. Mas todos ouviram o chamado de Deus em suas vidas e resolveram abrir mão de suas conquistas para caminharem na messe do Pai.

A minha vocação foi considerada tardia, mas desde a minha adolescência eu participava de comunidades. E eu tive uma participação muito grande na questão social do bairro, lá tem um trabalho de Comunidades Eclesiais de Base. Então isso foi despertando um pouco a minha vontade de ser padre, mas eu quis fazer uma caminhada muito tranquila e antes mesmo de deixar tudo para entrar para o seminário, eu quis fazer uma caminhada por conta própria. Eu fiz vestibular na Universidade Federal, passei, cursei Pedagogia, Psicopedagogia, e depois eu resolvi entrar para o seminário. Então, eu entrei com meus vinte e nove anos (depoimento de padre).

Eu estava aprovado em uma faculdade, fazia curso superior; deixei a faculdade, deixei o emprego no qual eu já era chefe de uma repartição pública. Fui aprovado em um concurso de um banco, retomei minhas atividades, inclusive a faculdade e o emprego no banco, mas depois que eu formei em Economia, eu retomei o curso de teologia, como leigo, e decidi ser padre (depoimento de padre).

Eu tive experiência homossexual, antes do seminário. Mas é muito forte mesmo. Eu tive essa experiência, inclusive depois eu chorava muito, eu procurei um psicólogo. Meu pai me ajudou muito nesse período (depoimento de padre).

[...] e, mas muito antes de fazer a minha opção, eu fiz o curso técnico metalúrgico na minha cidade, mas eu tive a influência dos meus pais que tinham formação religiosa interiorana, em um contexto bem religioso, mas nunca influenciaram diretamente, nunca foi proposto que eu fosse padre, foi algo que fui trabalhando comigo mesmo, e, quase que muitas vezes, muito internamente. Só depois quando eu fiz dezoito anos, eu mesmo tomei a iniciativa de procurar um padre local para dizer que, mesmo fazendo curso de metalurgia, eu queria ser padre (depoimento de padre).

Estava com uns quarenta anos. Então, a partir daí, eu comecei minha vida cristã assumida. Mudei toda minha vida, a vida mundana eu deixei para lá e comecei a me pautar todo pela vida religiosa, sem castração (depoimento de padre).

Então o meu caminho de sacerdote é um pouco diferente dos outros, porque antes do caminho do seminário eu havia começado a fazer Curso de Engenharia, eu estudava e morava lá. Depois eu fui para outra cidade por causa de um projeto, uma nova comunidade de evangelização, e então deixei o curso lá, vim pra cá, não com o propósito exato de me tornar padre, mas sim de me tornar evangelizador missionário, dentro dessa nova comunidade, que era um projeto de evangelização. Comecei então a fazer teologia e, durante o curso, o convívio na pastoral, encontrando as pessoas, descobri então, o desejo de ser padre, e então eu já estava no meio do curso de teologia, eu quis e resolvi que queria ser padre (depoimento de padre).

Ingressei na vida religiosa tardiamente, depois de já ter cursado contabilidade, ciências biológicas, e ainda química. Retomei a vocação que já tinha se manifestado quando tinha sete para oito anos, no momento em que senti novamente o "chamado" a seguir aquilo que já tinha pensado antes. Terminei um relacionamento de cinco anos porque queria ser padre, mas isso depois de ter experimentado a vida. "Nossa, a minha vida mudou para sempre, eu não sou mais o mesmo, agora eu sou um seminarista, e tem uma série de coisas que agora eu não posso mais fazer" (depoimento de padre).

Observamos em alguns presbíteros que a vocação foi despertada quando eles ainda eram crianças ou adolescentes; entretanto, esse desejo só foi concretizado mais tarde.

Quando eu manifestei o desejo de ser padre, meu pai me brecou, ele falou: "Eu quero ter um filho médico, não quero ter um filho padre". E meu pai não era católico, era espírita, kardecista. Eu fui estudando normalmente, trabalhei num escritório de uma fábrica de tecidos, como auxiliar de escritório, até a idade de vinte e um anos, quando terminei o segundo grau, eu vim embora pra [...]. Aqui eu vim fazer o pré-vestibular e fiz também o curso de auxiliar técnico de enfermagem na Cruz Vermelha. Fui trabalhar como enfermeiro, preparando-me para a faculdade. Ao lidar com os pacientes, reforçou em mim ainda mais o desejo de ser padre, mas eu namorei, verifiquei bastante no mundo. O contato com o doente, o paciente, o ambiente hospitalar, novamente me despertou o desejo do sacerdócio. Então, eu estudei filosofia como enfermeiro, estudei teologia como enfermeiro, estudei também um pouco de psicologia, eu terminei meus estudos e me apresentei então aos bispos para a ordenação. Só que tive que fazer um estágio de dois anos, eu já estava preparado, filosofia, teologia, enfermagem e um pouco de psicologia. E o bispo me acolheu, pediu que eu ficasse dois anos fazendo um pré-estágio em um seminário menor, junto com outro padre, e canonicamente foi organizando progressivamente a minha ordenação (depoimento de padre).

Com onze anos de idade eu queria ter ido para o seminário, mas a minha mãe foi criada e passou um certo tempo no orfanato, e, por causa dessa lembrança, ela disse que eu não ia, e como era obediente, fui deixando para trás. Aos vinte e cinco anos eu quis ir de novo, mas meu pai faleceu, e eu precisei dar uma ajuda em casa, mas certamente sempre empenhado na igreja, trabalhando com os grupos e por aí afora. Aos trinta e três eu não sei o que houve em mim que eu disse: "gente, o que houve na minha vida?" Eu tinha formado em desenho industrial. Eu tenho meu dinheiro, tenho o meu trabalho, sou feliz, mas me falta alguma coisa. E enquanto eu pensava isso o tempo foi passando. O negócio que eu acho é que aos trinta e três anos foi o tempo da minha mãe dizer: "esta bom, meu filho". Mais uns dois anos antes, chegou às minhas mãos uma carta sobre o encontro vocacional que aconteceria na universidade (depoimento de padre).

6) Fome de pão e fome de amor

O mosaico de respostas prosseguiu com várias outras motivações. Uma delas relacionada à pobreza, especificamente à fome de pão. Alguns candidatos, desde o início de suas vidas, conheceram profundamente a pobreza, a fome, a miséria e a precariedade de conhecimentos culturais. São filhos da discriminação vergonhosa da sociedade brasileira[36] nos aspectos racial, econômico, cultural e relativos à distribuição de bens básicos da vida humana, como habitação, saúde, educação e lazer, o que abrange ainda a falta de acesso a serviços públicos de água, luz, saneamento básico, correios etc.

> Teve uma celebração de missa no meu bairro, e eu sou de uma cidade com uma igrejinha muito pequenininha. Na época, o padre celebrou a missa e eu não fui a essa missa. Eu morava na casa da esquina, a igreja era um pouco acima. Eu pensei comigo: não vou porque vão ficar rindo do meu chinelo, então não fui. Fiquei no portão, só escutando, tinha um alto-falante alto, muito bom (depoimento de padre).

> A minha vocação nasceu partindo da situação de pobreza que minha família vivia. Quando eu era menino tinha vontade de ser padre. Eu sou do interior, região do Vale do Rio Doce. Depois vim para [...], tirei isso da cabeça e continuei sendo católico, mas não tinha essa pretensão de ser padre. Porém, nós vivemos aqui numa situação econômica muito difícil e um sofrimento. Passei fome com minha família, mediante a falta de moradia, mediante todas essas dificuldades e mantendo a vida de oração, de contato com Deus e fé. Descobri que Deus queria que eu continuasse servindo a Ele, para poder dar uma resposta a esses problemas sociais que vivíamos na época [...] (depoimento de padre).

---

36. Barros e Mendonça (2001) citam dados do Ipea (1999), onde no Brasil havia cerca de 53 milhões considerados pobres e 22 milhões considerados indigentes, isto é, sua renda não lhes permite sequer a aquisição de uma cesta alimentar que garantisse as necessidades calóricas e proteicas mínimas a um indivíduo. A fome no Brasil, não se explica pela indisponibilidade de alimentos. Há produção de alimentos em nosso país em quantidade superior ao necessário para atender à demanda de toda a população. Dados da FAO (2003) indicam que há no Brasil uma disponibilidade de 2.960 quilocalorias por pessoa e por dia. Além disso, diversos outros fatores concorrem para a ampliação do drama da fome no país, sendo a principal delas a ausência ou a debilidade de políticas públicas sociais que garantam o abastecimento e promovam o direito a uma alimentação adequada.

> O despertar da minha vocação surgiu com a minha participação em grupos da comunidade de base. Começou todo um trabalho de acolhida, aceitação e mesmo de alegria e um ciclo de amizades. Foi daí que começou toda essa trajetória desse caminho e surgiu a necessidade de levar também uma esperança a tantas outras comunidades. Aí começou todo esse trabalho de acompanhamento, de inserção na comunidade de fé, principalmente diante dos mais simples, e que precisava de alguém para conduzir, para animar, para estar juntos e celebrar a vida. Então, essa fé viva de um povo, principalmente do interior, essa fé nos aquece e ela também nos impulsiona a lutar para esse mesmo povo (depoimento de padre).

> O que me despertou mais para ser padre foi essa minha participação nos movimentos eclesiais de base e também na associação de bairro. O que despertou um pouco mais essa vontade de fazer parte da Igreja enquanto associação (depoimento de padre).

Primeiramente, o candidato ingressou na comunidade de formação eclesial em busca de um abrigo de proteção afetiva e biológica. Necessitava comer para matar a fome de pão. Mais tarde, descobriu que a fome de pão estava associada com a fome de justiça e de afeto. Enfocou a questão sob outra perspectiva: o problema da fome não se resolve simplesmente com o alimento, com o pão. "Nem só de pão viverá o homem, mas de toda palavra que sai da boca de Deus" (Mt 4,4-5). Palavra que significa linguagem, comunicação, relação de amor entre os homens.

Surpreendentemente, concluímos que, antes, o candidato não conhecia Deus profundamente. Contudo, a Palavra de Deus se fez palavra humana. E então, nesse "novo modo de fazer as coisas", pôde contemplar a Glória de Deus, que consiste no resplendor do amor e da fidelidade (Jo 1, 14-18). Essa consciência de relação entre os irmãos criou nele a verdadeira comunicação com Deus e concretizou-se na decisão pela formação comunitária no seminário. A proximidade com Deus passou a ser diálogo com os seres humanos ou, em outras palavras, a ser uma decisão de transformar o Reino de Deus.

Os diversos movimentos sociais e "campanhas contra a fome" têm mostrado que, além de pão, são necessárias a ética fundante da política e a ética fundadora da sociabilidade. Isto é, o compromisso com o bem comum, com a *res-publica* – a coisa pública – na demarcação diferenciada entre o público e o privado – e com a amizade. Desse compromisso emerge o preceito de não se apropriar da coisa comum/pública para fins estritamente privados, pessoais ou familiares. Isso quer dizer que a fome esbarra numa crise fundamental de valores, de ideais éticos, de força da cidadania e das relações afetivas entre as pessoas numa sociedade.

Temos duas partes constitutivas do ser humano: o homem do direito e o homem do desejo e do amor. O homem do direito está relacionado à fundação da sociedade, das instituições, do Estado/Nação, da cidadania e da ética. Todo homem tem direito ao mínimo necessário para sua existência digna: alimentação, habitação, educação, saúde, segurança e trabalho.

Já o homem do desejo e do amor está vinculado à outra versão, ou seja, a uma subversão. Essa subversão é anunciada na Primeira Epístola de São Paulo aos Coríntios.

> Ainda que eu falasse línguas, as dos homens e dos anjos, se eu não tivesse amor, seria como um bronze que soa ou como um címbalo estridente (1Cor 13,1).

O amor, ou relação amorosa, é uma pulsão vital, uma energia que invade todo o ser humano por dentro, e impregna toda a existência e todas as formas de relacionamento interpessoal, inclusive aquele com Deus, em busca da realização do desejo – "a sedução do sagrado". O marco de toda experiência religiosa, inclusive da vocação presbiteral, está centrado no desejo seduzido, e na inclinação fascinada e irresistivelmente atraída pelo mistério do Outro, que envolve, seduz e apaixona, com sua beleza e sua "diferença", provocando o impulso incontrolável de aproximação e união. É assim que a esposa do Cântico dos Cânticos, ferida de amor pela visão do Amado, geme:

> "estou doente de amor" (Ct 2,5), e exclama: "o amor é forte, é como a morte!" O meu amado fala, e me diz "Levante-se, minha amada, formosa minha, venha a mim" (Ct 8,6).

Portanto, o homem do desejo está relacionado a uma liturgia amorosa e prazerosa. É uma força elementar que existe em cada um, sem objetivo determinado, sem direção do certo e do errado. Aquilo que queima por dentro, perturba o sono, treme, agita, arde, clama, implora, sem vergonha e sem juízo, o pleno reconhecimento.

É um movimento, um devir, assim como uma semente "quer" nascer, brotar e se desenvolver. O desejo mobiliza as pessoas e busca caminhos, atalhos, descaminhos, desvios para a realização de suas potencialidades.

Em cada um, esse desejo/amor constitui a força motriz, a tensão, o impulso incessante que move a pessoa, durante toda a vida, em busca da conquista do novo, de uma maneira renovada de amar. Não existe modelo, nem idade, nem raça, nem cultura, nem situação socioeconômica que nos ensinem a procurar essa realização.

O jovem vocacionado pesquisado transfigurou, ou sublimou, a fome de pão em fome de amor. Sua vocação nasceu da fome biológica de pão e emigrou para a fome do desejo de amor pelo Reino de Deus.

O candidato, cuja fala abaixo se transcreve, construiu seu processo de elaboração da força biológica de pão para a fome de desejo e amor, graças às orientações da Teologia da Libertação. Para ele, a convivência com alguns padres e com movimentos sociais, vinculados ao rosto do pobre, favoreceu esse processo de mudança. Sua inspiração vocacional ganhou importância capital após a contemplação do rosto sofredor de Cristo, espelhado no pobre e no povo crucificado.

> A minha vocação nasceu baseada no sofrimento que eu e as pessoas ao meu redor vivíamos. Conheci sacerdotes da Teologia da Libertação. Caminhei nessa direção. Pensei que

sendo padre Deus me abriria para a sociedade, me doaria para eu poder dar uma resposta, para eu poder ajudar essa sociedade tendo como uso a fé. Então, vim ser padre com esta finalidade. Um padre que envolve com estes tipos de problemas. Entendo que não é só padre que faça isso, mas a minha vocação nasceu disso (depoimento de padre).

Do sofrimento do povo [...] (depoimento de padre).

Do sofrimento, meu e do povo. Eu vivia o sofrimento do povo, devido a minha situação socioeconômica (depoimento de padre).

Foi identificado também, em pequeno número, um grupo de justificativas bem distintas das motivações acima, como, por exemplo, ter acesso ao estudo, curiosidade e empolgação, problemas afetivos e sexuais, vida familiar complicada e problemas econômicos.

Olha só, eu vim de uma família muito pobre do interior, sou de uma roça aqui perto. Tem gente que fala da linha de pobreza, que são pessoas que só têm arroz e feijão, mas a gente, coitado! Nem isso tínhamos. Mas tínhamos aquela sede, sabe! Íamos à igreja com vontade.

Desde criança meus pais iam muito à igreja. E eu fui crescendo, crescendo, entrei na escola lá na roça, fiz até o quarto ano. Em 1971 tirei o quarto ano, saí da escola e fui trabalhar na roça, na lavoura com meu pai. Sempre pensando em ser padre. Em servir, apesar da dificuldade.

7) Vilas e favelas

Percebemos, durante a entrevista, que não há muito interesse dos jovens de favela em seguir a vida presbiteral. Uma parcela deles tem baixa autoestima e não se sente capaz de seguir carreiras que representem prestígio social, como Medicina, Direito e também a vocação presbiteral. Isso acontece porque a favela e seus moradores são excluídos e subestimados, uma vez que o modo de produção capitalista, no qual vivemos, valoriza o sujeito na medida em que ostenta, socialmente, bens materiais. Assim sendo, os moradores de favelas são vistos como incapazes e designados a trabalhos considerados de menor importância. E eles encarnam esse estigma social, não se sentindo motivados, por exemplo, a tentarem se tornar padres.

O discurso perverso e carregado de ideologia, que nos é transmitido sob o manto de uma falaciosa imparcialidade, afirma a existência de oportunidades para todos, bastando ser um bom cidadão, estudarem e trabalharem com perseverança para a obtenção do sucesso socialmente imposto. No entanto, a partir de uma análise crítica, constata-se que o modelo de escola burguês vigente não valoriza as potencialidades específicas de cada pessoa. Utiliza-se, ainda, de uma linguagem padronizada, que se dirige tanto aos alunos da zona rural quanto àqueles que moram em favelas, bem como aos provenientes das classes médias e altas. A padronização do ensino causa sintomas que se materializam na repetência, desistência e hostilidade manifestada entre alunos e professores. Dessa forma, cooptados pelo discurso enganador ávido de louvor a que se refere acima, sem consciência do processo de inclusão cultural e imersos na exclusão social, os moradores de favelas sentem-se derrotados e culpados pela falta de sucesso nas instituições, o que, não raro, os leva a buscar a sobrevivência de forma marginal através das drogas e do subemprego.

> Porque o jovem que é "favelado" tem essa cultura de ser excluído, falta para eles um meio de sustentação, ele foi uma pessoa que sofreu muito, e ele olha ao redor e vê como é nosso caso, bairros chiques, outros jovens com tudo: roupa de marca, tênis de marca, essa coisa toda, e ele ali naquela miséria vendo só a mãe trabalhando. Ele tem a ausência do pai, porque o jovem "favelado" na sua maioria não tem o pai presente (depoimento de padre).

> A maioria dos nossos jovens lá são jovens que realmente ainda não participam de nada de igreja. Muitos trabalham,

> alguns raramente nós os vemos, outros estão nas ruas mesmo. Esse grupo nós não conseguimos atingir, por enquanto, porque ainda não temos um trabalho específico para esses jovens que estão, às vezes, nas drogas ou perdidos, sem estar ligado a nada. E também porque dentro das nossas capelas nós temos pessoas e tudo, mas normalmente em aglomerados, vilas e favelas, na verdade são poucas as pessoas que trabalham nas pastorais e trabalham muito e sentimos que estão sempre cansadas (depoimento de padre).

Nesse contexto, o que alimenta o narcisismo dos jovens moradores de vilas, aglomerados e favelas passa a ser, muitas vezes, o tráfico de drogas, que traz prestígio e poder diante da própria comunidade, conferindo-lhes, assim, uma "identidade" pela qual os outros os reconhecem. Diante da sedução imediata de drogas, armas, dinheiro e poder, tornam-se cada vez mais remotas as possibilidades de investimento pessoal na busca pelo exercício de profissões e atividades de prestígio para a sociedade, como são as de médico, advogado, padre e outras. Estas profissões se configuram como realidades distantes, até mesmo pelo sentimento desses jovens de não pertencerem aos grupos economicamente privilegiados, de onde supõem advir os profissionais mencionados.

A Pastoral Vocacional tem apresentado dificuldade em lidar com esse segmento da população. Alguns padres entrevistados relataram que o equipamento referencial da Pastoral Vocacional não bate com as características da clientela favelada.

> Eles são julgados indignos por questões humanas, acanhamento, trato grosseiro, formação inadequada devido às escolas que eles participam [...] (depoimento de padre).

> Timidez, dificuldade de comunicação, traços grosseiros que não combinam supostamente com o modo de tratar a comunidade cristã (depoimento de padre).

> Pergunta: Muito agressivos?
> Resposta: Não, grosseiro no sentido de linguagem, de formação reduzida, também alguns deles, pouca educação na

forma de julgar as coisas, não têm papa na língua, quando vê uns troços assim, não pensa nas consequências, não tem aquele autocontrole polido de uma classe média, ou já "educado" (depoimento de padre).

Perguntado como ele analisa a juventude que mora nas vilas e favelas, ele respondeu:

A juventude de uma favela sofre as consequências, quer dizer ser "favelado" na cidade grande tem um lado positivo, um lado negativo. O lado negativo são essas coisas todas que falamos, inclusive problemas de promiscuidade, de mulher, de criança, de adolescente e a convivência dentro de um ambiente de muita miserabilidade de todos os pontos de vista (depoimento de padre).

Os grandes pontos positivos são que na favela, a favela não é problema, é solução, então são meninos, são pessoas, meninas também que lutam, que têm um grande espírito de solidariedade, de fraternidade, uma facilidade imensa de amizade. O grupo de jovens que sempre funcionou melhor de todos na minha paróquia sempre foi o grupo de favela. Senso religioso inato, bem maior que o da classe média alta, espírito de sacrifício, saber aguentar tudo com paciência (depoimento de padre).

Então são meninos que são maiores de idade com relação aos outros, porque a própria tradição da vida que eles vivem obriga a eles a se tornarem adultos antes dos outros. Desconhecem mil formas de conforto que são supérfluas, portanto uma parcimônia, um tipo de ambição bem menos balofo, bem menos ridículo que a classe média (depoimento de padre).

Em muitos aspectos, mesmo na questão de ser jovem, a favela é uma solução e não um problema. Agora tem que saber valorizar, tem que ter amor à coisa, porque a primeira impressão pode ser sempre uma impressão falha, humanamente falando, negativa. É dessa forma que, os pobres coitados nunca conseguem ser escolhidos nas seleções. Pode ser que existam uns que foram admitidos, mas a grande maioria que entra em contato com a formação do jeito que é planejada hoje, eles são descartados desde o começo (depoimento de padre).

8) Discernimento vocacional: o latente e o manifesto

Vários estudiosos, como (MORANO, 2003; PEREIRA, 2005) do tema vocacional presbiteral, consideram que não existe vocação "quimicamente pura", ou seja, que o ser humano não possui dois psiquismos: um para o sagrado e o outro para o profano. O desejo de pertencer à vida presbiteral é atravessado por múltiplas razões: viver a dimensão do sagrado, experimentar uma nova vivência, apaziguar a fome de pão e de afeto, favorecer transformações sociais, obter *status* e promoção social, adquirir estudo, conforto e ascensão econômica, preservar vínculos familiares e sociais, buscar segurança afetiva ou fuga de problemas emocionais ligados à identidade sexual.

Alguns especialistas (MORANO, 1995, BARROS, 1999), por sua vez, analisam a vocação presbiteral ou religiosa como um chamado, uma "graça de Deus". Apontam, entretanto, para uma teologia que não se esquece de dizer que a graça de Deus, ordinariamente, não substitui a natureza, não age apesar dela e contra ela, mas aperfeiçoa e reforça os fatores humanos que constituem cada história subjetiva.

Há, sem dúvida, desejos e motivações inconscientes e conscientes. O ser humano não é seccionável em partes boas e más, mas resultado de uma realidade multifacetada e repleta de vínculos. O desejo de pertencer à vida religiosa atravessa elementos de natureza profunda, aos quais o sujeito não tem acesso imediato. No início de sua caminhada, o padre ou o religioso não percebe as imbricações que mesclam os dois níveis, inconsciente e consciente.

Sem absolutizar os conhecimentos psicanalíticos sobre o inconsciente e os estudos sociais e antropológicos, o olhar do teólogo os respeita. Vê neles uma mediação para discernir o agir de Deus, contanto que não se passe a nenhum dos extremos de um total desconhecimento ou de sua absolutização. Aqui vale o axioma fundamental de que a presença de Deus se faz clara onde há verdade de si. E para essa verdade, as contribuições das ciências humanas se fazem imprescindíveis, bem como a graça da fé para o reconhecimento da presença de Deus.

A experiência religiosa – Deus como objeto de desejo – mobiliza, intensamente, imagens e vivências afetivas primitivas da personalidade do sujeito. A relação entre o indivíduo orante e Deus pode ser responsável por manifestações comportamentais saudáveis, mas também pela propulsão de doenças psíquicas, como neuroses, perversões e traços perniciosos, individuais ou coletivos. Bem analisa Morano[37]:

> Talvez não exista um objeto mental de magnitude equivalente à da imagem de Deus. Pelo menos no sentido definido: nenhuma outra representação psíquica possui um referencial tão ilimitado na sua extensão, tampouco implica nas dimensões do absoluto, potência e infinitude que atribuímos a uma divindade. Além disso, tem-se que acrescentar a carga afetiva que geralmente implica. Neste nível, a magnitude psíquica de Deus cobra um potencial extremamente significativo. Como totalidade, vem responder às exigências mais primitivas do psiquismo humano e às potencialidades mais intensas de seu mundo afetivo. Não é estranho que o louco, em sua negativa em aceitar qualquer modo de limitação, situe com tanta frequência a divindade no centro mesmo de suas alucinações e delírios. Nada como Deus para responder às desmedidas aspirações de totalidade que marcam a infância e a loucura[38].

O trabalho de discernimento vocacional exige um acompanhamento psicossocial e espiritual que auxilie o diálogo entre esses dois

---

[37]. Carlos Domínguez Morano é espanhol, sacerdote da Congregação dos Jesuítas, psicanalista, e esta análise está inserida no artigo "Deus imaginário, razon e fé", 1995, p. 29-40.

[38]. Morano, 1995.

mundos, cuja coexistência não é, em si, um problema. O problema, muitas vezes, não é patológico *de per si*. Ele se torna patológico quando negamos que o temos. Problemas fazem-se, isso sim, quando os ocultamos, com a repressão e o não dizer sobre ambos. Assim expressou-se um formador:

> O grande problema da formação é quando não se revelam as coisas. Inclusive, quando se tem cuidado de escondê-las e mascará-las. Depois de um longo tempo é que as coisas estouram. O que importa é não adiar os problemas do formando, deixando para serem resolvidos nas próximas etapas, na base do "depois veremos", ou usando a técnica SDS (Só Deus Sabe) (depoimento de formador).

A mesma constatação foi feita por outro formador:

> Sim, existem questões inconscientes e conscientes. Posso dizer que a maioria, infelizmente, se descobre depois. Mas existem aqueles que se manifestam, percebe-se na fala, então, no trabalho vocacional já apontando outros caminhos. Há jovens que apresentam as desilusões amorosas, perda de companheira. Há experiências traumáticas na infância e, quando mexemos nessas questões é, um desastre. A pessoa se assusta e resiste, porque aí eles não sabem mais: quem eu sou, o que eu quero (depoimento de formador).

Quando consegue, paulatinamente, trabalhar os vínculos que mesclam os interesses da vocação presbiteral, o sujeito se aproxima da verdade de seu desejo, percebendo a força de sua autonomia e a possibilidade de novos caminhos. Pode chegar, inclusive, a descobrir que não precisa ser padre ou religioso, que tudo isso é desejo de outros, e não dele mesmo. Também pode perceber, ao contrário, que a escolha de ser padre é resultante de uma decisão própria e, nesse caso, saudável. Um padre assim se expressou sobre a importância desse discernimento:

> Bom, eu acredito que têm dois aspectos: talvez alguma coisa mais perceptiva e outras coisas ocultas, ou seja, têm coisas que nem imaginamos. Falando da minha experiência, eu acredito que a descoberta vocacional é esse olhar contínuo e mais atento dentro de si. Assim, vieram muitas

coisas que eu nem imaginava, que estavam ocultas e depois fui percebendo. No meu processo de discernimento penso que tenho uma dimensão forte para a vida presbiteral. Às vezes vejo que é possível ser um leigo engajado e às vezes desejo viver uma experiência mais radical de vida sacerdotal. Estou aberto e escutando tudo isso dentro de mim (depoimento de padre).

9) Processo de identificação e a vocação

A terceira pergunta direcionada aos presbíteros entrevistados foi a respeito da *contribuição recebida de pessoas marcantes para o fortalecimento de sua vocação, como padres, freiras, até mesmo, através de sites da mídia etc.*

A resposta, quase unânime, concentrou-se na figura do pároco ou vigário, que o entrevistado conheceu ainda criança ou durante o período da adolescência. Para ele essa relação produziu um forte vínculo, e a personagem identificada transformou-se em modelo de padre e de ideais éticos, afetivos, evangélicos e pastorais.

> [...] houve, então, uma troca de padre e esse outro padre que chegou trouxe certa abertura. Pelo menos percebemos um contato maior com as crianças da catequese. E naquela época inclusive eu fui convidado para ser acólito, para poder ajudar lá no altar. E a partir daí eu comecei a trabalhar melhor a questão da vocação. Porque já tinha manifestado o desejo com seis anos, mais o contato com a catequese, depois como coroinha e acólito, ajudando ali, isso foi criando entusiasmo maior pela vida da comunidade, fui conhecendo e me aprofundando um pouco mais. Mas eu ressalto um pouco essa relação do padre com as crianças da catequese.
> *Pergunta*: Isso foi muito importante?
> *Resposta*: Isso foi importante. Ou seja, houve uma proximidade. E eu comecei a ter abertura para perguntar como é esse negócio de ser padre. Como eu faço para ser padre? Como é que é isso? Então, o padre foi dando as orientações, até que eu concluí todo o período inicial da catequese. Eu lembro que terminei com dez anos de idade, e a partir daí eu comecei a

fazer os encontros vocacionais. Porém, ele me deu uma carta de apresentação no seminário, e a partir das conversas, da relação ali, ouvindo, vendo os testemunhos dele de oração, disso e daquilo. Então ele foi me introduzindo aos poucos. E depois quando eu comecei a participar dos encontros vocacionais, comecei, também, a ter outra visão de outro lado de Igreja, que eu até então desconhecia. Então, eu fui encontrar com adolescentes e jovens que tinham o mesmo desejo que eu tinha (trecho de entrevista com um padre).

Eu vejo o seguinte na vida prática, principalmente para as vocações sacerdotais é o exemplo e testemunho do padre. Ele dizia de "esperança" as pessoas. Mesmo no contexto difícil estimulavam para serem padres. A minha vocação foi esse exemplo e testemunho de padres, e eu creio que as vocações que a gente já enviou pro seminário também, na minha perspectiva é que são exemplos e testemunhos nossos também, a orientação e não tanto o jeito do mundo, os enfrentamentos, porque dificuldades sempre terão (depoimento de padre).

Na própria paróquia onde eu estava, o padre contribuiu demais, me apoiou muito. Porque ele passou pela minha paróquia, onde eu morava. Tínhamos lá um grupo de jovens que recebia apoio total (depoimento de padre).

Há muitos questionamentos em torno desses dois personagens: o pároco e o candidato, seus papéis, funções e produções. Diante disso, poderíamos interrogar que hiato ou aproximação existe entre eles. O que sustenta sua tarefa de auxiliar o processo vocacional? Que ideologia, isto é, que intenções estão subjacentes na relação entre o padre e o candidato?

O pároco ou o vigário é alguém em quem a comunidade de Igreja deposita, em determinado momento, a função de catalisar, sintetizar e organizar as ilusões e desejos espirituais dos cristãos: ministério presbiteral. É sua função coordenar a caminhada de fé da comunidade cristã, como um parteiro que facilita o ato de nascer, para crescer, desenvolver e transformar o grupo de fé em sujeito de sua própria história. Ele é referência, figura de autoridade, autêntico líder de mudança: aquele que coopera com os paroquianos para facilitar a criação e a transformação da realidade religiosa e social. Compromete-se com as pessoas, seus objetivos, seus desejos, visando a um maior engajamento ativo de todos na tarefa pastoral.

> [...] e o padre, que estava e que lá permaneceu por treze anos, o padre teve também um carinho muito interessante para conduzir o processo e aproveitar o meu envio para o seminário para motivar outras novas vocações (depoimento de padre).

> A atuação dos padres salesianos junto com a comunidade me alegrava. Ou seja, esses padres são "gente boa". Isso veio acrescentar a essa vontade de ser padre (depoimento de padre).

> Pessoalmente, para mim, foi muito importante. Ali, na nossa Paróquia de Nossa Senhora, os padres que nós tínhamos ali, foram padres muito atentos à necessidade do povo. Principalmente determinado padre, que era o vigário. Ele sempre ouvia, era uma pessoa muito dinâmica, tinha um carinho muito grande com as crianças e acredito que, de certa maneira pra todo o povo da cidade, ele era como se fosse um pai também (depoimento de padre).

> Teve o vigário da minha paróquia. Ele ia só uma vez por mês na cidade, mas, através do exemplo dele, desse apelo que me marcou, imediatamente ele me apresentou ao bispo da minha arquidiocese, que é muito maior, e nessa apresentação o bispo também deu todo o apoio, me encaminhou logo pro seminário (depoimento de padre).

> O que contribuiu muito foi um padre da Igreja de São José, no Centro. Eu, sem ele saber que eu o conhecia, assistia à missa, porque no meu bairro não tinha missa, e eu ia à missa todos os domingos às oito horas da manhã e procurava saber depois quais os horários dele, da missa dele, à tarde, porque é o jeito dele, o estilo dele, e em seguida comecei a conhecer outros, cujo trabalho com os pobres na favela sempre me motivou muito. Então, tiveram algumas pessoas assim, padres que serviram muito na minha vocação (depoimento de padre).

O candidato à vida presbiteral, quando se identifica com um pároco, percebe nele uma série de qualidades teológicas, psicológicas e sociais, de comunicação, de espírito de trabalho pastoral, de honestidade, ética e responsabilidade. Ele é a figura do "líder", que ativa as energias internas, que estimula o crescimento dos vocacionados. Coordena espaços para o jovem contribuir com palavras, ações, revisões da caminhada vocacional. É alguém que escuta com atenção os desejos do candidato. Sua figura não é de poder supremo, mas do mestre da escuta que pontua e marca as principais demandas do candidato.

> A pessoa que foi marcante pra mim foi o meu coordenador da Pastoral da Juventude. Ele montou um grupo jovem, e nós participávamos com ele e era uma pessoa cheia de experiência, tinha conhecimento de Igreja. Muitas vezes eu me espelhei nele, com a experiência que ele tinha. Ele tinha uma experiência tão profunda que ele instigava e encantava a gente. Esse encantamento, eu considero que foi pra mim o ponto de partida para que eu chegasse aonde eu cheguei. A contribuição que ele deu foi de ser uma pessoa que serviu de norte, de referência no meu histórico vocacional. Eu considero que ele foi o norte para onde eu pude começar a direcionar aquilo que, pessoalmente, estava buscando. Pelas palavras, pelo incentivo, pelas coisas que ele colocava no grupo. Eu o considero como uma pessoa fundamental no meu processo vocacional (depoimento de padre).

Entretanto, o pároco deve ficar atento às transferências[39], identificações e projeções que os candidatos depositam em sua pessoa, como figura de semideus, todo-poderoso, onipotente, herói, capaz

---

39. Para Freud, a reação transferencial é uma manifestação recorrente de antigos amores e ódios e pressupõe duas instâncias temporais: o passado e o presente. No pretérito está implicado o recalcamento de um desejo. No presente, a relação com o terapeuta (leia-se figura de autoridade), despertada pelo mesmo afeto que, originariamente, forçou o paciente a exilar o desejo. Essa emergência determina o apelo a estratégias defensivas que podem ser a projeção, a identificação, a negação, o deslocamento etc. Portanto, as manifestações transferenciais são vivências dos sentimentos, fantasias e defesas inconscientes em relação a uma pessoa do presente que não visa aquele alvo, mas constitui uma repetição das reações surgidas em relação às pessoas importantes da vida psíquica. Freud, 1996.

de castigar, vigiar, e centralizador. É necessário que o padre saiba discernir as antigas demandas da infância: de amor, ódio, culpa, evitando, a todo custo, responder a elas, exatamente para que possam ser objetivadas e modificadas. Nesse sentido, o trabalho do pároco é esclarecer aos candidatos a diferença entre a figura da autoridade materna e paterna e a da autoridade, que ele representa naquele momento de discernimento vocacional: um verdadeiro líder de mudança.

> Quando chegava lá, eu via o padre celebrando e fazendo todo ritual e eu achava aquilo tão lindo e ficava pensando. Comecei a ajudar o padre, a ser coroinha ajudando a arrumar o altar e na celebração, mas depois comecei a estudar e o horário da aula coincidia com o horário das missas, mas como eu era bom menino e a professora sabia que eu estava na igreja, ela me deixava chegar um pouco atrasado. Ele contribuiu muito, como pessoa íntegra e reta, nunca falou nada, me incentivando ou perguntando se eu queria ser padre. Até o dia que eu tomei a minha decisão e fui comunicá-lo, ele me perguntou se eu tinha certeza mesmo, se era isso que eu queria. Foi quando ele me indicou o seminário. Mas foi supertranquilo. Ele também perguntou se tinha sido influência dele (depoimento de padre).

> [...] Uma marca que eu tenho muito significativa foi do meu primeiro reitor, certamente, pra mim, sem este reitor eu não conseguiria chegar ao seminário. Isso parece uma coisa significativa, que me trazia ensinamentos, e a marca fica por conta de pequenas coisas (depoimento de padre).

Quando não ocorre por parte do pároco um processo de discernimento, suas próprias questões, de ordem afetiva e de agressividade, podem entrar em cena, misturando-se com as demandas dos candidatos. Por exemplo, o pároco pode transferir para o candidato um amor filial dependente. Nesse caso, o pároco evoca a figura do "Pai possessivo", inflacionando a relação com o candidato. Ele deixa de ser símbolo de referência e torna-se demasiadamente presente, concreto e real, buscando compensações afetivas não resolvidas. Essa relação é exercida, habitualmente, por pessoas narcisistas e tirânicas[40]. Tais párocos desejam mais o prestígio, o amor excessivo, fazendo os candidatos gozarem, não de afetividade, mas de uma submissão irrestrita. Como afirma Morano:

> Tudo indica que não é Eros, mas Narciso, o santo patrono do poder; o que nos leva a pensar que a pretensa "erótica do poder" é em sua essência uma erótica de cunho narcisista[41].

Entretanto, quando o pároco conhece bem suas motivações afetivas e teológicas, torna-se um grande catalisador de vocações presbiterais. Ele deve estar consciente do momento de sua distância com o vocacionado. A pedra fundamental do quebra-cabeça de "ser referência" de um vocacionado está, exatamente, na consciência dos momentos de assumir essa função e de deixá-la. Para Morano:

> Apenas Deus pode ocupar esse lugar. O seguidor de Jesus é chamado a superar toda "nostalgia do pai" e a evitar as tentações que a obediência e a autoridade podem lhe oferecer como formas de escapar à própria responsabilidade e ao próprio desejo. Isso pressupõe, segundo vimos, uma inevitável renúncia, portanto, à crença de que o todo-poder e o todo-saber (e, por conseguinte, a segurança total) estejam à nossa disposição em algum lugar[42].

Em cada momento histórico se constrói diferentes representações simbólicas em torno dos presbíteros. Não se deve ressaltar nenhuma idealização de algum período. No entanto, o imaginário religioso predominante, do presbítero, do passado, carregava-se de tonalidade de suma importância na sociedade. Destacava-se o poder e o prestígio na cidade, salientava-se a capacidade intelectual e o

---

[40]. Não existem motivos nobres (sagrados ou profanos) que possam eliminar a parte de gozo que acompanha o exercício do poder. O poder é sempre erótico, e o erotismo é sempre atravessado pelo jogo do poder. Quem não quer saber disso condena-se a um uso louco do poder, inocentado por suas pretensas "melhores intenções".

[41]. Morano, 2003: 217.

[42]. Ibid: 225.

selo pela pastoral no território da paróquia. Homens austeros e sóbrios no vestir e nas relações interpessoais.

Os presbíteros contemporâneos apresentam-se com menos poder e prestígio social nas cidades e comunidades. Desenvolvem a pastoral desterritorizadas com forte característica midiática, imediata e espiritualista. Buscam-se maior transparência nas relações, autonomia e estabilidade financeira. Recusam o peso administrativo paroquial e da capacidade de escuta e do cuidado. Apresentam-se com reduzida capacidade intelectual e de compreensão dos conflitos sociais, políticos, bioéticos e teológicos. Homens excêntricos no vestir e pouco austeros nos bens de consumo.

Renunciando qualquer juízo de valor moral comparativo dos dois extremos, vale perguntar pela média do clero de hoje a fim de prever por onde caminhará o chamado vocacional. Homens de grandes massas: lotam estádios e mantêm programas diários em rádios e televisão, lideram paradas de sucesso com CDs e *showman*. Coordenam o turismo religioso nas paróquias para a Europa e Terra Santa, transatlântico com Jesus para o Velho Continente, celebram missas espetaculares com *mini-show*, cura eufórica e exorcismo do mal. Até onde esse conjunto de qualidades e limites servirá de fonte despertadora de vocações, não aparece claro à primeira vista. Qual é o futuro da vida da Igreja Católica? "Para onde iremos, Senhor?" (Jo 6,66).

10) Há projeto vocacional presbiteral nas paróquias?

Realizamos várias pesquisas sobre animação e promoção vocacional com presbíteros e religiosos. Assim, perguntamos os entrevistados se eles participavam de algum projeto de Pastoral Vocacional na própria paróquia ou no setor de trabalho, Rede de Educação, trabalhos sociais, Pastoral Universitária, dentre outros. Caso participasse, foi solicitado que o descrevessem e, caso contrário, foi pedido que analisassem as resistências e dificuldades eventualmente encontradas.

Durante as entrevistas, mais de 95% dos padres disseram não realizar trabalho de Pastoral Vocacional nas paróquias, por diversas razões. Um número pequeno não acredita no próprio exercício sacerdotal, sente-se desprestigiado nessa função e, às vezes, até envergonhado de exercer o ministério presbiteral.

> Cheguei à conclusão que, vocação é uma coisa que surge no meio da comunidade, no dia a dia da vida, não precisa fazer reuniões vocacionais, aliás, reunião vocacional põe "grilo" na cabeça das pessoas, e muitas vezes até distorce a personalidade delas para poder o vocacionado subir na vida em poucas palavras, e não é assim. A vocação precisa surgir espontaneamente, na convivência e no dia a dia da comunidade (depoimento de padre).

Outros apresentam razões bem fundamentadas sobre o projeto de formação dos seminários diocesanos, mas deixam transparecer que a oposição ao projeto recai muito mais em diferenças afetivas mal-resolvidas com os formadores e psicólogos do que nos argumentos filosóficos apresentados.

Há um grupo que declarou não dispor de equipamento metodológico para desempenhar essa atividade pastoral. Alega, ainda, que não houve preparo nesse sentido. Além da falta de equipamento pedagógico, aponta que não há tempo para o exercício de animação vocacional propriamente dito. Os trabalhos na paróquia estão sobretudo concentrados em atividades sacramentais e burocráticas.

> Eu cheguei lá vai fazer sete meses, acontece que eu cheguei muito perdido, porque até então na paróquia, não quero criticar de jeito nenhum, mas o colega que saiu não tinha planejamento nenhum. Nem pastoral, nem meta anual que eles fazem todo mês de janeiro. Não tinha nada. Todas as pastorais estavam desesperadas, porque ninguém tinha formação. Eu comecei a fazer as formações com a participação das pastorais. E ainda não consegui fazer com todas, porque são muitas pastorais, são cinco comunidades, e não consegui ainda estruturar a questão vocacional. Consegui estruturar agora, a juventude, porque não tinha. Consegui um espaço de missa só da juventude. Estão participando.

É a partir daí que eu estou pensando em como preparar a questão vocacional. Embora a gente fale um pouquinho, mas não tem uma equipe própria da Pastoral Vocacional. Embora lá já ordenaram há pouco tempo. Mas precisa de um trabalho maior nesse sentido. Ainda não está funcionando, pelo menos na paróquia em que estou, o projeto vocacional (depoimento de padre).

Infelizmente, nós temos feito algumas tentativas, mas não temos conseguido realmente motivar e dar uma continuidade. Temos tido alguns encontros dos jovens, da Pastoral Familiar, com ajuda dos casais, temos tentado motivar e feito pequenos encontros, mas não temos nada organizado, não temos construído esse trabalho para dar uma continuidade, uma perseverança (depoimento de padre).

Já tentei e várias vezes. Montamos equipe com psicólogo, professor, pai de família, nós tentamos vários anos, aí funciona, morre, e nós não vamos pra frente, não conseguimos, e até temos os clientes lá: alguns meninos e meninas. Mas depois de um ano todos vão saindo um a um, e falam: "padre, não dá, não é isso que quero". Já tentamos bastante esse trabalho vocacional, já joguei até para a forania e ajudei muito na forania, eu, as irmãs, os padres, nós tentamos assim: tinha encontros, tarde de esportes, com filme, teatro, tudo para ver se prendia a juventude, mas eu me considero fracassado, já tentei de tudo e nada, nem uma sementinha consegui plantar (depoimento de padre).

Diretamente não. Alguma coisa específica não. Eu gostaria até de ser orientado para que isso pudesse acontecer. Eu até me candidato a ajudar nessa equipe vocacional, fazendo o que eu também não sei (depoimento de padre).

Quando eu cheguei lá, tinha um grupo de pessoas mais velhas que se chama de Pastoral Vocacional, mas um trabalho muito desarticulado, porque as pessoas, a ideia de vocação é uma ideia, um pouquinho, acho que, ultrapassada. Elas não querem fazer um trabalho pela vocação, elas rezam pela vocação. Isso é bom, mas não é o suficiente. Quando eu cheguei, eu quis ajudar, mas as demandas eram outras, eram mais urgentes do que essas, então eu tomei uma providência de cuidar das outras coisas primeiro para depois cuidar da Pastoral Vocacional (depoimento de padre).

Projeto não, porque eu nunca amadureci nada nesse sentido (depoimento de padre).

Específico não. Mas pelo testemunho surgem candidatos. Eu cheguei à paróquia há seis anos, eu fui chegando e já tinham dois candidatos que já tinham feito um trabalho e foram encaminhados. E que continuam até hoje fazendo esse caminho, depois disso, já surgiram mais umas três vocações e um que está surgindo. Não tem uma pastoral, um trabalho específico. Eu acho que o testemunho do padre para a pessoa que está ali na fidelidade do seu ministério, se dedicando, se doando e tendo a alegria do que faz, o exemplo arrasta (depoimento de padre).

Em várias dioceses percebe-se, a partir da fala de alguns dos entrevistados, uma dificuldade de se entender, e aceitar, uma maneira diferente de fazer acontecer a Pastoral Vocacional.

Ainda não há Pastoral Vocacional hoje. Jovens que aparecem nós acompanhamos pessoalmente, conversa, encaminha (depoimento de padre).

Não tem a Pastoral Vocacional. A gente tem falado sobre vocações, tem procurado desenvolver esse incentivo, tem um seminarista começando, que agora começou com encontros vocacionais uma vez por mês e ajuda a refletir um pouco sobre vocação. Mas na paróquia não tem equipe de Pastoral Vocacional (depoimento de padre).

Nós sempre incentivávamos nas homilias. No interior, é aquilo que eu falei no princípio. Na minha paróquia é uma realidade muito diferente e hoje a mocidade não está para esse negócio de igreja não. Nós notamos que eles têm dificuldades, não têm interesse (depoimento de padre).

Não, na realidade vou lhe dizer que não. A única coisa que eu faço é quando tem alguma freira que é filha da minha paróquia, tem também um seminarista ou outro vocacionado. Então, quando eles estão lá eu sempre peço pra eles falarem, darem testemunho. Eu penso que o testemunho deles já serve para chamar o jovem (depoimento de padre).

Nós temos o Save (Serviço de Animação Vocacional), na paróquia. E ele está sendo coordenado por um grupo de irmãs que tem na paróquia, junto comigo. Elas é que estão mais à frente, dinamizam um pouco mais. E junto a elas nós pedimos que fosse um casal, um jovem e uma jovem, para poder ter uma visão maior das vocações. No Save nós queremos trabalhar não só a vocação sacerdotal e religiosa, mas também a vocação leiga, vocação do matrimônio. Então, temos lá um trabalho, muito pequeno ainda, mas que está crescendo (depoimento de padre).

Não tem, porque eu fiquei muito decepcionado com a Pastoral Vocacional da diocese há mais tempo. Porque estava muito confuso. Eu mandei para o seminário uns dez rapazes, dez jovens! Os formadores não estavam nem aí com os padres, parece que a formação era por conta deles, autonomia, muita arrogância, dispensavam muitas vezes [...] e os caras mandados embora iam e nós não tomávamos nem conhecimento do porquê. Então eu me desestimulei muito. Eu hoje, conscientemente, eu não indico ninguém a ir para seminário. Quem quiser ir eu oriento, mas indicar, ou entusiasmar, eu não faço (depoimento de padre).

11) Conclusão

O chamado de Deus ocorre em diferentes etapas da vida humana. Suas manifestações são múltiplas: das cerimônias e rituais, que seduzem a fantasia das crianças, ao clamor maduro dos jovens e adultos, que contemplam o rosto solidário de Cristo com os mais sofridos e marginalizados da sociedade.

Deus distribui seus dons com liberdade e seus critérios são pluriformes, marcando-se pela diferença etária, étnica, interprofissional, socioeconômica, ecumênica, além da concernente às orientações afetivo-sexuais.

A responsabilidade da Pastoral, orientada para as vocações presbiterais, é de todos: do bispo ao mais simples cristão, servidor da Igreja. A pesquisa constatou, de modo especial, a importância do processo de identificação dos vocacionados junto aos párocos e vigários. O testemunho presbiteral continua sendo uma das fontes mais fecundas das novas vocações para Igreja. Contraditoriamente, esse mesmo estudo constatou que mais de 95% dos padres não realizam sistematicamente o trabalho vocacional em suas paróquias.

Outra fonte particularíssima de vocações é a família, que divide com a Igreja a tarefa de educação. Os padres sinalizam que a Pastoral Familiar deve se constituir num espaço singular para a vocação cristã profissional, matrimonial e presbiteral.

Os grupos e movimentos de jovens têm-se mostrado um excelente dispositivo de articulação das pastorais da Juventude, da Catequese e da Crisma com a Pastoral Vocacional. Atualmente, constata-se um declínio do trabalho pastoral com os jovens. Os trabalhos pastorais sacramentais têm ocupado demasiadamente a vida do presbítero, em detrimento do processo de evangelização e formação dos leigos, que se constituiria na dimensão missionária do ministério, canal da aliança da mística e da profecia, assim como a fonte do encantamento e ressignificação da atividade presbiteral.

As escolas e os educadores católicos devem repensar a sua missão educativa da fé e da orientação vocacional cristã e presbiteral. Sobretudo nos estabelecimentos de ensino destinados a esses fins deveria haver um serviço de orientação vocacional.

Nos aglomerados, vilas e favelas faz-se necessário um trabalho com a juventude pobre, que não tem acesso às ofertas que circulam em todos os campos da sociedade, um trabalho que vise o desenvolvimento da autoestima e da comunhão desse segmento com a Igreja. É urgente que as dioceses e províncias religiosas procurem meios para evitar a discriminação precoce apontada neste trabalho, e que afasta do ministério os mais pobres, exatamente os mais queridos de Deus.

Há casos, e não são raros, constatados por essa pesquisa em que o chamado ao ministério presbiteral foi percebido mais "tarde" e em "diferentes situações": viúvos, aposentados, idosos de diferentes etnias, orientação sexual, religiosa e alternativas polivalentes.

Quanto aos candidatos, foram diagnosticadas graves dificuldades no aspecto cultural. Geralmente, são oriundos de famílias com dificuldades financeiras e filhos de pais com escolaridade abaixo da média nacional. Nesse sentido, urge que seja dada atenção especial aos alunos que apresentem dificuldades de aprendizagem, ou que, até então, receberam uma formação básica muito deficiente. Que se busquem os meios didáticos, e outras formas de reforço ou de recuperação, naquelas matérias de maior carência, principalmente no que tange às atividades de expressão verbal e escrita da língua portuguesa.

Que haja mais integração entre o corpo docente dos institutos de Filosofia e Teologia, os formadores, os coordenadores do Serviço de Animação Vocacional e o clero. A tarefa de animar, promover e coordenar a ação vocacional, em todas as dimensões da vida cristã, deve contar com a participação de todos, num esforço pedagógico de equipe.

Quanto à pedagogia do aprendizado do discipulado, vários padres entrevistados insistiram que o seminário deve ser constituído de grupos menores de formandos. Para eles, esse é o caminho mais sábio para virem a ser pastores da Palavra, guias da comunidade e ministros da Eucaristia. Esse dispositivo, no parecer de alguns, pode acontecer em paróquias, com padres devidamente credenciados pelo seu testemunho de fé, pela sua maturidade humano-afetiva e pelo seu engajamento social e ético.

Simultaneamente, foram constatados avanços significativos, principalmente na dimensão humano-afetivo-sexual dos candidatos. A maturação humano-afetiva do presbítero é, pois, uma exigência de seu próprio ministério, uma decorrência do amor pastoral que deve ser o fundamento de sua vida e a meta de sua formação integral.

A preocupação com o processo do crescimento afetivo, integrado com as dimensões teológica e espiritual, assim como a presença de profissionais das ciências humanas, foram avaliados como o diferencial da formação atual.

Entretanto, a pesquisa constatou uma tendência pastoral de cunho acentuadamente sacramental, em prejuízo de uma pastoral formativa dos leigos por parte dos futuros e recém-ordenados. Cresce a motivação vocacional com acentuada característica espiritualista, endógena, midiática, emocional e com preocupação de libertação do mal interno sem conexão com aspectos sociais, econômicos, culturais e consumistas. É urgente que a formação dos seminários fixem seus olhos no ideal presbiteral de Aparecida, educando *presbíteros-discípulos* de Cristo, *presbíteros-missionários*, educadores da fé através da Palavra, "presbíteros-servidores da vida", enfim "presbíteros cheios de misericórdia"[43], sobretudo em relação aos mais pobres e excluídos.

Em qualquer análise sobre vocação, não bastam apenas as explicações científicas. Há um toque da "Graça" que nos escapa. Deus age nas mediações humanas e institucionais. Arranca pessoas de situações materiais, psíquicas e espirituais, de onde nunca se pensaria surgir uma vocação. Esse lado do Mistério permanece e surpreende qualquer pesquisa científica.

---

43. *Documento de Aparecida*, 2008.

A análise sobre a vocação religiosa corre um duplo perigo: refugiar-se em puro espiritualismo, atribuindo tudo à obra de Deus, ou pensar que se consegue exaurir totalmente o mistério da vocação com explicações socioanalíticas. A tarefa da Pastoral Vocacional é sempre realizar o diálogo da fé com a ciência.

3.4 Vida presbiteral ou comunitária

1) Introdução

Antigamente, a vida presbiteral ou comunitária religiosa caracterizava-se pela rígida vivência teologal, marcada apenas por seu caráter instituído. Regras variadas mostravam que o acento estava na autoridade centralizada na figura de "Deus castigador", que garantia a proteção e a segurança, como moeda de troca da punição e da culpa. Nessa realidade, as questões conflitivas sobre a vida presbiteral ou comunitária eram abafadas e até mesmo dispensáveis, uma vez que o objetivo comum da afetividade ou união fraterna perdia lugar para a obediência cega e passiva ao bispo, formador ou provincial que representavam a figura de Deus Pai. Não se esperava das dioceses ou congregações qualquer tipo de criação que ultrapassasse seus deveres tradicionais e seculares de presbíteros, religiosos, ligados à espiritualidade individual e solitária. A monarquia e a hierarquia da Igreja ocupavam o lugar de Deus, com fortes fundamentações teológicas. A soberania eclesiástica não se fundava na relação fraterna ou afetiva com os membros do presbitério. Atribuía-se à maior relevância ao Direito Canônico, à lei, às normas, às regras, aos ritos e rubricas.

A partir do século XVIII a modernidade ocidental gradativamente implicou a morte de Deus, isso quer dizer que a condição do poder social deslocou-se para o Estado-nação. A secularização do poder foi instituída. Com o Iluminismo, a Modernidade trouxe o esgotamento dos modelos institucionais tão fortemente centralizados na figura imaginária de Deus Pai castigador, dando lugar a uma nova forma de vida, pautada na razão, no contrato, na argumentação, na democracia, nos direitos humanos e no poder do Estado. Era o tempo de controle disciplinar, realizado, nas diversas instituições, pela figura da autoridade presencial: pais, professores, agentes do governo, polícia, médicos, bispos, padres e pastores.

Hoje, um dos efeitos da Pós-modernidade é a diminuição do lugar da autoridade central e também dos caminhos tradicionais mitificados. É o tempo da descentralidade do poder. Afinal de contas, o que significa dizer que o poder foi contemporaneamente descentralizado e marcado pela pluralidade e por micropoderes? Isso quer dizer que o poder não se localiza apenas no espaço de Deus ou do Estado, mas está em múltiplos espaços e em diferentes expressões. As pessoas adultas ou mais vividas são reconhecidas pelo poder que lhes concede a idade, o saber ou a experiência; cada etnia tem a sua forma de expressar, viver e administrar o poder; as mulheres exercem o poder de maneira diversa dos homens; os crentes exercem o poder sobre os seus bispos e pastores; convive-se, ainda com o poder da orientação humano-afetiva, política e social. Isso ultrapassa em muito a luta de poder dos antigos movimentos sociais voltados apenas para interesses particulares de grupos, que se centravam principalmente em reivindicações trabalhistas ou econômicas.

O registro da subjetividade, quanto à maneira de viver o poder e a autoridade, foi radicalmente transformado pelo conjunto desses processos históricos. No entanto, as novas formas de subjetivação sobre a autoridade são experimentadas, mas intercruzam com as antigas. Não podemos ler esse fenômeno com a lente evolucionista, e, sim, de forma ambivalente e processual. Os modelos de autoridade continuam um grande dilema: afinal, o que terminou, o que ainda continua e o que é mesmo a grande novidade do que chegou? Eis o enigma!

Assim, a diminuição da referência de autoridade eclesiástica em torno de Deus-Pai castigador e do modelo de autoridade centrado no Estado-nação de instituições fortes provocou o efeito da perda do suporte de autoridade sobre o qual se realizava a ordenação da subjetividade dos sujeitos e seus grupos e organizações. Há uma tendência, aparentemente oposta, mas igualmente condicionada pela cultura dominante, é a conduta que encontra sua expressão radical no prazer da "desobediência" (leia-se indiferença). O conceito é aqui apresentado sem conotação moralista, mas para apontar que esse caminho revela um comportamento meramente individualista e carece de componentes éticos e de alteridade. Trata-se de uma "desobediência cínica". A conduta "desobediência" divide o sujeito do institucional. Produz uma subjetividade atomizada, de um mundo à parte, sem o menor contato afetivo com o outro, uma obstrução para evitar o conflito. É lógico que não estamos analisando a "desobediência civil"[44] e, sim, uma crise de autoridade. Afloram os questionamentos entre o certo e o errado, entre os valores aprendidos e os vividos; enfim abriu-se um abismo no interior dos sujeitos, onde a angústia e a ansiedade acham guarida. Provocou também uma orfandade coletiva, que tem conduzido a uma reevangelização de cultos carismáticos, exorcismos do mal, consumo abusivo de remédios, drogas, álcool e práticas de autoajuda. Além da desorientação psíquica generalizada, percebe-se também um aumento de quadros depressivos, que têm a ver com esta questão da desorientação e do vazio, em que parece que já não existem projetos sociais coletivos ou bandeiras coletivas éticas, senão os projetos de realização pessoal.

2) Síndrome do "povo hebreu desamparado"

Com isso, surge o efeito "povo hebreu desamparado". É a síndrome da saudade das cebolas do Egito que governava o povo oferecendo-lhes habitação, trigo e segurança em troca da escravidão.

---

44. Desobediência civil é uma conduta de indignação de grupos e organizações que se manifesta contra graves atitudes antiéticas de pessoas e instituições societárias.

> O povo começou a queixar-se a Javé de suas desgraças. Ao ouvir a queixa, a ira dele se inflamou, e o fogo de Javé começou a devorar uma extremidade do acampamento. O povo gritou a Moisés. Este intercedeu junto a Javé em favor deles, e o incêndio se apagou. Esse local se chamou "Lugar do Incêndio", porque aí o fogo de Javé ardeu contra eles.
>
> A multidão que estava com eles ficou faminta. Então os filhos de Israel começaram a reclamar junto com eles, dizendo: Quem nos dará carne a comer? Temos saudade dos peixes que comíamos de graça no Egito, os pepinos, melões, verduras, cebolas e alhos!
>
> Agora, perdemos até o apetite, porque não vemos outra coisa além desse maná! O maná era parecido com a semente de coentro e tinha aparência de resina. O povo se espalhava para juntá-lo e o esmagava no moinho ou moía no pilão; depois o cozinhava numa panela e fazia bolos, com gosto de bolo amassado com azeite. À noite, quando caía orvalho sobre o acampamento, caía também o maná.
>
> Moisés ouviu o povo reclamar, cada família na entrada da própria tenda, provocando a ira de Javé. Moisés ficou desgostoso, e disse a Javé: "Por que tratas tão mal o teu servo? Por que gozo tão pouco do teu favor, a ponto de me impores o peso de todo este povo? Por acaso fui eu que concebi ou dei à luz este povo, para que me digas: Tome este povo nos braços, da maneira que a ama carrega a criança no colo, e leve-o para a terra que eu jurei dar a todo o povo?" (Nm 11,1-12)[45].

A história se repete, saímos do Egito, onde éramos submissos a uma autoridade central, para o novo lugar, sem referência de autoridade disciplinar, coesa, segura. É o deserto. Vivemos desamparados, à deriva em busca de novas experiências de subjetividades. Busca-se nas religiões uma maneira privilegiada de garantir a segurança e a identidade de indivíduos soltos e grupos sociais desordenados a encontrar novas formas de pertencimento e de unidade. Esse processo subverteu de ponta-cabeça as relações atuais da dimensão da autori-

---

45. *Bíblia Sagrada*, 2006.

dade. Instalou-se o pânico. Seria então a perda da autoridade vertical, construída pelo poder do *Pater familia*, da Igreja e do Estado, o que provocaria a depressão em voga ou a Síndrome do Pânico como desejam alguns laboratórios psicofármacos?

> O que foi que eles não entenderam? Vejamos:
> Quando o faraó deixou o povo partir, Deus não o guiou pelo caminho da Palestina, que é o mais curto, porque Deus achou que, diante dos ataques, o povo se arrependeria e voltaria para o Egito. Então Deus fez o povo dar uma volta pelo deserto até o Mar Vermelho. Os filhos de Israel saíram do Egito bem armados (Ex 13,17-18).

3) O êxodo – As três saídas

O momento contemporâneo indica uma encruzilhada fundamental para as instituições, sobretudo, da Igreja, objeto de nosso estudo. Hoje em dia os bispos, padres e cristãos não encontram tão fortemente o poder de Deus para apaziguar a Síndrome do Pânico ou de depressão. Como suportar a experiência de desamparo, de desilusão e de desalento? Há pelo menos três direções. A primeira é a reedição da autoridade monástica e hierárquica de Trento ou do Estado. É a volta ao "Egito", do retorno do recalcado, em busca da cebola perdida que iria tamponar o vazio da angústia. Representa disseminar as relações sadomasoquistas, sinalizadas pelo assujeitamento e a servidão, as quais a figura sádica representada pela hierarquia da Igreja ocupava um polo e, de outro lado, os demais presbíteros e cristãos, a figura masoquista, em troca de proteção.

A segunda é a opção de viver profundamente o desamparo ou o desalento, atualmente tão comum entre nós. Isso se revela através da perda de referência à autoridade antiga. O desamparo se faz sentir por que a organização: família, escola, trabalho, Igreja e o Estado deixou de ser uma sólida Instituição para se transformar num agrupamento circunstancial e precário, regido pela lei menos confiável entre os humanos. O mal-estar vem da dívida/culpa que nos cobramos ao comparar a organização que vivemos com a instituição que nos ofereceram as autoridades passadas. As autoridades estão inseguras pelo quadro pós-moderno e escolheram abandonar o barco à deriva. A ausência da autoridade gera abandono. Quantos bispos e padres escolheram ausentar-se dos lugares de autoridade, em vez de assumirem novas relações de poder com os padres e leigos? O que mais se fala entre os membros do clero é o abandono da autoridade episcopal ou dos padres nas foranias, áreas ou paróquias. Até onde teremos de recuar no tempo para encontrar a instituição ideal com a qual comparamos as nossas?

"Meu bispo não para na diocese", dizem os padres.

"Meu pároco quase não fica na paróquia. Ele virou professor", dizem os cristãos.

"Meu pai esteve sempre ausente na minha casa", dizem os filhos.

Essa segunda opção, do vazio da autoridade, acentua e aprofunda cada vez mais o desalento. O desamparo só faz aumentar ainda mais a busca desenfreada de compulsões a pessoas, a objetos de consumo, do tráfico de drogas lícitas – remédios – e ilícitas – cocaína, *crack* –, sexismo compulsivo pela internet, vigorexia[46] nas academias físicas. Deus também pode se transformar numa droga, o que pode acontecer em cultos religiosos maníacos e eufóricos.

Há uma terceira saída para elaborar o desalento através da via da fratria. É o êxodo da fraternidade. Trata-se de uma experiência que busca a elaboração da separação da autoridade centrada, de relações marcadamente hierárquicas e de poder coercitivo. Desconstrói-se a

---

46. "A vigorexia ou Síndrome de Adônis é um transtorno no qual a pessoa realiza práticas esportivas de forma intensa e contínua para ganhar massa muscular e definição corporal, sem se importar com eventuais consequências prejudiciais à saúde ou contraindicações" (SEVERIANO, 2010).

subjetividade do amor preferencial que os padres tanto demandam aos bispos, e, nesse lugar, estabelecem a afetividade entre os colegas e amigos do presbitério. É a ética da amizade vivida pela potência de cada um e de todos; é um novo caminho presbiteral e das comunidades eclesiais. Essa mudança lança os sujeitos à responsabilidade de se haver com a falta de regras rígidas a serem obedecidas, bem como a falta de lideranças fortes para indicar a diferenciação entre o certo e o errado. As instituições contemporâneas, portanto, buscam, ainda meio sem rumo, novas formas de funcionamento, marcadas por relações mais horizontais, de solidariedade e reconhecimento das diferenças.

> Para mim a vida comunitária não é algo simples, é complexo. Porque toca nessa questão de como dar simetria, dar o mínimo de harmonia às diferenças. Diferença de idade; diferença de como foram educados; diferença de grau de estudo e diferença da questão de atuação (depoimento de padre).

Maria Rita Kehl[47], autora do campo da psicanálise, afirma que o caminho atual para superar a ausência do grande líder de outrora é o fortalecimento das fratrias, ou seja, da união entre os amigos, formas de organização que privilegiam os irmãos, os semelhantes, dando-lhes poder para decidir e para inovar sem que haja uma liderança tão bem delimitada. Em Jo 15,12-17 já havia essa recomendação.

> O meu mandamento é este: amem uns aos outros como eu amo vocês. Ninguém tem mais amor pelos seus amigos do que aquele que dá a sua vida por eles. Vocês são meus amigos se fazem o que eu mando. Eu não chamo mais vocês de empregados, pois o empregado não sabe o que o seu patrão faz; mas chamo vocês de amigos, pois tenho dito a vocês tudo o que ouvi do meu Pai. Não foram vocês que me escolheram; pelo contrário, fui eu que os escolhi para que vão e deem fruto e que esse fruto não se perca. Isso a fim

---

47. Kehl, 2003.

de que o Pai lhes dê tudo o que pedirem em meu nome. O que eu mando a vocês é isto: amem uns aos outros.

Sabiamente, Santo Agostinho já preconizava esse princípio: vivenciar a vida fraterna como lugar de autorrealização humano-cristã, de apoio afetivo para viver a fidelidade a Deus e o compromisso com o irmão. Para ele só existe um Mestre e os discípulos devem optar pela convivência fraterna:

> [...] é a disposição para a convivência com os irmãos, numa atitude de acolhida, escuta, simplicidade e humildade para aprender: "Não falo como um mestre, mas como um ministro. Porque não falo a discípulos, mas a condiscípulos, não a servos, mas a irmãos. Há um só mestre cuja escola está na terra e cuja cátedra está no céu" (*Serm.* 292, 1,1).

4) Os conflitos grupais no presbitério

Com o tempo, e afastada desses princípios, a vida presbiteral ou religiosa foi fortemente afetada pelas leis da dinâmica e dos conflitos de grupos. Seria ingênuo querer resolver problemas de convivência apenas com espiritualidade, orações ou apelos a normas morais rígidas, ainda que tais auxílios tenham seu peso e importância. O equívoco é supor que, contando apenas com essa dimensão, podemos ignorar as dificuldades humanas e os aspectos psicossociais do relacionamento.

É premente, então, um cuidado para que a vida presbiteral não abafe as condições humanas, mas, ao contrário, promova a integração entre as vertentes espiritual, afetiva e social do sujeito. Essa é uma das tarefas do processo da pastoral presbiteral: ajudar a viver respeitando diferenças e fazendo-as acrescentar e somar.

Se o tema da vida afetiva dos humanos é de importância capital, não o é menos na vida presbiteral ou religiosa. A afetividade, esse conjunto de estados afetivos, sentimentos, emoções e paixões de um sujeito, ocorrem preferencialmente na vida em comum, particularmente no presbitério. Na verdade, trata-se de aspecto fundamental de vida diocesana ou religiosa.

A vida afetiva presbiteral é de tão alto grau de importância que, quando ocorre uma modificação na estrutura dessa organização, ela repercute sobre todo o indivíduo, sobre sua eficiência intelectual, sua paixão, atitudes, e, principalmente, no Plano de Pastoral da Diocese. Também, por outro lado, a alegria, o prazer do sucesso, de cada um dos componentes, quando libera energias, estimula a inteligência e favorece o expandir amoroso em toda a comunidade religiosa ou diocesana.

> Você sai de uma sociedade que privilegia a individualidade, o interesse pessoal para viver dentro de uma paróquia ou área que tem um ideal espiritual para você conviver. Acima de tudo a convivência não é rela-rela. Você tem que conversar com os colegas padres, as pessoas, tem que sorrir para ela quando você não tem afinidade [...] até porque, você não escolhe as pessoas com quem está convivendo (depoimento de padre).

> Posso avaliar que esse ano a questão presbiteral aqui na diocese está um pouco mais qualitativa, melhorou. Nos outros anos não era assim, você tinha a formação de grupos (subgrupos), eram grupos mais distintos que vinham de outras realidades, de foranias. Tem outro fator que atrapalhava a dimensão comunitária da paróquia e da forania que é a *infantilidade* das pessoas nas relações. Crise de ciúmes, inveja entre os padres e muita competição. Isso distanciava as pessoas das convivências: uns com os outros. Esse ano, vejo um grupo mais maduro que sabe reagir de forma mais distinta com os seus problemas e constrói-se projetos coletivos (depoimento de padre).

No campo afetivo sempre se está sujeito a variações. Não é incomum viver em constantes mutações. As variáveis são tão numerosas e diversas que não se pode controlar todas. Há nos grupos dos presbíteros e religiosos subgrupos, duplinhas, panelas que muitas vezes se fecham e causam conflitos.

O principal conflito é o "narcisismo das pequenas diferenças"[48]. É a necessidade de demarcar posições antagônicas visando a dominação de um pequeno grupo sobre o outro.

> A questão de "duplinhas" na forania que foi falado – fulano e sicrano, são a "duplinha", porque ninguém mais tem contato com eles dois. Eles são contra o grupo, com uma visão muito errônea de pastoral e de visão humana, e não dão testemunho daquilo que falam. Temos esse conflito (depoimento de padre).

Podemos afirmar que a vida em equipe constitui um dos cernes da vida presbiteral diocesana ou religiosa. Entretanto, a convivência entre os irmãos também é palco de vários dos maiores desafios inerentes a essa escolha. Não seria exagero dizer que a maior parte das desistências e dos conflitos durante a vida inicial do ministério presbiteral vem das dificuldades no convívio com o outro. É alto o índice de desistência de padres com até cinco anos de ordenação. Especialmente nos tempos atuais, em que qualquer tentativa de coletividade se torna mais difícil devido à exacerbação do individualismo, ao exagero de um vigiar a vida do outro e do infantilismo. Assim, o convívio gera angústias, medos, regressões, mal-entendidos, isolamentos, desistências.

Na vida em grupos, o primeiro sinal de vida afetiva é demonstrado pelo sentido de pertença ao grupo. Sem tal sentimento, sem tal realidade, nada se pode pretender dos indivíduos participantes

---

48. O narcisismo, quando "quase toda relação sentimental íntima e prolongada entre duas pessoas, matrimonio, amizade, o vínculo entre pais e filhos, contém um sedimento de afetos, de aversão e hostilidade, que apenas devido à repressão não é percebido. Isso é mais transparente nas querelas entre sócios de uma firma, por exemplo, ou nas queixas de um subordinado contra seu superior. O mesmo ocorre quando as pessoas se juntam em unidades maiores. Toda vez que duas famílias se unem por casamento, cada uma delas se acha melhor ou mais nobre que a outra. Havendo duas cidades vizinhas, cada uma se torna a maldosa concorrente da outra; cada pequenino cantão olha com desdém para o outro" (FREUD, 2011, vol. 15).

do grupo. A sensação, o sentimento de estar ligado a um grupo, é o primeiro sinal afetivo de vida nesse grupo. Nesse sentido vale ressaltar a importância do cuidado com as pessoas que estão se inserindo pela primeira vez numa determinada organização forânica e pastoral.

> No total a forania é muito unida, mas tem duas ou três pessoas que, às vezes, acabam ocupando essa posição de "melhor", essa posição de inquisidor, acabam por não permitir que o grupo haja assim com eles. Acabam sendo isolados (depoimento de padre).

> Uma das minhas preocupações é o quanto que a formação infantiliza as pessoas. Têm muitas pessoas que estão na diocese, passam pela etapa formativa, mas não amadurecem. Passam de fase na formação e continuam com o mesmo pensamento infantil. Isso nas primeiras etapas, tudo bem, você está fazendo um discernimento vocacional, não estamos dizendo que você precisa continuar na vida ministerial, mas depois, que você ordena e ainda continua imaturo [...] (depoimento de padre).

> São infantis nas suas colocações, nas suas conversas. Não aceitam críticas, não escutam os colegas, são extremamente autocentrados. Jamais trabalham em equipe. Você pode aceitar uma pessoa infantil nas fases iniciais, mas não é tolerável depois de padre. Tem um grande investimento, seja intelectual, humano para você continuar sendo um Peter Pan da vida. Não dá não, e eu observo isso em muitos padres. Essa infantilização é produzida no processo de formação, nos seminários (depoimento de padre).

> Dentro da nossa comunidade a coisa que mais chama atenção é a infantilidade do grupo, questões de ciúmes, porque se eu tenho uma proximidade maior com determinado padre ou com determinada pessoa, gera, de certa forma, ciúmes, eu não sei definir se é isso! A outra questão é a própria questão de você, por exemplo, quando se destaca em uma atividade pastoral na forania, também gera um

> determinado ciúme de todas as partes. Nós temos grandes talentos entre nós que participam e realizam grandes atividades nas pastorais, muitas vezes nós não os prestigiamos [...] (depoimento de padre).

5) Transferência amorosa entre bispos e padres

Uma matéria importante é a relação entre os padres e os bispos. Aqui ocorre com frequência, por parte do padre, uma transferência amorosa ou de ódio com a figura do bispo ou de uma figura de autoridade na diocese. Observam-se demandas de amor ou paixões possessivas, tanto da parte dos padres como, às vezes, da parte da figura do bispo. Isso ocasiona ciúmes, competições, agressividades entre os membros do presbitério.

> Mas tem uma coisa que fere muito na diocese, é a questão da preferência de algumas pessoas no presbitério, segregando com isso os outros. Pessoas que, quando se dirigem ao bispo, tomam atitudes diferentes diante do mesmo pedido ou da mesma solicitação (depoimento de padre).

Os agentes hierárquicos da instituição Igreja, os bispos, representam a lei e exercem a função de apaziguamento, segurança e referência entre os participantes da organização. Eles têm a função de incentivar os membros a participarem com dedicação da causa religiosa, confiando-lhes responsabilidades e representando o elo de união entre os integrantes. Com frequência, a figura do bispo acolhe amorosamente, admoesta, aconselha, faz lembrar os acordos e normas e até pune, quando necessário, os participantes da instituição, visando ao compromisso de aliança com a autoridade bispo-pai, Igreja-mãe e membros-irmãos. São funções instituídas e adequadas à sustentação da instituição e de seus membros.

Assim, envolvida com seu misterioso poder, a figura do bispo pode fascinar filiados da irmandade, criando a ilusão de que todos são radicalmente iguais, irmãos ou irmãs, unidos e fortes. Entretanto, sob o peso da rotina que se segue, empolgados e seduzidos pelo ideal, sentem que há uma realidade contrária ao discurso e, gradativamente, veem-no começar a ruir e desaparecer. O tombo é proporcional à altura. A agressividade, a mágoa e a decepção são proporcionais ao tamanho da crença na ilusão. Trata-se de um vínculo construído apenas sob forças imaginárias. Tais construções carecem de outra moldura, simbólica, regrada pelo diálogo e pelo princípio da realidade.

A Igreja como mãe, embora ofereça apoio afetivo e efetivo a seus membros, também é extremamente rígida e controladora. Muitas vezes, sua representação psíquica assemelha-se a uma figura fálica, possessiva e ciumenta de seus filhos. É extremamente estimuladora da uniformidade e intolerante com a diferença: premia os iguais e castiga os diferentes. Aqueles que aceitam a sedução de não pensar e não criticar são tomados pelo elitismo e pelo carreirismo em nome da passividade do voto de obediência e pobreza. Nessa perspectiva, entre os irmãos e irmãs abrem-se novos canais concorrentes, à espera da aprovação especial do bispo-pai. Como consequência, no subsolo institucional, surgem fortes tendências ocultas de ansiedade e inquietação ora ignoradas, ora silenciadas pelo recalcamento. São invejas e raivas latentes por parte daqueles que foram preteridos pela figura deísta da autoridade. Para esse grupo descrente e frustrado, frequentemente, o alívio é buscado através de comportamentos destrutivos como cinismo[49], boicotes aos planos de pastoral, apatia, desinteresse, dependência, alcoolismo, sintomas físicos e processos de fuga ou exclusão. Para outro grupo, o conflito não resolvido abre uma crise subjetiva, provocando dúvidas quanto sua identidade, a

---

49. O cinismo no meio do clero pode significar, primeiramente, um ato de protesto. Mas, infelizmente, é mais um tipo de revolta, sem preocupação com mudança. É uma conduta sarcástica, agressiva, uma resistência a qualquer projeto de transformação do presbitério. A prática mais visível do cinismo é o boicote, a maledicência e a rede de boataria como dispositivos de resistência do novo e de mudança presbiteral.

consciência de si mesmo, a alteridade e a liberdade. O reconhecimento e a aceitação do conflito inconsciente do estado de fusão com seu superior proporciona a dor da separação com a figura parental. Quem suporta essa dor liberta-se e cresce. Quem adia essa dor da separação permanece eternamente criança, infantil e dependente.

O desejo de ser como seu pai – ser igual ao bispo[50] – ou a lealdade cega e alienante frente à mãe – Igreja – são substituídas pelo alívio da descoberta de si mesmo e das infinitas possibilidades de novos planos presbiterais ou religiosos. Nessa angústia da busca da alteridade a fé é testada, a coragem é conclamada e a maturidade é convocada a seguir a caminhada da vida. Como dizia o religioso Donald Cozzens: "o sacerdote precisa resolver seu conflito edipiano presbiteral encontrando a coragem de ser homem de si mesmo ao mesmo tempo em que permanece um homem da Igreja"[51]. Cozzens afirma ainda acreditar nos religiosos quando "são filhos adultos da mãe-Igreja, que podem se defender por si próprios, que estão livres da dependência e da insegurança adolescentes".

Em minhas pesquisas com formadores, reitores, seminaristas religiosos e seculares, solicitei-lhes que expressassem sua opinião sobre os pais: "Com qual dos progenitores você se relaciona ou relacionava melhor? Por quê?" Mais de 60% dos entrevistados responderam a mãe; 32% responderam os dois, 5% não responderam e apenas 3% responderam o pai. As justificativas das preferências maternas recaíam em profundos vínculos afetivos. As figuras femininas, nesses casos, foram qualificadas como mais fortes do que as masculinas. Como contraponto, essas pessoas apontaram o pai como figura desconhecida, distante, fria, e mais de 25% responderam serem filhos de pais alcoólatras.

---

50. Há padres obcecados com a função episcopal. O desejo é tão forte que muitos, delirantemente, viajam a Roma e adquirem o enxoval completo de bispo, como: mitra, báculo e paramentos aguardando alucinadamente a sua nomeação.

51. Cozzens, 2001: 85.

Cruzando esses dados com a motivação vocacional e as atividades pastorais desenvolvidas atualmente, constatamos que a vocação presbiteral, para um número expressivo dos entrevistados, recebe marcante influência da figura materna, apontada como importante sustentação do desejo religioso.

Padre Edênio Valle[52] sinaliza que, *a priori*, a influência da mãe, sobretudo em nossa cultura brasileira, não seria anormal. Na distribuição de papéis culturais a tarefa religiosa é depositada com mais frequência na figura feminina do que na masculina. Embora muitas, se não a maioria, dessas relações sacerdote-mãe reflitam o melhor da piedade filial e do amor saudável, uma parte significativa dá sinais de ser fusional e simbiótica.

Quando isso acontece, o seminarista, o padre ou o religioso permanecem sob o desejo controlador de sua mãe[53] que, não patrocinando a independência saudável do filho, acaba mantendo-se excessivamente dependente do mesmo e preenchendo suas frustrações com superproteção, fantasias fálicas edipianas revividas e mantidas nas relações interpessoais na instituição Igreja.

As escolhas pastorais contemporâneas mais apontadas em nossa pesquisa foram as celebrações litúrgicas, justificadas pela beleza, o brilho das cores, os movimentos, a coreografia, a música

---

52. Valle, 2003.

53. Morano cita em seu livro *Crer depois de Freud* um trabalho de pesquisa realizado por A. Vanesse e Neff, T.H. *Seminarians and Women Religious* (VERGOTE & TAMAYO, 1981: 136-142). O estudo foi realizado numa população de 110 seminaristas e 60 religiosas, comparados com outros grupos similares de leigos não casados. O primeiro desses autores realizou sua tese de doutorado em 1977 na Universidade Católica de Lovaina, com uma investigação a partir do teste de Szondi e outras escalas. Os resultados confirmam essa ênfase no materno em pessoas com vocação religiosa. O título da tese foi *Relations entre langage religieux et structures pulsionelles*. Anteriormente, havia sido publicado um estudo na Suíça, principalmente a partir do teste de Rorschach, que apontava na mesma direção: a influência da imagem materna revela-se especialmente determinante no momento da manifestação de uma vocação sacerdotal (cf. REY, G. *La imagen materna del sacerdote* – Una aportación a la psicología de la vocación sacerdotal. Madri: [s.e.], 1974).

que envolve a estética do corpo, e outros aspectos similares. Assim expressou-se um religioso formador em entrevista concedida para o presente estudo:

> Aí aparecem os casos em que a homossexualidade é um traço evidente, assumido, visível, óbvio. Ou é alguma coisa que é mais ou menos reprimida, que dá os filhotes, que a repressão costuma esconder, mas que a gente percebe nitidamente que existe. Esses candidatos têm um perfil muito específico, no meu modo de pensar. Em primeiro lugar, a gente tem que lidar com as identificações com o feminino. Então eles vêm para a vida religiosa com uma fantasia inconsciente de serem "freiras", não de serem religiosos. Eles têm uma afinidade muito grande com coisa de freira, de monja. E o símbolo de tudo isso é uma devoção, uma coisa muito especial, com Santa Teresinha. Eu costumo brincar, quando eu converso a respeito de avaliação, que quando chega um candidato conversando muito a respeito de Santa Teresinha, falando muito de Carmelita, eu já descarto. Porque já é um sintoma de uma homossexualidade óbvia e complicada. Coitada da Santa Teresinha, não tem nada com isso. Um dia me perguntaram: "O que você tem contra Santa Teresinha?" Eu falei: contra Santa Teresinha eu não tenho nada, mas eu tenho muita coisa contra o que fazem com ela. O uso indevido que fazem da pobre coitada. Em relação a ela não, acho ótimo, tudo bem, não tem problema nenhum. Agora, os candidatos que chegam brincando de ser Santa Teresinha, na vida religiosa eles não ficam. Não tem lugar para essa coisa da delicadeza, sabe, essa coisa de ficar só costurando, mexendo com pano, mexendo com coisa de sacristia. Com muita preocupação de como é que vai ser o hábito, se põe uma prega daqui, se o tamanho do escapulário [...] Isso para nós não tem a menor importância, o que interessa é a gente trabalhar para ter o dinheiro para comer e ter tempo para rezar. Essa é a minha visão de vida religiosa (depoimento de formador).

Para uma parcela de entrevistados, a vida presbiteral pode, às vezes, ser vista como um atraente lugar imaginário do feminino e do sagrado, do estado de fusão e simbiose que proporcionam uma espécie de entusiasmo, de gozo, sustentado por rituais midiáticos charmosos irresistíveis.

Na tradição do candomblé há, também, uma estreita ilação entre o místico, o erótico e o feminino, em que os próprios deuses manifestam-se através do corpo humano. O corpo participa, substancialmente, dos rituais, sendo enfeitado, pintado, vestido e desvestido em seu importante papel de ponte com os deuses. Segundo Trevisan,

> na tradição nagô dos candomblés, somente as mulheres estão aptas a tratar com as divindades. O serviço cultual dos homens passa a ser visto como blasfemo, ao mesmo tempo em que a função sacerdotal é tida como desvirilizante e emasculadora. No entanto, com uma cisão relativamente recente que deu origem, dentro do candomblé, ao culto dos caboclos, o rigor ritual afrouxou e os homens foram sendo mais comumente admitidos ao sacerdócio, podendo sofrer, tanto quanto as mulheres, transes frenéticos durante as cerimônias, sem que isso prejudicasse o culto. Mas esse relaxamento da tradição não permitiu abrir mão do princípio fundamental do candomblé: só a feminilidade pode servir aos deuses – de modo que os homossexuais socialmente caracterizados como tais acabam sendo fartamente admitidos (inclusive místicas), considerados "femininas". Esses homens, por sua vez, aspiram a continuar fiéis à tradição, no centro da qual está a grande mãe, da qual eles se consideram reflexo[54].

A questão primordial não é a orientação hétero ou homossexual, mas analisar a produção da demanda construída pela instituição Igreja. Com frequência, o complexo materno é produzido e mantido por bispos, presbíteros e superiores religiosos. Não teriam eles um ganho secundário em prover os candidatos com traços extremamente inocentes e puros, para controlá-los e dominá-los? Apesar do perigo potencial que isso acarreta, a médio e longo prazos, tal opção é feita inconsciente e ilusoriamente pela mãe-Igreja, pelo pai-bispo ou

---

54. Trevisan, 2000: 481.

pelo superior, favorecendo e produzindo dispositivos de dependência entre os presbíteros, religiosos e leigos. É claro que o preço pago posteriormente é infinitamente maior. Pesquisas posteriores à nossa, confirmaram a constância do fenômeno da proteção e dependência na vida da Igreja, como expressa Sílvia Fernandes[55]:

> [...] a exclusão social, ainda que um fator subliminar, é outro "motor" importante aqui: "ser padre é também uma forma de sentir-se integrado socialmente numa sociedade que exclui", o que seria comprovado pelo fato de a grande maioria provir de cidades do interior, ser de famílias de agricultores e ter nenhuma ou pouca (e ruim) experiência no mercado de trabalho das grandes cidades.

É claro que não estamos grifando somente as condições meramente objetivas ou materiais, mas o que elas arrastam de contrabando na produção de subjetividades dependentes e alienadas dos sujeitos religiosos. Nossas pesquisas[56] têm constatado que novas opções pastorais estão mais direcionadas à liturgia, aos sacramentos e a mídia, do que às pastorais sociais, éticas e de evangelização.

Por outro lado, contemporaneamente, há sinalizações claras de bispos, presbíteros e formandos que apresentam características mais "adultas" nas relações afetivas interpessoais, na pedagogia, no estilo de vida dos seminários e presbitérios, e que passaram a incentivar e sustentar a autonomia, a maturidade, a independência e a responsabilidade. Um fator que, possivelmente, estaria colaborando no sentido de fortalecer esse clima subjetivo é o diálogo entre formação presbiteral e ciências psicopedagógicas e socioantropológicas.

No campo da estrutura institucional, os dados da pesquisa indicam pequenas casas inseridas junto à população carente; trabalhos comunitários internos e externos; cursos e educação permanente com diversos enfoques, experiências de autossustentação

---

55. Medeiros e Fernandes, 2005.

56. Pesquisas realizadas pelo autor e sua equipe na última década.

e financiamento de despesas coletivas e, sobretudo, uma espiritualidade voltada para a refundação da vida da Igreja. Várias organizações espontâneas ou institucionalizadas de padres seculares, religiosos e formandos foram criadas, nas últimas décadas, visando à troca de experiências, estudos e debates a respeito da formação religiosa.

6) O Evangelho e a psicanálise

Para exemplificarmos o diálogo entre a formação religiosa e as ciências humanas e sociais, registro aqui um episódio. É raro encontrarmos psicanalistas que, em público, digam-se cristãos e sejam capazes de fazer uma leitura hermenêutica dos textos bíblicos à luz da psicanálise. É, também, raro encontrarmos presbíteros que, em público, declarem a importância da psicanálise na formação religiosa. Há muitos anos, descobrimos através de livro[57] a psicanalista Françoise Dolto realizando essa tarefa e, recentemente, deparamo-nos com o Padre Donald Cozzens[58] nesse percurso. Distantes um do outro, ambos dialogaram virtualmente sobre os evangelhos e a psicanálise. O que eles leram nos evangelhos, do ponto de vista da psicanálise, parece ser a confirmação da dinâmica viva do psiquismo humano e da força inconsciente, aí onde o desejo nasce, de onde parte em busca daquilo que lhe falta. Para eles, os evangelhos são questionamentos da vida cotidiana.

Diz Cozzens: "como nós em tudo, com exceção do pecado, a psique inteiramente humana de Jesus de Nazaré esteve sujeita ao modelo de conflito edipiano"[59]. Cristo espelhou muito bem as tensões entre o desejo de viver seu projeto de Redenção e a angústia de separação dos seus pais. A própria mãe lhe disse: "meu filho, por que agiste assim conosco? Vê, teu pai e eu, nós te procuramos cheios de

---

57. Dolto, 1979.

58. Cozzens, 2001.

59. Ibid.: 88.

angústia" (Lc 2,48-49). Como se percebe, a vida dos pais e da criança encontrava-se bastante imbricada. Entretanto, o próprio menino castra sua mãe e seu pai: "não sabiam que eu devo estar na casa do meu Pai?" (Lc 2,50). Cristo assume que não é mais criança, e eclode, assim, o homem, revelando seu projeto de desejo. Sentindo-se imantado por um ideal, deixa de lado as matrizes sedutoras da proteção e da dependência e caminha para a vida autônoma, livre e responsável. Nessa perspectiva, diz Cozzens, Jesus era um homem de si mesmo como ninguém jamais foi. Nada poderia dissuadi-lo de seguir seu destino, agrilhoar sua liberdade como Filho amado de Deus.

Em sua conduta, afirma Frei Bernardino Leers:

> Jesus rompe com muitos costumes e normas do "ethos" familiar judaico. Ele mesmo não se casa; desliga-se da casa paterna e da autoridade de seus pais; trata sua mãe à distância; chama os que ouvem a Palavra de Deus e a praticam, sua mãe e seus irmãos; não aceita que um candidato-discípulo queria cumprir seu dever de filho, enterrando seu pai; defende que também o homem casado cometerá adultério se tiver relações com outra mulher, porque é propriedade de sua esposa, opõe-se ao estatuto deuteronômico do divórcio, invocando as origens da criação contra a concessão de Moisés; quer que seus discípulos odeiem seu pai, sua mãe, sua mulher, seus irmãos e deem seus bens aos pobres e não aos parentes; subverte a hierarquia familiar, pondo as crianças como exemplos, pois na nova família de Jesus não há poderosos patriarcas que mudem e dominem, mas escravos humildes que servem, atendem às necessidades dos outros e lavem-lhes os pés[60].

Estamos vivendo um tempo de esperança na formação presbiteral, exatamente porque esse setor vive mergulhado numa crise sem precedentes. A natureza e as implicações de uma crise são, dialeticamente, emergentes de um novo tempo. Esperamos que essas mudanças, evidenciadas através de atitudes, estudos, reflexões e análise da instituição Igreja possam favorecer o trabalho coletivo entre autoridade

---

60. Leers, 2002.

e liderados, visando diminuir os atravessamentos institucionais que produzem fixações, projeções, introjeções infantis. Todo presbítero deve ser um sujeito de si mesmo e da Igreja.

7) Relacionar não é relar

Em 1921 Freud escreveu o texto "Psicologia de grupo e análise do eu" para explicar como são conflitivas as relações entre as pessoas. Entre duas ou mais pessoas existem, via de regra, sentimentos ambivalentes de aproximação e aversão.

Para ilustrar essa dualidade Freud utilizou o famoso conto schopenhaueriano dos porcos-espinhos:

> Um grupo de porcos-espinhos ajuntou-se apertadamente em certo dia frio de inverno, de maneira a aproveitarem o calor uns dos outros e assim se salvarem da morte por congelamento. Logo, porém, sentiram os espinhos uns dos outros, coisa que os levou a se separarem novamente. E depois, quando a necessidade de aquecimento os aproximou mais uma vez, o segundo mal surgiu novamente. Desta maneira foram impulsionados, para trás e para frente, de um problema para o outro, até descobrirem uma distância intermediária, na qual podiam mais toleravelmente coexistir[61].

A relação humana é uma arte, em que aprendemos a viver junto com os outros. Toda relação humana é fonte de problemas, conflitos e realização. Buscamos o outro por que temos solidão – "o frio de inverno dá angústia". Porém, a busca demasiada por aproximação pode provocar sufocamento – um espetar do outro pelo excesso de apego.

Moral da história: relar não é relacionar, é tocar de leve, é passar encostado. Relar dói, importuna e machuca. Relacionar-se com certa distância, por sua vez, aquece. Existem, portanto, duas posições em um relacionamento: a dimensão da solidão e o isolamento.

---

61. Freud, 2011, vol. 15: 112.

Temos que viver juntos para manter aquecidos os nossos relacionamentos afetivos. Como podemos experimentar a dimensão da solidão sem vivermos "sós"? Viver próximo, em comunidade, significa ser ferido ou ferir o outro? Como nos aquecer mutuamente com ternura e afeto?

8) A solidão e o isolamento

A solidão constitui-se uma experiência essencial para o relacionamento humano. Ela é a experiência do vazio que potencializa e proporciona o encontro e a comunicação com o outro. Não é idêntica à vivência de isolamento, uma vez que o viver "só" é uma tentativa de negar uma superdependência, forma reativa/defesa de precisar demasiadamente do outro, maneira de não suportar o apego. Trata-se, portanto, de tentativa gritante de solicitar do outro amparo e proteção. O sujeito "só" vive amargando ódio e abandono. Seu fechamento pode levá-lo à loucura ou à autodestruição. Portanto, "não é bom que o homem viva só" (Gn 2,18).

Na vida presbiteral e religiosa, um número significativo de pessoas escolhe esse caminho de completo estado de desamparo. São as personalidades que demandam excessivamente afeto e proteção através de sintomas físicos, apego exagerado a objetos e pessoas, cargos e vícios. Figuras depressivas à espera de proteção ou figuras obsessivas fixadas em cargos, prestígios e normas rígidas, alérgicas a emoções afetivas e gratificantes.

Ao contrário, a experiência de solidão remete à individuação e a uma ruptura com o estado de fusão com o outro. Somos seres separados e não colados. A experiência de solidão é a capacidade de amar com independência e autonomia, elaborando a dor do hiato entre o eu e o outro. Sustentar a solidão é ter consciência de si mesmo e buscar no outro uma realidade diferente. O outro como companheiro e como aquele que aponta para a diferença, não como avalista de meu desejo ou como aquele que sempre concorda com os meus anseios.

9) O comunitário e a individuação

No mundo contemporâneo, a vida presbiteral ou comunitária vem perdendo força para a realização pessoal. Muitos temem que a formação profissional passe a ter mais importância para os padres ou religiosos(as) que trabalham com a educação, a comunicação e outras profissões do que as atividades pastorais paroquiais ou sociais — tônica da vida diocesana ou religiosa e, consequentemente, estes dariam maior importância às dimensões pessoais e aos processos de individuação[62].

Para que essa discussão fique mais clara é importante distinguir individualismo, tão típico nos dias atuais, e individuação ou empoderamento (*empowerment*) – capacidade de desenvolver autonomia, poder, criatividade e responsabilidade. Esse último termo fala do processo através do qual cada pessoa se torna singular, especial, com suas particularidades e potencialidades. Como conciliar a vida presbiteral ou religiosa comunitária com o processo de individuação, principalmente na realização profissional e na busca de autonomia financeira, diferente de formas caritativas e dependentes? Como incentivar os valores da partilha e do desenvolvimento pessoal? Como

---

[62]. É comum presenciarmos nos diretórios diocesanos ou religiosos dois modelos e tempos diferentes de vida presbiteral ou comunitária: O primeiro, antes do Concílio Vaticano II: as comunidades vinham sendo governadas por regras estritas e minuciosas, resultando em todo mundo normas e práticas idênticas, e mesmos programas e costumes. Isto fazia com que se encontrassem por toda a parte, em todas as dioceses ou os institutos, as mesmas formas de oração, de atos comuns etc. Os princípios de centralização e uniformidade exigiam em todas as partes a mesma observância. Era suficiente observar o que estava prescrito para que se atingissem os fins próprios da diocese ou congregação. Normas e costumes estavam de tal modo detalhados que restava pouco espaço para as decisões pessoais e comunitárias. Com "a renovação do Concílio Vaticano II" mexeu profundamente com a vida presbiteral ou comunitária. Introduziu dois princípios fundamentais. Primeiro: dar prioridade a um estilo de comunidade fraterna caracterizada pela comunhão e participação. Privilegiou antes a pessoa que a norma. A vida comunitária devia proporcionar o espaço necessário para o desenvolvimento humano e espiritual de cada membro. Segundo: cada diocese ou comunidade devia organizar-se de tal forma que correspondesse às necessidades do momento e do lugar.

cuidar para que a vida diocesana ou religiosa não abafe a profissionalização que integra as vertentes espirituais, pessoais e políticas?

Contrariamente, o diocesano ou religioso autônomo se enriquece através de relações transparentes, com tenacidade, espírito de determinação, trabalho e realizações assumidas com responsabilidade e reflexão. Ele não conjuga o verbo "pedir", mas "conquistar", "adquirir espaço". Evita qualquer tipo de dependência com relação às pessoas ou à instituição, seja ela de ordem econômica[63], intelectual ou cultural. Tenta construir a experiência com as próprias mãos. Sabe de seu espaço e de seus direitos, como também respeita o espaço das pessoas e da instituição.

É gratificante para os presbíteros e religiosos descobrirem juntos caminhos, soluções, acertos. E, mesmo na aprendizagem da convivência com o fracasso, criam-se novas estratégias e melhores propostas.

Qualquer conjunto de pessoas que se propõe a viver como grupo e chegar ao sonho de ser uma comunidade, passa por atropelos. Se pensarmos que esse grupo está inserido na realidade contemporânea, que estimula o que é contrário ao "nós", colocando o "eu" como centro, tudo fica mais difícil. O coletivo é visto, hoje, como ameaça à liberdade individual, o que promove a corrosão da cidadania e dos elos que entrelaçavam sujeitos em projetos comuns. Hoje, impera o convite ao gozo isolado, imediato, forjando uma liberdade que é dependente do consumo, do mercado.

---

63. Assim, José Lisboa de Oliveira analisa a questão econômica na vida religiosa: "o modo mais concreto para educar os consagrados e consagradas a uma verdadeira responsabilidade diante da pobreza é superando o paternalismo e maternalismo. Muitos superiores e superioras habituam os membros de suas comunidades a receber tudo deles. Não lhes deixando nenhuma margem de liberdade no campo econômico, fazem que os consagrados e consagradas percam a noção da realidade. Não vivendo em contato com o mundo real dos pobres, não tendo a menor ideia do que acontece 'lá fora' são tentados a exigir e pretender o 'impossível'. Por isso, o melhor caminho é envolvê-los diretamente nos problemas da própria comunidade e do povo. Desse modo poderão sentir na própria carne o peso do sofrimento dos verdadeiros pobres" (OLIVEIRA, 2001: 110).

Essa crise necessita ser explicitada, visando inventar uma nova maneira de lidar com a importância do subjetivo sem desconhecer a experiência presbiteral comunitária. Se essas tensões não forem revistas, corre-se o risco do agravamento da solidão, da ausência de vida em comum e da perda do entusiasmo religioso. Corre-se, enfim, o risco de corrosão das energias espirituais que a vida fraterna pretende alimentar e sustentar.

Como é possível articular, no mesmo impasse ético, uma busca de realização pessoal, profissional e da vida diocesana comunitária? Há, pelo menos duas saídas anunciadas no horizonte da invenção. A primeira busca a recuperação da dimensão da amizade, quer dizer do afeto por excelência, em seu verdadeiro sentido de desprendimento, como elemento básico da vida social. Os padres têm dificuldade com a afetividade e a sexualidade. Trazer de volta à cena a amizade como atitude pública, e não como espaço da intimidade privada, da amizade particular/possessiva, do controle moral, do sadismo e do masoquismo. Um presbitério ou uma comunidade fundada na valorização da amizade e da fratria traz para a cena pública todas as bases da ternura, do companheirismo, da solidariedade e da justiça. Esse caminho leva inevitavelmente à mística. A mística é a experiência de ternura com Deus.

O segundo caminho possível é ainda mais antigo: a política. Não há saída para os impasses da missão, do profissionalismo, da ética e da profecia fora da política. A dificuldade é que parece que tiramos férias da cidadania-política com a vitória dos partidos de esquerda. Os políticos profissionais tomaram conta do *locus* da política. Há falta de políticos de vocação. Num momento em que mais se toca na morte da utopia, é importante resgatar a dimensão política na diocese e na vida religiosa. O campo da política é o território do profeta. A amizade e a política vinculam-se com a mística e a profecia.

3.5 Dimensão humano-afetiva

1) Introdução

A afetividade na vida da Igreja, muitas vezes, torna-se um assunto velado. Não são abertos os espaços de discussão para questões afetivas, o que nos faz pensar que esse é um tema, *a priori*, de difícil verbalização entre os religiosos, presbíteros e bispos.

No entanto, com o desenvolvimento da consciência das relações humano-afetivas no momento contemporâneo da sociedade, torna-se evidente que as vivências afetivas dos presbíteros e religiosos são o alicerce para a construção de um ser humano consciente de sua função social e emocionalmente estável para lidar com problemas recorrentes e característicos do ministério presbiteral.

As instituições sociais, particularmente a Igreja, têm dificuldade de lidar com a afetividade/sexualidade. No fundo, a dificuldade das instituições sociais com a afetividade/sexualidade é o problema com o prazer[64]. Prazer como inimigo de Deus, como algo perigoso que se deve controlar. Várias pessoas institucionalizadas veem como impossível a conexão entre carinho, ternura, companheirismo, amizade, amor e afetividade/sexualidade. Assim, o modo mais seguro de controlar os afetos que a Igreja encontrou foi associá-lo indissoluvelmente à procriação – fator biológico estritamente genital –, por isso todo prazer fora das relações do matrimônio é desclassificado. Espalha-se o pânico toda vez que se experimenta uma fecunda vida afetiva entre as pessoas. Sabe-se também como determinados fatores de caráter político e ideológico atravessam a afetividade humana. Por exemplo, na medida em que cresce o autoritarismo na Igreja ou em qualquer instituição social, cresce também a condenação da afetividade/sexualidade. Não há nenhuma tirania que não comporte repressão da afetividade/sexualidade. Dominar este terreno é dominar fundamentalmente o ser humano. Toda repressão afetiva/

---

[64]. Morano, 2007.

sexual acompanha o autoritarismo. É assim na Igreja, na família, na escola, na indústria, no meio sindical e na vida político-partidária.

2) Vínculo amoroso

A necessidade de manutenção de vínculos de amizade na vida presbiteral e religiosa tem sido destacada por alguns autores. Cozzens (2001), Morano (2003), por exemplo, consideram que o presbítero se encontra em perigo se não possui amigos próximos e íntimos, além de considerar que essa capacidade de amar na manutenção de amizades próximas e sinceras entre homens, mulheres, presbíteros e leigos é uma das características de um presbítero celibatário saudável.

Os padres e religiosos, em nosso estudo, afirmam que a questão da relação afetiva entre o grupo presbiteral é problemática. É uma área que merece sérios investimentos na formação permanente. Entretanto, vários afirmaram que possuem amigos; isso evidencia que os padres percebem-se como pessoas que valorizam e possuem amizades. Saber relacionar-se, conviver com os outros, é requisito básico para que se possa ser considerado verdadeiramente humano.

Um padre transferido de outra diocese assim se expressou, de maneira positiva, sobre a atual organização eclesial.

> Confesso que fiquei impressionado porque eu vim de outra região e muitas vezes esses assuntos não são discutidos. São assuntos que não são colocados tão claro como aqui. Aqui os padres discutem e trabalham, até mesmo o tema da homossexualidade. Por conta dessa abertura, de querer trabalhar o assunto, isto acaba ajudando a quem precisar poder pedir um atendimento psicológico, ou outra coisa (depoimento de padre).

O entrevistado lembrou que, por estarem sempre vinculados às pessoas, os presbíteros mostram-se mais preparados para lidarem com seus afetos, com os estudos, com momentos de lazer e com os trabalhos pastorais na paróquia e na diocese. Os participantes dessa Igreja particular buscam uns aos outros para discutirem assuntos referentes à vida, ressaltam a importância de abordarem temas cotidianos e, assim, terem a possibilidade de "baterem papo" sempre que necessário sobre as próprias angústias. Os colegas, cada vez mais, tornam-se fonte de alento e compreensão. Na maioria das vezes, são apontados como amigos, verdadeiro apoio para momentos de crise e de ansiedade. A família é também lembrada como um dispositivo afetivo de extrema importância nos momentos em que os padres julgam-se atingidos pelo sentimento de angústia produzido pela solidão.

Outra forma apontada como sendo uma possibilidade de lidar melhor com a solidão e a angústia foi a convivência com paroquianos. Padres e religiosos procuram cercar-se de jovens, crianças, casais e idosos como forma de se envolverem em uma realidade diferente da sua e, com isso, não se sentirem tão sós. Cresce cada vez mais, no grupo dos padres, a consciência de aprimoramento afetivo e teológico visando ao desenvolvimento de uma pastoral encarnada.

> Eu não me sinto em nenhum momento sozinho; aliás, eu não me sinto em nenhum momento solitário. Sozinho é necessário estar, eu percebo isso, é uma escolha que eu fiz e a gente tem que lidar com isso. Então, até hoje, nesses três meses de ministério, e até mesmo na vivência do seminário, eu nunca me senti solitário porque eu sempre tive amigos (depoimento de padre).

> Bem, não poderia dizer que eu tenho esse sentimento de solidão, primeiramente por causa da formação que tive; a gente vivia entre 40 e 50 pessoas; também tenho os meus familiares, sempre recorro a eles. Uma ou duas vezes por semana eu estou em casa (depoimento de padre).

> Eu não esqueço o que o arcebispo dizia para nós: "se você está mal vai pra casa e deita no colo da mãe porque o colo da mãe cura, você não precisa fazer nada, nem dizer nada de problema. Só de estar em casa, com os irmãos, com os pais e ter o carinho" [...] (depoimento de padre).

> [...] a questão da angústia, do desejo, da solidão, eu consigo também trabalhar. Volto a dizer que eu não sou totalmente resolvido, porque de vez em quando baixa uma solidão, embora não saiba se eu posso chamar isso de solidão (depoimento de padre).

> Converso, sempre que tenho dificuldades eu converso. Eu converso com algum padre das dificuldades, num momento, vamos dizer assim, de abertura, de desabafo, de alguma coisa nesse sentido (depoimento de padre).

> [...] na relação com outras pessoas, colegas, do presbitério, os padres, a gente tem uma boa aproximação, a gente se ajuda, claro que não é com todo o clero porque isso é impossível, mas acaba-se elegendo alguns e tendo um bom relacionamento, partilha, fala das dificuldades [...] Eu acabo partilhando com pessoas que têm mais experiência do que eu. Padres mais velhos, padres que têm uma ideia diferente, que já viveram o que vivi e tô vivendo, então eu não vejo dificuldade não (depoimento de padre).

No entanto, ao se relacionarem com as pessoas da comunidade, os presbíteros, algumas vezes, sentiram-se censurados, vigiados e alguns relataram que foram mal interpretados em suas ações. Alguns deles chegaram a abrir mão de carinhos e abraços, visando ao bem-estar da convivência entre os paroquianos. Outros preferiram sustentar a manifestação afetiva.

> Então eu beijava as pessoas [...] Se eu beijasse os meninos, diziam o padre é homossexual, ou se beijasse as meninas, diziam o padre é tarado. Isso foi criando um mal-estar na paróquia, que fez com que me fechasse, então parei de fazer isso, só que eu adoeci. Porque não é o meu jeito, eu sou carinhoso, eu sou de brincar, de chamar de apelidos, essas coisas que eu acho que são mais afetivas. Eu parei e aquilo começou a fazer mal (depoimento de padre).

> [...] não fico retraído, porque é próprio da nossa cultura abraçar, cumprimentar com beijo, e eu não me importo com isso, não tenho problema nenhum mesmo (depoimento de padre).

O excesso de atividades na paróquia tem sido uma fuga para evitar a angústia, assim, por meio do trabalho, os presbíteros dizem manter a mente ocupada de forma a se afastarem da armadilha da solidão. Já outros têm encontrado o tempo livre e o lazer como forma sadia para elaborar esses momentos de angústia.

> Às vezes os trabalhos pastorais ajudam muito nisso [...] a gente tem que saber trabalhar a angústia (depoimento de padre).

> É aquele momento de cansaço de toda atividade da semana (depoimento de padre).

> [...] a gente fica muito cansado, de fato as atividades pastorais são muito desgastantes do ponto de vista físico e psicológico também; mas a gente procura estar bem, ir ao cinema, ter momentos de lazer e nunca deixar essas coisas afetarem a nossa vida de maneira que nos derrube (depoimento de padre).

3) A afetividade/sexualidade

Outra questão levantada pelos presbíteros diz respeito à masturbação. Esse ato traz aos padres um sentimento dúbio de prazer e culpa. O que é o ato de masturbação? Na infância, dos 3 a 4 anos, há uma concentração de representações libidinais na área genital, quando se intensifica a sensualidade através da manipulação e toque desses órgãos. Essa estimulação masturbatória já era conhecida pela criança através da estreita ligação de "peles" e "músculos" entre o bebê e a mãe, ou pelos comportamentos autoeróticos. O que ocorre depois da infância, novamente, são fantasias inconscientes que aumentam em quantidade e em qualidade. Quando a criança sente-se mais excitada na região genital, a manipulação desse órgão provoca uma descarga, produzindo alívio e satisfação. Além disso, a masturbação é uma atividade exploratória do próprio corpo, permitindo autoconhecimento e busca de identidade. Essa prática, no entanto, pode também tornar-se hábito frequente para compensar os momentos de forte angústia e ansiedade diante da falta, do abandono, da ausência do outro.

Na adolescência e vida adulta, a masturbação em excesso é semelhante a uma febre que denuncia uma infecção, indicando algum conflito na dinâmica familiar ou na vida pessoal e na instituição Igreja. Ela pode ser um sintoma, revelando uma possível situação penosa; um fracasso, uma angústia, um sentimento de menos-valia; um forte sentimento de culpa. A exploração do próprio corpo pode ser um ritual substitutivo, repleto de boas lembranças de contatos amorosos obtidos na relação entre a criança e os seus pais, em cuja fase se consolida o complexo de Édipo e a formação do superego.

> Sofri muito no seminário conversando com padre, orientando-me, e quase fiquei louco. Eu tive que chutar o balde com aquela pressão psicológica toda em cima de mim dizendo que não podia me masturbar. Foi muito difícil. Até um dia em que pensei: eu não vou ficar louco (depoimento de padre).

> Então deve-se trabalhar essa questão psicológica de que não é o meu corpo que manda em mim, sou eu que mando nele (depoimento de padre).

> Quando se fala de masturbação, se fala de genital, pronto. Você não tem um segredo, tanto que alguns meninos já não têm segredo, falam, e a gente vai trabalhando. Até que ponto isso não é uma válvula de escape? Até que ponto você tem condições estruturais pra ser padre?! Porque pra ser padre não precisa só ter um dom, você tem que ter uma estrutura psicológica pra lidar com a solidão, pra lidar com um monte de tabus, porque senão você cria [...] Inclusive, a questão de homossexualidade, heterossexualidade, essas opções sexuais que não são o mais importante. O mais importante é como você lida com isso (depoimento de padre).

> Fiquei muito reprimido, então vinha muita masturbação. Era a válvula de escape. Nunca fui muito de transar, de ter namoradas, de buscar mulheres (depoimento de padre).

Entretanto, tratar da afetividade/sexualidade de padres e religiosos causa certo estranhamento e assombro inevitáveis. O imaginário cultural dos paroquianos é habituado a ver a imagem do padre ou do religioso como uma figura assexuada, desprovida de desejos. No fundo, parece que ocorre um erro fundamental: "tenta-se caminhar do ideal para a realidade". Este caminho é sempre perigoso e leva a anomalias. O caminho humano é da realidade concreta e do limite. Da possibilidade para o sonho e o ideal. Da sombra para a luz. É sempre saudável, no entanto, manter acesos alguns ideais, sonhos e utopias que nos levem além de nós mesmos, sem perder de vista o chão da vida. Uma utopia ativa e possível.

> Dentro dessa oportunidade, de poder me abrir através dessa entrevista, quero abrir mesmo meu coração porque eu vivo nesses quatro anos de ministério uma paixão bonita pela Igreja. Eu sou apaixonado pela região episcopal, eu gosto da minha paróquia. Quando nós fizemos a formação durante mais de sete anos, nos foi orientado que a Igreja tinha uma outra postura, foi vendida uma outra imagem [...] mais séria; cobrava-se um pouco mais de atitude humana e ética (depoimento de padre).

> [...] olha, nós temos que ser referência, temos que ser sinais positivos, temos que estar na contramão dessa vida (depoimento de padre).

> Eu não quero ser moralista, já falei de minha orientação, homoafetiva, tive envolvimento, mas eu estou dizendo é sobre a questão da banalização dos relacionamentos e da forma de ser padre. E o que é ser exemplo, esse sinal no mundo de hoje? Esses anos todos que tenho acompanhado esse meu processo, tenho visto perderem-se muitos valores da nossa vida presbiteral, da nossa vida de amigos entre os padres. É nítido pra nós que nós tínhamos uma linha pautada pelo trabalho social, o serviço à Igreja e à vida presbiteral. Hoje virou um lugar sem referência de valores humanos e do Evangelho (depoimento de padre).

Quando questionados a respeito de sua sexualidade, muitos dos padres e religiosos de meia-idade e idosos optam por não falarem sobre o assunto se esquivando de tal pergunta. No entanto, é notável que grande parte dos mais jovens sentiram enorme necessidade de expor seus pensamentos e reflexões sobre o tema. A juventude contemporânea é menos recalcada. Quando passam por alguma dificuldade no campo afetivo: crise vocacional, sexualidade, agressividade, relações interpessoais, já conseguem expressar-se mais abertamente entre eles, com os bispos, e com os superiores.

O que chama a atenção em várias pesquisas consultadas para esse trabalho[65], entretanto, é o número elevado de recusa por parte dos padres a responder os questionários. Por que os presbíteros não querem participar? Por que aparece sempre *o silêncio?* O que revela aqui é principalmente o temor, evidenciado por essa grande parcela do corpo presbiteral, diante da hierarquia eclesiástica. Isso significa dizer que, no registro do imaginário, os padres temem que as suas opiniões possam gerar, de maneira direta e indireta, efeitos punitivos provenientes das autoridades da Igreja. Vale a pena uma análise entre o grau de temor e infantilismo *versus* a liberdade, a autonomia e a maturidade.

Ao se decidirem pela vida sacerdotal todos têm plena consciência de que estarão submetidos à lei do celibato, porém nem sempre, na prática, isso é facilmente tranquilo. Alguns comentaram que já tiveram envolvimento afetivo/sexual antes de entrarem para a vida eclesial. Outros padres se posicionaram contra a medida celibatária da Igreja, alegando que não veem motivo nem necessidade para tal privação; e outros disseram assumir o celibato como forma de sacrifício, embora poucos consigam sublimar.

Um estudo oficial da Igreja[66] feito em 2005 revelou que 41% dos padres haviam mantido relações amorosas com mulheres em sua

---

65. Centro de Estatística Religiosa e Investigação Sociais (Ceris). Cf. Valle et al., 2003. • Medeiros (org.), 2005.

66. Cf. Medeiros e Fernandes, 2005: 30-31 (pesquisas do Ceris).

vida presbiteral e 42% concordaram que o celibato deveria ser facultativo para o clero diocesano.

> Esse assunto é uma questão delicada, porque todo mundo sente desejo, atração, isso é próprio do ser humano, e o que é pedido de nós, por uma lei eclesiástica, é que a gente viva o celibato (depoimento de padre).

> Nós somos seres sexuados, mas eu procuro viver assim, com muita tranquilidade, com o espírito de entrega para o serviço ao qual abracei, e nesse caso, de dedicação mesmo, procurando viver com serenidade [...] o chamado como uma exigência (depoimento de padre).

A busca por uma vida afetiva, tomada genericamente, tem sido intensa e recorrente entre os presbíteros nas dioceses e províncias. O sentido de pertença e a fraternidade entre os colegas é um fator e consequência do bem-querer existente entre os presbíteros e os paroquianos. Isso significa que a rede interpessoal de amizade entre os próprios padres e com seus paroquianos é a fonte de suplência libidinal que o corpo presbiteral não obtém no campo estritamente genital e amoroso. É necessário não perder de vista essa preciosa fonte de amizade no corpo do presbitério, pois, sem ela, não é possível a realização da sublimação.

4) A orientação sexual como divisão do grupo de presbíteros

A expressão da sexualidade/genitalidade, entretanto, tem se manifestado de forma diversa na vida dos presbíteros. O evoluir dos tempos, fruto inclusive de maior conhecimento sobre o tema, mediante a exposição da mídia, a liberalização de tabus e costumes, tem feito com que as pessoas passem a ser mais expostas e busquem manifestações eróticas como mecanismos de tamponar a angústia, a falta e a solidão. Nada melhor e mais saudável que poder falar dessas expressões corporais e analisá-las através da ética do amor humano.

Infelizmente, não tem ocorrido o diálogo entre os presbíteros sobre o tema da afetividade/sexualidade. Pelo contrário, o que se presencia no grupo dos padres é uma divisão interna entre os ditos heterossexuais e possíveis homossexuais. Essa divisão é histórica e vem se arrastando, provocando sérias consequências no campo da amizade, da pastoral, da administração e da ética no presbitério. Várias atitudes antiéticas espalharam-se no cotidiano e nas relações interpessoais entre os presbíteros das dioceses: cartas anônimas contra padres que exercem funções importantes, difamação de colegas, divulgação de comportamentos privados por meio de vídeos, torpedos, e-mails, MSN, e CDs entre paroquianos visando à desestabilização do pároco recém-chegado na paróquia, disputas avarentas e obscenas, delação e competições destrutivas e, às vezes, tentativas de seduções a seminaristas. As atitudes antiéticas geralmente revelam como conteúdos conflitos entre heterossexuais e homossexuais.

> Tem padre que volta à paróquia antiga de onde saiu e tem o prazer de sentar-se à mesa das casas das pessoas e dizer: "Padre Fulano não é honesto, tem essa conduta sexual". "Padres Sicrano e Beltrano têm esse problema com relação à orientação homossexual" [...] Eu tenho notícias, esta pessoa anda falando e rotulando as pessoas, esse colega tem o prazer de fazer isso, a gente tem notícias. As pessoas vêm e comentam com a gente (depoimento de padre).

> Eu não sou homossexual, sou heterossexual. A gente faz um esforço para manter uma amizade de respeito, a gente tem que respeitar, mas muitas vezes é a gente que acaba sendo desrespeitado. Muitas vezes você passa e tem um que fica olhando para você e você não pode nem chegar e dizer: "oh, para com isso". Ou até mesmo chegar e dar um murro na cara porque muitas vezes a coisa é muito feia, muito ostensiva, incomoda. "Poxa, eu larguei minha namorada, tinha meu emprego para chegar nesse lugar e [...]" Não que só tenha homossexual, mas fica homem cantando você o tempo todo. Eu me esforço para viver desde já, para me preparar para assumir a castidade. Agora, o cara que tá lá, ele pode fazer isso e eu tenho que ficar quieto ainda (depoimento de padre).

Nós somos um grupo de amigos de dez padres, onde sete têm uma orientação homoafetiva, como é o meu caso, particularmente. O que nós temos de conflito nisso daí é a demonstração exibicionista dessa opção sexual, dessa orientação homossexual. É uma coisa que marca profundamente, é a questão dos excessos que têm às vezes nos trejeitos as formas mais histéricas, mais "pavoneias" de se aparecer em público, e isso é uma preocupação que já gerou discussão nos nossos encontros de amizade que cultivamos como verdadeiros amigos. Já nos orientamos quanto à postura, quanto a esses excessos, mas existe, no grupo, casos que chamam atenção claramente. Eu tenho essa preocupação de perceber que na sociedade, por exemplo, nós somos considerados bandeiras do movimento *gay* e isso me preocupa (depoimento de padre).

Eu me decepcionei muito [...] Antes de conviver mais de perto com os colegas do presbitério [...] Não sei, mas essa liberdade que a diocese dá para os padres, esse excesso de confiança [...] Eu sei que isso deixa muitas vezes a desejar. Eu já ouvi falar de muitos que não conseguem viver a abstinência, não consegue viver sem sexo (depoimento de padre).

Na questão da sexualidade eu tenho me preocupado. Não podemos vender a imagem que somos permissivos, que levantamos a bandeira do homossexualismo, mas é isso que nós estamos passando para as outras pessoas. O retiro não era para as pessoas que buscavam aprofundar a sua fé em Jesus Cristo? Agora é um retiro de pouco aprofundamento, leviano e sem consistência humana e teológica (depoimento de padre).

Temos um parâmetro ideal e uma orientação de você ser casto e ter a continência na castidade. Mas a gente sabe que o ser humano não é assim. Ele tem fantasias, ele tem prazer, ele sempre quer mais. Nós estamos falando de uma realidade onde a maioria é homossexual – isso é um dado relevante. Muitos, antes de entrar na Igreja, tinham vida sexual ativa, tinham parceiro. Como você vai mudar isso de um ano para o outro? Tem que saber levar (depoimento de padre).

Vejo assim: como você tem um sentido de estar na vida religiosa, de fazer essa caminhada, pode ser que a elaboração dos sentidos te dá uma conduta para você sublimar algumas coisas: de não ter um namorado, uma namorada, de não transar frequentemente, enfim [...] Você consegue fazer isso. Mas quando é uma pessoa que não tem trabalhado profundamente a sua opção presbiteral, pode ser que aí ela caia na promiscuidade (depoimento de padre).

Mas a gente vai diante dos fatos, diante do que a gente vê por aqui, não há como não ser real isso tudo. Não há como negar. E da parte do formador, que vê, e acaba encobrindo isso aí tudo. Dois já saíram da comunidade. Um deles saiu porque estava vendo e sabia que não iam melhorar nada essas questões, nada estava sendo feito (depoimento de padre).

Nós já tivemos muitas conversas entre nós. Porque a gente busca ser testemunho para o mundo. Buscamos uma resposta pra aquilo que a gente acredita que seja uma atitude de Igreja, de castidade e essas coisas. E a gente percebe que não há um comprometimento a nível pessoal. Aquilo que nós falávamos aqui, e que falamos nas celebrações, e aquilo que a gente vive fora, na rua, nos nossos passeios por aí (depoimento de padre).

O grupo de padres é assolado pela falta de espontaneidade para conversar sobre descobertas, questionamentos e desejos que vão surgindo, tabus que podem ser creditados ao fantasma do homossexualismo que ronda cada vez mais as relações interpessoais masculinas na vida diocesana. Muitos inibem sentimentos para evitar os comentários, as fofocas e as maledicências.

É muito redutivo eu falar só de mim, mas vejo que onde eu estou tem muito de homofobia. Existe esse medo de homem se aproximar de homem e conversar sobre a vida, mas eu também não penso nada de exagerado. Eu penso o mínimo de uma convivência agradável, tranquila, de sorrir, tomar a nossa cerveja juntos, a vida acontecendo. Mas rolam essas questões, medo de se aproximar [...] (depoimento de padre).

De uma era de repressão, de tanta censura, hoje parece que se foi para outro extremo. De um extremo ao outro. Eu vejo que há um clima preocupante. Quer dizer: carências afetivas, riscos afetivos, envolvimentos, de casos que são conhecidos, de uma boa parte, ao menos (depoimento de padre).

Também, diversos entrevistados expuseram seus incômodos relativos, em especial, às questões referentes às experiências conjugais de alguns, à paternidade de outros e à manifestação homossexual de outros. Apesar de o campo afetivo/sexual do ser humano pertencer à esfera privada e íntima, alguns preferem uma intimidade pública e exibicionista e até, algumas vezes, perversa.

Confesso que, pessoalmente, eu tenho uma dificuldade grande de lidar com os homossexuais. Por quê? Porque acho que vários deles, na diocese mesmo, estão tendo um comportamento [...] talvez esse comportamento seja diferente dos heterossexuais, porque os héteros acabam tendo ou podendo ter um comportamento similar, só que fica no campo do privado. Como os homossexuais acabam tendo um comportamento que fica mais explícito nas nossas rodas, é uma tendência de "publicizar" demasiadamente o campo privado e íntimo. Por isso talvez seja mais fácil da gente emitir um juízo nesse meio (depoimento de padre).

Esse é o tema principal nas conversas dos bastidores, fofocas e intrigas destrutivas, nos telefonemas, na internet, MSN e naquelas coisas mais particulares, nos grupos mais afins. E quando se toca no assunto, é um tema a ser apedrejado: os *gays* da diocese, os veados da diocese. Porque se sabe que existe. Alguns até por manifestações concretas na sua vivência sexual, outros por uma postura equilibrada, orientada, que buscam refletir a questão (depoimento de padre).

> E ficou claro que existem dois grupos: um grupo de homossexuais e um grupo de héteros. Daí a gente começa a ver alguns lances entre nós que não há quem não tenha uma tendência pra isso ou pra aquilo. Ficou claro que existem esses dois grupos na diocese. E esse grupo, que tem apelido de "irmandade", "cor de rosa" e outros chamam de "elas", "a turminha", e o outro que se autodenomina "os machões" (depoimento de padre).

> Eu diria assim: existe, sim, um preconceito, existe um acirramento entre os heterossexuais e os homossexuais, dentro do nosso clero. Hoje um pouco menos. Porque, na verdade, o grupo dominante é feito de maioria homossexual. Aqueles que não têm essa opção estão um pouco mais silenciados, mas continuam vivos e quando têm oportunidade dão seus pontapés. A gente fica em uma situação muito difícil, porque é difícil viver isolado dentro do clero. É necessário acabar se associando a esse ou àquele grupo, ou pelo menos estar no meio dessas pessoas (depoimento de padre).

Falta ambiente para tratar com clareza essa problemática nas dioceses, por causa da insistência dos documentos da Igreja de considerar a orientação homossexual como "objetivamente desordenada", antinatural, e por causa da excessiva institucionalização do celibato. Há questões conflituosas: o padre homossexual deve ensinar que a orientação homossexual é intrínseca e objetivamente desordenada, embora não sinta que sua própria orientação seja defeituosa, antinatural ou doentia. Tem, portanto, que pregar uma doutrina que, existencialmente, não aceita, e daí surge um conflito de culpa existencial. Talvez o celibato seja uma espécie de "ilha de silêncio" de suas tendências homossexuais.

Com desconhecimento e repressão, o tiro sai pela culatra, com erupções destrutivas de si e de outros. Muitos aspectos da vida da Igreja atraem homossexuais, desde as vestes às possibilidades de relações protegidas. Por outro lado, vários padres reconhecem ter o carisma do celibato e vivem de fato a sua opção. Entre esses sacerdotes, a amizade íntima, pessoal e comunitária é ajuda à vivência do celibato para homo e heterossexuais.

> Na questão da sexualidade, eu vejo que na Igreja está complicado, porque nós vemos tanto padre que assume que tem uma mulher, como também padres homossexuais. Estão entrando cada vez mais homossexuais nas dioceses, é um desafio muito grande, a gente vê muito comentário de colegas homossexuais, e vira caso assim e assado, e vira aquele burburinho na diocese. Ninguém tem coragem de falar com o colega, ninguém chama o colega para conversar; é aquele fuxico, aquele burburinho. A mesma coisa com os colegas que têm mulher, alguns colegas já se abriram com outros [...] (depoimento de padre).

> Então, nesse ponto, a homossexualidade tem uma diferença, porque alguns homossexuais são mais explícitos nas relações com os próprios colegas, ou no meio onde nós circulamos. E, portanto, isso causa um desconforto, um constrangimento, uma situação em que a gente não sabe direito como se posicionar (depoimento de padre).

Esses são temas importantes sobre a convivência coletiva, que provocam verdadeiros "rachas" na vida presbiteral. A proximidade nas relações passa a ser determinada sempre por semelhanças, e a diferença fica cada vez mais intolerável quando se leva para o público o que deveria ser vivido apenas no campo privado.

> E agora eu descobri minha orientação [...] agora, a minha cabeça tá meio assim [...] Porque eu descobri os dois lados. Descobri tanto o hétero como o homo. É necessário a gente trabalhar psiquicamente esses desejos com liberdade e maturidade (depoimento de padre).

> Eu tenho medo de que se formem dois blocos, o dos homoafetivos e outro bloco, que vão se combater mutuamente na diocese; principalmente na geração mais nova há uma tendência para isso, então nós temos medo; eu sou um que já comentei isso, de que este grupo da homoafetividade, do

homossexualismo, está se fortalecendo, e há outro grupo que não aceita. Então me parece que tanto essa questão da mulher como do homo, isso hoje está se tornando uma problemática (depoimento de padre).

Olha, há o questionamento, o heterossexual não aceita o homossexual, não sabe conviver com ele. É difícil conviver com eles, nós temos padres que são duríssimos nesse sentido, com o homossexual. Um colega aqui da paróquia é duríssimo. Não aceita, eu acho que ainda há aquela tendência machista que não aceita o homossexual. E, por outro lado, o homossexual diz de forma defensiva: "eu tenho a opção sexual, eu faço o que bem entendo". Aquela mania de "eu faço o que bem entendo". Não é aceitar a sua afetividade homo, mas a sua autoafirmação de fazer o que bem entende. E aí, então, saem com essas expressões e aí vem o choque entre os dois grupos. É uma verdadeira guerra de poder. Uma competição doentia. Uma intolerância fascista (depoimento de padre).

Havia muita desconfiança, e hoje já sinto superada essa desconfiança e sinto que se está partindo para certo acolhimento do diferente. Se aceitam como diferentes, e já se conversa, se aceita e se trabalha muito mais. Fator muito importante para tudo isso foram as mudanças de paróquia, que misturaram e colocaram as pessoas juntas, e puderam conversar (depoimento de padre).

Porque há alguns entraves entre nós que não enfrentamos. Parece que o negócio agora está mais ou menos tranquilo, porque cada um tá ficando na sua. Mas houve momento em que um colega disse assim: a gente precisa organizar o grupo dos héteros, porque o grupo daqueles que têm uma tendência homo está se organizando, está se fortalecendo e está querendo isso, mais aquilo outro na diocese. Só que quem fez essa proposta [...] o resto de nós não entrou nisso aí, porque achamos que o caminho não era esse (depoimento de padre).

> Eu fico triste porque [...] as piadinhas, quando você está no grupo dos héteros está rindo do outro, "aquilo lá é umas bichinhas" [...] se eu sento perto daqueles que são do grupo homoafetivos, eles me recriminam – "vai ficar perto dos que são machões", isso é bem explícito, a gente vê concretamente no rosto, muitos dizem que não, que não têm problema com isso, mas na prática a gente vê que tem, as piadinhas, os deboches, às vezes dizem abertamente, se estão com raiva te chamam de bicha, eu vejo isso muito concreto em nossa diocese (depoimento de padre).

Os conflitos entre os padres heterossexuais e homossexuais transferiram-se também para os institutos de Filosofia e Teologia. Assim, as faculdades e institutos têm se tornado um ambiente extremamente conflituoso e um lugar privilegiado para as manifestações da afetividade/sexualidade dos seminaristas. É uma forma supletiva de falar, expressar e conviver com conteúdos recalcados e proibidos da diocese.

Nas casas de formação, os formadores têm manifestado dificuldades de tratarem do tema. Como não cuidam dos futuros presbíteros, cabe a eles, seminaristas, cuidarem de si. Cuidar de si é um valor ético visando à garantia da vida, da alteridade e de valores humanos. Mas a ausência de adultos educadores tem deixado importantes lacunas na formação desses futuros presbíteros. Nem formadores, nem direção dos institutos, nem professores têm participado do diálogo com os formandos.

> A gente percebe que certos comportamentos de alguns entre nós tem deixado sequelas. Queima nossa imagem, acaba com a nossa imagem lá fora. Essa péssima imagem que ficou do nosso grupo, de que é um grupo que não leva a sério o seminário, que só quer saber de moleza, que é um grupo que tem forte tendência homossexual (depoimento de seminarista).

> Episódios que trouxeram dificuldades – por exemplo, alguns falatórios que surgiram na faculdade. Isso causou um clima de mal-estar muito grande para o nosso seminário (depoimento de seminarista).

> Os seminaristas que vieram já chegaram totalmente liberais, demonstrando esses trejeitos, demonstrando que "podem fazer tudo". *Eu fiquei muito preocupado* (depoimento de seminarista) (grifo do autor)

> Por que a impressão que se dá, até na própria faculdade, é que a nossa formação está muito permissiva. A questão do acolhimento e da diversidade, pode ser um ponto importante por um lado, mas pode ser negativo de outro? Então, esse crescimento, esse fenômeno de crescimento que tá tendo aí nos últimos anos, ele tem preocupado o grupo, a mim e a algumas outras pessoas do grupo com quem a gente comenta, que às vezes cresce em quantidade, mas a gente não pode julgar a qualidade; também, não é tão interessante (depoimento de seminarista).

> Não se faz aqui no seminário, porém busca-se fora com outros colegas da faculdade, através de uma conversa no MSN se mantém contato, marca-se algum lugar e sai. Sempre se vê gente saindo durante a noite e voltando altas horas. Muitas vezes eles deixam isso bem explícito, que estão indo para um encontro (depoimento de seminarista).

É lógico que não podemos escolher simplesmente a orientação sexual como bode expiatório da questão da relação entre os padres e os seminaristas. Talvez essa questão da sexualidade seja o lugar escolhido para desaguar o proibido e o recalcado, ou, a relação de poder entre grupos. Esse episódio é antigo e atual. Também, esse fenômeno ocorreu no Paraíso. O casal Adão e Eva escolheu a serpente para representar o mal e se livrar de outras questões de fundo.

René Girard[67] chama a atenção para esse conflito grupal, denominado "bode expiatório". Trata-se de um episódio que perpassa toda a história humana e que precisa ser lido à luz do Mistério da Encarnação e da Redenção.

---

67. Girard, 2004: 140.

O bode expiatório supõe sempre a ilusão persecutória. Os carrascos creem na culpabilidade de suas vítimas; estão convencidos no momento da aparição da peste negra no século IV, de que os judeus envenenaram os rios. A caça às bruxas implica que juízes e acusadas creem na eficácia da bruxaria.

Os evangelhos gravitam ao redor da paixão como todas as mitologias do mundo, mas a vítima rejeita todas as ilusões persecutórias, recusa o ciclo da violência e do sagrado. O bode expiatório torna-se o Cordeiro de Deus. Assim é destruída para sempre a credibilidade da representação mitológica. Permanecemos perseguidores, mas perseguidores vergonhosos. Toda violência doravante revela o que a paixão de Cristo revela: a gênese imbecil dos ídolos sangrentos de todos os falsos deuses das religiões, das políticas e das ideologias.

A opção sexual em si não poderia ser problema. Hétero ou homossexual não constitui, em si, um desvio de comportamento. Desvio de comportamento é aquele ofensivo à ética. O que não respeita a dimensão privada, nem a dimensão da vida e, principalmente, a alteridade.

> Pra mim, a questão não está em ser homo ou heterossexual, a questão fundamental é a atuação sem responsabilidade. Porque na vida sacerdotal nós temos que tratar essa questão. Então, se é um heterossexual ativo ou um homossexual ativo, as duas questões em tese deveriam ser tratadas pelo menos na mesma dimensão. Isso é possível ou não é possível na instituição da Igreja? Como se trata isso? Isso é uma dimensão, e outra é que nos últimos anos, de fato, a homossexualidade tem tomado bem mais espaço na sociedade, e por que não na Igreja? Então pra mim a questão fundamental não está em ser homo ou hétero, a questão está nas posturas decorrentes daí, nos comportamentos, no compromisso de assumir a responsabilidade, isso é, ser ético (depoimento de padre).

Quando se recomenda a castidade, sendo homossexual ou não, sendo heterossexual ou não, não faz diferença. O importante é a ética do amor. Como os presbíteros e seminaristas lidam com a orientação sexual? A mesma formação que tem um hétero tem que ter um homo, que é a ética. Que é não ferir o outro, não transgredir; que é respeitar o corpo do outro, o seu desejo, que é a responsabilidade pelo parceiro. O outro não pode ser apenas objeto de exploração de paixões impulsivas: exibicionismo, voyeurismo, sadismo, masoquismo, pedofilia, efebofilia e, principalmente, distúrbio de poder narcisista.

Na sociedade contemporânea fica cada vez mais clara a diferença entre o prazer de amor e o prazer de gozo. Pelo que constatamos, hoje em dia, é o aumento excessivo e o reconhecimento preferencial do lugar do gozo em nossa sociedade de consumo, narcisista e destrutiva que vêm provocando inúmeros distúrbios de conduta. Ele está mais explícito, mais fácil de financiamento e valorização pela mídia. Quando se refere ao prazer de gozo, quer se dizer que é aquele vinculado à pulsão de morte, fixado na autoimagem narcisista e profundamente exigente no maior prazer cada vez inalcançável. É o império do prazer. Jamais o prazer amoroso pautado na alteridade.

> As coisas que a gente percebe na Igreja: os padres que têm o corpo fisicamente bem-dotado, que têm os olhos claros e mais bonitos, são melhores e mais cuidados. Daí eles esquecem da gente que não tem o corpo mais bonito, não tem estilo (depoimento de padre).

> Tudo bem que você tenha mais afetividade com determinada pessoa, mas protegê-la a ponto de prejudicar outros é ruim (depoimento de padre).

É lógico que todo comportamento humano é passível de mecanismos projetivos. Na "identificação projetiva" o indivíduo lida com o conflito emocional ou angustiantes internos ou externos, atribuindo falsamente à outra pessoa seus próprios sentimentos, impulsos ou pensamentos inaceitáveis. Não raro, o indivíduo produz em outros os próprios sentimentos que inicialmente acreditava, de forma errônea, existirem neles, tornando difícil esclarecer quem fez o que, a quem, primeiramente.

Assim, quando ocorre a identificação projetiva, não há por que ter a atitude de caça à bruxa para um lado ou outro. A história não passa pelas diferenças, passa por trabalhar as diferenças, como ser com as diferenças. Esta disputa de lados impede a palavra, a transparência e a isonomia.

> E esse conflito que é criado por essas pessoas, incomoda muito. É o que eu digo: é questão de comportamento. Existem homossexuais no presbitério, nós sabemos que existem, mas quando você passa a reprimir uma pessoa, passa a desconsiderar essa pessoa, e tratá-la de maneira arrogante e com indiferença, isso diz: *"que acolhimento você está tendo?"* Se a pessoa tem essa orientação sexual e vive um comportamento totalmente fora do que realmente se exige na própria sociedade – o respeito mútuo com o outro e do outro com a pessoa – existe a questão também de consciência do que é a aceitação e a não banalização disso daí [...] Acho que se a pessoa vive com essas características, ela realmente leva o processo a sério. Agora, eu não acredito que alguém que não viva dessa maneira possa continuar na vida religiosa. É essa a diferença. Temos que ter uma atitude ética e não uma banalização com o outro (depoimento de padre) (grifo do autor).

Os episódios de difamação e disputa destrutiva visando ao poder para "levar vantagem" econômica como paróquias mais rentáveis, prestígio e domínio, ou seja, cargos e funções que decidem os benefícios, merecem ser analisados em público, nas assembleias do clero. A prática do silêncio, da ausência de transparência e da centralização dos poderes nas mãos de alguns é marca de ambientes autoritários, despóticos, altamente repressivos e antiéticos, em situações como prisões de segurança máxima, governos de regimes ditatoriais e de partidos políticos que loteiam cargos. Há semelhança entre esses sistemas e a Igreja Católica? A ausência da liberdade, da transparência, da democracia, de bem-dizer leva, inevitavelmente, ao mal-dizer, à difamação. É preciso dizer desses episódios históricos e antiéticos, de suas sequelas e das cicatrizes na alma de cada um, depositadas consequentemente nas relações institucionais.

5) O poder soberbo e avarento

Há dioceses que desenvolveram trabalhos de formação humano-afetiva com o clero e o bispo cujo resultado foi extraordinário. Após os encontros de formação permanente, houve um crescimento visível entre os padres em si e entre o bispo. O caminho da amizade é a análise profunda da relação afetiva a partir da transparência, "jogo limpo", diálogo, justiça e pela virtude da tolerância. Como diziam Jesus Cristo e o seu discípulo Santo Agostinho, que é preciso enfrentar a verdade:

> A verdade vos libertará (Jo 8,32).

> A voz da verdade não se cala nunca. Não grita com os lábios, mas sussurra com o coração. Usa teu ouvido interior (*In ps.* 57,2).

***

> Vejo que o nosso grupo de presbíteros, nesse semestre, encara isso com um pouco mais de maturidade do que os outros anos (depoimento de padre).

> Parece que diminuiu, já foi mais forte antes. Hoje já há um pouco mais de entrosamento. Está havendo maturidade e tolerância (depoimento de padre).

> Hoje parece que estamos mais unidos, acho que justamente com o próprio acordar do bispo, ele está começando a olhar mais para os dois grupos, mesmo para as pessoas que não estão mais no poder do lado dele, agindo, estão no seu canto, mas ele já tá rindo mais, brincando mais, perceb-se que ele está se abrindo, pelo menos está começando, isso partiu talvez até do nosso encontro ou um pouco antes, onde se falou tudo abertamente (depoimento de padre).

> Vejo que o presbitério está um pouco mais maduro porque a gente discutiu essas questões, da afetividade à luz do poder.

> O que acontece é que essa dimensão do amor, da justiça e da transparência, a equipe da Pastoral Presbiteral de formação conseguiu trabalhar conosco (depoimento de padre).

> Esse é um dos maiores desafios que eu percebo porque os padres vêm de experiências muito diferenciadas. Já bastante rodados, com experiências pela vida (risos), outros que às vezes não tiveram essas experiências, acabam passando por elas de forma imatura e compensatória. Então, pra mim fica: "como lidar com todo esse universo?" Houve uma época em que a Igreja tinha muito claro quais eram os parâmetros, "você deve viver assim, se comportar assim", não que não tenha hoje, só que havia uma rigidez maior. Então quem não se adequasse a isso estava fora. Hoje, apesar de ter esses parâmetros, do ponto de vista da nossa formação, a gente procura trabalhar humanamente cada um como é, só que isso gera uma série de conflitos porque pra alguém assumir os compromissos, seja com ele mesmo, seja com a Igreja, até assimilar essa proposta leva um certo tempo [...] E como integrar tudo isso no período do exercício de seu ministério? Eu acho que esse caminho de integração é muito exigente, e eu não vejo outra alternativa a não ser através da Pastoral Presbiteral, nos encontros de formação permanente, conversar sempre sobre essas coisas, porque a gente não tem respostas prontas (depoimento de padre).

O trabalho de formação humano-afetiva desenvolvido por algumas dioceses tem revelado que a questão da manifestação hétero e homoafetiva perpassava a questão do poder centralizador, vaidoso e repleto de luxúria. A sexualidade é subutilizada para camuflar a cobiça e a ganância de poder na diocese. A manifestação maior desse permear das decisões em base à opção sexual é a verdadeira "luta pelo poder e pela soberba de se elevar excessivamente diante do outro".

> E o grupo vive, hoje em dia também, um pouco a disputa de poder, de espaço. Acho que o pessoal mais novo vem chegando, quer ter seu espaço, lógico. E passa também pela formação de grupos em torno da opção de sexualidade (depoimento de padre).

> Então, ficava um grupinho dos hétero e outro dos homossexuais; sentia, às vezes, em relação ao poder, que um dos grupos é que dava as cartas, que decidia tudo na diocese e o outro ficava à margem (depoimento de padre).

> Sinto que o nosso bispo errou profundamente. Ele deveria estar no lugar da autoridade, do limite. Ele fez opção claramente por um determinado grupo. Isso rachou o presbitério ao meio entre os ditos hétero e os homoafetivos (depoimento de padre).

Essa luta pelo poder se concentra, particularmente, no exercício de certas funções. Parece, a muitos, que "ser diferente é ser menos" e, então, é preciso restringir o campo de trabalho dos grupos.

A matéria é complexa. Não tem análise singela. Uma coisa, porém, paira bem límpida: o preconceito a respeito da opção sexual das pessoas. O preconceito, no entanto, pode ser julgado como tolice, se a matéria for considerada à luz da ciência e, sobretudo, iluminada pelo Evangelho.

O preconceito existe ainda quando se percebe que a diversidade de opção sexual poderia ser uma riqueza, e não uma pobreza. A confissão do preconceito pode ser um bom caminho para trabalhá-lo, sobretudo quando se entende que é preciso estudar mais a questão. Preconceito é sustentado pelo distúrbio narcisista. O narcisismo é a base do fundamentalismo autoritário nazista. A Alemanha, na Segunda Guerra, expulsou os negros, homossexuais, ciganos e judeus. A história não passa pelas diferenças, passa por trabalhar as diferenças, como ser com as diferenças. Convenhamos, a vida eclesial, essa fonte inesgotável de fraternidade, de afetividade, precisaria adotar esse princípio ético e de amor ao outro.

> O que acontece na diocese acontece também na vida religiosa consagrada. Eu sempre digo que isso não é um problema localizado. É um problema real, aqui tem vários casos sendo administrados, tratados, temos dois colegas cumprindo pena na prisão; antes de falar daqui, pra mostrar a minha opinião, eu falo da nossa congregação.

Nós somos 400 e poucos, e temos heterossexuais, uns 30 e tantos homossexuais, uns 20 dependentes de álcool, temos alguns pedófilos no meio. Isso que vou dizer agora da diocese não é algo exclusivo daqui, é algo que perpassa as fileiras eclesiásticas e religiosas. Como eu vejo a questão? É uma questão humana, é uma questão de formação. O que nos falta não é teologia, não é filosofia, disso estamos entupidos. Entendemos por formação a informação acadêmica. Isso é um lapso. O que nos falta é uma grande, profunda, equilibrada, sadia formação humana. Digo que o nosso problema maior é ser gente. Nós queremos ser padres, ser religiosos e aí nós patinamos porque nos faltam elementos que nos qualifique como gente. Gente: bom-dia, boa-tarde, ser natural. Tem muita coisa reprimida, muita afetividade reprimida, não vivida de maneira tranquila, de dar um abraço honesto, afetivo, em público. Eu já flagrei um colega meu que, quando vê na sacristia uma grande amiga dele, quer dar um abraço e deixa para dar o abraço lá onde ninguém vê. Eu digo: fulano vai dar um abraço aqui, ser honesto, você vai dar um abraço porque você é gente. Acho que o que nos falta é ser mais gente, ser inteiramente gente (depoimento de padre).

Vale retomar que os entrevistados dão pouco valor a critérios éticos e evangélicos a questões da afetividade/sexualidade em detrimento de motivações inconscientes e de culpa. Ou seja, no terreno da afetividade/sexualidade e da agressividade, despertam-se automaticamente fortes cargas irracionais acompanhadas de vivências infantis, de medos e de vigoroso sentimento de culpa. Por isso, esse terreno da afetividade necessita muito de autêntico discernimento, para que a luz do Evangelho e dos valores éticos nos conduza à fecunda relação afetiva. É necessário separar o afeto dos sentimentos de culpa. Isso não quer dizer que no terreno da afetividade/sexualidade não exista nenhuma falha. Pecado, na sexualidade, existe cada vez que se atente contra o amor, o respeito ao outro, a incomunicabilidade, a ausência de transparência, a responsabilidade, a busca da morte e não da vida. Há celibatários e matrimônios doentes. Quanto mais frágil aparece à natureza humana nesse setor, tanto maior a necessidade de se criarem estruturas de defesa. Entretanto, há celibatários e casais que vivem ética e amorosamente bem.

6) A sexualidade e o celibato

As questões sobre afetividade/sexualidade, como se vê, são delicadas na vida dos seres humanos e, obviamente, dos presbíteros e religiosos, por uma série de autoritarismo, tabus, preconceitos, leis, regras e convenções milenares. No ambiente presbiteral, particularmente, o núcleo do problema consiste na questão de o celibato ser um carisma e, por isso, torna-se, então, problemático obrigá-lo a algo. A crise vem, portanto, do fato de a Igreja regulamentar ou institucionalizar fortemente esse carisma. Segundo Cozzens[68], "o celibato tem algo de sensual", desperta atração, fascinação, curiosidade, como fruto proibido e inalcançável. Celibatários sadios e felizes são menos centrados em si e abertos aos outros.

O celibato tem "halo de mistério", de união mística entre o sensual e o sagrado, entre a carne e o transcendente. Tal carisma vinculado ao mistério levanta muitas perguntas: Pode ser temporário? Alguém que se iniciou nesse caminho com motivações não consistentes pode evoluir? Muitos percebem sua verdade no sacerdócio, mas não têm a mesma certeza sobre o celibato: e então?

> Porque quando eu entro pro meu quarto e me sinto só, e começo a ficar triste, me dá saudade de casa, me dá saudade dos amigos, me dá saudade dos relacionamentos, que antes de entrar na caminhada tinha, e coisa e tal [...] fico com aquelas dúvidas. Se você puder fazer alguma coisa [...] na verdade, trabalhar com isso, encarar de frente, não: a gente foge. Quando chega essa angústia, a gente, porque não consegue contornar direito, reprime. E esse reprimir acaba sendo para outros lados. Eu, por exemplo, tenho um

---

[68]. Cozzens, 2008.

problema no corpo. Um problema de somatização que é quase que totalmente um problema de nervosismo. Isso a gente sabe que vem de alguma coisa interna, não vem de fora, vem de dentro. De uma angústia, de uma inquietação, de uma coisa que acaba deslanchando. E aí você acaba fazendo um trabalho de pastoral, às vezes, sem querer, tratando mal as pessoas. Acaba prejudicando até o seu relacionamento (depoimento de padre).

Isso está no ser humano, está dentro de mim, as paixões que às vezes vêm de repente. Às vezes é a mulher que se sente atraída por você. E como você lida com isso? Eu sempre consegui diferenciar muito essa relação: tem momentos que penso: "Espera aí, e agora?" E você, tem que conversar com seus amigos que são padres, e assim, vai se ajudando a lidar com isso. Mas eu não tive, na nossa formação no seminário, nunca teve ninguém falando sobre a questão do celibato ou da afetividade pra gente. Nunca tivemos essa informação dentro do seminário. Eu vejo muito que é comum alguns padres, depois de 2 a 3 anos que se ordenaram, largarem. A gente tem discutido sobre isso. E eu sempre digo que na minha formação nunca alguém propôs "vamos discutir sobre o celibato, a relação homem e mulher". E por esse motivo temos por aí padres que com um ou dois anos largam, se apaixonam, têm relação com mulher e acabam largando e indo embora. Graças a Deus eu tento ter uma boa relação com a comunidade, as pessoas, a família. Sempre tentei buscar, e ainda tento hoje, um conhecimento maior pra lidar com esse conflito. Porque você é cobrado 24 horas por ser padre, a comunidade o vê como um santo, um divino. Eu sempre tento colocar que o divino é uma expressão para todos nós que somos filhos de Deus e somos pecadores (depoimento de padre).

Para Cozzens[69], a carga do celibato obrigatório perturba facilmente o equilíbrio de quem não possui esse carisma. Uns conseguem vivê-lo de modo irradiante, outros perdem a paz interior. Algo não

---

[69]. Ibid.

lhes soa verdadeiro, por não estarem satisfeitos consigo mesmos. Vestem-se da máscara clerical, em pseudoidentidade, para viverem a soberba, a luxúria e a avareza. Sofrem de enjoo existencial por não dispor em sua vida de um verdadeiro sentido. Não raro, apresentam traços obsessivos, desenvolvendo, além disso, relacionamentos autoritários, rígidos, despóticos e moralistas, pois procuram ser algo que não lhes corresponde ao temperamento e às aptidões. Por outro lado, diante dessa dificuldade de posicionamento, despertam no sexo oposto atrações perigosas, sem falar de relações permissivas.

Jesus Cristo não fundou, prioritariamente, uma instituição de celibatários[70] e virgens, nem prescreveu o matrimônio como um conselho especial. Ele viveu o mais belo e o mais difícil: a livre e terna amizade com homens e mulheres, sem fixações possessivas, sem blindagens ao redor do coração, aberta e desarmadamente. Falta por parte da Igreja, nesse sentido, uma árdua caminhada em direção à afetividade, à liberdade e à expressão dos afetos, permitindo que todos se sintam seguros e acolhidos, livres de preconceitos. Essa é uma área difícil que concentra fantasias, imaginações, desejos proibidos e constrangimentos infantis.

A forma de Jesus viver a sua afetividade/sexualidade, integrada na perspectiva amorosa do Reino, é que inspira a vida religiosa: o celibato – o tornar-se "eunuco por causa do Reino" – não se dá a partir de uma lei, mas de uma resposta amorosa a uma proposta de amor, que toca a pessoa no seu "íntimo mais íntimo". *"Nem todos entendem isso, a não ser aqueles a quem é concedido*[71]*"*. A psicanálise diria algo parecido à frase de Jesus: *"Não é para quem quer e sim, para quem pode"*. Para *"a quem é concedido"* ou *"para quem pode"* significa *dom, carisma, predicado, qualidades psíquicas*. Os celibatários "sem carisma" muitas vezes não conseguem ser autênticos. Não se

---

70. Ibid. • Morano, 2007.

71. Mt 19,11.

sentindo em casa consigo mesmos, sua falta de predicados e aptidão impede que se relacionem com os outros, privando-os, assim, da habilidade fundamental do ministério. Não é possível colocar a sexualidade e os desejos guardados na estante. Esse grupo de presbíteros sem essa identidade bem elaborada encontrarão caminhos desviantes, como: clericalismo, autoritarismo e com fortes fixações compensatórias relacionadas ao dinheiro, ao sexismo e ao narcisismo. É necessário trabalhar essa dimensão na formação e na vida dos consagrados, porque do contrário não se desenvolverá esse núcleo gerador de vida, entrega, abnegação e serviço desinteressado e integrado.

> Refletir a questão da identidade, não para acirrar uma diferença, para querer brigar, mas para dizer que são homens que estão aí e que não deixam de ser homens pela sua condição identitária, afetiva, sexual, e que querem viver uma consagração e têm condições de viver. Mas isso é um trabalho muito lento. E tem também os casos que se tornam públicos, que têm relação aqui e acolá, que são poucos, são pontuais. Eu diria que tem casos héteros e homos que escandalizam (depoimento de padre).

Na Igreja pré-Vaticano II, além do aspecto do voto, acentuou-se o caráter de renúncia autopunitiva. Pelo celibato, o padre renuncia aos prazeres de uma vida matrimonial, em espírito de entrega exclusiva a Deus, o que justifica essa opção. Quanto mais frágil aparece a natureza humana nesse setor, tanto maior a necessidade de se criar estruturas de defesa.

> O corpo todo refreado, retesado, indisposto para o movimento, pra se sentir relaxado, pra se sentir tranquilo, tudo tem que estar armado. Sempre armado diante do que pode vir, essa coisa de que qualquer movimento pode transparecer e eu ser menos homem (depoimento de padre).

> A mim faltou muito, desde pequeno, uma educação sexual, uma formação da afetividade também. Eu tenho, sinceramente, muita dificuldade nesse sentido, de afetividade com as pessoas estranhas, principalmente de outro sexo.

Eu tenho muita dificuldade e eu acho que isso [...] não sei, não quero criticar, mas ao mesmo tempo os nossos pais e formadores eram todos esquisitos, a própria afetividade deles era bem distante [...] e eu acho que eles transmitiram muito essa rigidez, e isso influi [...] em uma maior ou menor escala, diante de um relacionamento pessoal com o outro (depoimento de padre).

Por qualquer coisa que íamos por essa linha, éramos expulsos. Uma amizade chamada particular já era motivo para ser mandado embora. Muito vigiados, claro. E hoje? (depoimento de padre).

Eu sinto falta de um grupo mais afetivo, mais próximo. E vejo que essa é uma dificuldade comum entre nós, homens, trabalhar isso entre nós. É frieza, é fechamento, aquela coisa rígida. Masculinidades muito entroncadas, muito fechadas. Parece que há esse medo, esse problema de sorrir, de abraçar, de sentar e conversar sobre a vida, de partilhar projetos, tudo é fóbico entre nós, uma verdadeira homofobia (depoimento de padre).

Acabei assumindo uma concepção antropológica de que o homem é um ser inacabado, que a gente nunca está totalmente pronto nos diversos sentidos. Quando se fala da afetividade e da sexualidade do padre, isso sempre é um conflito. Ou a gente trabalha esse conflito abertamente ou a gente acaba tentando trabalhar isso silenciosamente. Não é uma questão muito fácil de se trabalhar. Primeiro, porque a gente acaba tendo que trabalhar praticamente sozinho, com um ou outro colega em que a gente confia e acabamos partilhando, pedindo um apoio, conversando, falando um pouquinho do que acontece e de como a gente está vivendo essa questão. Mas eu vejo como uma questão muito difícil de ser trabalhada. Até mesmo porque a gente não é muito seguro de falar o que realmente está acontecendo ou que a gente gostaria que estivesse acontecendo. Esse assunto é muito difícil de trabalhar dentro da Igreja, não é um assunto que é fácil. Parece ser fácil quando a gente fala que está tudo bem, mas quando percebe que não está tudo bem, que a gente tem as crises, é que a gente começa a perceber outras dimensões, não é muito fácil (depoimento de padre).

Hoje falo isso porque eu tenho maturidade e autonomia pra falar, eu tenho menos problemas. Então é uma coisa que a Igreja ainda não tem coragem de encarar; ao mesmo tempo que incentiva o sacerdote jovem cheio de saúde, com todo o potencial de sua sexualidade, a viver a sua castração, começa aquela coisa de cobrar, vigiar e até seminarista não pode se aproximar. Essa história da mulher como inimiga, peguei isso ainda, só que sei do meu valor (depoimento de padre).

Mas vejo que vai demorar muito a resolver esse problema porque a Igreja não quer trabalhar isso, ela sabe que trabalhar esse problema é rever o celibato, e ela não vai fazer isso porque ela não tem fundamento para sustentar o que ela quer sustentar biblicamente, teologicamente, mas ela precisa manter a tradição, e paga um preço muito grande (depoimento de padre).

A gente é reconhecido, as pessoas elogiam e isso faz bem pro ego e motiva. Mas eu sinto que há uma necessidade muito grande de amor na vida da gente. E esses conflitos estão presentes mais do que eu imaginava. Uma vez, quando eu era mais novo, eu imaginava muito que os padres conseguiam encarar isso mais naturalmente, mas não é assim. E, ao invés de julgá-los, eu sinto que são humanos, e isso é algo que aflora e é muito difícil trabalhar. Então, acaba tendo padres assim, chatos, muito nervosos, muito estressados e às vezes você vai percebendo que essas questões muitas vezes estão ligadas a sua maneira de se dar afetivamente e na sua sexualidade reprimida. Eu acho que tem muita sexualidade reprimida. Aquele que não reprime acaba tendo problemas. É uma coisa difícil. Eu vejo por mim (depoimento de padre).

7) A ética e a dimensão pública

A teologia e a prática da vida cristã têm salientado como o amor a Deus e a consagração exclusiva a Ele têm a mediação do amor ao irmão. A presença do outro na prática da caridade abarca um sadio envolvimento da afetividade. Nesse sentido, cabe aos padres cuidar para que a vida consagrada não signifique o afastamento do outro, da comunidade, do mundo para além dos muros da diocese. A falta de contato e de afeto é ainda mais difícil de ser administrada do que o afeto em si, no que tange, inclusive, os desejos e a sexualidade propriamente dita.

> Eu tenho a impressão de que nós precisamos encontrar um caminho, em primeiro lugar, de cultivo de espiritualidade entre nós, de aceitação e acompanhamento, tanto acompanhar como fazer-se acompanhar. Então eu tenho a impressão de que todos nós devemos assumir uma postura diante de tudo isso, tolerância, humildade, de acompanhamento, de reconhecimento, de aceitação também, mas eu percebo que vamos ter que trabalhar muito essa questão da relação entre nós, quer dizer, precisamos aprofundar os laços de amizade, de bem-querer e de acompanhamento entre nós na diocese. Na medida em que nós consigamos trabalhar, começaremos a dar passos neste campo e eu tenho a impressão que estas questões se tornarão possíveis de serem trabalhadas nas diferentes regiões e áreas da diocese (depoimento de padre).

Vivenciar o prazer, de alguma das variadas formas em que ele se apresenta, é uma tarefa que precisa ser aprendida e experimentada em uma diocese, contrariando o caráter de pura obrigação que alguns padres insistem em dar para a vida presbiteral. O lazer, por exemplo, é uma maneira de exercer o afeto e o contato amoroso com o outro sem que, para isso, seja necessário ferir os valores da ética e da Igreja. Vale mencionar a importância de um espaço de encontro que, especificamente, nas segundas-feiras, dia da folga dos padres, poderia ser criado, possibilitando a realização de atividades de lazer, esporte, arte, culinária, cultura e o exercício de relacionamentos afetivos.

Vale lembrar que toda convivência coletiva e, especialmente, toda vida institucional tem regras, limites, e os mesmos servem como baliza para impedir que o outro se torne invasivo o suficiente para causar a cisão do grupo.

> Chega uma altura que você tem que regrar pela lei. Eu acho que não basta só o diálogo, tem que ter critérios, tem que ter diálogos anteriores, mas chega um ponto em que você tem que ter certa determinação mais clara, do contrário a instituição não consegue se manter unida ou se reproduzir como instituição, com um horizonte e com uma proposta, e assim por diante (depoimento de padre).

A vivência e os desejos no campo da sexualidade são de cunho privado, mas a discussão pública da questão já se faz mais do que necessária dentro das dioceses, de forma a dissipar mal-entendidos e dificuldades afetivas decorrentes da falta de conhecimento. Torna-se urgente abordar o tema em assembleias e outros espaços de discussão e formação inicial e permanente, permitindo que o grupo crie, entre si, pactos de limites de convivência. Vários reclamam a ausência de mecanismos de limite para casos difíceis e que merecem acompanhamento ético, profissional e, sobretudo, de autoridade.

> Eu acho que a nossa diocese não é rigorosa no ponto de vista de cobrar comportamentos e atitudes no campo afetivo, sexual, ético. Ou seja, ela é (no sentido positivo) uma diocese tolerante e condescendente, e que trata caso a caso. Eu penso que ela trata de um jeito bastante próximo e humano as situações de maior dificuldade com os padres. Contudo, ela ainda tem tratado mais os problemas do que a situação. [...] A situação é tratada mais enquanto problema emergente do que enquanto uma situação que requer uma nova compreensão e elementos de análise para poder ajudar a reposicionar de um jeito mais amplo a própria instituição (depoimento de padre).

> Todos os tipos de fobia parecem casos de difícil tratamento, e em relação à homofobia não é diferente. Mas parece-me que o primeiro passo é o estudo e a compreensão do fenômeno da homoafetividade. Mesmo sabendo que na

> verdade não é apenas uma questão de objetividade, e que os preconceitos impedem o acesso a ela, nada pode dispensar a abordagem acadêmica da questão. Não se trata de fazer apologia da homoafetividade, mas de abordá-la com propriedade e respeito (depoimento de padre).

> Um segundo caminho é criar um clima de confiança capaz de favorecer que os padres expressem seus medos, preocupações e denúncias em relação à homoafetividade. Enquanto a conversa não circula nos espaços privados ou de grupos e canais mais ou menos fechados, é difícil qualquer progresso (depoimento de padre).

Boa parte dos entrevistados pede uma ação mais efetiva nessa área. Sinalizam que a atuação das dioceses, até hoje, se caracteriza por atitude extremamente ambivalente, de um lado, punição excessiva e, de outro, proteção maternal, condescendente e política que produz atitudes infantis e irresponsáveis. O que caracteriza qualquer relação amorosa é o vínculo responsável por si mesmo e pelo outro. Tem havido, nas dioceses, grande confusão entre gesto de amor e atitudes protecionistas, bem como entre responsabilidade e maternalismo.

> O nosso relacionamento extraoficial, ou seja, amistoso, ele é muito bom, ele é excelente. A gente brinca, a gente conta piadas, só que isso precisa ser codificado. Porque quando a gente fica sabendo que um padre se envolveu com uma criança, um adolescente, um caso de pedofilia, de homossexualismo ou heterossexualismo, com mulheres e tudo o mais, a gente não leva o problema pra discutir em grupo como pessoas maduras (depoimento de padre).

> São pontos muito melindrosos na vida da Igreja, e a Igreja nunca gostou muito de discutir esses pontos. Às vezes falta o bispo, falta o clero, falta cada um abordar com muita maturidade esse tema. Nós não fomos preparados, na Igreja, pra lidar com essa temática. Por isso a gente todo dia, como padre, no atendimento pastoral, 90% dos casos estão ligados à questão da afetividade e sexualidade. Mas,

> enquanto nós não trabalharmos isso dentro de nós [...] Isso é impressionante! A gente faz de conta que tem, mas não tem. Existe, sim, uma relação de ajuda mútua em determinados grupos. É solidário quando a pessoa precisa de uma ajuda ou outra. Mas, enquanto grupo, enquanto o todo da diocese de presbíteros, com temática para esse assunto, discussão, como que a gente aborda, como a gente age diante das fraternidades, como aborda a sexualidade, os desejos, os sonhos, essas coisas assim, nós ainda nos infantilizamos. Eu acho que a palavra mais marcante, que melhor descreve é essa: nós nos infantilizamos (depoimento de padre).

> Há situações conflitivas que hoje põem em risco a vida de algumas pessoas: mulheres, crianças, adolescentes, além de arranhar consideravelmente a imagem da Igreja e de ser um obstáculo para o trabalho de muitos leigos e leigas. Aqui também precisamos dar passos firmes e lúcidos, para além da caridade e da compreensão que cada pessoa necessita. Precisamos especialmente abordar de forma inteligente e séria estas questões no processo formativo (depoimento de padre).

É necessário avaliar se os desajustes, desequilíbrios e mesmo aberrações da sexualidade que hoje verificamos em nossa cultura e, por inclusão, também na vida da Igreja, não são consequência natural, ainda que indesejada, da forma como a civilização, sob a regência de determinada religiosidade cristã, tratou a sexualidade. Onde, em nossa habitação familiar e religiosa, nos foram ensinados o amor, o trato afetuoso da nossa corporeidade, a ternura entre o feminino e o masculino, o Eros, enfim? A evitar tudo isso é que fomos orientados, sempre sob cáusticas censuras, drásticas ameaças e severas punições, também de ordem religiosa.

8) Conclusão – A ética como condição da amizade e da política

Nas dioceses, por meio das entrevistas, notamos que existem dificuldades de relacionamento com a diferença, com o outro, com representação da alteridade e da ética do bem-viver. Uma herança autoritária e de segregação, resquício de outra forma de ser Igreja, gera ainda subgrupos que mantêm contato restrito com os demais, estabelecendo divisões entre os que dominam e sabem e os que não sabem e, por isso, estão submetidos aos outros. Outras cisões também podem ser observadas: aqueles detentores de cargos, títulos, *status* e aqueles sem função importante; negros e brancos; pobres e remediados; mais velhos e jovens; de orientação heterossexual e homossexual. Essas manifestações marcam cotidianamente a diferença entre as pessoas, determinando escalas diferentes de poder dentro de um grupo.

> Esse é um dilema. O padre lida com a questão do segredo. Na nossa vida clerical, dentro do nosso grupo de padres, não se contempla o aspecto ético. Nós não somos éticos. Não temos tido problemas com relação ao segredo de confissão, não temos tido problemas graves, sabemos de algumas gafes, mas não é nada que cause escândalo. Mas dentro do nosso meio presbiteral não somos éticos. A vida de uns e de outros flui pelos nossos lábios e pelas nossas mãos, muitas vezes de um modo muito leviano. Isso acaba dificultando os vínculos de amizade. Tem exemplos que até citei dentro dessa conversa, situações de vida que vivi, colegas que vivem uma vida, de certo modo, promíscua, ou de problemas que enfrentaram, às vezes situações que já estão ultrapassadas (alguns são alcoólatras). Esse desrespeito é presente e permanente. Hoje, no momento que o senhor começava a falar, os padres que iam chegando, cada vez que a gente via uma pessoa que chegava, não era apenas a pessoa que chegava, era uma pessoa que estava sendo avaliada: "olha, chegou atrasado, aquele que aconteceu tal coisa, e tal coisa". E os mexericos, as conversinhas, a vida de todos nós dentro do clero é uma coisa fluida nos lábios. É tanto que é muito difícil dizer com quem a gente pode contar com segurança. Mesmo os que eu considero como amigos eu mantenho um pé atrás para evitar maiores problemas futuros. Prefiro ter uma amizade leiga sustentável a um amigo dentro do clero. Tenho uma pessoa muito im-

portante na minha vida, um presente de Deus, mas não é padre não (depoimento de padre).

Então eu vejo que isso é muito transparente, muito visível em nossas reuniões, os mais velhos jogam com os mais velhos, conversam com os mais velhos, os mais novos jogam com os mais novos, conversam com os mais novos. Só algum outro lá, um novo, que conversa com os mais velhos, que tem uma amizade com o mais velho (depoimento de padre).

Nesse sentido, podemos resumir essa dificuldade dizendo que as questões éticas ainda são um problema enfrentado pelo grupo de presbíteros das dioceses. Embora seja difícil distinguir conceitualmente moral e ética, vale lembrar que moral refere-se aos costumes de um povo, seguindo suas tradições, religiões e cultura, mais ligadas às normas vigentes. Os moralistas defendem os costumes, os valores, a tradição. A ética, por sua vez, defende a argumentação (*Logos*), a vida, o bem comum – o público sobre o privado – e, sobretudo, a alteridade. Não pode ser encontrada apenas a partir do cumprimento rígido e cego das normas, porque exige reflexão, escolha, razão.

A história não é algo estático, tem seu valor atrelado ao que é possível trabalhar, a partir dela, como mudança no presente. Rixas antigas devem ser mote para uma reflexão a respeito do papel de cada um naquilo que a diocese é hoje. Por outro lado, as marcas das divergências históricas não somem apenas com a passagem do tempo. É necessário trabalhá-las, dizer em grupo esse mal-estar. Trabalhar também significa perdoar. Quem perdoa ama. Quem ama conhece a Deus.

Para que a discussão sobre as cisões nos planos da afetividade/sexualidade, das questões éticas e de várias injustiças nas dioceses fiquem mais clara, é importante grifar duas forças de empoderamento (*empowerment*) que circulam no meio de todo o presbitério. Empoderamento diz respeito à capacidade de desenvolver autonomia, poder, criatividade e responsabilidade. Remete ao processo por meio do qual cada um se torna singular, com particularidades e potencialidades.

Para garantir a ética, a autonomia e a liberdade do sujeito e, ainda assim, conquistar a vivência de um grupo como tal, como coletividade que partilha algo de valor, há duas saídas, como já analisamos no item 4º "A Vida Presbiteral ou Comunitária": a dimensão da amizade e da política.

3.6 A questão da pedofilia e efebofilia[72]

Pedro Teixeira Castilho
William Cesar Castilho Pereira

1) Introdução

Lacan cunhou o conceito de estruturas clínicas em contraponto àquilo que os freudianos definiram como "estágios" ou "fases" da formação psíquica do sujeito. Se, anteriormente, os discípulos de Freud acreditavam na ideia de um psiquismo calcado no biológico, com primazia de certas zonas corporais: zona oral, anal, genital, Lacan aproveitou-se de conceitos estruturalistas como base para a constituição da teoria das estruturas clínicas como um dos pontos de sustentação de sua psicanálise. Buscando fazer uma relação entre a linguagem e o sujeito, esse autor classifica os sujeitos em três grupos: neuróticos, englobando aí a histeria e a neurose obsessiva. No segundo e terceiro grupos estão os perversos e psicóticos.

Cada uma dessas classificações leva consigo uma forma distinta de organização do sujeito em suas relações interpessoais, em seu contato com a palavra, em suas defesas psíquicas. Assim, a "neurose" abrangeria aqueles indivíduos que, tendo passado de forma

---

[72]. Esse capítulo é de autoria de Pedro Teixeira Castilho (psicanalista, professor da UFMG, doutor pela UFRJ, autor de diversos artigos) e William César Castilho Pereira.

razoável pela castração simbólica, tornam-se seres divididos, que não se sabem totalmente, por recalcar em seu inconsciente grande parte do que são ou viveram. A "psicose", por sua vez, falaria de uma não entrada dessa castração, uma lei simbólica que não foi absorvida pelo indivíduo que, por isso, permanece funcionando não como sujeito propriamente dito, mas como objeto, sem uma *lei* que o separe do *outro*. Trata-se de um sujeito totalmente colado em uma pessoa, objeto ou ideia. Já na "perversão"[73], essa dimensão simbólica da alteridade, embora tenha sido descoberta pelo indivíduo, seria negada por ele, num movimento de recusa da lei característico dessa estrutura.

Freud escreveu duas obras com o objetivo de analisar a relação do ser humano com a cultura: *O futuro de uma ilusão* (1927) e *O mal-estar na civilização* (1929). Nesses dois livros, Freud descreve a origem da civilização como resultado do recalcamento das pulsões e, consequentemente, do aparecimento das neuroses. Assim, a neurose seria a dedução de que a felicidade é uma aspiração condenada ao fracasso.

Na civilização, o ser humano experimenta um forte sentimento de desamparo e desproteção, fazendo o sujeito buscar infinitas formas de ilusão, para apaziguar a angústia. Diante da constatação de que viver é difícil e muitas vezes penoso, tudo se reduziria à procura de paliativos para suavizar essa dor da angústia. Pelo menos quatro deles são enumerados por Freud: alguns sujeitos buscarão as atividades científicas; outros perseguirão as atividades artísticas e culturais; um grupo irá atrás do prazer rápido, imediato e fácil, como as drogas lícitas e ilícitas. E, finalmente, uma grande parcela da humanidade buscará na religião a resposta para a existência.

---

73. A IV edição revista do *Manual diagnóstico e estatístico dos transtornos mentais* (DSM-IV-TR), publicado em 2000 pela Associação Psiquiátrica Americana (APA), e o Código de Doenças, (CID-10), editado em Genebra em 1992, deixam de lado os termos "perversão" e "desvios" e mantêm somente o termo "parafilias".

Quando a busca de sentido pela via religiosa se transforma num fetiche ou cria deformações da realidade, alienando o sujeito, essa tentativa está condenada ao fracasso. Não é de se estranhar que uma parcela significativa de indivíduos busque a religião como fuga e estabeleça um laço neurótico e até perverso com a experiência religiosa.

Entretanto, sem negar a angústia inerente a todo sujeito, a vivência religiosa pode ser uma expressiva busca de sentido para o ser humano, através da experiência de Deus. A experiência religiosa, ao contrário, pode aproximar-se de uma ilusão infantil, repleta de sentimentos de culpa e falseamento da realidade, como nos delírios de perseguição e de grandeza marcados pelos distúrbios narcisistas.

2) Definição

Segundo o *Dicionário Houaiss* (2001), o termo perversão, do latim *perversio-onis*, significa transposição ou inversão, alteração, desvio, tornar-se perverso ou mau. Tornar-se perverso é fascinante. Ao observar que "o sonho de todo neurótico é perverso", Freud[74] foi levado a concluir que o "perverso" não tem "fantasia" própria e que a perversão podia ser entendida enquanto o "negativo da neurose". Com isso, a busca permanente do pai, que serve como defesa contra a imagem da mãe onipotente, gera a qualidade dessa relação.

Nas últimas décadas, o conceito de "perversão sexual" foi revisto pela Classificação Internacional de Doenças (CID-10) e substituído pela terminologia "parafilia"[75], sobretudo pela associação do vocábulo perversão com as concepções carregadas socialmente de negatividade que o termo mantém: maldade, malignidade e erro moral. Parafilia significa amores paralelos, à margem.

---

74. Freud, 2011.

75. Parafilia: vocábulo que significa gosto, preferência pelo acessório, não adequado socialmente.

Assim, a parafilia, para o CID-10, é um grupo de distúrbios psicossexuais caracterizado por uma necessidade repetida e imperiosa de atividades sexuais com objetos ou pessoas, associadas a sofrimento, dores ou humilhações, sejam para si mesmo ou para o outro – nesses casos, com ou sem seu consentimento. Entre as parafilias, estão o *voyeurismo*: preferência de ver relações sexuais feitas por outros; "o fetichismo"[76]: excitação sexual que se manifesta somente em ocasiões particulares, como ver objetos e vestes; "o sadomasoquismo": infligir humilhações e escolhas passivas de sofrimento e agressividade do outro a si mesmo; "a pedofilia e efebofilia": molestar, infligindo violência nas relações sexuais com crianças e adolescentes; "a necrofilia": preferência sexual com ritos ou objetos mórbidos; "a zoofilia": escolha sexual com animais, entre outros.

No presente texto usaremos a nomenclatura "estrutura perversa" no lugar de parafilia. A teoria psicanalítica delineou a perversão como categoria diagnóstica, ao lado da neurose e da psicose, frente aos mecanismos de defesa de recusa e da divisão do eu. A psicanálise lacaniana, que tem na noção de estrutura a orientação diagnóstica, registrou a "estrutura perversa" como uma das possíveis organizações psíquicas.

Assim, a perversão como estrutura clínica vai muito além dos tipos de práticas sexuais bizarras ou com requintes de crueldade. Engloba condutas socialmente conflitivas, ou eticamente inaceitáveis, que podem, por outro lado, repousar de forma mais ou menos tranquila na organização psíquica do sujeito, sem dar sinais muito evidentes.

A perversão é também uma forma erótica do ódio, pois o que preside o ato perverso é o desejo de ferir ou danificar o outro: na prática, trata-se de uma fantasia atuada, sendo a cena sexual do perverso uma tentativa de transformar o trauma sexual infantil em um triunfo adulto sobre o objeto. É um falso triunfo sobre a castração simbólica, ou

---

76. Fetiche é um objeto material comum, artificial e fictício ao qual se atribuem poderes mágicos ou sobrenaturais, tanto na esfera erótica, econômica, estética ou religiosa.

uma forte defesa contra as angústias de aniquilamento. A montagem da cena perversa não visa somente a recusa da castração, mas, sobretudo, a manutenção da identidade sexual ameaçada.

3) Atos de pedofilia em diferentes culturas

Nos dias de hoje, assistimos a uma forte divulgação social espetacular de atos, protestos e esclarecimentos em torno da pedofilia, ao passo que outras formas de desvios sexuais, anteriormente condenadas, são socialmente toleradas e até mesmo estimuladas. Por que precisamente a pedofilia se tornou o alvo de nossa indignação ao sexual?

Sabemos que, em outras sociedades, tão civilizadas como a nossa, a exemplo da Grécia, a pedofilia era socialmente estruturada como rito de passagem para os jovens, constituindo, inclusive, como modelo ideal da relação amorosa e pedagógica entre o mestre e o discípulo. Em Roma, o mestre, via de regra, tinha amantes meninos não púberes, desde que não fossem cidadãos romanos.

A mitologia grega apresentava Laio, pai de Édipo, como sendo o patrono da pederastia. Após sofrer perseguições políticas, Laio é acolhido por Pélopes, pai do belíssimo e púbere Crísipo. Pélopes confere a Laio a função de preceptor de Crísipo por quem ele se apaixona. Posteriormente, Laio, envergonhado, rompe com Crísipo e este se mata. Desolado, Pélopes amaldiçoa Laio, dizendo: "terás um filho que casará com tua esposa e te matará". O incesto precede à pedofilia que o modela. Há uma relação entre incesto e pedofilia. Há uma relação entre o desejo e a lei. Ou seja, o pedófilo nega e transgride a lei da castração. Se observarmos como se constituíram os vínculos entre o/a pedófilo/a e seus pais, teremos alguns indicadores de como a situação se configurou, mesmo porque o incesto é praticado tanto por pai quanto por mãe, ou babás, pessoas da confiança da criança. Nela, o excesso erótico e afeto se fundem, fazendo com que o sujeito não consiga distinguir suas necessidades afetivas, usando apenas, o sexo para atendê-las. O sexo com uma criança afasta do agressor suas inseguranças de rejeição. O pedófilo se vê diante de suas excitações como uma criança suja, que precisa de outra para se satisfazer e castigar.

Até a Renascença, encontramos relatos de abandono, negligência e maus-tratos dados às crianças. A mortalidade infantil, nessa época, era bastante elevada. No século XV era comum encontrar narrativas de morte de crianças por sufocação impetrada por um adulto. O abandono chegou a tal ponto que se iniciou a construção de asilos para crianças.

Já no século XIX, um duplo movimento perpassa as relações entre pais e filhos. Por um lado, há um investimento crescente no filho de forma coercitiva. A ele não se devia fazer carinhos, nem dirigir palavras ternas. As crianças eram internadas em asilos, como estratégia de educação. A partir de 1850, quando uma criança morria, usava-se o luto como se fazia com um adulto. Daí em diante, a infância é vista como um momento privilegiado da vida. É assim que a infância se torna fundadora da vida, e a criança é percebida como pessoa, cidadã e com direitos civis.

A promoção contemporânea da condenação à pedofilia tem relação com a valorização da infância, que desponta na Modernidade, em torno do século XVIII. Freud[77] (1914, *Uma introdução ao narcisismo*) já havia caracterizado esse fenômeno ao denominar a criança de "sua majestade, o bebê". A criança, para os pais contemporâneos, tende a configurar não apenas a criança idealizada e sonhada, mas passa a ocupar o lugar de ser aquela criança perfeita que os próprios pais fracassam em ser para seus pais. Assim, o filho adorado teria como função primeira, no imaginário dos pais, sanar a decepção que eles foram para a geração anterior. Compreende-se que se torna insuportável para esses pais perceber o menor sinal de falha

---

77. Freud, 2011, vol. 15.

em seu filho, pois esta revelaria seu próprio fracasso como filhos. A cena da criança pura e inocente à mercê do repugnante pedófilo formaria um encobrimento justo para o insuportável desejo de uso desse bebê dentro da economia psíquica dos pais. Pela clínica psicanalítica, sabemos que aquilo que atacamos de modo implacável no outro não deixa de ter relação com aquilo que não suportaríamos reconhecer em nós mesmos. Está claro que a cena pedófila não cessa de causar repugnância e repúdio em cada um de nós, e, por isso, a consideramos condenável.

A violência contra crianças, infelizmente, ainda é mais aceita que a pedofilia. Enquanto que a pedofilia é condenada, os maus-tratos crescem em proporções dramáticas. Atualmente, a pedofilia, que atinge o filho ou filha do outro, não atinge os demais. Isso é expressão da violência e da solidão que vive o sujeito nos dias de hoje, a mesma vivida pela criança, quando se deixa seduzir pelo pedófilo.

Um bom exemplo de exploração de crianças, é o caso de Felipe:

> O garoto Felipe, durante a "Fogueira Santa" da Igreja Universal, se diz preocupado com a situação de discórdia entre seus pais. O Bispo Guaracy Santos pergunta ao menino se ele estaria disposto a fazer um sacrifício em favor da paz na sua casa e o menino prontamente responde que sim. "Vou dar tudo o que eu tenho [...] vender meus brinquedos e colocar tudo aqui no altar, quero ver meus pais felizes", diz Felipe[78].

Do outro lado do púlpito estava sua mãe se debatendo em crise histérica, sendo segurada e gritando com uma voz grave que gostaria de fazer maldades, ela estava em processo de exorcismo, enquanto seu filho dava entrevista ao pastor. Ao final do vídeo, o Bispo afirma: "Pela valentia dele, a família inteira vai mudar"[79].

---

78. *Folha de S. Paulo*, 15/07/2011, p. 22.

79. Ibid.

4) O Estatuto da Criança e do Adolescente

O Estatuto da Criança e do Adolescente (ECA) foi instituído pela Lei 8.069 no dia 13 de julho de 1990. O Estatuto regulamenta os direitos das crianças e dos adolescentes inspirado pelas diretrizes fornecidas pela Constituição Federal de 1988, internalizando uma série de normativas internacionais, como: Declaração dos Direitos da Criança; Regras mínimas das Nações Unidas para a administração da justiça da infância e da juventude – Regras Beijing e das Diretrizes das Nações Unidas para a prevenção da delinquência juvenil.

O Estatuto se divide em dois livros: o primeiro trata da proteção dos direitos fundamentais à pessoa em desenvolvimento e o segundo trata dos órgãos e procedimentos protetivos.

Encontram-se os procedimentos de adoção (Livro I, capítulo V), a aplicação de medidas socioeducativas (Livro II, capítulo II), do Conselho Tutelar (Livro II, capítulo V), e também dos crimes cometidos contra crianças e adolescentes.

Os principais artigos estão assim dispostos:

"Art. 1º. Esta Lei dispõe sobre a proteção integral à criança e ao adolescente.

Art. 2º. Considera-se criança, para os efeitos desta Lei, a pessoa até doze anos de idade incompletos, e adolescente aquela entre doze e dezoito anos de idade.

Parágrafo único. Nos casos expressos em lei, aplica-se excepcionalmente este Estatuto às pessoas entre dezoito e vinte e um anos de idade.

Art. 3º. A criança e o adolescente gozam de todos os direitos fundamentais inerentes à pessoa humana, sem prejuízo da proteção integral de que trata esta Lei, assegurando-se-lhes, por lei ou por outros meios, todas as oportunidades e facilidades, a fim de lhes facultar o desenvolvimento físico, mental, moral, espiritual e social, em condições de liberdade e de dignidade.

Art. 4º. É dever da família, da comunidade, da sociedade em geral e do poder público assegurar, com absoluta prioridade, a efetivação dos direitos referentes à vida, à saúde, à alimentação, à educação, ao esporte, ao lazer, à profissionalização, à cultura, à dignidade, ao respeito, à liberdade e à convivência familiar e comunitária.

Parágrafo único. A garantia de prioridade compreende:

    a) primazia de receber proteção e socorro em quaisquer circunstâncias;

    b) precedência de atendimento nos serviços públicos ou de relevância pública;

    c) preferência na formulação e na execução das políticas sociais públicas;

    d) destinação privilegiada de recursos públicos nas áreas relacionadas com a proteção à infância e à juventude.

Art. 5º. Nenhuma criança ou adolescente será objeto de qualquer forma de negligência, discriminação, exploração, violência, crueldade e opressão, punido na forma da lei qualquer atentado, por ação ou omissão, aos seus direitos fundamentais.

Art. 6º. Na interpretação desta Lei levar-se-ão em conta os fins sociais a que ela se dirige, as exigências do bem comum, os direitos e deveres individuais e coletivos, e a condição peculiar da criança e do adolescente como pessoas em desenvolvimento."

O ECA é um símbolo de como devemos cuidar da criança e adolescente na sociedade contemporânea. Ele é fruto de vários movimentos sociais preocupados com a vida. O mundo contemporâneo cresceu em consciência e atitude frente a defesa da criança e do adolescente. Ao enfrentar a presente crise, as medidas para se ocupar de modo correto dos crimes de pedofilia são essenciais, mas sozinhas não são suficientes; é necessária uma nova visão para inspirar a geração atual e as futuras a tirar proveito do grande valor da ética, da alteridade e do dom da vida.

5) A subjetividade do pedófilo

O pedófilo possui uma estrutura clínica perversa. Ele inventa um pai. Daí, o neologismo: per-versão, significa, "uma nova versão do pai"[80].

---

80. Também *per* é um prefixo latino com o significado "por; de si; de per si": Traz a ideia de movimento, aumento, intensidade: cada um por sua vez, isoladamente; percorrer, perturbar. Perversão: corrupção, depravação.

Assim, ele oscila entre o simbólico da linguagem e o imaginário de uma lei caprichosa que ele inventa para si mesmo em determinadas situações que lhe convenha, a seu bel-prazer.

O perverso não conhece outra lei que não seja a lei do seu desejo. Localizar-se assim é situar-se acima de todas as leis de origem do vínculo social: a proibição do incesto, a aceitação da filiação paterna, a proibição do assassinato; é colocar-se no mesmo nível de Deus. Porém, para ser Deus, é preciso não apenas situar-se além das leis, mas continuamente desafiá-las e transgredi-las. Sob tais condições, os seres humanos são apenas instrumentos, ou devem vir a sê-los.

O perverso não pode reconhecer nenhuma outra lei, caso contrário seria obrigado a admitir aquilo contra o que ele se insurge, a "castração da figura materna", e o desejo que ela expressou por um outro que não ele. A estrutura perversa se instaura sobre a negação da realidade e a clivagem do eu. Negação, que permite ao perverso não reconhecer que o objeto do desejo está em outro lugar e não em seu próprio ser, e evitar assim a lei da filiação e reconhecimento do "nome do pai": daí a impossibilidade de aceitar a castração simbólica e a visão do pai como agente de uma "castração real". A negação, sozinha, faria o ser humano cair na psicose pela foraclusão[81] do "nome do pai" e consequente assimilação de uma mãe todo-poderosa, ou na impossibilidade de qualquer gozo. O compromisso perverso, entre a negação e a clivagem, consegue conciliar uma certa relação com a lei e alguma abertura ao gozo. A castração a ser desafiada é a condição de gozo. Esse compromisso assim se enuncia: a única lei possível é a lei do gozo. Através desse enunciado, o perverso sente-se capaz de gozar e, simultaneamente, pela negação, não se sente sujeito à lei de um outro, e sim único produtor da lei. Por isso sua negação vai ter força de lei tanto para ele como para outrem.

---

81. Foraclusão é uma ausência de registro simbólico do pai.

Para Stoller (1975)[82], teórico freudiano, a ideia da montagem da cena perversa não visa somente à recusa da castração, mas, sobretudo, à manutenção da identidade sexual ameaçada. A perversão é o resultado de uma determinada dinâmica familiar que, induzindo medo, força a criança a evitar o enfrentamento da situação edípica, na qual, todavia, ela já se encontra imersa. O desfecho do conflito edípico do perverso não seria, portanto, a dissolução desse pela via do recalcamento, mas sua evitação – negação –, o que adiaria *ad infinitum* essa conclusão – recusa, negação.

Assim, a atribuição fálica do pai, que confere a ele a autoridade de *Pai simbólico* – representante da Lei –, dificilmente será reconhecida aqui, exceto para ser incansavelmente contestada. Daí o exercício incapaz de ser superado de dois estereótipos estruturais que atuam regularmente nas perversões: "o desafio e a transgressão". A experiência clínica tende a comprovar a observação corrente, segundo a qual o perverso deixa transparecer o "apelo sedutor e a cumplicidade libidinal da mãe, associados à complacência silenciosa do pai".

Para Stoller[83], a perversão é uma aberração na qual o ódio está presente na qualidade de elemento estruturante primordial. Trata-se da forma erótica do ódio, pois aquilo que preside o ato perverso é o desejo de ferir ou danificar o outro: uma fantasia atuada e de risco como condição necessária para a excitação. Ainda segundo o mesmo autor, a perversão masculina é, no fundo, um transtorno de gênero construído sobre uma tríade da hostilidade: raiva, medo e vingança. O menino tem raiva da identificação inicial com a mãe, tem medo de não conseguir escapar de sua órbita e almeja vingar-se dela, porque sente que ela o colocou nessa condição.

Na perversão, se examinarmos detalhadamente a fantasia subjacente, encontraremos elementos remanescentes das experiências

---

82. Apud Ferraz, 2000: 57.

83. Ibid.

infantis que provocaram tal configuração psíquica. E, no centro dessa formação, encontra-se a hostilidade, que tem o propósito de fazer com que o sujeito se sinta superior e triunfante sobre o outro. Se nas práticas sexuais sádicas isso é evidente por si só, em outras variantes da perversão, no entanto, tal asserção não é facilmente visível. A promiscuidade, comum na dinâmica da perversão, seria uma resultante da hostilidade e do domínio, visto que o interesse do perverso encontra-se na sedução e separação, e não no amor. O perverso não escolhe relações de igual para igual, pelo contrário, no formato dos pedófilos, há interesse por pessoas mais novas, porque são mais fracas e submissas. O pedófilo não ama a criança, ama somente a possibilidade de exercer um poder sobre ela.

Além da hostilidade, Stoller aponta um outro componente que toma parte na montagem da cena perversa: o mistério, o proibido, situações fugidias, que remontam, em última instância, ao enigma que reveste a sexualidade, especialmente para uma criança.

O perverso domina como ninguém o discurso da razão, do contrato e do cerimonial. É o mestre na arte da demonstração, pois é necessário convencer o outro a se dobrar frente à sua lei. Tudo se explica e ele se propõe a explicar para mascarar a arbitrariedade de seu desejo. Ele é o mestre do discurso do contrato, pois não existe sem parceiro. Em sua relação com o outro, estabelece-se a regra do jogo no qual só ele ganha, permanecendo fixado em uma gestão cega na qual não cessará de procurar, demonstrar que a única lei do desejo é a sua. Daí a associação do ato perverso como um distúrbio do poder narcisista.

Pesquisas[84] sobre o abuso sexual mostram que, a respeito da dinâmica psíquica, em muitos casos, o componente sexual não é de maneira nenhuma a dominante, mas está em primeiro lugar a questão do poder, do domínio, da violência, do controle e da busca narcisista de

---

84. Tapken, 2010. Pesquisas da Diocese de Münster.

reconhecimento. Será que Nero, Papa Alexandre VI, Clinton, Berlusconi, Strauss-Kahn e Schwarzenegger fariam o mesmo se não estivessem em posição de poder? Ou será que o próprio poder leva as pessoas a terem um distúrbio narcisista?

O poder nos fascina muito mais do que tudo que nos interessa. O poder do dinheiro, casas que ostentam grandeza, automóveis de luxo, férias exóticas, *status* e descontrole na governança fornecem as armadilhas do autoritarismo perverso.

O que se passa com os pedófilos, os efebófilos e os abusadores do lugar da autoridade? É o distúrbio do poder narcísico. Exatamente as pessoas que têm a responsabilidade de educar uma outra escolhem usar mal e, inapropriadamente, o poder. Assim, a relação pedagógica se transforma em algo transgressivo, proibido, incestuoso. Há, então, a busca compulsiva de um "mais que além do prazer". Esse "mais que" é uma dimensão que Freud chamou de "princípio do prazer". O "princípio do prazer" nega a frustração; é regido pelo narcisismo primário e está acoplado à pulsão de morte e à busca imperiosa do excesso de gozo.

O pedófilo é alguém que busca realizar um ideal de amor que teria acontecido na infância, de modo que esta se eterniza. A infância deixa de ser um tempo transitório e, na lógica pedófila, a criança constitui a recusa ou o desmentido da divisão do sujeito entre desejo e gozo, entre Lei e proibição. O pedófilo visa reeditar o mito da completude natural – o narcisismo – na qual o desejo se harmonizaria em um gozo sem falhas: *negação da castração.* Essa negação fundamental ilude a sua subjetividade, transformando-a num distúrbio falocêntrico. Portanto, há uma relação entre o falo, a masculinidade e a violência. Quais seriam os pontos de intersecção entre eles? Pedofilia é uma questão que está na ordem do sujeito ou do grupo social? Ou da relação entre o sujeito e as relações institucionais? Ou entre ambas?

Na nossa cultura ocidental cristã capitalista, o masculino é regido pela totalidade e completude: "o todo-poderoso". Enquanto que o feminino desliza-se pelo "não todo, o indizível e o inefável". O místico contém o feminino e a busca de Deus. Sobretudo um Deus escondido e da ordem do vazio. Assim, não existiria pedofilia como escolha do feminino? Provavelmente, não.

Não só a pedofilia, mas as demais perversões ou tendências perversas são consideradas como atributos exclusivos do falo e do sujeito masculino. O atributo masculino não pertence apenas aos homens. As mulheres estariam vacinadas contra este desejo incestuoso? Não parece tão certo assim. Sabemos da devastação que uma mãe ou babá produz quando toma seu filho como o objeto que venha a preencher o que lhe falta, realizando uma espécie de casamento que não admite divórcio, mesmo para além da morte. Aquilo que corresponderia à pedofilia materna não seria uma posição fálica, masculina e sustentada pelo exercício do poder da violência contra a alteridade? Feminino não é um atributo da mulher apenas; nem tampouco o masculino é exclusivo do homem.

A literatura[85] tem apresentado com frequência a existência de pacientes pedófilos com ocorrência de abuso sexual na infância. Desse modo, frequentemente, a pedofilia se transmite por iniciação. Sabemos que a introdução da criança no sexual se faz pela apresentação por parte do "outro" materno, do terceiro, em geral, o pai. Assim, o pai é aquele que representa o encontro com o sexual e, por isso, ele, facilmente, é apontado como o abusador. Contudo, formulando de outro modo, podemos dizer que o acesso ao desejo sexual pode se fazer tanto por meio de nossa relação com a linguagem, como por meio de nossa experiência. Quer dizer que o corpo é permeável em sua organização por meio da experiência. E quando houve uma experiência perversa, sofrida, ela pode constituir uma marca muito difícil de ultrapassar, uma fixação que gera compulsão à repetição. É disso que padece o pedófilo.

A transmissão da pedofilia se faria então por iniciação, por uma espécie de ideal educativo. Acontece que o pedófilo, em sua compulsão,

---

85. Cf. Gabbard, 1995: 316.

busca reproduzir a cena fantasmática na qual está fixado. Assim, ele sofre a cena, pois reedita sua posição de criança inocente sendo seduzida pelo adulto na criança que ele conquista. Por isso que os futuros pedófilos são recrutados no meio que tem relação com o magistério moral: função paterna, padrasto, tio; e com o magistério educativo: professores, médicos, padres, juízes. Para Cucci e Zollner:

> O percentual dos abusadores que, por sua vez, tinham sofrido abusos quando crianças é quase o triplo em relação à média estatística dos crimes desses tipo; proporção semelhante revela-se nos comportamentos criminosos, junto com um impressionante aumento de problemas de saúde mental e com um mais alto risco de comportamentos suicidas. Daí as profundas e graves feridas físicas, psíquicas e cognitivas presentes em quem sofreu abuso quando criança[86].

Assim, a figura de autoridade perversa utiliza ou abusa do outro para seu próprio gozo. Se a linguagem, no neurótico, está sujeita ao mal-entendido, pela polissemia do significante, no perverso ocorre o mal-intencionado, a intenção de enganar. A criança está bem-intencionada, o adulto está mal-intencionado e, assim, o mal-entendido se estabelece.

A pedofilia tem dois aspectos recorrentes, presentes em toda situação que a configura. O envolvido, sendo adulto e autoridade, tem algum poder sobre a criança, podendo ser exercido tanto pela sedução quanto pela coerção sobre ela. O outro aspecto se refere à abordagem ambígua desse adulto em relação à criança; ele deixa margem para que a criança fique confusa no que tange à abordagem sexual feita por ele. Crianças que se sentem frágeis, psíquica e economicamente abandonadas ou sozinhas, são mais fáceis de serem assediadas do que aquelas que se sabem cuidadas e amadas. A certeza de que são amadas as protege de adultos ambíguos e abusadores.

---

[86]. Cucci e Zollner, 2011: 23.

A pedofilia remete a estados regressivos em que a diferenciação entre afeto e necessidade não se fez. Ela se refere à negação das faltas que constituem o sujeito. São carências de afeto que não foram atendidas e que tornam o pedófilo alguém imaturo sexual e afetivamente. Ele é alguém que precisa de uma prerrogativa para ter prazer e, por isso, toma a criança como objeto de desejo, como se ela fosse uma extensão de seu mundo. O pedófilo procura na criança um alimento emocional através do veio sexual. Na pedofilia, há uma inversão de papéis, pois aquele que cuida reivindica sexualmente o cuidado por parte de criança abusada.

A obturação ou obstrução radical da falta, em todos os furos possíveis, transforma-se no ódio radical por aquela que denuncia a ferida narcísica: a mulher, particularmente, o feminino. O perverso se estrutura em torno do repúdio radical ao outro sexo, que exige sempre velado e até mesmo danificado, para que nada possa vir de lá. Mais do que isso, visa a destruir tudo o que possa ter passado pelo diferente, o sexo feminino.

Além disso, o perverso precisa de um espaço teatral, pois para ele é essencial a repetição da cena, dos gestos e do aparato. Sem essa cerimônia secreta e os rituais que a acompanham, sem a criação de um mundo próprio do qual ele é o único mestre e o único "diretor", ele seria remetido à dramaticidade habitual dos outros seres humanos, ele cairia de sua categoria de deus.

6) A plasticidade da personalidade do pedófilo

São personalidades, geralmente, inteligentes, espontâneas e, à primeira vista, encantadoras. No entanto, parecem viver em uma série de momentos presentes sem consideração real quanto ao passado ou futuro. São emocionalmente imaturos, impulsivos e sem capacidade crítica de seus atos. Racionalizam seu comportamento de forma que, pelo menos para si próprios, o mesmo pareça razoável e justificado. Alguns outros traços são considerados indicadores desse tipo de personalidade:

- Desenvolvimento inadequado de consciência moral: incapacidade para compreender e aceitar valores éticos. Consegue, no entanto, muitas vezes enganar os outros com conversas fluentes a respeito de elevados padrões de moralidade.
- Egocentrismo, impulsividade, baixa tolerância à frustração e mau julgamento. Tende a procurar padrões sexuais anômalos, bem como outros comportamentos não convencionais.
- Mente patologicamente, com total indiferença. Aprendeu a sempre levar vantagem em tudo. Sua imaginação é fértil.
- Hedonismo combinado com objetivos irrealistas. Incapacidade para adiar prazeres imediatos, tendo em vista vantagens e objetivos a longo prazo.
- A gratificação proveniente da descarga sexual funciona, para o perverso, muito mais como um alívio para os estados de angústia do que como satisfação propriamente dita.
- Há uma falta de vínculo entre afeto e vida sexual. Falta-lhe a capacidade de apaixonar-se, de envolver-se com o outro amorosamente, assim, amor e erotismo encontram-se dissociados.
- Vive no presente – patologia do presentismo, sem consideração realista de passado ou futuro. Apresenta, porém, discrepância entre a posição real e o ideal do ego. Necessidade quase insaciável de "ser alguém" e "ter o melhor", usando de meios escusos para isso.
- Declínio e aparente ausência de angústia ou culpa. Tende a atuar as tensões, em vez de elaborá-las simbolicamente.
- Quase sempre apresenta comportamento hostil e agressivo com relação aos outros, com pouco ou nenhum sentimento de culpa.
- Seu mecanismo contra a emergência da angústia é a recusa. A possível ausência de culpa, juntamente com aparência de sinceridade e inocência, pode permitir que o perverso evite desconfiança em atividades ilegais.

- Incapacidade para aprender com os erros. Tende a não aprender com as experiências comuns da vida ou com o castigo, embora possa tornar-se hábil na manipulação e exploração das pessoas, bem como nas maneiras de fugir da punição. Comporta-se como se estivesse, de alguma forma, imune à consequência de suas ações.
- Habilidade para apresentar boa aparência, impressionar e explorar os outros. Pode ser uma personalidade encantadora, com habilidade para conquistar a amizade e a preferência das pessoas. Pode ser dono de senso de humor e visão otimista das coisas com tendência para ascensão social.
- Relações sociais deficientes. Descrente, incapaz de identificar-se com os outros, sem capacidade para sentir remorso em suas relações. Não tem amigos íntimos, nem lealdade para com grupos ou outras pessoas. Incapaz de entender o amor que alguém sinta por ele e retribuí-lo. Experimenta um quadro aterrador de isolamento afetivo, carência de contatos significativos, solidão e enclausuramento narcísico.
- Rejeição de autoridade constituída e disciplina. Comporta-se como se as regras sociais não se aplicassem a ele. Muitas vezes, mostra hostilidade com relação à autoridade através de atos impulsivos, hostis e criminosos.
- Capacidade imediata para racionalizar e projetar a culpa por seu comportamento socialmente condenado. Mas um bom indício do tratamento possível do sujeito pedófilo ocorre quando este conserva o sentido da culpabilidade ou da falta moral, pois isso mostra que a dimensão do outro ainda está presente. Não é o caso quando se trata de um perverso decidido, no qual está definitivamente abolida a dimensão de alteridade, assim como da falta moral. Parece não haver nenhum drama subjetivo, estando a angústia cristalizada totalmente na vítima de sua ação perversa. O pedófilo, apesar de ser vítima de seu desejo e de

sua perversão, tem escolha, ao passo que um perverso decidido e sem registro de seu conflito não tem nenhuma escolha.

7) Efebofilia

Com o surgimento das cidades, na Antiguidade, a coletividade tornou-se mais forte, mais apta a resistir a crises naturais e aumentar sua população. Além disso, o cultivo e o pastoreio provocaram o surgimento de novas atividades e diferenças entre as pessoas da própria comunidade. É importante notar que esse processo de divisão do trabalho introduz conflitos de interesses na coletividade, antes tão simples.

Nas cidades da Grécia e de Roma, a exaltação da virilidade, da feminilidade e do culto ao corpo não deixam muita margem de dúvida quanto às múltiplas escolhas amorosas. Assim, as fontes que restam através de arquitetura, gravuras, pinturas, peças teatrais, obras literárias, discursos de oradores, juristas e formas culturais e religiosas revelam múltiplas subjetividades. A cultura, a religião, a sexualidade e a fertilidade da natureza estavam entrelaçadas.

As mulheres de Atenas eram mantidas no interior de suas casas, nos aposentos a ela destinados, e proibidas de aparecer em público. Os homens proprietários eram cidadãos livres, podiam votar e participar da vida pública.

Os gregos viam o órgão sexual masculino como mito, reverenciavam o pênis como símbolo da força e produtor da vida, um *falo*, símbolo de proteção, segurança, poder, fertilidade e completude do desejo sexual. Confundir o símbolo – *falo* – com o objeto parcial – pênis – pode obscurecer a pesquisa de questões fundamentais referentes à subjetividade sexual, à masculinidade e à feminilidade.

Especificamente sobre a bissexualidade é que se costuma olhar para a Grécia Antiga, sobretudo em certos períodos, quando as práticas homoeróticas não causavam estranheza. Um grande número de antigos mitos gira em torno da sedução e amor de um jovem, e quase todas essas histórias tratam da sua iniciação. O amor entre dois homens ocorria frequentemente, reflexo especular da própria natureza bissexual narcísica que Freud descreve nos *Três ensaios sobre sexualidade*:

> [...] nos gregos, entre os quais os homens mais viris figuravam entre os invertidos, está claro que o que inflamava o amor do homem não era o caráter masculino do efebo, mas sua semelhança física com a mulher, bem como seus atributos anímicos femininos: a timidez, o recato e a necessidade de ensinamentos e assistência. Mal se tornava homem, o efebo deixava de ser um objeto sexual para o homem, e talvez ele próprio se transformasse num amante de efebos. Nesses casos, portanto, como em muitos outros, o objeto sexual não é do mesmo sexo, mas uma conjugação dos caracteres de ambos os sexos, como que um compromisso entre uma moção que anseia pelo homem e outra que anseia pela mulher, com a condição imprescindível da masculinidade do corpo (da genitália): é, por assim dizer, o reflexo especular da própria natureza bissexual[87].

Para os romanos, a virilidade era o supremo prêmio, um requisito essencial para o homem adulto, aliado ao poder e dominância. Era uma cidade falocrática, onde o masculino confundia-se com o agressor ousado.

8) Estatísticas sobre pedofilia e efebofilia na Igreja
Para Cucci e Zollner[88],

> De 2001 a 2010 foram denunciados à Congregação para a Doutrina da Fé cerca de 3 mil casos de abuso cometidos por padres católicos nos últimos cinquenta anos. Como lembra Dom Charles J. Scicluna, promotor de justiça da congregação, a respeito deles, "em 60% dos casos trata-se, mais que de outra coisa, de efebofilia, ou seja, devidos à atração sexual por adolescentes do mesmo sexo, em 30% de relações heterossexuais e em 10% de atos de verdadeira pedofilia, ou seja, determinados por uma

---

87. Freud (1905), 1997: 23.

88. Cucci e Zollner, 2011.

atração sexual por crianças impúberes. Os casos de padres acusados de autêntica pedofilia são, portanto, cerca de trezentos, em nove anos".

Ainda, segundo Cucci e Zollner, a grande questão afetivo-sexual dos abusadores está no envolvimento com pré-adolescentes e adolescentes:

> Uma pesquisa com 36 sacerdotes abusadores, dos quais 69% católicos, mostrava que, para a grande maioria, as vítimas eram menores do sexo masculino (83%), menores do sexo feminino (19%) e menores de ambos os sexos (3%). Cerca de quase metade dos que tinham sofrido abuso eram menores de 14 anos. Outro elemento comum é que a maior parte dos que cometeram abuso tinha, por sua vez, sofrido abuso. Na Diocese de Boston, uma das mais marcadas pelas acusações de pedofilia, o número de sacerdotes acusados – antes, portanto, da verificação de sua efetiva culpa – girava em torno de 2% dos padres católicos da diocese.
>
> Por que, então, as notícias destes últimos meses falaram quase exclusivamente dos caos acontecidos na Igreja Católica, embora constituíssem pouco mais de 3% dos casos denunciados?[89]

Como sinalizamos acima, esses dados mostram que o mundo das relações, dos desejos e das fantasias estão voltados em geral para menores adolescentes. Se o tempo livre, as amizades, as férias, a convivência cotidiana têm como ponto de referência apenas menores, isso significa que há imaturidade afetiva e déficit cognitivo por parte desse adulto. Ou seja, a grande questão não é a simples convivência com crianças e adolescentes, mas sim a ausência de investimento e de relações afetivas com adultos. O que é grave é a ausência da alteridade, ou seja, de relação "de igual para igual"[90].

---

89. Ibid.

90. As tabelas e gráficos apresentados a seguir foram elaborados a partir de dados contidos no livro *Igreja e pedofilia*, de Cucci e Zollner.

Tipos de abusos cometidos por padres de 2001 a 2010[91].

Tipos de abuso	Frequência	Percentual
Efebofilia	1.800	60,0%
Relações heterossexuais	900	30,0%
Pedofilia	300	10,0%
Base	3.000	100%

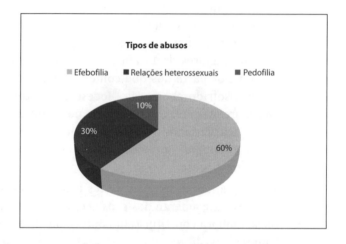

Seguindo essa análise, os autores apresentam estudos de quem seriam esses sacerdotes "abusadores" em relação a experiências de vida pessoal e quem seriam as vítimas. A tabela a seguir apresenta os resultados[92].

Sacerdotes abusadores em relação a experiências pessoais

Experiências anteriores	Frequência	Percentual
Sofreram abuso	24	67,0%
Não sofreram abuso	12	33,0%
Base	36	100%

---

91. Cf. Cardinale, apud Cucci e Zollner, 2011: 25, nota 18.

92. Cf. Langevin, apud Cocci e Zollner, 2011: 25, nota 19.

Número total de sacerdotes em arquidioceses da América do Norte em relação aos acusados de abuso sexual[93]

Arquidioceses	Total sacerdotes	Sacerdotes acusados abuso sexual	
		Frequência	Percentual
Arquidiocese de Boston – últimos 50 anos	3.000	60	2,0%
Arquidiocese de Filadélfia – a partir de 1950	2.154	35	1,54%
Arquidiocese de Chicago – últimos 40 anos	2.200	40	1,80%

Relacionando estes dados com o total de denúncias de violência sexual contra menores na América do Norte e na Europa:

> Nos USA, em 1988, houve 2 milhões e 178 mil denúncias de violência contra menores, praticamente 3% de todas as crianças do país [...] Situação similar na Grã-Bretanha: nos anos de 1987 e 1989, duas mil crianças teriam sido objeto de violência sexual por cerca de pertencentes a cerca de duzentos grupos de organizações pedófilas. [...] dados fornecidos pelo governo austríaco, em 527 denúncias de abuso sexual, dezessete se referiam a religiosos[94].

No Brasil, o Ministério Público Federal computou 56 mil denúncias só nos últimos dois anos de pornografia infantil pela internet. Mais de 80% delas envolvem o serviço de relacionamento Orkut, da empresa Google[95].

A última pesquisa, em abril de 2011, divulgada pelo Hospital das Clínicas da Universidade de São Paulo, revela que 88% das crianças abusadas sexualmente foram molestadas por pessoas da própria família, pai, padrasto, tios e primos. O restante são os vizinhos 9% e agressores desconhecidos 3%. A maioria das vítimas é do sexo femi-

---

93. Cf. Marchesi, apud Cocci e Zollner, 2011: 25, nota 21.

94. Cf. Cocci e Zollner, 2011: 26, nota 22.

95. *Folha de S. Paulo*, de 10/04/08.

nino e tem menos de 10 anos de idade. Isso cai por terra à simples equação de que todo abusador é homossexual, ou seja, de que a homossexualidade se enquadra na nosologia das perversões.

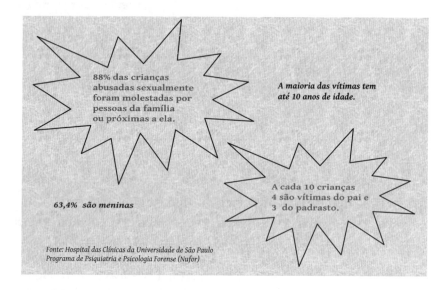

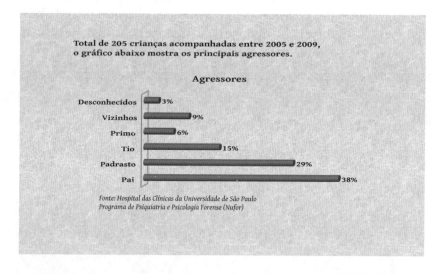

É importante o monitoramento das mães dentro do que ocorre em casa para prevenir agressões, já que as crianças não conseguem entregar seus algozes. "É gritante o fato de o pai ser o maior agressor.

Ele é justamente quem deveria proteger". Ficar atento a comportamentos que servem como sinais de abusos, como, por exemplo, a alteração de humor[96].

9) Manifestações perversas e vivência religiosa

As atitudes fetichistas da experiência religiosa produzem-se quando se toma de maneira idolátrica uma relação com um objeto externo ou interno. Isso pode ser o caso de certos cultos a imagens ou santos, que são buscados por algumas pessoas unicamente com ânimo autossatisfatório, sem nenhuma relação com Deus e desvinculado do que a Igreja oferece quando os propõe como modelos.

O voyeurismo religioso ocorre quando se busca ver de longe o espetáculo das manifestações religiosas, tanto nas celebrações litúrgicas como pela televisão, atualmente, em programas de ajuda aos necessitados, sem que nenhuma dessas coisas implique pessoalmente o espectador, que tem, aí, unicamente a função de observar.

As atitudes exibicionistas religiosas do perverso buscariam atrair o olhar e a atenção dos demais, provocando impacto erótico com a única finalidade de satisfazer suas necessidades de ser contemplado. A comunidade religiosa torna-se espectadora das relações desse sujeito com o objeto de seu cenário perverso.

Os elementos sadomasoquistas afetam especialmente o aspecto ético da experiência religiosa. O masoquismo moral é a adoção de atitude vitimista na vida espiritual, o encontro de satisfação no fato de sofrer em si mesmo, diferente do que seria a aceitação do sofrimento, da dor por amor ao outro, ou diferente inclusive de quando se busca o sofrimento na relação com o outro para desejá-lo mais. O sadismo de caráter religioso dá-se quando se busca satisfação fazendo sofrer

---

96. Antônio de Pádua, psicólogo e coordenador da pesquisa realizada no Hospital das Clínicas da Universidade de São Paulo. *Fonte*: Hospital das Clínicas da Universidade de São Paulo. Programa de Psiquiatria e Psicologia Forense (Nufor), 06/04/11.

moral ou fisicamente o outro, não para ajudá-lo a crescer, mas para autossatisfação, prazer.

Os aspectos mais graves da perversão na experiência religiosa encontram-se nas personalidades com atuações perversas. Podem ser personalidades que tenham um prestígio religioso e social merecido em muitos aspectos. O transtorno psicopatológico reside na utilização que o sujeito faz de outras pessoas para obter benefícios a partir delas; por exemplo, mediante manobra de descrédito de alguém, utilização dos recursos do outro em proveito próprio e, também, utilização erótica do outro, quando este não se atreve a opor-se, como é o caso dos abusos de menores, a pedofilia[97].

Qual é a fantasia do pedófilo? É o gozo sexual confundir-se com o prazer de dominar o outro graças à sua ignorância inocente. A ideia que excita o pedófilo é desta ordem: "Ele ou ela não sabem, não entendem o que lhes estou fazendo". A fantasia pedófila não é tanto uma vontade de carne firme, quanto o devaneio de um poder que conta com a infância ou a infantilidade de suas vítimas. É uma fantasia de poder sobre a ingenuidade, um prazer de aproveitar-se de outros que se entregam e confiam. O pedófilo goza com a vítima dócil. A patologia grave está na atitude enganosa, desajustando de tal maneira o sujeito que ele mesmo não se dá conta do que está fazendo, chegando muitas vezes a crer, inclusive, que sua ação é boa. Além disso, por vezes o sujeito perverso nega suas ações, e a negação não é consciente.

---

[97]. Durante o ano de 2002, essa patologia foi apontada entre sacerdotes, causando mal-estar entre os católicos de vários países, inclusive no Brasil. Levantei através da imprensa nacional os casos ocorridos no primeiro trimestre do mesmo ano; verifiquei que 63% correspondiam a fatos ocorridos dentro da própria residência das vítimas que envolveram os próprios pais e 37% por pessoas fora da família. Dos dez casos noticiados em Minas Gerais, no ano de 2002, apenas um sacerdote católico estava envolvido. Os demais acusados eram advogados, promotores de justiça, juiz de direito, porteiro de escola e sacristão. Fora do Estado de Minas Gerais, o caso mais complexo foi de um médico pediatra especializado também em clínica de adolescentes. *Jornal Pampulha*. "Pedofilia e mídia", 24-30/08/02.

Padres têm o poder espiritual; eles têm, como autoridade, poder sobre os colaboradores; eles têm uma visibilidade litúrgica relevante e – ainda sempre – um prestígio de posição social que, pelo menos, em muitos lugares, garante um poder social.

> Vocês sabem que os poderosos abusam de seu poder sobre as pessoas. Entre vocês, entretanto, não deveria ser assim, mas se alguém entre vocês quer ser grande, este deve ser o servo de todos (Mc 10,42s.).

10) Conclusão

Duas outras reações puderam ser observadas por parte daqueles que procuraram colocar-se o problema do abuso sexual na Igreja, ou que foram levados a fazê-lo por força de seu dever ético. Há, por um lado, aqueles que se dedicam, veementemente, a partir de agora ao tema do abuso sexual, e procuram de toda maneira através de soluções radicais eliminar o problema. Outros procuram eliminar o mal, responsabilizar os culpados e esperam arquivar o tema insuportável tão logo quanto possível. Por trás, há a aceitação, não expressa, de que existe algum bode expiatório no seio de um rebanho. Se a gente deposita tudo no bode expiatório, tudo volta ao normal. Se resolvemos o problema do abuso sexual, tudo está resolvido. Essa atitude ignora, acredito, que o abuso sexual é um problema que nunca será resolvido por inteiro, mas, ao contrário, sempre haverá causas de fundo que dizem respeito à instituição aonde acontece. Trata-se apenas da ponta do *iceberg*. Trata-se de um "não dito", ou de uma coisa importante sobre a instituição Igreja, muitas vezes difícil de decifrar.

Não podemos despreocupar-nos com o contexto eclesial e com as condições sistêmicas institucionais que tornam viável o abuso sexual. Nesse sentido o tema do "abuso sexual" exige ser debatido, em primeiro lugar, no contexto mais amplo do abuso como tal. Abuso dos bens sagrados, do poder, do saber, do prestígio, do prazer e do dinheiro.

O abuso sexual mostra que a dinâmica psíquica, em muitos casos, o componente sexual genital, não é de maneira nenhuma a dominante, mas está subentendida a questão do poder e busca narcisista de reconhecimento. Que isso também entre os Padres pode ser um fenômeno marcante e não deveria assustar.

Parece evidente que as pessoas em posição de poder são tentadas a abusar de seu poder. E faz parte do especificamente diferente, que deve marcar a comunidade cristã, que os "Senhores sejam Servos". E este especificamente "outro": alteridade e ética – tem que ser muitas vezes aprendido com esforço, na vida concreta do presbitério, juntamente com o bispo.

Valores semelhantes regem outros grupos profissionais. As diretivas éticas de profissões civis preveem que médicos, psicólogos e terapeutas não devem abusar de suas próprias necessidades narcisistas, eróticas e agressivas. (Ética profissional dos Conselhos Federais das Profissões.)

Todos os profissionais são, por isso, obrigados a não abusar de sua competência em favor de suas próprias necessidades narcísicas, eróticas ou agressivas. Um controle efetivo dessas necessidades acontece, então, de maneira paradoxal, melhor, quando se tem delas bom conhecimento e consciência. Quando alguém sabe o quanto precisa de reconhecimento, quando alguém está em contato com toda sua raiva e suas necessidades sexuais, então há mais chance de que ele lhe possa dar uma expressão comedida.

Também na Igreja isso acontece, ou seja, o manejo do poder e do distúrbio narcísico tem que ser discutido, pensado, organizado e aprendido em assembleias do clero, retiros espirituais, momentos de formação permanente através da Pastoral Presbiteral, visando o educar-se nas relações humano-afetivo-espirituais.

A crise de hoje pode ser um sinal de Deus. É um sintoma de uma crise muito mais profunda que exige de todos: bispos, padres e cristãos – O Povo de Deus – começarmos um novo tempo de ser Igreja.

Ainda não esgotamos o tanto que temos a dizer; o que tudo isso significa e o que tem que ser feito em cada diocese, cada conselho, região episcopal, área, forania, paróquia e comunidade eclesial.

> **Reflexão**
>
> O que significa, realmente, esse abuso para nós, cristãos batizados? O que significa para nós, pessoalmente, e para a Igreja? Que questões nos movem e sobre quais perguntas nos cabe pensar mais?
>
> Como oportunizar uma formação preventiva para presbíteros e cristãos, a fim de que o abuso sexual, no futuro, aconteça o menos possível?

3.7 O poder na vida presbiteral

1) Introdução

O poder é força e prática de ação política. O poder constitui-se através de dispositivos que produzem práticas políticas. Essas práticas caracterizam-se pela ação de seus atores e dos interesses antagônicos entre os grupos. Assim, a prática de ação política pode envolver atores que busquem o consenso, o compartilhamento de ideais ou a competição entre os membros do sistema, visando a desigualdade e a imposição da dominação sobre o outro grupo. Quando isso acontece, as formas de poder levam à destruição, e suas concepções são restritivas, como:

• poder é impor a própria vontade ao comportamento alheio;
• poder é monopólio da força e produz a violência;
• poder é instrumentalização das relações humanas através das decisões visando o próprio bem, o sucesso e prestígio;
• poder é pura competição, visando apenas vantagem e rivalidade;
• o poder é um instrumento do controle em torno de concentração política, econômica e ideológica.

Entretanto, os dispositivos de poder podem transformar-se em pura positividade. Isso ocorre quando:
• a esfera do poder é a geração de comunicação solidária entre os humanos;
• o poder é a palavra que busca consenso entre os cidadãos;
• o poder é a faculdade de alcançar acordo visando ação comum transformadora;
• o poder é a força da participação dos cidadãos, objetivando a transformação da sociedade;
• o poder é a capacidade de criação de estratégias, táticas e ações políticas;
• o poder é convivência de relações dialéticas entre conflito e consenso, visando o bem comum;
• o poder é o exercício da distribuição igualitária de recursos, bens, valores e ética entre os humanos;
• o poder é a construção de um lugar social onde ocorrem discussões, diferenças, consensos e decisões;
• o poder é a capacidade de protagonistas, atores sociais ou cidadãos construírem políticas públicas;
• o poder produz realidades, campos de ação, rituais de gestos amorosos e solidários.

2) O poder na vida presbiteral

Os depoimentos revelam que as dioceses têm dado passos processuais nos debates contemporâneos sobre democracia e poder horizontal e, também, muitas vezes, têm apresentado uma volta do poder hierárquico, vertical, autoritário, produzindo no meio do presbitério atitudes infantilizadas e culpadas.

> No modo antigo, reuniam-se o bispo e o conselho, tomavam-se as decisões, de modo fechado, e nós recebíamos as ordens e simplesmente tínhamos de executar. Hoje começou-se a negociar, conversar com a pessoa, chegar a um consenso. Hoje temos várias instâncias de participação:

conselhos e foranias[98]. Essa é uma das maneiras novas que existem, e se tornou bem mais democrática (depoimento de padre).

No poder democrático, a força é depositada mais na lei comum a todos, enquanto a figura do líder é referência para garantir o desejo do grupo. O poder vertical, por sua vez, privilegia a figura da autoridade como detentor de um saber absoluto, que pode ser imposto de forma autoritária aos demais. A frase *L'État, c'est moi* – O Estado, sou EU – é muitas vezes uma metáfora do poder da realeza e da Igreja. Luís XV considerava que governar consistia em ter todo o poder de promulgar leis eclesiásticas e todas as regras da sociedade.

Esse sistema cria uma relação de liderança calcada no silêncio, naquilo que não pode ser dito, mas é vivido por cada um. O elo entre os sujeitos passa a ser o medo, a desconfiança, e não mais o amor, o afeto em sua forma de vida.

A relação com a autoridade no meio eclesial tem sido motivo de discussão devido à dualidade que a relação de poder pode gerar. De acordo com alguns entrevistados, essa hierarquia é importante e harmoniosa, pois ajuda na organização do trabalho proporcionando uma referência, também auxilia no acolhimento afetivo e na troca de informações a respeito do problema a ser enfrentado. Entretanto,

---

98. A estrutura tradicional da Igreja baseava-se na paróquia e na diocese. O crescimento das cidades levou à necessidade de instâncias intermediárias, como a forania e a região episcopal. Com o nome derivado da palavra latina "fórum", que sugere um espaço próprio para o debate, a forania quer ser uma espécie de paróquia em rede, construída não a partir da autoridade, mas da ação coletiva, combinada, compactuada. Ela congrega as comunidades mais próximas, na busca de uma pastoral de conjunto, com o abandono do modelo de paróquia autossuficiente e isolada. Torna-se, assim, espaço para que leigo/a(s) e padres se ajudem como irmãos.

Buscando discernir os sinais dos tempos, as paróquias, organizadas em foranias, apoiam-se umas às outras em um espaço privilegiado de comunhão fraterna, para melhor aproveitar as potencialidades e enfrentar os desafios da realidade. Sua ação se desenvolve pela dedicação do vigário forâneo, acompanhado do respectivo conselho pastoral. No momento de realizar ações concretas, deverão ser mobilizadas as forças vivas das paróquias que a compõem. Se necessário, buscar ajuda de assessores competentes nas diversas situações.

nos depoimentos recolhidos durante a pesquisa, não se percebe a importância dos poderes democráticos, dos conselhos e da articulação dos padres e leigos em torno das foranias, áreas ou regiões. É dada muito mais ênfase à figura de "autoridade instituída do que nas organizações de poder democráticas e horizontais". É necessário rever os importantes dispositivos horizontais e democráticos de poder e saber, oriundos dos conselhos e foranias.

Constatamos mais uma vez que várias dioceses possuem excelentes projetos de governança que permanecem friamente nos manuais de pastoral; entretanto, não penetram na mente e na vida dos presbíteros. Aí encontramos as paredes espessas do inconsciente que bloqueiam as novas relações de poder. Há uma forte paixão, mal resolvida, desde criança que trava as pessoas de se libertarem dos pais, da infância. A formalidade, principalmente, na relação entre diáconos, padres e bispos pode dificultar o acesso a essa belíssima caminhada do Povo de Deus.

> Autoridade precisa de respeito, senão há conflito (depoimento de padre).

> A nossa relação é mais ou menos formal. Não se trata de uma relação fria, mas de uma relação que cumpre com os objetivos, que tende a criar laços que podem favorecer o trabalho e que é desejável [...] Não tenho nenhuma dificuldade e não existe tensão, também tenho liberdade para me aproximar de qualquer um deles (depoimento de padre).

> A minha relação com o bispo é muito boa, me sinto livre para conversar com ele. Às vezes temos dificuldade, pois não é possível conversar com o bispo em todos os momentos. Sabemos que ele é quem governa e é o pastor maior da diocese, mas nem por isso deixa de ser uma pessoa próxima (depoimento de padre).

> Eu vejo a autoridade como aquela pessoa que nos norteia, que nos guia, não faria sentido se cada padre fizesse o que

> bem entendesse. Eu não tenho resistência, nem problemas com a Autoridade, tenho respeito por Ela como o respeito que se tem pelo pai e pela mãe, ou pelo menos deveria ter. São as pessoas de referência familiar com as quais às vezes concordamos e discordamos, mas sempre estamos em diálogo (depoimento de padre).

> Certas coisas são próprias de quem constitui autoridade e outras são próprias de quem está no meu lugar [...] qualquer problema que se tenha nesse sentido é mais pessoal de alguém que teve uma experiência negativa, do que da pessoa que efetivou a coisa (depoimento de padre).

> O serviço é o poder que eu percebo hoje dentro da Igreja. Apesar da tentação, alguns, às vezes, usam do "meu" poder para ganhar vantagens, regalias, mas antes de tudo estão ali para servir o povo, e não o contrário. Penso muito sobre isso. Eu vejo também as autoridades como facilitadoras, pessoas que estão lá para ouvir, ouvir um irmãozinho que batalha e precisa de uma injeção de ânimo; é como prestar um serviço (depoimento de padre).

A relação de obediência não significa uma relação cega, de total subordinação. Pactuar é uma virtude entre adultos, homens livres e autônomos. Numa relação madura há acordo entre as partes e consenso na tomada de decisão, embora resguardando as diferenças. A liberdade de comunicação, reconhecida por alguns entrevistados, permite fazer exigências e cobrar posturas mais incisivas referentes ao cargo, sem abalar a boa relação entre os subordinados e as autoridades.

> Veja bem, eu não tenho problema nenhum com essas pessoas. Por exemplo, o bispo é uma pessoa muito solícita, e a gente faz um voto de obediência na ordenação, só que hoje em dia tudo é conversado. Eu penso que nossas autoridades estão abertas para o diálogo e para o entendimento da situação, então eu sempre procuro o entendimento (depoimento de padre).

> A minha relação com autoridade é de obediência, mas não cega [...] Não é que eu sou chato, mas eu questiono algumas

> coisas [...] No sentido de participação, democracia. A minha relação com as autoridades é tranquila, volto a dizer, de obediência, mas não cega, aquilo que eu sentir necessidade de falar, eu falo (depoimento de padre).

Entretanto, para alguns essa relação não se expressa de forma tranquila, principalmente com relação aos bispos. Muitos não se sentem devidamente acolhidos nos momentos de necessidade e questionam a disponibilidade das autoridades em ajudar a resolver os problemas pessoais e paroquiais. O poder, ao invés de ser um facilitador, transforma-se em um obstáculo para o diálogo e um mecanismo de cobrança.

> Acho que de certa forma eu não me acho bem acolhido do ponto de vista do relacionamento com o bispo. Eu vejo algo de muito formal, não consigo ver aí aquela paternidade que deveria ser exercida pelo bispo em relação aos padres (depoimento de padre).

> Qual é a visão que o bispo tem do seu clero? O bispo vai lá pra celebrar a Crisma, vai lá para um momento especial de festa, mas ele vê aquilo que a gente tem de melhor, mesmo quando estamos em situação complicada. A paróquia se prepara para recebê-lo. Ele vai embora. Ele finge que está tudo bem e nós fingimos que está tudo ótimo. Nós vivemos desse acordo tácito (depoimento de padre).

> Eu mesmo tenho que dar conta de tudo para não achar que estou incomodando. Eles têm outras questões, outras referências, têm outros problemas com que se preocupar, que são, de fato, os problemas que concernem aos bispos, às autoridades. Então o meu lugar é no cantinho mesmo [...] eu já me senti mais à vontade quando pelo menos eu sabia que, ao passar por uma situação complicada, apresentá-la, o bispo vinha pra dizer, olha não podemos fazer muita coisa não, mas eu estou aqui. Vamos lá, vamos caminhar, isso vai ser difícil mesmo, tais caminhos podem ser uma possibilidade, esses outros que você está tentando, não é bem por aí (depoimento de padre).

> Uma vez eu ouvi de um bispo que alguns padres querem esse cargo; na verdade querem a mitra, não o báculo. Porque a mitra é um sinal do poder, mas ninguém quer ser pastor. O que é ser pastor? É deixar as 99 ovelhas para ir sempre buscar aquela ovelha que está perdida (depoimento de padre).

> O poder às vezes distancia as pessoas [...] às vezes eu vejo que as pessoas se escondem atrás de títulos e não fazem o trabalho pastoral (depoimento de padre).

> Sabe, você não ter acesso [...] eu digo por experiência própria, marcar uma audiência com a secretária do bispo e ficar esperando meses e não ser chamado (depoimento de padre).

> Outros momentos também que eu precisei de uma presença, fui ao encontro de algumas das referências de autoridade da diocese. Ai, não tive resposta (depoimento de padre).

3) O espaço de poder nas foranias, áreas ou regiões

Tenho escutado, frequentemente, em várias dioceses, de vigários forâneos, de padres e de leigos, que os espaços de poder das foranias, áreas ou regiões não são preenchidos politicamente pelos participantes. Vários, inconscientemente, estão à espera do senhor bispo, para mandar, advertir, vigiar, punir, ou elogiar e premiar os imaturos membros do clero. Além da falta de adesão dos presbíteros, os escolhidos para assumirem a função de autoridade, por exemplo, vigário forâneo ou de área, sentem-se incapazes, por bloqueios emocionais: "não posso assumir o lugar do pai" ou "tenho medo de assumir e superá-lo".

Há falta de definição do papel desempenhado pelo vigário forâneo e de sua função na forania, área ou região. Observa-se tanto a ausência de credibilidade quanto a desvalorização do exercício de poder do vigário forâneo ou de área. Nota-se a carência da compreensão e da consequente consciência da forania como espaço político de organização das dioceses. A capacidade crítica e a consciência política dos padres é baixa. Pensam que política é política partidária. Não tem consciência que política é organização coletiva do poder de todos.

Há falta de interesse e motivação para os trabalhos pastorais da forania. Ou área, por uma parcela de padres. Além disso, há significativa dificuldade de entrosamento interpessoal no grupo. As relações interpessoais entre os presbíteros são mescladas de ciúme, inveja e competições. Percebe-se que a cultura do individualismo e do isolamento fixado e neurótico de cada um nas suas paróquias dificulta os trabalhos de uma pastoral de conjunto.

Constata-se, também, a falta de habilidade, preparo técnico e metodológico para o exercício de liderança do vigário forâneo ou de área. Foi registrado ainda o excesso de formalidade das reuniões, o que favorece a impessoalidade e inibe o verdadeiro encontro entre os padres e leigos. Há carência de dinâmicas que priorizem as relações humanas para que frutifique o intercâmbio de experiências numa vivência de fraternidade e solidariedade no lugar da competição e do boicote. Os vigários forâneos ou de áreas estão com escassez de tempo e excesso de trabalho.

Nossa pesquisa constatou também foranias, áreas e regiões bem estruturadas, com lideranças efetivas, abertas para formas democráticas de participação, com bom entrosamento entre os membros e com alto grau de comunicação e alegria.

> Na nossa área observa-se liderança forte e eficaz que intervém, apropriadamente, para minimizar as dificuldades de organização do grupo. Uma pequena parte demonstra dificuldade na manutenção das regras. Alguns poucos manifestam necessidade de culpar o outro pelas falhas na comunicação, evidenciando muitas dificuldades de refletir sobre os resultados do trabalho. Contudo, a maioria dos presentes mostra-se capaz de se comunicar e executar ta-

refas que lhes exige organização e superação (depoimento de padre).

> Nossa forania mostra-se satisfeita e entrosada, comunicativa e alegre, num clima muito afetuoso. A comunicação entre nós é um grande desafio, dada a importância de falar uma linguagem que atenda a todos. Reconhecemos que os grupos, apesar de estarem dentro de uma mesma região, possuem características diferentes. Isso pode também ser observado dentro de um mesmo grupo, já que ele é constituído tanto por pessoas simples, de menor formação cultural, quanto daquelas que tiveram acesso a melhores bens de cultura. Ressaltamos a importância de buscar uma comunicação mais ativa para atender aos grupos em suas especificidades, assim como a necessidade de que os padres assumam o lugar de liderança (depoimento de padre).

> Nossa área apresenta-se bem organizada, entrosada e satisfeita. Há problema de comunicação em relação a algumas pessoas (depoimento de padre).

4) A dimensão política na organização da Igreja

Presbíteros diocesanos e religiosos têm medo de explicitarem, publicamente, que fazem política. Para eles, política é coisa de políticos profissionais, da vida partidária. Participam da ideia de que política é coisa suja. E, portanto, coisa suja se faz debaixo dos panos. Algo obsceno.

Há na Igreja uma cultura do silêncio sagrado. Essa cultura recalca o poder de organização do bem público. Política é a capacidade de organização social entre os seres humanos. É o lugar da convivência, da comunicação, do consenso, do conflito e de ações transformadoras. Podemos dizer ainda que a política é o *locus* da afetividade, da palavra consciente, do diferente, do pacto ou do acordo. Essa capacidade de organização social gera poder entre as pessoas. Assim, poder é sinônimo de organização social e de convivência entre os humanos. Quer serviço mais sublime e evangélico do que melhorar e organizar o bem público com ações transformadoras? Não existe o jargão eclesial "poder é serviço?"

O poder deve ser visto de forma espalhada, não se identificando neurótica e fixadamente ao bispo, ao lugar prescrito da paróquia, ao chefe-pároco, ao líder do conselho, mas às várias instâncias da vida social, da forania, área e região episcopal – trata-se de uma "microfísica do poder". O poder deve ser entendido como pura vontade dos participantes, e seu exercício é a busca constante da vontade comum. Essa vontade de poder é uma graça e está disseminada em todos os poros da vida social, constituindo um poder "microfísico", que gerará a "vida em abundância" (Jo 10).

A concepção relacional do poder inclui o entendimento de que ele se exerce por relações de força, de persuasão, por redes que se instauram em um espaço polivalente, com multiplicidade de pontos de resistência. Essa deveria ser a nova concepção de paróquia em forma de rede e que significa, na prática, as redes missionárias das foranias e das áreas.

O poder é polivalente: perpassa e abarca todo o espaço eclesial e social possível, definindo pontos de onde é exercido, nos quais práticas e estratégias são condições fundamentais. A novidade maior, nessa perspectiva, é a concepção do poder como positividade: não apenas repressivo, sujo, mau e enclausurante, mas favorecedor de novas práticas e organizações fraternas entre os cristãos.

A questão principal é: como lidar com a potencialidade do poder? O melhor sistema social para o exercício do poder ainda é a democracia. Não há democracia sem poder, sem a potencialização da participação de todos. Essa é a dimensão política da democracia: distribuição do poder, da participação, da transparência e da garantia do bem público sobre o privado. Os seres humanos são diferentes e necessitam uns dos outros para viver. O que caracteriza a esfera política é a fala, o diálogo, a discussão. A política é a arte de administrar conflito. É a substituição do campo de força da truculência, do ideal de "justiça com as próprias mãos", das atitudes passionais e familiares pelo campo de força de justiça, de coesão e de consenso.

Os participantes interrogam-se continuamente: quem é o sujeito da democracia? Quem é o sujeito produtor da política? Essas perguntas estão dizendo que na democracia não tem receita, é algo construído continuamente. Não trata de evidências, feitos naturais, mas de construção social, maneira de organizar a convivência humana para que, nela, todos possam participar.

A democracia eleitoral partidária é certamente uma conquista social, mas não representa senão uma parte da democracia. A democracia política deve ser também democracia no campo social, econômico, cultural, das relações de trabalho, na vida religiosa diocesana, consagrada e nas formas de matrimônio.

Ampliar a democracia significaria ir além do exercício do direito de votar nos representantes partidários, muito mais do que uma eleição a cada quatro ou cinco anos. Ampliar a filosofia desse sistema em todos os setores da vida humana é propor um movimento de aprofundamento das raízes dos problemas que tangem a vida em sociedade.

A democracia é o valor e o regime de convivência que melhor se adapta à natureza humana cooperativa e societária. Aquilo que vem inscrito em sua natureza é transformado em projeto político-social consciente, fundamento da democracia: a cooperação e a solidariedade. Realizar a democracia, da melhor forma que pudermos, significa avançar mais e mais na dimensão do desejo e da lei, do pacto social, indo do narcisismo à alteridade.

Há pessoas da alta hierarquia e influentes da Igreja que insistem em afirmar que a Igreja de Jesus Cristo não é deste mundo. Que a Igreja de Jesus é transcendental. Portanto, não é uma democracia. Dizem que a democracia é a forma de governo civil. Certamente. Isso, porém, não deve ser entendido como justificativa para o autoritarismo, formas verticais de governar e para passar por cima dos outros, no seio da comunidade eclesial. Não é uma democracia, e menos ainda uma monarquia absoluta. É, e deve ser, muito mais do que uma democracia, uma fraternidade na qual a escuta atenta, o respeito pela diferença e a busca de seu bem acima de ideias e instituições prevaleça sobre qualquer outro tipo de sistema. A última ceia, a celebração da eucaristia, é o gesto mais radical de governar e do exercício de poder fraterno: "eu vos dou um novo mandamento, que vos ameis uns aos outros como Eu vos amei" (Jo 13,34).

5) A relação de poder entre párocos e vigários

Até hoje, episódios históricos da divisão hierárquica medieval da Igreja produzem feridas e cisões no exercício de poder dentro das dioceses. Embates referentes ao tema de cargos, funções e poder aparecem cotidianamente na vida das dioceses e na vida religiosa consagrada. Especificamente, é a relação entre párocos e vigários.

Vários padres e religiosos destacam a dificuldade de se estabelecer as atribuições de pároco e de vigário de forma mais coerente e livre. Apontam que no Direito Canônico há excesso de regras e atribuições para o pároco e míngua de princípios para o vigário. Isso revela a ênfase dada à função de autoridade do pároco em detrimento ao subordinado, vigário. Por que nas instituições há tanta ênfase no instituído, regras e regulamentos, e pouco espaço para promover vivências e atitudes de relacionamento humano?

> Parece que há uma carência de itens, até no Direito Canônico, de disposições sobre as atividades do vigário e a sua valorização. Na opinião de muitos padres, o vigário é tratado como "um zero à esquerda." A nova tabela de côngruas e emolumentos ainda deixa o vigário sob orientação do pároco. É difícil entender o porquê da desigualdade, já que todos fazem a mesma coisa. A Eucaristia que o vigário celebra é a que o pároco celebra. É necessário rever esta situação para encontrar a melhor forma de valorizar o vigário e reduzir a desigualdade (depoimento de padre).

Alguns padres jamais conhecerão "aqui na terra ou mesmo no céu" o que é trabalhar em equipe ou o que é pastoral de conjunto. Se o presbítero traz "fixações" de experiências de infância e não as supera, essas deformações vão impedi-lo de viver de forma saudável. Essa repetição periódica de atitudes parecidas perante experiências semelhantes é que gera as chamadas "fixações". No vocábulo freudiano, "fixação" tem cor, exclusivamente, afetivo-sexual. Uma "fixação", pois, é um processo psíquico decorrente de um recalque. Enquanto o recalque não for simbolizado, motivará sempre atitudes parecidas. Eis um bom exemplo de um presbítero mais velho, com fortes fixações fálicas em torno do poder do cargo e do dinheiro. Ele não se dava conta da ameaça do jovem presbítero em sua residência.

> Logo que me ordenei fui designado pelo bispo a exercer a função de vigário na paróquia X. Fui recebido pelo padre Y que exercia a função de pároco há 30 anos. A recepção foi extremamente burocrática e franca. Assim se expressou: "não quero que o senhor se hospede na residência paroquial. Já providenciamos um pequeno apartamento perto da matriz para o senhor viver independentemente. Há um grupo de paroquianos que cuida, junto comigo, há mais de 20 anos, da vida financeira da paróquia. Por isso dispenso qualquer ajuda do senhor sobre esse trabalho. Quanto às missas dominicais, peço-lhe que celebre em horários alternados a cada domingo; isso auxiliará o senhor a não ficar vinculado com o mesmo público. Padre novo não pode se afeiçoar muito aos paroquianos" (depoimento de padre).

Alguns párocos governam as pessoas como um empregador indiferente e não confiam nos valores eclesiais e civis da cooperação, da amizade e da colegialidade. Muitas vezes são pessoas afetivas e sexualmente reprimidas e sem alegria de amizades sãs, e procuram distração da solitária existência usando como escudo a marca do comando autoritário.

A situação agrava mais ainda quando entra a questão financeira na relação entre o pároco e o vigário. O tema salário é polêmico e repleto de ambivalentes controvérsias. Algumas dioceses, depois de longas discussões entre o clero, assumiram que ambos, párocos e vigários, devem receber salários iguais.

Há dioceses em que o clero sustenta a diferença salarial entre o pároco e o vigário. Alguns presbíteros são contra a norma estabelecida em igualar o salário entre ambos. Argumentam que as funções são diferentes, e as responsabilidades maiores são dos párocos. Nos depoimentos dos entrevistados ficam visíveis as fundamentações burocráticas e econômicas. Não há argumentos teológicos, bíblicos psicossociais e humano-afetivos. É uma pena! As assembleias presbiterais não superaram as organizações profissionais sindicais. Sabemos que as organizações sindicais fixaram-se em discussões meramente econômicas.

> Saiu a tabela de côngruas da diocese. Verifica-se que o pároco e o vigário são tratados de forma desigual. Apesar do entendimento de que a responsabilidade do pároco é maior em função das questões administrativas e outras, o vigário deve estar à disposição para realizar as tarefas orientadas pelo pároco (depoimento de padre).

> Na nossa diocese, o conselho e os presbíteros igualaram o salário de todos. E isso para o bispo foi uma maravilha, porque ninguém ficou brigando, por paróquia x ou y. Nivelou todo mundo, ninguém briga, acabou com a confusão (depoimento de padre).

> O vigário recebe quatro salários. É uma cultura que precisa desaparecer. Mas, realmente, a ideia seria: se o pároco ou os padres não pegam a sua subsistência por espórtulas, como era antigamente, na realidade o que ocorre é que os padres recebem o salário, têm a casa pra morar, têm a doméstica, o telefone etc. (depoimento de padre).

> Entrar nessas lidas de pároco e vigário dá confusão. Eu sou pároco desde diácono e sei que o pau quebra, é muito difí-

cil, é um *stress* imenso. Não sei quando isso vai terminar e nem como resolver essa guerra (depoimento de padre).

O maior *stress* que enfrentamos atualmente na paróquia é o problema entre o pároco e o vigário. São problemas que vamos herdando de muitos anos (depoimento de padre).

Não se trata de igualar aqueles que são diferentes. Os que são iguais devem receber o mesmo tratamento. Aqueles que são diferentes, que sejam tratados segundo a justiça. Acho que essa questão deve ser normatizada, orientada, para que haja justeza nas coisas (depoimento de padre).

A igualdade salarial – porque é salário, nós pintamos, mascaramos, mas é salário: a tabela fala de quatro a seis salários – é um desafio para os padres mais novos, no sentido de buscar a igualdade. O mesmo que se ganha na paróquia, que é tida como rica, deve receber o padre que trabalha na igreja de periferia. Não deveria haver diferença nenhuma. Segundo as normas da diocese, não deveria haver diferença. Caso a paróquia não seja capaz de prover os seis salários para o pároco, ele tem que pedir ao fundo de solidariedade ou à diocese que dê o recurso (depoimento de padre).

Há uma comissão que não consegue se encontrar, porque toda vez que se fala em côngruas, tabela de emolumento no conselho presbiteral, não se consegue chegar a um acordo. Vira uma balbúrdia a questão de dinheiro. Então há uma comissão para estudar isso novamente. E ela nunca chega a uma conclusão (depoimento de padre).

O desafio para os padres que estão chegando é começar a pensar que os padres não deveriam receber nada das paróquias. Os salários deveriam vir da diocese. Só que, realmente, por enquanto, a diocese não tem esse dinheiro. Talvez a alternativa fosse voltar ao tributo sagrado, o que muitas dioceses já fizeram e que também aqui já aconteceu. É preciso lembrar que muitas paróquias não repassam para o fundo o que deveriam repassar. Há paróquia que passa todo mês cem reais. Será que isso corresponde à realidade? É sempre o mesmo valor? Isso está certo? (depoimento de padre).

Outra dificuldade que é apresentada pelos jovens vigários é certa influência psicológica que pode ter sobre o pároco a presença da empregada doméstica ou da secretária da paróquia. Ora, o primeiro colega do pároco deve ser o vigário paroquial enquanto enviado pelo bispo e enquanto coirmão. As outras pessoas podem ser consultadas e ter o direito de exprimir-se enquanto povo de Deus, mas nunca devem ultrapassar um limite de discrição na relação pároco/vigário paroquial. Mas o que geralmente ocorre é um desacordo importante entre os dois presbíteros na paróquia, criando não raramente graves fraturas não só entre eles, mas também dentro da comunidade, com a perda da necessária autoridade para desenvolver o ministério adequado. O pároco, inseguro com a presença do colega, vigário, busca mais alianças externas para desestabilizar o coirmão diante dos leigos.

> Na paróquia em que estou quem manda, depois do meu colega pároco, é a empregada ou a secretária. Raríssimas vezes o cardápio das refeições contemplou algum tipo de alimento de minha preferência. Mesmo quando o pároco está ausente, a comida é a mesma. Recebo ordens da secretária a mando do meu colega pároco. Os seus recados são transmitidos por ela (depoimento de padre).

Felizmente, algumas dioceses no Brasil criaram há algumas décadas a figura do "pároco solidário" para superar a ausência do grande líder de outrora, como protetor e segurança afetiva para os presbíteros. A experiência do pároco solidário é o fortalecimento das fratrias, da amizade entre dois ou mais padres que dedicam e vivenciam a vida de uma paróquia. É uma forma de vida e de organização que privilegia os irmãos presbíteros, os semelhantes, dando-lhes poder para decidir e para inovar sem que haja forte liderança centralizada.

Eis o grande desafio do tempo presente para a instituição Igreja quanto ao relacionamento dos padres idosos com outros de menos idade: experimentar a vida fraterna como lugar de autorrealização humano-cristã, de apoio afetivo para viver a fidelidade a Deus e o compromisso pastoral com o irmão.

> Hoje eu sinto que ainda cuido de muitos. Porém, consigo perceber que também sou cuidado, principalmente depois que a idade foi chegando. Morar com o pároco solidário, você sabe, não é [...] Mas, graças a Deus eu sempre tive boas pessoas perto de mim e até hoje é assim. O mais interessante é que mesmo hoje eu sou reconhecido pelo que fiz e ainda faço muito; ainda me pedem orientação e eu fico muito feliz. Na semana passada, mesmo, eu fui convidado para celebrar um casamento de uma menina que eu batizei, e ela fez questão que fosse eu. Olha para você ver!! (depoimento de padre).

Entretanto, a afetividade dentro da vida presbiteral é um tema delicado. Pouco discutido dentro do ambiente eclesiástico. Faz-se necessário trabalhar os aspectos que ela engloba, uma vez que afeta diretamente o sujeito e o seu posicionamento diante da vida, e consequentemente a forma de agir e de se comportar na relação com os outros.

> A vida afetiva de um padre velho é muito complicada, depende do que foi a vida dele no período em que era mais, entre aspas, útil à Igreja, e trabalhava mais, estava mais empenhado [...]. A vida afetiva é a vida entre você e o outro (depoimento de padre).

> A vida afetiva é uma necessidade de toda pessoa humana. Então há alguns que têm um buraco e, às vezes, o buraco é muito profundo [...] porque a troco de ser fiel a um determinado compromisso que assumiu lá na juventude, quando tinha vinte e poucos anos, não sabia nem o que era a vida, ele se torna, às vezes, agressivo, retraído, desconfiado (depoimento de padre).

6) A sucessão episcopal e de párocos

Há dioceses que funcionam como uma espécie de loteamento de cargos e funções entre grupos antagônicos, principalmente nos períodos de sucessão de um novo bispo ou de pároco. Assim se expressou um bispo:

> Acontece, porém, que um pequenino grupo de pessoas, que não nos aceitaram, tudo fizeram para nos pôr em choque contra o nosso antecessor. Exploraram as virtudes inegáveis de Dom Fulano e seus trinta e um anos de bispo, para censurar e condenar o seu novo bispo, que sou eu. Por quê? (depoimento de bispo).

> Temos que estar sempre atentos, a gente sempre está tentado ter poder, prestígio, temos que nos policiar. O que foi marcante foi a posse de Dom Fulano logo no começo. Um grupo queria tirar o outro grupo do poder, isso ficou muito claro. Ficaram o tempo todo dividindo os cargos: vigário-geral, diretor da rádio – vamos tirar esse, vamos colocar um outro. Não se olhou muito para o lado da evangelização, pastoral, nada (depoimento de bispo).

> Existem dois grupos, não sei se é tão claro. Mas na transição dos bispos isso ficou muito claro, acirrou essa divisão: a turma do Padre Fulano e a turma do contra. Porque cada um passou a defender o seu interesse (depoimento de bispo).

> Com a chegada do novo bispo, o conflito de poder da diocese explodiu. Porque cada grupo se aproximou dele tentando resgatá-lo para o seu lado. E mediante isso, se ele ficasse de um lado, ele apanhava. E se fosse para o outro grupo, apanhava novamente. Houve primeiro todo um jogo de sedução da parte dos antigos para impedir a entrada do novo. Na sucessão do poder nos transformamos em crianças. Queremos o amor do papai. Quando ele se dedica a um lado, ele apanha do outro. Todos o querem para disputar as melhores paróquias [...] (depoimento de bispo).

Assim também ocorre com a sucessão entre os padres de uma paróquia para a outra. Ao chegar a uma nova paróquia, o novo pároco presencia uma forma de governo e pessoas que desempenhavam funções e cargos durante longo tempo com o antigo presbítero. Como é normal em toda sucessão, nem sempre é fácil um cordial entendimento e uma sintonia perfeita entre uma forma antiga de governo e o que está assumindo a direção. Qualquer atitude de um ou de outro lado pode ser mal-interpretada. Não obstante, não existem inocentes completos. Há interesses, desejos, busca por mudança, formas de ressentimento antigas que deságuam em revanches, rivalidades, disputas e competições. As circunstâncias dos fatos falam mais alto. O lado humano, de equívocos e da precariedade de cada um de nós, manifesta-se nesses momentos de forma explícita e repleta de excessos. Daí, é comum presenciarmos exageros de todos os lados: do padre que não soube deixar o lugar do poder – a paróquia – e do padre que não teve capacidade de governar os conflitos.

> Quando o novo pároco chegou aqui, eu acredito que ele tenha sofrido muito. Porque cada grupo se aproximou dele tentando resgatá-lo para o seu lado. E mediante isso, se ele ficasse de um lado, ele apanhava do outro grupo. Houve primeiro todo um jogo de sedução da parte do antigo pároco para impedir a entrada do novo. Até hoje o antigo vem na paróquia com intuito de visitar amigos, mas, na verdade, vem fazer inferno de intrigas e fofocas [...] (depoimento de um leigo).

> Eu percebo também a própria função do padre, eu percebo que o ser padre faz caminhos para que se exerça muito essa questão de poder; então, eu tenho dinheiro sobre a minha mão, muito ou pouco; lá da paróquia, eu tenho pessoas a meu serviço [...] é um pouco a mentalidade que certos padres começam a criar, eu entendo isso, e procuro viver isso na minha vida, que o povo não está a meu serviço, e sim o contrário. Essa coisa de ter, essas coisas de ostentar, o carro, uma casa, então às vezes eu percebo isso, que há certa disputa entre os padres, de um carro diferente, melhor tipo, uma casa (depoimento de padre).

O processo de divisão de poder nas dioceses e paróquias pode assemelhar-se a alguns partidos políticos ou algumas agremiações da sociedade civil extremamente burguesas. Um sistema de corte burguês não contempla prioritariamente um projeto comum, um ideal ou uma proposta coletiva, mas beneficia preferencialmente o poder de pessoas, seus herdeiros ou afilhados.

Quando determinado grupo não se sente contemplado na garantia dos benefícios dos associados, instalam-se estratégias destrutivas através de boicotes, intrigas, obstruções parlamentares como ausência nas assembleias, silêncio, omissão e fofocas, visando à desestabilização do exercício do cargo. Entre os subgrupos, também são erguidas muralhas, como nos *apartheids* despóticos, autoritários e xenofóbicos.

> Por quê? Porque o Padre Fulano não pode ficar aqui, porque ele é de outro grupo, e aqui temos que pôr uma outra pessoa de nosso grupo. Temos que dominar alguns pontos, algumas áreas na diocese (depoimento de padre).

> O que eu percebo com relação a este grupo, acho que há uma sede, uma ânsia de se aproximar do bispo, que, por exemplo, você se aproximando do bispo, você vai conseguir manipular certas situações, parece um pouco isso. Então parece que há uma ânsia para chegar perto do bispo, para exercer este poder (depoimento de padre).

Para diminuir essas confusões na transição de um padre por outro, há dioceses que adotaram um dispositivo educativo que dialoga, previamente, com os padres e membros dos conselhos de leigos da paróquia.

> Outra coisa importante é a questão da equipe de transição. Quando é anunciado que um padre vai mudar de paróquia, a diocese tem disponível uma equipe para assessorar os padres que vão passar por essa transição. Essa equipe tem como missão visitar as paróquias e verificar o seu funcionamento, orientando e cuidando para que o encerramento das atividades de um padre numa paróquia se efetive

adequadamente, criando condições favoráveis ao início do ministério de novo padre. É necessário investimento, porque estas pessoas precisam ser pagas pelo seu trabalho (depoimento de padre).

> Essa equipe deve estar na paróquia, no mínimo, três meses antes, para poder acompanhar o levantamento, o funcionamento de tudo, apontando o que está correto e o que precisa ser corrigido. Algumas vezes, o padre sai da paróquia e deixa uma série de situações complicadas para o seu sucessor. Outros saem muito bem da paróquia, com aplausos. É desejável que o padre que vai assumir a paróquia acompanhe a verificação desses dados, para que tenha consciência da realidade que vai encontrar. Talvez o vigário forâneo possa contribuir neste processo e haja necessidade de mudança de cultura, porque, muitas vezes, os padres não aceitam que o vigário forâneo entre na sua paróquia (depoimento de padre).

7) A relação entre o masculino e o feminino no presbitério

Na sociedade, historicamente, a relação de gênero nunca foi harmônica. Platão, em seu livro *Timeu*[99], concorda com a tese hipocrática, sublinhando que a mulher, diferente do homem, trazia dentro de si um "animal sem alma". Assim, a mulher, próxima da animalidade e marcada pela diferença, foi e é, em muitos lugares, considerada e tratada de forma discriminativa.

Na Idade Média, sob a égide da Igreja Católica, a tese organicista e médica foi abandonada, deslocando as novas premissas para concepções prazerosas ou concupiscentes e, por conseguinte, associadas à ideia de pecado. A mulher foi arremessada ao campo do imaginário e mítico, transformando-se em feiticeira, bruxa, figura persecutória. Seus sofrimentos foram atribuídos a intervenções do demônio enganador, capaz de dissimular doenças e penetrar no corpo das

---

99. Platão, 1996.

mulheres para possuí-las e dominá-las. A figura feminina passou a encarnar o perigoso mistério do desejo.

Em 1487, com a publicação do *Malleus maleficarum,* a Igreja Católica, através do dispositivo punitivo da Inquisição, dotou-se de um manual aterrador, que permitia revelar os casos de bruxaria e mandar para o carrasco todos os seus representantes, principalmente as mulheres. Durante mais de dois séculos, a caça às bruxas fez inúmeras vítimas, enquanto médicos e teólogos disputavam o saber do corpo feminino. Não apenas isso: no final da Idade Média, o saber médico opunha-se ao poder da Igreja, sublinhando que as mulheres não eram responsáveis por seus atos e colocando tais questões na esfera da doença mental. Os teólogos viam no sintoma o significante do demônio.

Com o surgimento da Modernidade, novos padrões societários, culturais, históricos, políticos, econômicos, científicos e institucionais entram em cena: a passagem da centralidade do sagrado para o profano; do saber concentrado no senso comum e no mundo estético para o paradigma da ciência moderna sustentado pela razão. Nesse contexto de modernidade, em meados do século XVIII, Franz Anton Mesmer operacionalizou a passagem de uma concepção demoníaca da mulher – histérica – para uma concepção neurológica – a doença nervosa –, que teria como origem um desequilíbrio na distribuição de um fluido universal. Assim, bastava que o médico, transformado em magnetizador, provocasse crises convulsivas nos pacientes, em geral mulheres, para curá-los mediante o restabelecimento do equilíbrio do fluido.

Contemporaneamente, a sociedade patriarcal, racionalista e machista, tem apresentado sinais de enfraquecimento. O mundo contemporâneo tem evidenciado o crepúsculo do macho. Há sinais de amadurecimento entre o masculino e o feminino. Ao longo do século XX, o feminismo restabeleceu o direito de a mulher recuperar sua sexualidade e a sua força de trabalho. A liberdade afetiva e a independência econômica minaram, assim, qualquer pretensão de propriedade e de controle dos homens sobre as mulheres. A reivindicação de igualdade e da diferença, por parte das mulheres, exerceu profunda influência sobre a Igreja e a vida religiosa.

Para a teóloga Maria Clara Bingemer[100],

> Em uma certa tradição judaica, as mulheres começaram a ser oprimidas por sua própria constituição corpórea. Sua anatomia não lhes permite passar pelo rito de iniciação do judaísmo. São membros do Povo Eleito apenas porque são capazes de conceber e dar nascimento a filhos que são a garantia da continuidade do povo. Os ciclos mensais das mulheres eram considerados não puros – contagiosamente não puros –, e isto as segregou de muitas esferas da vida social, pública e religiosa.

Infelizmente, a Igreja Católica e a vida religiosa consagrada têm dado apenas pequenos passos para acompanhar essas metamorfoses. As mulheres perfazem a maioria das pessoas religiosas no panorama atual do mundo. "A vida consagrada é, majoritariamente, feminina. De cada 100 pessoas consagradas, aproximadamente 80 continuam sendo mulheres e 20, homens"[101]. Além disso, o número de mulheres que participam das paróquias na celebração eucarística, nos conselhos e pastorais é infinitamente maior do que o dos homens. Embora o número de mulheres consagradas tenha diminuído gradativamente, tal redução não é, se a examinarmos em profundidade, por falta de vocação e desejo e, sim, por falta de espaço digno de realização e valorização. Ignorar a emancipação da mulher é tomar a contramão da história contemporânea.

Paradoxalmente, a instituição Igreja Católica continua sendo misógina. Tem horror ao feminino. É demasiadamente fálica. Há desavenças interpessoais entre religiosos e religiosas, distâncias salariais

---

100. Apud Medeiros, 2005: 89-101.

101. Cf. o excelente livro sobre a vida religiosa, organizado por Fernando Prado: *Aonde o Senhor nos levar*. São Paulo: Paulinas, 2006, p. 9.

e diferenças de *status* e prestígio e valorização entre ambos. Há competições entre padres e leigas e, principalmente, com as religiosas.

> Somos três religiosas funcionárias de uma diocese. Ganhamos 1 salário mínimo e meio para trabalharmos na paróquia. Temos despesa de aluguel, comida, roupa lavada, impostos públicos e condução. O pároco recebe 4 salários mínimos, livre: de casa, comida, carro, impostos públicos e doméstica (depoimento de uma religiosa).

A Igreja não compreendeu que o feminino e o sagrado são aspectos que guardam, entre si, parentesco essencial. Trazem, ambos, a aura do que é indizível, incompleto. Falam da falta, da dimensão do enigma. Vivenciar o sagrado é da ordem do feminino, do não ter, é privilégio do ser de desejo, que busca apenas desejar. É com a força do feminino, portanto, do desejo, que presbíteros, religiosos e religiosas desenvolvem a dimensão mística e profética.

Se a força do feminino, tão próxima da vivência do sagrado, é marca fundamental e indelével para a história da Igreja, o encontro também com o masculino, na figura de vários místicos, trouxe o equilíbrio para centenas de congregações e modelo diocesano, indispensável para que fosse possível disseminar sua atuação. A história está repleta desses encontros: Francisco de Assis e Clara, Francisco de Sales e Joana de Chantal, João da Cruz e Teresa d'Ávila, Raimundo de Cápua e Catarina de Sena, Claudio de La Colombière e Margarida Alacocque, Vicente de Paulo e Luiza de Marillac, João Vianney e Catarina Lassagne e outros. Esse feliz encontro pode ser lido como um dos lindos agenciamentos que permitiu, em várias épocas adversas, que mulheres e homens pudessem caminhar em meio ao povo, oferecendo o que lhes era possível: a amizade e a ternura.

8) Conclusão – A concepção de governar e de poder de Jesus

Um dos últimos temas tratados por Jesus foi sobre o modo de governar e de poder entre as pessoas. A proposta virtuosa de poder de Jesus foi elaborada em torno de uma mesa durante a celebração da partilha do pão e do vinho. A ênfase simbólica foi fotografada: em torno da mesa e do gesto da partilha. No ritual, surgiu uma discussão entre os apóstolos: qual deles seria o maior. Jesus, percebendo a competição narcisista entre os seus companheiros, disse-lhes:

> Entre eles houve também uma discussão sobre qual deles deveria ser considerado o maior. Jesus, porém disse: "os reis das nações têm poder sobre elas, e os que sobre elas exercem autoridade são chamados benfeitores. Mas entre vocês não deverá ser assim. Pelo contrário, o maior entre vocês seja como o mais novo; e quem governa, seja como aquele que serve. Afinal, quem é o maior: aquele que está sentado à mesa, ou aquele que está servindo? Não é aquele que está sentado à mesa? Eu, porém estou no meio de vocês como quem está servindo" (Lc 22,24-30).

A leitura desse texto ilustra e esclarece o sentido do inconsciente e a estrutura edípica que habita entre nós. A dissonância entre o gesto amoroso de Jesus e as fantasias ambiciosas de poder dos apóstolos é flagrante. Na véspera de sua morte, Jesus cria um dispositivo autogestivo em torno de uma mesa, servindo pão e vinho a cada um de seus convidados.

Jesus denuncia a forma de governar dos reis. Salienta que os reis preferem a egofilia, o gostar de si mesmos; por isso os reis são solitários. Os solitários não amam, ausentam-se, defendem-se, fecham-se e recusam-se à participação, ao trabalho de equipe e à autonomia dos companheiros. Mostra que é possível um grupo autogestionar-se, que é mais saudável os participantes interagirem e amarem sem a presença de um grande líder. Rompe com a ideia da centralidade do mito, do poder narcisista fálico e do excessivo mais gozar solitário. Sinaliza a autonomia e propõe o amor interpessoal e grupal. Inaugura uma relação que abomina a dependência e a possessão em torno do chefe que amplia o abismo de insaciáveis carências.

Jesus propõe um corte nas fixações neuróticas afetivas em torno do pai, que produzem disputa avarenta e obscena, delação do traidor, insídia, adulação regressiva infantil. O paradigma de governar de Jesus de Nazaré desconstrói a forma de governo onde o bispo, o pároco, o superior, o provincial ou superiora, o líder do conselho paroquial tem a última palavra. Jesus amplia a paixão e o amor entre todos. Não à monomania da paixão, sim à polissemia da união entre os/as irmãos/ãs. A festa da última ceia conseguiu aglutinar as três virtudes: *agapé, philia e eros*, ou seja, a felicidade e alegria, o amor e o prazer.

Lamentavelmente, os apóstolos, embriagados e fixados no excesso do puro gozo, não souberam desfrutar desse convívio. Sem dúvida, aquele que bebe sozinho se fecha. Aquele que está voltado apenas para dentro de si teme sair da realidade sensível com os outros. Os discípulos não substituíram o puro gozo do narcisismo fálico pelo prazer afetivo da convivência fraterna.

Temos que nos perguntar, ainda, se as transformações na composição da vida da Igreja como desencanto, sofrimento físico e psíquico, perda de prestígio, aburguesamento, crise de redução de vocações, sentimento de inutilidade, menor valia, desamparo, isolamento, ausência de mística e profetismo, e outros mais são sintomas do que se pode detectar como uma crise ética na sociedade contemporânea?

Acredito que a Igreja que está em crise é justamente a organização institucional que desacelerou a sua forma de utopia e sonho. É o modelo no qual germinaram as modalidades individualistas, incomunicáveis, centralizadoras, as restrições afetivas impostas, sobretudo às mulheres, a claustrofobia doméstica em torno de paróquias fechadas, que contribui para fixar as pessoas sem perspectiva política/profética e sem a ternura amiga.

A rivalidade fratricida que aparece, recorrentemente, entre padres, religiosos/as e leigos é muito mais a forma de organização em torno de uma figura monárquica vertical e onipotente do que a simples constituição do ser humano.

Na sociedade vêm surgindo novas formas de poder. Menos centradas na função paterna ou materna. Observam-se novas formas de pacto e alianças entre os irmãos/ãs. Hoje tem sido revalorizado, na sociedade civil, o poder da *fratria*, do trabalho de equipe mais condizente com a vida dos primeiros religiosos mendicantes. A Igreja mudou? A amizade entre os/as irmãos/ãs, aquilo que era mais precioso, perdeu força?

Se lutarmos, presbíteros, religiosos, religiosas e leigos para fazer avançar a Igreja, ainda é preciso saber pelo que lutamos. Penso que não vale a pena lutar para manter e conservar a transmissão de leis, normas, estatutos e constituições ou os mesmos e velhos "caminhos que levam a Roma".

E se a luta for por uma Igreja em invenção e criação de poder? Por ela eu diria que sim, porque pode tornar, voltar a ser, apaixonante, cheia de graça e relevante socialmente, desde que cultivemos novos territórios extraídos de sonhos, de utopias ativas do Mestre Fundador.

3.8 A dimensão do projeto pastoral

1) Introdução

No Brasil, a Igreja busca, desde 1962[102], através da CNBB[103], atender ao pedido do Papa João XXIII de uma coordenação orgânica da atividade pastoral, ordenando um planejamento de ação propositiva para atender às especiais condições da Igreja no continente.

---

102. A CNBB acolheu prontamente o pedido do Santo Padre e, na sua 5ª Assembleia Geral Ordinária, de 2 a 5 de abril de 1962, discutiu e encaminhou as linhas do Plano de Emergência, o primeiro documento de planejamento pastoral para todo o Brasil elaborado pela entidade que, na época, tinha como presidente o cardeal Dom Jaime de Barros Câmara, arcebispo do Rio de Janeiro, e como Secretário-Geral, Dom Helder Câmara.

103. A história da CNBB é marcada também por diversos projetos: a Campanha da Fraternidade que se realiza, desde 1964, durante o tempo da Quaresma; a Campanha para a Evangelização, desde 1998, que se realiza durante o tempo do Advento; as Semanas Sociais, desde 1991; o Mutirão nacional para a superação da miséria e da fome, implantado em 2002; o Projeto de Evangelização da Amazônia, também implantado em 2002.

A missão da Igreja é evangelizar[104]: anunciar ao mundo a boa-nova do Reino de Deus, levando adiante a missão de Jesus. Desse modo, vários planos de pastoral foram construídos visando a orientação sobre a pastoral de conjunto, com objetivo de evangelizar, a partir da ressignificação da paróquia, da formação dos presbíteros e leigos, da renovação das escolas católicas e de estudos da realidade socioeconômica[105].

No início da década de 1970, seguiram-se outros planos, todos sistematizados segundo as chamadas "seis linhas", de acordo com a teologia do Concílio: comunitário-participativa; missionária; bíblico-catequética; litúrgica; ecumênica e de diálogo inter-religioso; sociotransformadora.

Posteriormente, a CNBB optou por não oferecer um plano de ação em nível nacional e sim, Diretrizes Gerais da Ação Pastoral, para as próprias dioceses, paróquias e comunidades criarem seus projetos, planos de ação e estratégias pastorais. Com isso, pretendeu-se dar nova ênfase à evangelização, destacando-se a inculturação, a proposta de uma nova pastoral e as exigências intrínsecas da evangelização: serviço, diálogo, anúncio e testemunho de comunhão.

Recentemente, o Conselho Permanente da CNBB aprovou o Novo Projeto Nacional de Evangelização, cujo tema é "O Brasil na missão continental" e o lema "A alegria de ser discípulo missionário". O projeto visa colocar em prática os anseios do *Documento de Aparecida* e das *Diretrizes Gerais da Ação Evangelizadora* (DGAE) sobre a missão continental no Brasil.

Assim, a partir do Concílio Vaticano II, as dioceses do Brasil, as paróquias e as redes de comunidades vêm realizando assembleias populares de evangelização visando criar seu Plano de Pastoral.

---

104. É fundamental retomar o Concílio Vaticano II: *Lumen Gentium* e, principalmente, *Gaudium et Spes*. Cf. tb. o documento *Evangelii Nuntiandi*, de Paulo VI, principalmente o capítulo II: "O que é evangelizar?", 1975.

105. Para acompanhar os estudos socioeconômicos da realidade brasileira foi instituído o Centro de Estatística Religiosa e Investigações Sociais (Ceris).

Trata-se de um excelente dispositivo pedagógico de fé e mobilizador de participação entre os presbíteros e os leigos. Muitas iniciativas de sensibilização, mobilização e organização são usadas visando articulação horizontal fundada no consenso, na livre adesão, num ambiente de liberdade e de respeito à diferença.

2) Obstáculos sobre os projetos

Muitos padres consideram necessária a iniciativa e realizam os trabalhos propostos pelos projetos em suas paróquias, colocando-os em prática e elaborando-os de acordo com as potencialidades e capacidade de aceitação dos paroquianos. Alguns lembram que no tempo de formação no seminário não tinham grande conhecimento acerca dos Projetos de Pastoral, mas depois de terem sido ordenados e permanecerem em contato contínuo com a organização e coordenação da paróquia inteiraram-se com clareza do assunto.

> No início, eu tinha uma dificuldade grande para compreender o projeto, mas depois, principalmente agora que, como vigário, eu tenho participado mais ativamente das reuniões, passo a passo, agora eu já consigo ver, já consigo nortear o objetivo do programa, e passar, dar este testemunho para os leigos que às vezes demonstram a mesma dificuldade que eu tinha antes (depoimento de padre).

> Faz algum tempo que temos o projeto. Uns dias a gente faz um encontro, discute os temas, e realmente procura estar em dia com essa evangelização, que é evangelização do povo, para conscientizá-los (depoimento de padre).

> Nós temos nos esforçado pra colocar em prática o projeto, dentro das nossas possibilidades, abraçando aquilo que nós damos conta (depoimento de padre).

Em contrapartida, nas entrevistas sobre o tema dos Projetos de Pastoral, vários padres apontam para o temor de que os projetos concebidos durante as Assembleias de Pastoral Local se esvaziem ao longo do tempo nas estantes ou não obtenham êxito em sua implementação. Esse temor procede? Quais as razões latentes?

Alguns entrevistados salientaram aspectos práticos que podem inviabilizar os programas do projeto, como: diferenças marcantes entre as paróquias, precariedade de lideranças, deficiência na formação dos leigos, distâncias geográficas, violência urbana, longa jornada de trabalho profissional das pessoas, secularização do mundo pós-moderno, indiferença dos leigos e dos colegas padres para desempenharem trabalho conjunto nas foranias, áreas ou regiões.

> [...] cada paróquia, na verdade, é uma realidade totalmente diferente. Então você tem uma proposta de trabalho, você ouve. A Igreja valoriza muito a questão dos Conselhos, mas hoje há uma crise na Igreja, que as pessoas não querem assumir lideranças de Conselhos, elas acham mais fácil criticar o que está sendo feito. Então, articular lideranças é um desafio. Além da dificuldade de nós, padres, trabalharmos em equipe (depoimento de padre).

> Eu acho que o Projeto de Pastoral Diocesano é a maior furada que existe. Eu acho uma ilusão. Não sei se algum padre falou com você que aplica, mas na realidade ninguém aplica. Nós aplicamos partes do projeto. Um projeto pastoral não pode vir de cima para baixo, nem de baixo para cima. O projeto pastoral tem que partir de quem está na linha de frente. Que são os padres (depoimento de padre).

> Agora, falar assim, que eu sigo o Projeto Pastoral, integralmente, é mentiroso! Porque ele não bate na minha realidade, quando, por exemplo, a minha realidade é totalmente diferente da realidade do centro. Como o projeto pastoral vai ser igual para as duas paróquias? (depoimento de padre).

> Se você falar que segue o projeto pastoral você é mentiroso. Tem pontos excelentes? Tem. Você trabalhar com a espiritualidade, resgatar essa espiritualidade, fazer a lei-

> tura da Bíblia. Não posso ter nada na minha paróquia de noite, porque ninguém vai, por causa da violência. Então eu tenho o curso da leitura orante, vinte pessoas, eu tenho o curso bíblico, vinte pessoas, numa paróquia que tem 140.000 pessoas. [...] As pessoas não vão porque têm medo. A minha paróquia, na realidade, foi feita em um lugar terrível, no alto do morro, então é uma montanha. Fizeram a igreja no alto do morro, então quem mora lá embaixo não vai, e ela é caminho para entrar em uma favela. E a favela é violentíssima. Então, todo mundo tem medo (depoimento de padre).

> Eu tenho procurado, em todas as reuniões de pastorais, ficar atento às coordenações, tenho tentado convocar para o conselho paroquial para evangelização, evangelizar os coordenadores. Para algumas coisas você percebe a falta de capacitação dos coordenadores. Então isso é um pouquinho das dificuldades, o desafio, porém nós também é que temos que confiar mais, atrair e ficar mais próximos (depoimento de padre).

Alguns ainda discorrem sobre as dificuldades de aplicar o projeto, devido a vários fatores: a extensão da diocese e o processo de urbanização acelerado e caótico, gerador de enormes paróquias, a ousadia do projeto, a estrutura paroquial fortemente dependente da centralidade da figura clerical que inibe os leigos, a amplitude e integração numa nova paróquia e a falta de adesão dos padres, que dificultam o envolvimento das comunidades na formação de conselhos.

> As comunidades não se envolvem tanto nesse projeto. Eu estou chegando agora, eu percebo desde o seminário que depende muito do padre para empenhar isso, porque o povo, por mais que assista na televisão e escute no rádio, ele não vai entender como que funciona a coisa se não tiver alguém para alavancar a síntese disso, e a pessoa é o padre. Se o padre se empenha, a comunidade vai, se o padre não se empenha a comunidade não vai (depoimento de padre).

> Talvez exercida a atividade do projeto em nível de região, de diocese, funcione, mas ali na paróquia mesmo, com os

grupos, eu acho meio difícil de fazer chegar isso ali. Tem "n" fatores que contribuem para isso, e um que eu acho que prejudica um pouco é, realmente, o tamanho e a extensão da diocese e também um pouco a boa vontade dos padres (depoimento de padre).

Olha, a gente como Igreja tem que estar aplicando, acho que é uma questão de estar em comunhão, é algo que você tem que acreditar, tem que arriscar, apesar de o projeto ser extenso, muito longo, eu tive dificuldade porque paróquia nova, começando a se formar, esse primeiro ano que passou deu para traçar um rosto, um perfil, da paróquia, mas mesmo assim a gente tenta porque aplicar é estar em comunhão e a gente não é uma Igreja isolada, acho que é a comunhão, o esforço, a gente coloca a missão (depoimento de padre).

Eu acredito nesse projeto porque é o projeto atual da nossa diocese, porque a Igreja tem que ser viva, ninguém quer uma Igreja morta. E a Igreja é missionária. O que me deixa um pouco desanimado é que os padres são muito desunidos. Às vezes um padre assume um projeto, mas, assim, muito só na teoria, porque a diocese é múltipla e são realidades muito diferentes, aí, com essa desunião, fica aquela pergunta: será que esse projeto vai pra frente? (depoimento de padre).

Eu cheguei à paróquia agora, tenho só três meses de ordenado, então eu ainda não me inteirei, estou sendo muito sincero, na paróquia onde estou residindo eu não percebi um trabalho anterior, antes da minha chegada (depoimento de padre).

Para que esse desafio dos *projetos de evangelização* seja possível, cada presbítero e cristão deve fortalecer os princípios fundantes da Igreja local que formaram a espinha dorsal da Igreja universal. No ideário, o presbitério descobre os elementos de coesão em torno de uma mesma busca por Deus, mas, na prática, são inúmeros os obstáculos e as resistências.

É preciso refletir, no entanto, sobre o fato de que não é possível idealizar a vida diocesana presbiteral enxergando-a imune às dificuldades do mundo e aos aspectos próprios da sociedade atual. Perceber que os padres de cada diocese também fazem parte do mundo permite que a Igreja busque alternativas na tentativa de conciliar esses panoramas tão distintos – volatilidade do tempo presente, diferenças culturais das paróquias e distâncias geográficas, complexidade do mundo urbano, isolamento dos padres e cristãos, desenraizamento da população, violência, despreparo pastoral da população, pastoral virtual midiática e vida de pequenas comunidades sem participação. É preciso coragem e maturidade para continuar se sustentando em pilares como a economia fraterna, as relações centradas no outro, o empenho no diálogo, na comunhão e participação.

Ainda que não seja possível fugir daquilo que nos rodeia, os presbíteros e cristãos precisam do ideário fundante para continuar sustentando seus princípios éticos em um mundo que dilacera tradições, biografias, história e mitos em prol de uma pretensa "felicidade de consumo".

3) Três linhas pastorais

Pretendo, nesta parte, apresentar, de maneira esquemática, três linhas pastorais que vigoram no meio das paróquias e comunidades eclesiais. Quero evidenciar o processo de subjetivação pastoral, ou seja, como as atividades pastorais são produzidas pelos agenciamentos sociais: das dioceses, paróquias, escolas católicas, mídia televisiva, radiofônica, jornais, boletins e outros veículos de comunicação. Assim, a evangelização como dispositivo produz pastoral de massa e pastoral crítica ou singularidades. Pessoas totalizadas ou sujeitos críticos.

Por detrás dos planos de pastoral, existem vários paradigmas de evangelização. Quero pontuar apenas três modelos: o maníaco-eufórico, o depressivo angustiado-desiludido e o profético-místico-missionário.

O sentido do termo "subjetividade", aqui usado, significa o modo de ser no mundo, de se relacionar com o mundo, consigo mesmo e com as outras pessoas. A subjetividade é mutável, processual, sendo assim, está em constante transformação, não se caracteriza como um produto, algo estático, mas como movimento, algo que está sempre em construção. A subjetividade emerge a partir de vários fatores: econômicos, sociais, políticos, culturais, religiosos, históricos e vivenciais, quer dizer, experiências de vida, como infância, amores, trabalho, dentre outras. A subjetividade é entrecortada pelos discursos dominantes de poder e do saber da história humana.

Portanto, o processo de subjetividade é um dispositivo em rede, em que vários territórios e espaços transversais vão coexistir, onde tudo se enuncia e o conjunto das manifestações gera a produção do pensar, sentir e agir. Como articular o agenciamento da evangelização na produção de subjetividades no momento contemporâneo?

O processo de evangelização, segundo o *Documento de Aparecida*[106]:

> Entre as propostas para renovar o anúncio do Evangelho no continente, a Conferência de Aparecida propôs o fiel seguimento de Jesus e de sua prática, reencontrando seu rosto no rosto sofredor dos mais pobres. Propõe a renovada evangélica opção preferencial pelos pobres; solicita a retomada forma de ser igreja das comunidades eclesiais de base, apoiadas na leitura popular da Bíblia, sugere um aberto, leal diálogo ecumênico e inter-religioso, na acolhida e reconhecimento dos ministérios leigos, em especial, das mulheres (*Documento de Aparecida*).

> Iluminados pelo Cristo, o sofrimento, a injustiça e a cruz nos desafiam a viver como Igreja samaritana (cf. Lc 10,25-37).

> Recordando que "a evangelização vai unida sempre à promoção humana e à autêntica libertação cristã" (*Documento de Aparecida*).

---

106. *Documento de Aparecida*, 2008.

> Damos graças a Deus e nos alegramos pela fé, solidariedade e alegria características de nossos povos, transmitidas ao longo do tempo pelas avós e avôs, as mães e pais, os catequistas, os rezadores e tantas pessoas anônimas, cuja caridade mantém viva a esperança em meio às injustiças e adversidades (*Documento de Aparecida*).

4) Angústia e a sociedade contemporânea

Antes de pensarmos nas três linhas pastorais que permeiam o processo de evangelização é necessário conhecermos a conjuntura social atual que produz processos de subjetivação nos diversos campos: a afetividade, a religiosa, a econômica, a social, a do poder e a do saber.

Na denominada Pós-modernidade, em especial nas últimas décadas, os discursos predominantes a respeito do que a vida deve ser, têm-se empobrecido gradativamente, à medida que se apoiam, cada vez menos, em razões políticas, filosóficas, éticas e religiosas e, cada vez mais, em razões de mercado. É que as razões filosóficas ou religiosas, as grandes utopias políticas e cidadãs, apontam sempre para além da banalidade do nosso dia a dia, para um devir, uma transformação do sujeito ou do mundo que ele habita. Ou, então, para alguma forma de desejo que ultrapasse os limites de nossa morada organicista, e coloque-nos diante de uma corporeidade transcendente[107] – a contemplação místico-profetica, por exemplo, para a vida religiosa.

A depressão e a angústia, tão generalizadas atualmente, estão na origem do mal-estar contemporâneo, como sintomas emergentes do vazio do império do prazer à própria vida de mercado. O mercado é como uma goela devoradora, diante da qual o sujeito se encontra prestes a ser abocanhado, aspirado, engolido. Esta boca

---

107. O corpo, que já foi considerado apenas um objeto natural, é aqui entendido como corporeidade, ou seja, como um dos principais objetos de historicização. Esse eixo engloba investigações que analisam as transformações desse corpo do ponto de vista do desejo, das fantasias, do sagrado, dos movimentos e instituições correspondentes.

aberta, insaciável, tanto pode se especificar na oralidade desmedida, expressa nas formas atuais de anorexia e bulimia, como no devorar através do consumismo, na toxicomania e no sexismo compulsivo e que nega a alteridade.

O "novo absoluto" denominado mercado, com seus sinais visíveis e invisíveis de realizações quantificáveis, não deixa espaço para o sujeito crítico, pensador, silencioso, místico e profeta. O vazio interior dói. Essa dor propicia um deslocamento desenfreado a um objeto que momentaneamente alivia a angústia. Neste sentido, a cultura pós-moderna casa-se como luva com um certo irracionalismo glamouroso, barulhento e extravagante, leia-se, sem rumo, à deriva.

Hoje em dia, levanta-se a hipótese de que nos encontramos em uma nova economia psíquica do excesso e esta corresponde à mutação cultural que consiste em que nós nos supomos liberados de qualquer referência de limites. Em contrapartida, vivemos segundo a exigência do império do prazer, realizável graças à capacidade tecnológica contemporânea, de obtermos todos os objetos que possam saturar nossos insaciáveis apetites, de tal modo que a forma representativa de nossa época é fazer-se devorar, consumir e destruir. Todos nos tornamos dependentes do objeto suscetível de saturar e satisfazer nosso gozo.

Assim, ganha primazia tudo que é da ordem da imagem ou embalagem, e isso tem consequências sobre a organização psíquica. Não são mais o desejo e a lei que nos comandam, mas o objeto fetiche.

Desse modo, provoca uma ilusão que a vida é mais simples, visto que se supõe que há objetos em abundância capazes de regular os nossos vorazes apetites.

A fim de superar sua angústia ou seu sentimento de vazio interior e impotência, o ser humano escolhe um objeto no qual projeta todas as suas qualidades humanas: seu amor, sua inteligência, sua coragem – seu fetiche. Ao se submeter a esse objeto, ele se sente em contato com suas próprias qualidades; sente-se forte, inteligente, corajoso e seguro. Perder o objeto significa o perigo de perder a si mesmo. Assim, oscilamos radicalmente da forma maníaca à depressiva; da fogueira eufórica à fogueira do desencanto.

As utopias foram tachadas de totalitárias e fora de moda. Os novos movimentos sociais dos anos de 1960 e 1970, entenda-se, feminista, de jovens, ecológico, etário, étnico, religioso, *gay*, dos direitos humanos, dentre outros, foram gradativamente esvaziados e perversamente deslocados para os produtos de mercado. Ao emancipar-nos da utopia, colocamos lenha na fogueira do desencanto. A cratera do vazio ampliou-se. Só é possível ressignificar esse vazio pela dimensão da amizade, da política, da estética, da filosofia, da ética e do engajamento religioso crítico. Um possível reencantamento do desejo em direção aos projetos religiosos, hoje, significa recuperar a grandeza mística direcionada pela profecia, denominada, contemporaneamente, de dimensão política.

A opção presbiteral ou religiosa pode ser um *locus* da busca de sentido da existência, para o ser humano que está sempre tentando ampliar o domínio simbólico sobre o real do corpo, da morte, de Deus. Essa busca de produção de sentido não é individual – seu alcance simbólico reside justamente no fato de ser coletiva, e seus efeitos podem ser alcançados na vida do presbitério. É nessa busca comunitária que têm origem todos os atos de criação e invenção humanos.

Por outro lado, os discursos de mercado consistem em formas individualistas e em cadeias metafóricas muito pobres, estéreis, curtas, que vão do objeto ao sujeito – e não o contrário. Encerram-se quando promovem a ilusão de um pseudoencontro entre os dois, o puro gozo, ou seja, um prazer absoluto, mas jamais atingido.

Na contemporaneidade, a cultura do individualismo competitivo, o sujeito é levado pelo desejo desenfreado da felicidade, identificada ao sucesso, sendo esse identificado à supremacia pela eliminação do outro, que se não for física é moral e profissional.

No clamor da cultura, observa-se imperativamente que todos devem gozar. Sempre e intensamente. Não importa como. O discurso capitalista pós-moderno faz crer que o gozo, reduzido ao máximo de prazer possível, não deve ser interditado. Deve ser vivido "além do princípio do prazer", mesmo que promova uma satisfação alucinatória, estranha e paradoxal. Pois o destino do gozo puro é sempre sustentado pela cultura de morte.

A dimensão afetiva, política, ética e religiosa oferece uma canalização para o escoamento do gozo. A interdição do "mais além do gozo" marca o limite, acentuando o prazer como sinônimo de desejo. O desejo é o prazer possível. Uma satisfação substitutiva para a satisfação alucinatória do gozo. O desejo é uma potencialidade encarnada na cultura de vida e da alteridade. O outro é o limite para que se visibilize o desejo.

Como o processo de agenciamento de evangelização contemporânea lida com o sofrimento e a angústia fundamental da pessoa humana? O projeto de evangelização auxilia as pessoas a elaborarem a sua angústia, ou, pelo contrário, tampona com discursos alienantes, infantilistas e repletos de culpa. Pretendo descrever, neste espaço, três modelos de evangelização: as novas comunidades cristãs, o modelo clássico paroquial e o modelo das pequenas comunidades.

5) Modelo das novas comunidades cristãs

As novas comunidades cristãs produzem em torno de si uma enorme subjetividade emocional, repleta de potencialidades e se identificam com a própria Igreja como a única via de salvação para todos. João Paulo II afirmou:

> O grande florescimento desses movimentos e as manifestações de energia e de vitalidade eclesial que os caracterizam devem ser considerados certamente um dos frutos mais belos da vasta e profunda renovação espiritual, promovida pelo último concílio[108].

---

108. Discurso do Papa João Paulo II aos participantes do Congresso Mundial dos Movimentos Eclesiais, Cidade do Vaticano, 6 de fevereiro de 2004.

Também, em 1985, o Cardeal J. Ratzinger se manifestou:

> O que abre espaço à esperança em nível de Igreja universal – e isso acontece no coração mesmo da crise da Igreja no mundo ocidental – é o aparecimento de novos movimentos, que ninguém previu, mas que brotaram espontaneamente da vitalidade interior da fé mesma. Neles se manifesta, ainda que discretamente, algo como um período de pentecostes na Igreja.
>
> Refiro-me ao Movimento Carismático, ao Cursilho, ao Movimento dos Focolares, às comunidades neocatecumenais, à Comunhão e Libertação[109].

As principais características desse modelo são:

• Carisma livre e de intensa participação.

• Compromisso de pessoas de todas as categorias, classes, etnias, questões etárias e vocações: presbíteros, religiosos, leigos casados e solteiros, anciãos e jovens.

• Notável força mobilizadora de massas, principalmente cultural e midiática através da arte, da dança, da música e do teatro.

• Ausência de território fixo, como paróquia.

• Cultiva a espiritualidade intimista, a experiência pessoal de Deus, o dom das línguas, a cura e a libertação, a veneração aos santos, principalmente, à Virgem Maria.

• Vigorosa pedagogia de transmissão da doutrina da fé da Igreja. Fraco investimento na doutrina social, pastoral dos movimentos sociais e políticos.

• Imenso reservatório de consolo, de alívio afetivo, de ajuda espiritual através da literatura de autoajuda às pessoas deprimidas, desesperançadas e sem rumo.

• Novo continente virtual que se expande em infinitos territórios. Depende cada vez menos da base paróquia. Possibilita, em tempo real, a formação de múltiplas subjetividades de "comunidades virtuais".

---

109. Ratzinger e Messori, 1985: 27s.

6) Modelo paroquial clássico

O segundo modelo, denominado paroquial clássico, é constituído por uma forte mistura histórica de Evangelização Tradicional, Reformada e Renovada. O centro desse modelo é o altar onde acontecem as celebrações dos sacramentos. Outro ponto de superfície desse modelo é a organização burocrática da paróquia. Ali está a figura central do clero, o sacerdote. Nesse cenário, o sacerdote se encontra mais seguro no exercício de seu ministério. Paróquia significa, na prática, vizinhança, comunidade coesa de habitações entre vizinhos. Com o crescimento das novas comunidades cristãs e com a aceleração cada vez mais forte do modelo urbano, o modelo clássico paroquial vem perdendo força. Assim, seu paradigma vem gozando de pouca legitimação e está fadado a desaparecer com o tempo. Essa queda de prestígio, de *status* e de segurança vem provocando sofrimento psíquico em vários presbíteros. Há um número considerável de bispos, padres e leigos do processo de evangelização paroquial centralizador, que se consideram fracassados e desiludidos frente a uma cultura secularizada que fomenta e propaga modelos de vida sem Deus. A hierarquia também percebe que os cristãos não aderem mais a uma religião institucionalizada, em torno da paróquia, mas preferem uma relação com Deus solta, ocasionalmente, pela via virtual. Além de se sentirem enfraquecidos pela concorrência da pastoral midiática, de celebrações de cura que concentram multidões de vários lugares, de diferentes classes sociais e de demandas emocionais. Sem vigor e sem motivação repetem, no cotidiano, experiências de desencanto. São oriundos de uma mistura de concepções pré-Vaticano II e do Vaticano II:

Os principais paradigmas de evangelização desse grupo são:
• Testemunho de comunhão sólida e convicta em relação filial com o papa, centro da unidade da Igreja universal, e com o bispo fundamento da Igreja particular.

- Território fixo da paróquia constituindo o centro burocrático e administrativo de evangelização.
- Forte estrutura de poder clerical hierárquica com formas agregativas de leigos em conselhos paroquiais, pastorais e atividades sociais.
- Ênfase na prática sacramental em detrimento à pastoral missionária e social.
- Cisões de práticas devocionais, sacramentais e pastorais. Observa-se uma diferença entre a demanda dos fiéis por festas e culto aos santos, e o interesse institucional do clero pelo dogma, norma e rubricas do Direito Canônico.

7) Modelo de paróquia em pequenas comunidades

Há ainda um terceiro paradigma de evangelização constituído de um pequeno grupo de presbíteros, religiosos e leigos que aposta muito mais em pequenas comunidades, regidas por conselhos de leigos vinculados a processos de evangelização em redes de foranias, áreas e regiões episcopais. Esse projeto de Igreja prioriza a formação teológica, o anúncio missionário, a catequese, a celebração da palavra e dos sacramentos e a vinculação da fé com a vida. Multiplicam-se cursos de Bíblia e criação de grupos de moradores de base em múltiplas redes de comunidades.

As principais características desse grupo são:
- Igreja, povo de Deus, povo de batizados que anuncia novas estruturas eclesiais em direção a uma evangelização renovada.
- Apresenta-se o rosto definido dos pobres como a marca fundamental da evangelização e confronta-se com o mundo dos pobres, ouvindo seus clamores, descobrindo sabedorias e fazendo pequenas comunidades com eles.
- A evangelização ocorre em territórios nômades, lisos e em forma de redes de pastoral que transbordam dentro da sociedade.

- Busca de alternativas de saber e poder circular, democrático, participativo através dos conselhos.
- Ênfase na formação de leigos engajados, pastoral social e formas de celebrar os sacramentos no cotidiano da vida.
- Realce na Palavra de Deus para que cada batizado se sinta convocado como discípulo e missionário da boa-nova do Reino.
- Comunidades eclesiais de movimentos dos mais sofridos e amados de Deus: os imigrantes, os índios, os negros, as mulheres, as crianças, os jovens, os idosos, os despossuídos de terra, casa, identidades.

8) Agenciamentos de evangelização e a produção de subjetividades

Ao tentar suprimir o sofrimento e a angústia fundamental do ser humano contemporâneo, as práticas de evangelização não correriam o risco de substituir tal estado por tentativas frustradas de sensações maníaco-eufóricas travestidas? Ou de fazer oscilar, radicalmente, de humor afetivo bipolar entre a euforia e a depressão? Os agenciamentos de evangelização teriam alguma proposta para minimizar o sofrimento das pessoas no mundo contemporâneo?

A presente reflexão pretende descrever, nesta parte, a vivência de três grupos, divididos pela forma distinta de encarar a realidade da instituição da Igreja e da evangelização.

Localizamos uma dupla força bipolar significativa: há um grupo que, entusiasticamente, crê nos rumos da Igreja e da vida religiosa. Enquanto o outro grupo já se diz *desesperançado* em relação ao futuro da Igreja e das congregações religiosas. Para muitos desses, a desilusão é com a civilização secularizada e a instituição da Igreja que já não escutam o clamor e os anseios do mundo urbano e globalizado. Para os primeiros, a Igreja felizmente descobriu seu rumo com formas alegres, festivas e com grande multidão, participando das celebrações e atividades pastorais. É a Igreja da felicidade que atrai multidões pela força da sedução, da beleza, da alegria eufórica, da gestuália, da música e do clima espiritualizante.

O terceiro grupo percebe, claramente, as dificuldades atuais da Igreja, da vida religiosa e da civilização capitalista regida pelo consumo, pelo narcisismo e pelo prazer imediato. Mantém, com angústia, como dores de parto, a expectativa de que a intervenção autogestiva e de pequenos grupos possa trazer novos arranjos para a Igreja e o Reino de Deus. Não acredita em felicidade plena, mas aposta em arranjos pastorais que possibilitam a força da utopia ativa.

Cuidaremos a seguir da análise das três subjetividades produzidas por diferentes propostas de evangelização.

Primeiramente, podemos analisar as subjetividades produzidas pelos agenciamentos de evangelização das novas comunidades cristãs e do modelo clássico de paróquia. Utilizaremos como metáfora um conceito em moda denominado Transtorno Afetivo Bipolar.

O transtorno bipolar é considerado uma perturbação afetiva, do estado de paixão, com alternância de estados depressivos e maníacos. O Transtorno Afetivo Bipolar era denominado até bem pouco tempo de Psicose Maníaco-depressiva. Além da mudança do termo, a indústria psicofarmacológica resolveu também alterar o nome dos remédios próprios para o tratamento dessa síndrome; assim, os laboratórios apostaram mais no volume de vendas e do lucro do que no diagnóstico do sujeito.

A característica principal da fase maníaca é a alteração do estado de humor. Surge forte alegria contagiante, dilatação da autoestima, sentimento de grandiosidade. A manifestação de grandeza considera a pessoa ou o grupo como algo especial, dotado de poderes e de capacidade única. Observa-se o aumento da atividade motora, agitação, vigor físico e forte pressão para falar ininterruptamente as mesmas ideias. Cantar euforicamente é um gesto frequente nessas pessoas.

Há uma necessidade de elevação da percepção de estímulos externos, levando a pessoa ou seu grupo a distrair-se com pequenos ou insignificantes acontecimentos alheios a sua interioridade. Há uma perda da consciência de sua própria condição de alienado, tornando-se uma pessoa socialmente inconveniente ou insuportável.

Geralmente, as pessoas e as organizações são possuidoras da verdade e se sentem quase invencíveis. Desconhecem limites para sua capacidade e energia. Estão sempre cheios de ideias, planos e conquistas. Não reconhecem nenhuma experiência de frustração. Mal conseguem acabar de expressar uma ideia e já estão falando de outra, numa lista interminável de novos assuntos. Não se intimidam com qualquer forma de cerceamento ou ameaça, não reconhecem qualquer forma de autoridade ou posição superior à sua. São capazes de se considerar escolhidos por Deus, uma celebridade, um líder político.

Na fase depressiva, ao contrário, o humor está decaído, a autoestima em baixa, prevalecem sentimentos de inferioridade e a capacidade física comprometida. A sensação de desilusão é constante. As ideias fluem com lentidão e dificuldade, a atenção é difícil de ser mantida e o interesse pelas coisas em geral é perdido, tal qual o prazer na realização daquilo que antes era agradável.

Na vida cotidiana, o sujeito sente-se acompanhado do sentimento de estar no pior lugar do mundo, cercado de tragédias, de perdas e sem saídas gratificantes. A maneira de falar se dá em tom de voz baixa, retratando sua postura física inclinada e humilhante. Cansa-se à-toa, pois tem pouca energia para suas atividades habituais.

Apresenta dificuldade em se concentrar no que faz, e os pensamentos ficam inibidos, faltam ideias ou demoram a ser compreendidas e assimiladas. Os pensamentos costumam ser negativos, sempre em torno de morte ou doença.

O primeiro grupo dos "maníacos e eufóricos", em vez de buscar a realidade do mundo, não estaria buscando identificação com o objeto perdido e a formas de sedução que remontam ao passado sepultado pelas ondas do Vaticano II? Esses dispositivos de evangelização não seriam formas ortopédicas e, portanto, perversos frutos de autoengano? Ou ainda, "*lights* transgênicos", ou seja, *light* por fora e rígido por dentro?

Essa versão de evangelização, fruto do capitalismo de mercado, não estaria respondendo à demanda de um enorme segmento da sociedade de consumo que também vê nos objetos sagrados excelentes fetiches para banir a angústia nossa de cada dia? A Igreja, como uma "lanchonete", apresenta ofertas religiosas e os fiéis escolhem as que mais lhes servem e agradam. Curiosamente, as ofertas que têm atraído mais os fregueses da fé são as *light* e *diet*. Esse tipo de lanchonete é um prato feito para padres despreparados intelectual, espiritual e culturalmente. Penso que a Igreja possui um estoque de alimentos, historicamente bem preparados, recheados com importantes valores e tradições éticas inegociáveis. Para exemplificar essa nova embalagem, vejamos a programação da Festa de São João da Cruz, na Paróquia X:

Dança Flamenco – Instituto Espanhol
Banda Sementes da Alvorada
Cristucruz – Beatles Cover
Banda Dominus – Eros Biondini
Momento de Nossa Senhora
Momento Solene de São João da Cruz
DJ Válber – Super Som C&A
e muito mais.

É uma evangelização de embalagem que favorece a estética e a aparência. Difunde os bens sagrados em produtos pasteurizados, globalizados, através da teologia do sucesso e da felicidade total. Quem de nós não se sente atraído por esse grande projeto? Tem sempre alguém que se manifesta: "Eu também quero fazer parte desse grande empreendimento". "É a lei da oferta e da procura".

O segundo grupo dos "depressivos" encontra poucas perspectivas frente à angústia manifestada pela crise atual da Igreja, pelos conflitos da civilização secularizada e seduzida pelo hedonismo. Já refletimos, no primeiro capítulo deste livro, a expressão Síndrome de Burnout para nomear um fenômeno típico do tempo presente, caracterizado pelo "esgotamento físico, psíquico e emocional, em decorrência de trabalho estressante ou excessivo". Essa síndrome é marcada, exatamente, por certa exaustão emocional e reduzida realização pessoal no trabalho, além do sentimento de impotência e inutilidade diante de um conjunto de expectativas inalcançáveis.

O diagnóstico de "Síndrome do Bom Samaritano Desiludido" é bastante específico, mas suas características talvez nos permitam refletir sobre certo sentimento de desesperança que se abate, hoje, sobre uma parte dos bispos, padres e religiosos. As causas mais citadas nas entrevistas realizadas sobre o mau funcionamento dos projetos de pastoral e de evangelização são a falta de perspectivas da paróquia clássica, a desistência de companheiros padres em participar de trabalho conjunto nas foranias, áreas e regiões; a dificuldade em dar seguimento aos projetos, a ausência de participação por parte de leigos, o recalcamento da dimensão afetiva, a ausência de criação de novas formas de paróquia. Pura ironia: as queixas dos padres recaem, exatamente, sobre os modelos que eles mais repetem: poder centralizador, ofertas de dogmas e rubricas, recusa de trabalho de equipe e de pastoral de conjunto.

Hoje em dia, o que mais se ouve dizer é a expressão "crise da instituição. Quando dizemos "instituição", estamos falando de um todo que ocupa um espaço muito maior do que sua estrutura física e burocrática. Ela é uma realidade sócio-histórica que ultrapassa, por isso, seus muros visíveis e concretos.

A existência de uma instituição está profundamente ligada às relações entre os sujeitos e à compreensão dos mesmos sobre diversos temas, chamados por nós, neste texto, de "analisadores". Alguns exemplos, já adaptados à realidade da Igreja ou das congregações, são a história da diocese ou coletivo, o mito do fundador, o carisma, a espiritualidade, a afetividade, o saber, o dinheiro, o prestígio, a culpa, a dependência, o poder, as práticas missionárias e paroquiais.

Nos casos em que a estrutura institucional trabalha a serviço de privilégios e injustiças, não do desejo e da criação, a instituição se degrada, perde seu sentido original e se transforma em instrumento destruidor de liberdades. Contrária à produção e ao novo, ela criará o avesso da autonomia: a servidão e o agravamento da angústia. A desilusão nunca foi uma boa saída para a angústia. Saber lidar com angústia exige maturidade, saber perder paradigmas para ganhar alternativas diferentes.

O terceiro grupo "crê numa perspectiva mística, profética".

A perspectiva mística sabe que não pode confundir Deus com o templo cheio. O templo é mediação que leva ao mistério. Não o mistério do medo, mas a experiência da confiança amorosa. Um mistério sem fusão em Deus. Um mistério da angústia do vazio. O cristianismo é a religião do templo vazio.

Evangelizar é trabalhar e ressignificar a angústia, é ser capaz de acrescentar palavras ao que vinha sendo, até então, silenciado e omitido, contribuindo para que os participantes descubram a "verdade" sobre sua situação e seus afetos e queiram acolher esse conteúdo oculto como o primeiro passo para a transformação maior, "a experiência de Deus". Evangelizar é enfrentar a angústia. Sentir-se angustiado é sinal de crescimento. O sujeito não cresce se ao menor sinal de angústia busca remédio psicotrópico, consumo, euforia e estados maníacos com Deus.

Assim, a angústia fundamental do ser humano não deve ser recalcada, nem deslocada para vivências eufóricas ou desiludidas. Pelo contrário, a dor da busca, a angústia serão encaradas e assumidas, capacitando os sujeitos, pela resiliência, isto é, ruptura, à produção de transformações sociais, psíquicas e místicas.

Uma parte da Igreja, com medo de perder um contingente de cristãos, optou por práticas pastorais sedutoras de corte superficial, exterior e vulgar. Essa produção de ofertas midiática tem conseguido um número significativo da população que passou a procurar essa determinada oferta de sagrado. Mesmo constatando que, em geral, as pessoas buscam fortemente a religião, falta-lhes uma experiência profunda de Deus.

Os meios de comunicação ajudam a criar comunidades virtuais que podem enfraquecer as comunidades reais. Os meios de comunicação penetram nas paróquias e produzem outras demandas. Há padres que têm perdido o ânimo de ser padre diante de demandas fluidas, líquidas e débeis de propostas do sagrado. Trata-se de demandas criadas pela mídia. No entanto, muitas vezes, o próprio presbítero alimenta as demandas equivocadas, atendendo a expectativas questionáveis. Deve-se, ao contrário, auxiliar o povo a realizar corretamente suas demandas religiosas. Não é conveniente, pastoralmente, viver de concessões, render-se diante de algo questionável. Isso pode extrapolar o nível simbólico e afetar o nível existencial do fiel, ao confirmá-lo em seus equívocos. É um perigo ser seduzido pelo templo cheio e melhor arrecadação financeira. Cuidado com o público presente e o pagante. Ceder a esses caprichos pode significar até perversão.

Cabe perguntar se nas paróquias há a oferta de outro produto sagrado que não coincide com a subjetividade da massa? O produto é diferente? Ou tudo é uma mesmice? É um "sanduíche" mais nutritivo? Então a dúvida se instala: é uma pastoral consistente ou é algo antigo atualizado com uma nova roupagem ou embalagem comercial. Não se trata de abolir a devoção, a celebração alegre e festiva, mas de atribuir-lhes novos significados.

Hoje em dia, o drama do padre não é apenas uma questão afetiva, genital ou de poder institucional. Mas, sobretudo, é a questão de não ter mais ânimo de ser padre diante do público que vem demandando apenas a devoção vazia. Isso tem gerado enorme angústia nos padres. Anteriormente benzia-se todos os símbolos comunitariamente. Atualmente, faz-se fila para que o padre benza um por um. Essa demanda desmotiva o exercício do presbítero. Na verdade, essa situação está trazendo um desânimo muito grande para o padre, além de crise de angústia revestida de vergonha. Os presbíteros se preparam longamente, sob o viés teológico e pastoral, para criar estruturas de comunidades vivas e participativas. E o resultado tem sido anulado por demandas religiosas autocentradas em ritos vazios. O modelo midiático age como um vírus que vai destruindo os conteúdos através dos quais os padres se formaram e aprenderam o exercício do ministério e seus valores. Assim, há pessoas que, sistematicamente, todo dia vinte e oito, se levantam, às quatro horas da madrugada, para ir à Igreja de São Judas, e, no entanto, não são capazes de levantarem-se para participar da celebração e do processo de evangelização na sua comunidade. O que lá é tão atraente para elas? Como é que a Igreja foi capaz de produzir tão bem a primeira oferta, a de São Judas Tadeu, e é tão incompetente para produzir a segunda oferta, de vida comunitária celebrativa e participante? Eis a grande pergunta!

9) Atividades pastorais

As atividades pastorais mais comuns, segundo alguns presbíteros, estão concentradas em sacramentos, missas, celebrações de cura e atendimento burocrático, deixando de lado atividades e projetos missionários pastorais, sociais e de formação de leigos, como recomenda o *Documento de Aparecida*. Aliás, em Aparecida, o próprio Papa Bento XVI conclamou a todos para "uma missão evangelizadora que convoque todas as forças vivas deste imenso rebanho"[110]. Nota-se, portanto, certo embate entre vida sacramental, vida pastoral e vida evangélica e missionária.

---

110. *Documento de Aparecida*, 2008.

A vida burocrática nas paróquias é mais tranquila, mais segura, hoje ninguém quer saber de pegar no pesado (depoimento de padre).

Não tem muito tempo para escutar o que o povo quer. Os trabalhos são sempre os mesmos, estão batidos (depoimento de padre).

O povo quer é isso. Não temos que fugir da demanda da população (depoimento de padre).

Para se ter uma ideia do papel que vem desempenhando o grupo de padres de diversas dioceses, apresentamos, abaixo, a tabela extraída da pesquisa quantitativa realizada pela nossa equipe, de 2008 a 2011.

Atividades pastorais desenvolvidas

Atividades	Frequência	%
Pároco: celebração de missas, sacramento e atendimento paroquial	74	35
Administrador paroquial	23	9,5
Atividades de pastorais diversas	15	6,2
Membro de conselhos e comissões da diocese: comunicação, financeiro, formação e outros	13	5,2
Vigário paroquial	12	5
Formador de seminários e/ou comunidades	9	3,8
Administração de obras sociais e pastoral social	9	3,8
Vigário forâneo	8	3,3
Administração da estrutura diocesana ou da congregação	8	3,3
Capelão (hospitais, casas religiosas e outros)	7	2,9
Consultor/assessor ou especialista (jurídico e outros), atuando diretamente na diocese	6	2,5
Formação espiritual: religiosos e religiosas, seminaristas e leigos	6	2,5
Catequese: formação de catequista, coordenação de área	5	2

Padre paroquial	5	2
Vigário episcopal	4	1,7
Pastoral de Liturgia	4	1,7
Assessor de grupos de pastoral	4	1,7
Professor e outras atividades ligadas à educação	4	1,7
Apostolado da Oração	3	1,3
Pastoral Vocacional	3	1,3
Membro de Conselhos ligados à sociedade civil: idosos e educação	3	1,3
Atividades ligadas ao seminário diocesano	2	0,8
Atendimento em diferentes paróquias	2	0,8
Pastoral Paroquial	2	0,8
Administração de escola	2	0,8
Atendimento: casos especiais de leigos	2	0,8
Coordenador de ministros da Eucaristia	1	0,5
Grupo de autoajuda	1	0,5
Aposentado	1	0,5
Free lancer	1	0,5
Estudante: curso pós-graduação	1	0,5
NR	2	0,8
Total		242

Obs.: Tabelas de respostas múltiplas não totalizam necessariamente 100%.

Os dados acima revelam que há uma concentração significativa de atividades sacramentais em detrimento das pastorais missionárias, sociais e de formação de leigos. Os presbíteros estão se fragilizando, gradativamente, com o avanço da sociedade? Tem sido mais confortável criar um mundo superprotetor atrás do altar, com atividades burocráticas, repetitivas e seguras? Por outro lado, correr riscos, produzir atividades formativas dos leigos, não seria voltar às origens da figura do Bom Pastor?

O problema do crescente clericalismo merece reflexão séria. Ele se manifesta pelo excesso da pastoral sacramental em prejuízo das pastorais missionárias, sociais e de formação de leigos. O clericalismo é fortalecido pelo autoritarismo, pelo centralismo decisório e pela hipertrofia dos símbolos clericais. Seu apogeu se encontra na supervalorização das funções estritas dos ministros ordenados, no jogo ambíguo de subserviência aos superiores e na dominação dos leigos. O problema do autoritarismo carece de tratamento profundo, pois ele entra pela "porta do fundo" da relação com Deus e pela sacristia, com a liturgia. Cabe promover, pela via da educação permanente, processos de reeducação dessa visão reducionista que distancia os leigos dos padres.

Ora, no atual quadro eclesial, os que têm sensibilidade para as teses do Vaticano II fazem força para compreender o ministério na direção da comunidade, evitando uma linguagem que sacraliza o padre e o coloca distante do povo. Os que estão com saudades de Trento continuam com a linguagem e atitude de valorizar apenas o sacerdote.

Foi pelo século IV que os cristãos começaram a imitar a religião romana e aprofundaram a distância entre os cristãos denominados leigos e os clérigos. Aí nasceu o processo denominado de "autonomização" do ministério cristão. Ele se desloca da comunidade e se estabelece, assim, à distância do leigo. Isso deu origem ao chamado processo de "sacerdotalização", isto é, redução das diferentes dimensões do ministério cristão à dimensão sacerdotal. Os carismas perdem força e imperam os clérigos. O Concílio de Trento abençoa essa concepção redutiva do ministério. O Vaticano II tenta corrigir esse desvio, colocando o ministério não apenas ligado à celebração dos sacramentos, mas também à palavra e à profecia, situando o ministério dentro da comunidade de fé. Recupera a dimensão pneumatológica da comunidade cristã como sujeito último dos ministérios e carismas, graças à ação do Espírito Santo.

> Eu temo que, com o passar do tempo, seja cada vez mais difícil encontrar perfis voltados para outras atividades que

não sejam as atividades sacramentalistas e paroquiais (depoimento de padre).

Em nível nacional, a partir dos anos de 1990, os dois grupos de atividades pastorais se inverteram. O primeiro, atualmente mais frequente, está direcionado para a linha sacramental, enquanto o segundo se direciona para atividades que envolvem questões sociais. Isso ilustra certa tendência atual na Igreja, que vem priorizando a evangelização sacramental e as atividades através dos meios de comunicação de massa[111], com a perda do compromisso engajado nas questões sociais e formação dos leigos[112]. As mudanças do mundo, portanto, fazem com que seja urgente a criação de novas estratégias para a vida presbiteral. Recente reportagem do jornal *Folha de S. Paulo*[113] afirma:

> Nesse quadro, um tipo de "influência" social da Igreja marcado pelo que Reginaldo Prandi chama de modelo do "padre-espetáculo" ou "padre de auditório", que canta, dança e usa uma linguagem "a Sílvio Santos" diante das câmeras de televisão.

Por outro lado, alguns locais de atuação paroquial são, de fato, sementes de um trabalho voltado para o povo e aberto a transformações. As paróquias que contam com padres e leigos trabalhando juntos, especialmente focados nas pastorais sacramentais, de evan-

---

111. O fenômeno que tomou conta dos meios de comunicação de massa começou em 1990, com a compra da Rede Record pelo Bispo Edir Macedo, da Igreja Universal do Reino de Deus. Após a experiência bem-sucedida de aquisição da Record, os católicos resolveram mobilizar-se e criar sua própria emissora de TV. Em 1995, nasceram a Rede Vida e a Canção Nova, com forte orientação da Renovação Carismática Católica. Mais recentemente, surgiram a TV Século XXI e outras com transmissores também locais.

112. Cf. recente pesquisa realizada pelo Ceris/CNBB, com os presbíteros brasileiros, em 2004. As opções "amor aos pobres" e o "desejo de lutar contra as injustiças sociais" tiveram índices baixos, respectivamente 0,5% e 0,2%, o que demonstra que a "opção preferencial pelos pobres", compromisso da Igreja conclamada em Medellín (1958) e Puebla (1979), não tem sido força motriz para as vocações (cf. MEDEIROS & FERNANDES, 2005).

113. *Folha de S. Paulo*, Caderno Mais. 11/04/04, p. 3-8.

gelização, sociais e na formação de líderes, são, em geral, mais bem-vistas pelos entrevistados.

A participação dos leigos pode ser um dos instrumentos para retirar a vida paroquial do marasmo e da estagnação, ultrapassando os limites institucionais e associando a força da comunhão-participação à vontade de fazer atuar a fé, num diálogo entre instituído e instituinte, entre desejo e vida burocrática.

O leigo traz um "novo olhar", inaugura uma nova forma de viver a instituição. É, ao mesmo tempo, estrangeiro e integrante, estabelecendo uma frente de trabalho diferenciado no agir e no pensar, que se soma às forças internas.

Muitas vezes aqueles que veem de fora aparecem como ameaça, por lançarem olhares críticos à forma de funcionamento da instituição. Por outro lado, no entanto, esse olhar diferenciado pode ser capaz de iluminar pontos cegos para os que já pertencem à estrutura, para quem o hábito gerou a incapacidade de enxergar, como é comum acontecer.

Alguns padres enfatizaram essa parceria entre eles e grupos de leigos. Quanto ao projeto vocacional, é necessário que examinemos a criatividade, a metodologia e a dedicação que estão sendo empregadas nessa parceria.

> Trabalhamos na paróquia; lá tem uma equipe, formada por: um casal e alguns jovens, que fazem parte do serviço de animação vocacional. A equipe faz encontros periódicos, além de existir todo um envolvimento da juventude nessa reflexão. Ontem, tivemos uma reunião da equipe pastoral, estávamos apresentando a programação do ano que vem; a equipe vai trabalhar muito essa questão das vocações específicas. Não é só o padre que vai trabalhar, mas, sim, a vocação de leigos, de casais e de solteiros, a associação de amigos do seminário e uma coordenação, que fornecerá ajuda financeira (depoimento de padre).

> Mensalmente nós reunimos os vocacionados para conversar, não sobre a vocação, mas para ajudá-los a ir descobrindo a vida mais no nível psicológico do que no nível

teológico, de vocação, ajudando-os a se integrar na vida, questionando-os ou ajudando-os a enxergar os caminhos que existem e sempre colocamos que a vocação não é um chamado de Deus de forma exclusiva, mas é um chamado que parte da natureza humana para uma vivência de vida, uma vocação sacerdotal. Eu não consigo trabalhar com eles como se dentro da sociedade os sacerdotes fossem uma coisa exclusiva; na verdade, é um ministério integrado a todos os outros ministérios (depoimento de padre).

10) Conclusão

O trabalho pastoral é o reflexo da subjetividade ou o modo de ser do padre e do conselho de pastoral. Desse modo podemos interpretar quem é o presbítero através de sua prática pastoral. Não existem soluções pastorais prontas. A paróquia se caracteriza, sobretudo, pelos múltiplos vínculos. Hoje em dia não é possível conceber uma paróquia pelo conceito antigo: próprio de um único território ou limitado a um local fixo. Ainda, como um grupo coeso, forte e unificador, sem conflitos e com uma história de comum-unidade.

Na perspectiva tradicional de paróquia é dada ênfase à autoridade vertical do pároco por oposição a uma perspectiva de conselhos horizontais. Desejava-se encontrar uma totalidade já feita, uma fusão dos membros dos grupos dos paroquianos na tentativa de evitar a dispersão, a exclusão, a dor da perda, a angústia. A dor era evitada pela presença de um pároco-líder ou de uma ideia mítica e unificadora, como uma argamassa que une os tijolos.

Nesse sentido, o termo paróquia carrega em si a fantasia da unidade, da uniformidade, da ilusão, da perspectiva dos elementos serem profunda e absolutamente solidários, cooperativos e coesos voltados para dentro da Igreja. A contestação, a crítica, a formação de diferentes grupos e conselhos ou a mudança de qualquer valor acarretaria um imenso sofrimento no seio da Igreja. "Viver o mito é viver sem revolta"[114].

---

114. Enriquez, 1990: 57.

Compartilham essa perspectiva paroquial certo imaginário cultural rural[115], alguns partidos totalitários de direita e de esquerda, o meio religioso de orientação pentecostal e carismática. A pastoral evangelizadora, missionária, deve superar as relações tradicionais de corte autoritário: homem *versus* mulher; clérigo *versus* leigo; lugares fixos *versus* movimentos sociais; perspectivas dogmáticas *versus* pastorais e território burocrático-administrativo *versus* desafios sem fronteiras.

Há também evangelização de prática absoluta, encarregada de fazer cumprir um imaginário coeso maníaco-eufórico, adaptativo e unificador das massas. Nesse lugar a diferença, a diversidade e a criatividade não têm vez nem voz.

Assim, as massas precisam de um líder que as incorpore, que as represente; ao contrário, não passariam de um bando amorfo, pois são constituídas da maioria de pessoas neutras e politicamente indiferentes que nunca se filiam a um partido e raramente exercem o poder de voto.

Tal compromisso unificador pressupõe que a evangelização "vai bem e muito bem", restando-lhe apenas promover ajustes e adaptações no seio da Igreja. Ou seja, os conflitos internos da Igreja não

---

115. No mundo rural, geralmente, a família, a religião, o governo local e a educação (patriarcado/coronelismo) etc. tendem a criar traços homogêneos nos grupos sociais. A família pode transmitir juntamente com a religião e a vizinhança uma cultura de iguais: os filhos adotam um comportamento dos pais, dos religiosos e das ideologias sociopolíticas. Assim, vários habitantes das comunidades rurais inserem-se nesse imaginário e nessa rede simbólica como peixe na água. O peixe nem sequer se dá conta da água: ele é o único ser vivo que não conhece a água, ele está mergulhado nela. Não há separação entre ele e a substância água. Assim os habitantes de pequenos lugarejos, geralmente, estão dentro de seus grupos e ignoram o que de fato é, por exemplo, a família, a Igreja ou cada um deles. Como contraponto, nas cidades modernas, já não é bem assim. Não há mais garantia de transmissão da religião e nem tampouco processos únicos de identificação dos filhos com os pais. Nas cidades há várias ofertas religiosas, novos padrões de família, alternativos modos de viver, de pensar ou de agir. A vida urbana exalta valores diferentes, como: o individualismo, o consumismo, o anonimato, a liberdade de escolhas e a independência entre as pessoas.

teriam relação com o todo da sociedade: aspectos econômicos, sociais, culturais, simbólicos, institucionais.

A premissa básica consiste em fomentar "as identificações e idealizações" internas, no sentido de fusionar e criar ideias puras e igualitárias entre a hierarquia e os cristãos. Identidade no sentido de unidade e homogeneidade. Os indivíduos assimilam atributos e traços da autoridade eclesial e se transformam total ou parcialmente, segundo um modelo idealizado do grande mito. Cabe perguntar: onde está Jesus Cristo nesse modelo?

Quando a evangelização funciona nesse paradigma, dissemina-se uma concepção de que o pobre, o oprimido, o desajustado é um ser desvalido, santo, puro, injustiçado. E, nesse sentido, só resta um caminho pastoral: salvar os grupos por meio de uma união absoluta, de um discurso pleno, de harmonia e de consenso. São excluídos os diferentes. Os pobres, os excluídos, os desajustados são todos iguais a outras camadas sociais. Ora, nesse modelo, não existem carentes, o que existe é uma subjetividade de sujeitos carenciados e eternos necessitados que precisam ser cuidados por uma pastoral assitencialista e produtora da miséria.

Os planos de pastoral se esquecem, por má-fé ou por recalcamento e, principalmente, por interesses escusos, que os grupos populares também estão atravessados por diferenças e por múltiplos fatores: psicolibidinais, ideológicos, religiosos, políticos, econômico-sociais e por diversas formas subjetivas. Ora, os planos de pastoral têm que levar em conta as diferenças de classe, de cultura, de etnia, de gênero e de manifestações religiosas.

Assim, a noção acima referida de sujeito múltiplo ou da diferença na subjetividade é sufocada em detrimento do discurso da dominação e da colonização. O discurso de uma paróquia harmônica, total e coesa interessa de perto ao clericalismo. Portanto, quanto mais forte for esse discurso, mais força terão os párocos, vigários ou líderes comunitários autoritários.

As paróquias podem ser também múltiplas como seus interesses, suas ideologias, seus desejos, suas intenções e suas formas organizativas pastorais. O termo "paróquia" ou "rede de comunidades" é tomado como um dispositivo aberto, heterogêneo, não como algo que unifica, totalitário e coeso, e sim como processualidade permanente, produção e decomposição de novas ordens, de novos encontros entre as pessoas, ideias, projetos, desejos, em que persiste a multiplicidade, a singularidade e a articulação entre o todo e a exceção. Assim, o conceito de paróquia como de rede de comunidades está livre de toda figura substancial, de todo compromisso ideal, de toda obrigação de dar certo, de ter sucesso ou de realizar uma obra imortal.

Assim, o conceito de paróquia como rede de comunidades é o espaço público de encontros e diálogos sobre os problemas religiosos, sociais, étnicos, etários, transformados em projetos de pastoral missionários. Transpor o abismo entre paróquia privada em redes de comunidades públicas e diversas é uma alternativa substantiva.

Para Dom Joaquim Mol[116], a paróquia como rede de comunidades é semelhante à multiplicidade de territórios que o fenômeno urbano vem produzindo. Seu nome atual poderia ser "Pátio dos Gentios".

> Há, ainda, um versículo: "tenho também outras ovelhas que não são deste redil" (Jo 10,16). Este lembra o Projeto "Pátio dos Gentios" do biblista Cardeal Ravasi, projeto assumido pela Santa Sé. Sua atuação tem incidência na prática pastoral. Os párocos deveriam perguntar: onde está o Pátio dos Gentios em meu território pastoral? Vale lembrar que o Pátio dos Gentios era o único lugar, no templo, em que as pessoas podiam entrar sem qualquer preocupação de encontrar um denominador comum. Isso sinaliza a importância do presbítero em se dedicar àqueles que são diferentes, que não participam, inserindo-se em outros ambientes "fora da Igreja" para, assim, fazer experiências

---

116. Dom Joaquim Mol é bispo auxiliar da Arquidiocese de Belo Horizonte e reitor da PUC Minas. Esse texto faz parte de uma palestra sobre pastoral para os padres de Belo Horizonte, maio de 2011.

integradoras que favoreçam a criação de novas estruturas pastorais[117].

Esse modelo de paróquia se refere, preferencialmente, a uma identificação que explicita a multiplicidade das pessoas. Não é somente o espaço pastoral no sentido de uma ação, mas o espaço vital. A paróquia deve ser compreendida como espaço que gera vida aos pastores e seus paroquianos: vida do Bom Pastor. O padre acolhedor favorece a adesão. A evangelização deve acontecer onde as pessoas estão e, para ela, não deve haver limites. O espaço pastoral é o lugar de vivência, que transcende os aspectos funcionais, os projetos, o instituído. Os projetos têm que estar inscritos no coração. É preciso fazer de fato essa inscrição, que se torna prioridade, porque se grava interiormente, no coração, não no papel. Prioridades que não são conhecidas, de fato, pelas pessoas e, se não estão inscritas afetiva e interiormente, não são verdadeiras prioridades. Não geram movimento. Quando assim acontece, o espaço de vida passa a ser espaço crucial, de morte que é traduzida pela perda das motivações, do cultivo das relações e da esperança.

Para Dom Mol a adesão à paróquia se dá, por exemplo, através "da palavra e da capacidade relacional do padre e da celebração da Eucaristia".

> a) **Palavra.** Trata-se do anúncio da Palavra de Deus por meio de uma homilia bem preparada. As pessoas têm sede de ouvir uma palavra que traga sentido para a sua existência. Pode até acontecer que algumas coisas na paróquia não funcionem bem. Mas se a homilia é boa, ajuda a construir adesão na comunidade. A homilia alimenta a vida cristã e deve levar à experiência de Deus. A homilia deixa de ser alimento, quando é pronunciada sem boas convicções. A boa homilia proferida leva as pessoas ao encontro de uma profunda relação com Deus. A experiência de Deus produz efeitos positivos nas relações que

---

117. Dom Joaquim Mol, 2011.

se estabelecem na comunidade. A experiência de Deus é definida como aquilo que provoca modificações nas pessoas. A homilia é um especial instrumento para provocar modificações.

b) Capacidade relacional. São as boas características do padre na capacidade relacional que atraem as pessoas. A simpatia, a capacidade de acolher, a proximidade, o interesse pelo próximo que se manifesta por comportamentos de cumprimentar as pessoas na rua, lembrar-se dos nomes, pela capacidade de escutar, de promover o diálogo, de aceitar diferenças, de conhecer os excluídos.

c) Uma celebração eucarística bem-feita e participada é um mergulho no mistério e deve levar à experiência de Deus. Não se trata apenas de prática religiosa. Tudo que provoca mudança (por menor que seja) na vida da pessoa constitui uma experiência. A eucaristia deve ser experiência, deve levar à conversão. Requer o envolvimento real e fraterno na vida do outro. Celebrar sem conversão é comprometer a veracidade da eucaristia. O padre que celebra verdadeiramente a eucaristia está envolvido, de certa forma, com a realidade. A celebração o incita a envolver-se sempre mais. É um processo de retroalimentação. Já que a experiência é importante na vida humana, é preciso realizar experiências integradoras que integrem racionalidade, afetos, emoções. No campo pastoral, tais experiências possibilitam ao presbítero ser reconhecido como autoridade, porque a sua fala tem correspondência na sua ação: ele é coerente. As pessoas lhe conferem autoridade, respeito. Assim agiu Jesus. Sua prática missionária gerou nele convicções profundas (referência a respeito deste tópico: texto contendo duas partes: "O paradigma Jesus" e "conversão pastoral", proposta pelo *Documento de Aparecida*)[118].

Não se faz pastoral sozinho. Pastoral é sinônimo de trabalho de conjunto. Um padre sozinho, por mais entusiasmado e cheio de espiritualidade que seja, não consegue conduzir uma rede de comunidades. Para que isto ocorra é preciso formar lideranças. Poucas são

---

118. Ibid.

as paróquias que trabalham com novas lideranças. Constata-se que, atualmente, há falta de lideranças em vários setores, não só na Igreja. Isso ocorre em nível mundial. A liderança de um leigo na vida da Igreja é reconhecida pela própria comunidade local, que percebe sua presença atuante e sua influência.

O método de pastoral de rede de comunidades crê que as pessoas de uma determinada paróquia são os principais protagonistas de seus saberes, de sua produção, de suas vicissitudes e da criação de instrumentos capazes de auxiliar o desenvolvimento da pastoral. Seus objetivos visam a busca de um novo conjunto de dispositivos, esquemas e estratégias cujo centro é o cotidiano da comunidade envolvida no processo de planejamento participativo.

O termo participativo não vem por acaso. Para o êxito dessa metodologia é de fundamental importância a maior participação possível de pessoas que trabalham e moram na comunidade, representantes de instituições privadas, governo local, indústria e comércio local e o meio acadêmico. Clubes, área de lazer e cultural. Grupos etários e étnicos: crianças, jovens, adultos e idosos. O objetivo é buscar soluções de forma compartilhada entre os que vivem o problema, os que querem resolvê-lo e os que podem colaborar para isso. Existem vários graus e níveis de participação.

A palavra participação significa tomar parte, fazer parte e ter parte em algum empreendimento. E, mais, existem diferentes níveis de participação: de informação, de consulta facultativa, de elaboração e recomendação, de cogestão e, finalmente, de autogestão. O nível de informação dá-se quando o pároco e os membros do conselho apenas informam aos membros de uma determinada organização suas decisões. O de consulta facultativa ocorre quando os líderes recorrem aos subordinados solicitando críticas, sugestões e resoluções para os problemas. Na elaboração-recomendação os subordinados elaboram propostas e as recomendam aos seus líderes. Na cogestão existe hierarquia, o poder permanece vertical, entretanto, é solicitado aos liderados a participação no planejamento, na investigação dos problemas e na descoberta de soluções. No sistema de autogestão paroquial o poder é circular e o planejamento, a investigação, a busca de soluções são coletivas, com ampla autonomia dos participantes.

O processo do modelo paroquial em rede de comunidades tem, como premissa básica, o desenvolvimento da participação, da organização e da consciência política do cristão. Ao ampliar a consciência crítica, as pessoas das redes de comunidades convertem-se em promotores de uma investigação participativa e/ou planejamento participativo visando à superação do pároco, do acadêmico, dicotomizado entre o saber teórico e prático. Essa postura exige também dos párocos e líderes leigos uma conversão de atitude quanto ao seu saber hegemônico e de classe, de sua relação interpessoal e interinstitucional com os membros da rede de comunidades. Essa inversão de mando e comando passa a ser exercida por aqueles que fazem e não por aqueles que dizem que fazem, através do processo dialogal, fugindo da concepção clássica que divide as pessoas entre sábios e ignorantes.

O ser humano é movido pela sua convicção. Para que uma paróquia seja considerada um espaço múltiplo de pastoral é preciso transcender a mera funcionalidade operativa. Devem-se levar em conta as convicções inscritas nos corações, mais que rubricas escritas no papel. Um belo processo pastoral só ocorre com boas convicções. Os seres humanos são movidos por elas. É preciso criar e cultivar convicções positivas que movam as pessoas. Nesse sentido, compreendemos melhor o que seja uma "prioridade" na paróquia. Prioridade que, de fato, é prioridade será lembrada espontaneamente sem precisar estar necessariamente escrita. A pessoa que faz uma experiência de Deus numa comunidade não deixará essa comunidade.

A experiência ajuda a criar convicção. Antes do Sermão da Montanha, o Evangelista Mateus mostra a vivência pastoral de Jesus. Ele foi um missionário envolvido com diversas realidades e, assim, adquiriu conhecimento prático. Em Jo 10 vemos que ele foi um verdadeiro pastor, não apenas um assalariado que não se importava com as ovelhas. Mais ainda, Jesus deu a vida pelas ovelhas. Será que os presbíteros estão dispostos a dar a vida pela paróquia e pelas pessoas? Só a predisposição de dar a vida, mesmo que isto não se concretize num martírio, muda a dinâmica de toda a pastoral.

Quem são os gentios de nossas paróquias? Serão, além de pessoas não católicas, os batizados e crismados que estão afastados da vida eclesial? Deve-se questionar: quanto tempo da vida pastoral tem sido dedicado aos gentios da rede de comunidades da paróquia?

3.9 O dinheiro na vida presbiteral

1) Introdução

O dinheiro é um símbolo que, se bem observado, pode dizer muito da vida humana, bem como na Igreja, no aspecto da distribuição dos bens e da concepção de poder. Em um contexto institucional, transforma-se em excelente analisador, revelando muito da relação afetiva entre os padres, os religiosos e os leigos.

A tentação de ter sempre mais dinheiro assenta-se no pânico produzido pela insegurança. Assim, o dinheiro passa a ser a imagem substitutiva do próprio eu desamparado e incompleto. O dinheiro, os bens, as posses apresentam-se, então, como substituto artificial ou prótese protetora para sustentar o eu inseguro e desprotegido de afeto. Desde a infância, o símbolo do dinheiro vem substituindo a função da afetividade-sexualidade na vida do ser humano. Há muito mais loucura e doenças associadas ao dinheiro do que a manifestação explícita do sexo nas pessoas. As taras monetárias, como a avareza, a compulsão em gastar ou a retenção caprichosa podem se manifestar frequentemente no convívio comunitário e social. O dinheiro representa vários aspectos particulares de nosso relacionamento interpessoal: a relação de dependência entre o casal; a necessidade de afirmar a potência e virilidade sexual entre duas ou mais pessoas; o símbolo de propriedade e de posse no relacionamento; autoafirmação narcisista; compensação sádica pelos sofrimentos de humilhação masoquista na infância[119]; atitude perversa pelo prazer de passar o outro para trás ou levar vantagem em tudo no contrato social; fixações acumulativas para evitar as fantasias persecutórias da falta e da carência e sentimentos de culpa complexos e incontroláveis que obrigam inconscientemente as pessoas a se livrar dele ou recalcar o seu uso.

2) A qualidade do eu

Morano[120] afirma "que o dinheiro, para algumas pessoas, é algo como o solo firme e apoio; é a carapaça protetora, mais ainda, a qualidade do eu". Temos medo e insegurança de perdermos a base; a busca da própria segurança é à base da tentação pelo dinheiro. Daí a equação imaginária: "quanto mais dinheiro, mais me sinto seguro". Nessa perspectiva, o dinheiro passa a ser um grande problema de virilidade, de potência masculina e de ataque à imagem sexual do homem provedor e patrimonialista. Principalmente, na condição social contemporânea, em que os atrativos econômicos, de poder e de saber deixaram de ser uma atribuição exclusiva do homem. O machismo está perdendo força de pilar de sustentação de exclusividade para o masculino. O crepúsculo do macho está sendo vivido com muita angústia e dor. Essa dor vem produzindo sintomas graves, como: violência contra a mulher, disfunções sexuais e autoconsumo de Viagra®.

A prega finíssima e costurada do dinheiro é o fetiche. Possui apenas a virtualidade de comprar tudo e todos. O fetiche é a men-

---

119. Desse modo, as polaridades entre erotismo/sadismo, expulsão/retenção são expressas em conflitos relacionados à ambivalência, atividade/passividade, dominação, separação e individuação. Excesso de ordem, parcimônia e obstinação são traços característicos do caráter anal. Ambivalência, desmazelo, teimosia e tendências masoquistas representam conflitos oriundos desse período. Vários aspectos da neurose obsessivo-compulsiva sugerem fixação anal. Nesse estágio, os significados simbólicos de dar e recusar, atribuídos à atividade de defecação, são condensados por Freud na equação: fezes = presente = dinheiro (FREUD, vol. 16: 168, A organização genital infantil).

120. Morano, 2006: 247.

tira mais bem-sucedida que passamos ao outro. Ela abre portas e escancara consciências. Quem aparenta ter muitas posses reveste-se de uma sacralidade que o torna invejado e adorado por seus súditos. Os súditos o tratam com consideração e distinção: ele é o "vencedor". Não importa, para a lógica do sistema, quais os caminhos perversos adotados pelo "vencedor" para angariar tanta fortuna, fama e *status*.

Comprar, consumir, poupar, guardar, perder, ganhar dinheiro, trocá-lo, doá-lo, recebê-lo configuram atos de despojamento ou de avareza que não podemos mais considerar como meras perdas da moeda corrente oficial de um país, mas sim de algo que foi previamente "incorporado" simbolicamente, na vivência dos afetos. Dinheiro significa afeto, e pode representar relações saudáveis, cordiais, com fortes traços de gratuidade e generosidade, como também pode ser vivido com gestos de mesquinhez, retenção, avareza e controle sobre o outro. Percebe-se, no discurso de vários padres, gratidão, reconhecimento generoso e um desprendimento dos bens materiais. Além do desprendimento, o símbolo dinheiro auxilia o padre a governar a paróquia com transparência e formas democráticas com o conselho de leigos.

> Eu tenho um salário, tenho a casa a meu dispor, luz, água e a alimentação é paga pela paróquia. Então, dá muito bem para viver com esse salário, pois os gastos que temos não são muitos. Eu sei que eu gasto até bastante com saúde, mas ainda assim sobra dinheiro para mandar para o Fundo de Solidariedade (depoimento de padre).

> O que eu tinha antes, praticamente, deixei tudo com a família, e um pouco ficou na comunidade onde trabalhei antes. Depois disso, os sete primeiros anos de formação, nós vivemos como se dizia, do voto de pobreza: não tínhamos dinheiro, não tínhamos conta bancária (depoimento de padre).

> O dinheiro, para mim, não é um valor em si mesmo. Isso eu aprendi com os padres que passaram pela minha vida,

o meu antigo pároco, os padres formadores; eu sempre vi neles generosidade. Viver a caridade. O meu dinheiro de padre eu doo para a caixa paroquial. Então, não me preocupo com isso. Eu nunca poderia pautar meu ministério na questão econômica (depoimento de padre).

Sim, é a paróquia, não é a diocese. A paróquia assume o salário, o carro e várias coisas. Do dízimo que nós temos, de 100% que a comunidade arrecada, ela passa 50% para a paróquia; o fundo paroquial, que o padre e os leigos administram, é o que chamamos de conselho econômico. Desses 50% do dízimo que vem, nós repassamos 20% para a mitra e para a diocese e, dos 30% que ficam, nós administramos toda a situação paroquial de formação, bem como a vida do padre. Temos um regimento (depoimento de padre).

O que eu percebo na diocese é o que ainda falta em nós, e eu me incluo: um pouco de solidariedade. Tanto de padres para padres, como de paróquia para paróquia. Porque tem paróquia que tem um dízimo maior e outras comunidades que têm alguma dificuldade. Quando essa solidariedade crescer em nós, enquanto párocos, enquanto paróquias, acredito que a maioria dos problemas serão resolvidos (depoimento de padre).

3) O dinheiro na vida do presbítero

Por outro lado, dinheiro também pode significar retenção do afeto e apego ao poder. A assembleia do clero que consegue reunir maior número dos presbíteros é aquela que tem como pauta as finanças da diocese ou que vai decidir a tabela das côngruas. Há relações com o dinheiro que tocam a ambição, o controle, a disputa avarenta. Avareza provém de avidez, desejo ardente, cobiça e voracidade. Os padres, como a maior parte das pessoas, demonstram tanto sigilo sobre dinheiro como sobre sexo. Ao que consta, ainda não foram feitas pesquisas sobre a questão do dinheiro na vida do clero. Embora o dinheiro possa ser uma compensação para a falta notória de poder de alguns padres, um bom número de párocos, como que reagindo a sua condição de vassalos do senhor bispo, agem com poder desenfreado nos feudos de suas próprias paróquias. Há comentários e não pesquisa científica entre o episcopado que a bola da vez de escândalo na Igreja será proveniente do mau uso do dinheiro e não tão fortemente dos casos perversos de pedofilia. Um dos indícios recorrentes é o nome da diocese ou a razão social, o número do CNPJ ser rejeitado e discriminado durante a compra de algum produto no mercado da localidade. Diante de dívidas aviltantes por parte de algum membro do presbitério, todo o corpo da Igreja fica prejudicado. O sinal sacramental da justiça, da fraternidade e da ética fica impedido de ser praticado como virtude evangélica.

> Assembleia do clero campeã em audiência é aquela que vamos discutir as finanças da diocese ou a tabela das côngruas. Retiro anual ou assembleia pastoral, o público é menor (depoimento de padre).

> A questão do dinheiro, se pegarmos a norma geral da nossa formação, eu não penso que haja casos de suborno e de corrupção. O que há é falta de responsabilidade no cumprimento das funções exercidas pelos padres, mas eles não são desonestos naquilo que devem fazer. Acho que muitos poderiam ter uma coisa mais simples e fazer uma coisa mais modesta, com o pé no chão, forçar menos a vida do povo, exigir menos (depoimento de padre).

> Se você pegar nossas planilhas, em todas as paróquias, são prestadas contas de tudo que é gasto. Agora, é claro que, muitas vezes, um vai ter um celular e vai colocá-lo na conta da paróquia. Enquanto outro vai viver uma ascese mais profundamente. Então, para mim, às vezes, é muito mais irresponsabilidade, ou falta de maturidade no exercício de administrar, porque, de fato, são poucos os que sabem administrar (depoimento de padre).

> Eu vejo que o poder está ligado ao dinheiro. Na diocese eu vejo, às vezes, briga para ocupar lugares, e até concha-

>vos para ocupar lugares onde a pessoa vai ter maior poder aquisitivo – em uma paróquia. E aqueles que têm o maior poder aquisitivo têm também maior poder de persuasão, de colocar suas ideias dentro do grupo. Briga por poder no sentido de cargos: "eu só vou ser padre se eu for pároco", ou "eu não quero mais fulano de tal à frente da administração" (depoimento de padre).

Há dioceses que mantêm padres em regiões economicamente pobres e distantes do centro urbano e, consequentemente, apresentam-se dificuldades financeiras para manter os gastos da paróquia e do próprio presbítero.

Outras dioceses têm princípios de equidade. Entretanto, existem algumas em que faltam esses princípios que promovem os critérios de igualdade salarial para todos os presbíteros.

Há, nas dioceses, paróquias pobres, de recursos médios e abastadas. As condições de manutenção burocrática e de recursos para a construção de capelas e Igrejas são profundamente desiguais entre elas. Numa paróquia pobre, um dos entrevistados disse que está quase "tirando o leite das crianças para construir a Igreja". Sugerem ações mais concretas do Fundo de Auxílio, de Solidariedade ou Banco da Providência, entre todas as paróquias da diocese, para atender as necessidades dos mais pobres e ter prazos mais longos para quitarem as dívidas. Encontram-se padres que percebem a penúria do colega e promovem a colaboração, a partilha humana e evangélica.

>Depende da situação em que o padre vive. Uns vivem nos centros urbanos e outros na periferia (depoimento de padre).

>Eu não tenho ajuda do Fundo, tem padres que têm. O Fundo paga um salário para os padres que trabalham nas áreas rurais (depoimento de padre).

>Alguns, cuja região é mais humilde, enfrentam mais dificuldades, têm que reduzir os gastos para conseguir arcar

> com as despesas da paróquia. A distância da cúria é maior, o gasto com gasolina ou com passagem de transporte urbano, com alimentos é mais caro e o que se arrecada é sempre menor. Outros, do centro urbano, já conseguem conciliar, têm mais condições (depoimento de padre).

> Eu tenho um salário, que a minha paróquia pode me oferecer, dentro das normas da diocese, mas para mim é um valor, que não é primordial. Eu tenho as minhas despesas, os meus gastos, mas também procuro ajudar as pessoas (depoimento de padre).

A preocupação com o futuro está presente na vida da maioria dos presbíteros. Quase todos pagam a Previdência Social, controlam o plano de saúde e fazem alguma poupança para o futuro. É um valor o fato de assumirem essa responsabilidade e o cuidado de si.

> Tenho que garantir a minha velhice, é a única preocupação que eu tenho. Porque é assim, na previdência nós também garantimos o futuro das pessoas que dependem de nós (depoimento de padre).

> Só a fé não vai pagar as contas, muito pelo contrário, a fé vai nos dar força para correr atrás, para conseguirmos cumprir com as obrigações que temos como qualquer cidadão (depoimento de padre).

> Tenho uma reserva, faço economia, penso no futuro, esse tipo de coisa eu ainda faço (depoimento de padre).

Vários padres sugerem que essa temática financeira deveria fazer parte da vida formativa do Seminário, efetivamente, para que todos tenham conhecimento de seus direitos, deveres e das atitudes que devem tomar em relação a seus gastos, suas economias. Ou seja, a questão econômica faz parte da vida do padre. Traz sofrimento o fato de não serem devida e abertamente orientados. A conversa velada sobre o assunto não promove uma compreensão efetiva nem resolve o problema. Nota-se, portanto, a necessidade de falar, de orientar os futuros sacerdotes sobre o tema, para que eles possam se organizar, planejar sua manutenção financeira, ao longo dos anos.

> Na minha experiência de seminário isso não foi colocado muito aberto para as pessoas pensarem, refletirem e verem que é uma experiência de que não podemos ficar distantes. Ela faz parte da nossa vida cotidiana (depoimento de padre).

> A Igreja é um dos poucos lugares no qual, ainda, se falam as coisas com meias palavras. Nós temos questões seriíssimas que precisam ser tratadas, encaradas de frente e, ainda, falamos com meias palavras. Pressupomos que o outro vai entender aquilo que foi insinuado, e não há clareza. Falta clareza, no que se refere ao que é pedido a nós. O que é proposto? O que é exigido? O que tem que ser de determinada forma e não dá para ser diferente? Porque, às vezes, tentamos criar um caminho, achando que estamos fazendo algo bom e, na verdade, percebemos que não estamos correspondendo às expectativas (depoimento de padre).

4) A dimensão pública do dinheiro

Para muitos dos entrevistados, essa falta de informação sobre como lidar com o dinheiro repercute, futuramente, na administração da paróquia. Saber separar a dimensão pública, o que é da comunidade, da igreja local, daquilo que é particular ou privado, do salário pessoal, envolve questões éticas. Não se pode misturar as duas dimensões: o público e o privado.

Uma questão que pode trazer complicação é misturar o dinheiro da comunidade Igreja com o dinheiro pessoal. Pode trazer consequências graves: achar que tudo é "farinha de um saco só", dizia um dos entrevistados. Isso pode produzir banalização no exercício do ministério presbiteral, além de atos de corrupção e ausência de postura ética, republicana e cristã.

O presbítero deve discernir o que é de direito dele. Isso está escrito nas orientações das dioceses. Legalmente, todo mês, ele tem o que precisa receber e é seu direito. Esse valor financeiro deve ir para sua conta pessoal.

O que é da paróquia deve ficar na conta da paróquia sob a responsabilidade de um conselho econômico. Simbolicamente, o dinheiro é um bem público. O pároco deve zelar para que haja transparência através da publicação referente à destinação dos valores que pertencem à Igreja local. Sua função é administrar o que é público e exigir do conselho publicidade e divulgação dos valores. A paróquia paga as contas comunitárias. As contas pessoais devem ser pagas com o dinheiro pessoal.

O cristão que coloca sua oferta ali na cestinha, ou o que paga o seu dízimo, tem a confiança de que a Igreja vai aplicar o recurso de forma honesta. A pessoa confia que esse dinheiro será utilizado nas necessidades da Igreja e não vai ser desviado para o padre, para a família dele, para os seus amigos ou qualquer coisa semelhante.

Outra preocupação relatada pelos entrevistados é o risco de a vida presbiteral ou religiosa tornar-se um dispositivo burguês. Há casas paroquiais que estão sendo reformadas com alto padrão e objetos supérfluos que agridem a origem simples dos paroquianos. Vários depoimentos relatam o risco dos jovens oriundos de segmentos sociais mais sofridos tornarem-se acomodados no futuro frente à vida presbiteral. Nada mais natural, afinal, na vida humana apresentar-se como somos. É na vida comunitária presbiteral que o padre revela o grau de solidariedade ou de individualismo exacerbado. Assim se expressaram alguns padres:

> A questão do dinheiro tem uma ligação com a formação humana. Há padres que celebram bem, porém a formação moral é deficitária. Eles não têm o entendimento correto do que é legalmente permitido, nem do que é moralmente aceitável. É uma diferença enorme entre uma coisa e outra. Por exemplo: legalmente é permitido desviar dinheiro

da paróquia e fazer a construção de um sítio para o padre? Isso pode aparecer um ato legal, porque há como burlar, existem vários modos como: caixa dois etc. No entanto, esse expediente não é moralmente aceitável, especialmente para aqueles que são padres. Outro exemplo: uma pessoa de origem pobre, cujo patrimônio cresce enormemente no prazo de dois anos. Isso é uma coisa, no mínimo, suspeita (depoimento de padre).

Nossa presença deve servir de testemunho. Não podemos agredir a comunidade na qual estamos inseridos. Não podemos nos preocupar em ter "o melhor carro", em "morar em casas de luxo", em "reformar a casa paroquial à custa do dinheiro do pobre", ou em "vestir, extravagantemente, roupas de grife" (depoimento de padre).

A honestidade e a transparência são necessárias. Essas qualidades são mais importantes que a capacidade de fazer um balancete. Para fazer um balancete pode-se recorrer ao técnico no assunto e ele o faz. A honestidade é um valor que deve ser cultivado pela própria pessoa. Esse é um bem que não se compra, nem se pega emprestado. É uma questão de caráter (depoimento de padre).

Muitas vezes há padres que, porque foram ordenados há mais tempo, vivem praticamente no anonimato e administram as paróquias conforme os seus critérios. Como somos humanos, nem sempre os nossos critérios coincidem com o critério de Jesus. Isso é uma coisa muito séria. Todos deveriam ser acompanhados, porque o anonimato parece que toma conta da nossa diocese (depoimento de padre).

Nós não temos o direito de ostentar, nem de agredir o povo. A clareza é outra coisa séria: "nós estamos a serviço da Igreja, o principal na nossa vida não é a parte administrativa e econômica, apesar de ser importante, o mais importante para nós é o aspecto pastoral" (depoimento de padre).

> Pode acontecer que, em determinadas circunstâncias, aquilo que recebemos não seja suficiente para o nosso sustento. Por exemplo: se acontecer um problema sério de saúde com maior gasto com remédios e o valor recebido não cobrir as necessidades de manutenção. Caso a paróquia tenha dinheiro em caixa, com toda a confiança, com toda a transparência, devemos nos comunicar com o Conselho Paroquial sobre a situação e solicitar os recursos para que possamos exercer com tranquilidade a nossa ação pastoral (depoimento de padre).

> Eu vejo o aspecto comunitário. Os jovens chegam extremamente individualistas, muito marcados pela tônica do ter, do poder e pelas coisas que a congregação apresenta enquanto estrutura financeira, de casa, de colégios [...] Muitos chegam dizendo que a Congregação tem muito dinheiro [...] Pela visibilidade que de fato tem. Esse é um complicador quando temos que optar pela vida simples, pelas coisas comunitárias, pelo que é de todos. É dificultador, por exemplo, na hora que "vamos juntar para cuidar do jardim!" – "Não! Vamos contratar um profissional e que ele venha, pois não estamos aqui para isso", sendo que ajudar a cuidar do jardim também agrega e multiplica valores na vida comunitária. Então, muitos chegam marcados por essa dificuldade. Aos poucos, nós vamos trabalhando, e com o tempo dá para perceber se a pessoa se atenta um pouco para isso e depois para a dificuldade na vida do povo. Fora essa questão de orientação, mergulhar nas questões do povo é a maior de todas as dificuldades. Há uma dificuldade muito grande na hora de ir para as comunidades mais pobres. Hoje existe uma reclamação das nossas paróquias, no conselho paroquial, de que falta aos nossos padres entrarem na vida pastoral e nas questões do povo naquilo que o povo grita, clama, reza e chora (depoimento de padre).

Há padres marcados pela subjetividade do Concílio de Trento e administram a paróquia de forma hierárquica e despótica. Acreditam que o Estado ou a ajuda de políticos influentes possam socorrê-los com ajuda material, financeira ou resolver alguma pendência jurídica. Muitos padres não absorveram os ensinamentos do Vaticano II e das conferências latino-americanas. As ideias desses documentos entraram na mente e não penetraram na vida cotidiana. Os mais sutis bloqueios contra o Vaticano II na vida dos presbíteros são os bloqueios afetivo-emocionais, depois, os espirituais. Há padres com sérios bloqueios psíquicos oriundos da infância. Marcas profundas e inconscientes determinam seus comportamentos. Traços que dificultam, tremendamente, o manejo do dinheiro, do poder, o *status* e a função de líder.

> Hoje vivemos em uma sociedade capitalista e não em uma sociedade medieval. Não podemos gerir o dinheiro da Igreja como se estivéssemos em outro sistema de governo. Temos que conhecer as possibilidades e as regras da sociedade, tendo como princípio básico a ética. O Estado está juridicamente acima de todas as instituições sociais. Não somos uma Igreja amiga dos reis (depoimento de padre).

> Um aspecto positivo, da atualidade, é a independência da Igreja frente aos governantes municipais e estaduais. O tempo da Cristandade acabou. Os muitos privilégios da Igreja junto a esses setores acabaram. Isso é ótimo, pois nos deixa mais livres e autônomos e, assim, podemos limitar as interferências desses setores na vida da Igreja (depoimento de padre).

> Existem padres que, ainda, se imaginam no tempo dos privilégios, e desconhecem as leis a que todos os cidadãos estão sujeitos dentro da sociedade. Isso pode levar a complicações futuras e graves para a Igreja (depoimento de padre).

> Quando começamos a atuar como vigários ou párocos, passamos a gerir o dinheiro da comunidade, e não mais o "meu dinheiro". Precisamos mudar nossa "cultura" de fazer tudo sozinhos, assumindo a responsabilidade de definir tudo o que vai ser feito. É importante a criação do Conselho de Administração Econômica na paróquia para que a administração seja mais coletiva e, portanto,

respaldada por pessoas que representam a comunidade. No entanto, sabemos que alcançar essa comunhão não é fácil e demanda algum tempo. É necessário fazer investimento afetivo e técnico nas lideranças locais e nas foranias (depoimento de padre).

Muitas vezes, as pessoas nesse Conselho Administrativo começam a brigar entre si. Cada pessoa pensa de uma forma: uma é megalomaníaca, construir tudo; a outra é mais retensiva ou controladora, não quer fazer nada porque não quer gastar o dinheiro da Igreja; outra ainda pensa que a Igreja tem dinheiro e que se pode gastar o dinheiro à vontade. O pároco se vê numa situação difícil, quase de crise existencial (depoimento de padre).

Em outras situações o Conselho Administrativo também não ajuda os padres em nada. A sua ação se resume à apresentação de balancete mensal. Caso o padre considere necessário fazer alguma coisa, se ele precisa fazer alguma obra, nesse caso o padre não conta com o Conselho para ajudar a direcionar, em relação a como fazer dentro dos limites dos recursos próprios da paróquia. Em algumas paróquias, por exemplo, a arrecadação de dízimo é pequena, e há a necessidade de se fazer duas festas, que sustentem a paróquia o ano inteiro. E as obras que é preciso fazer? "Então, apesar de ter um tesoureiro, eu tomo bastante cuidado com o que é preciso gastar. Não resta a menor dúvida: isso eu aprendi com a formação em uma área técnica e não no seminário". Os padres, geralmente, são inseguros, portanto, precisam de preparo humano e administrativo (depoimento de padre).

Há padres que confundem a dimensão pública com o Estado. Público não é sinônimo de estatal. O público diferencia do privado: público é o comunitário, enquanto o privado é o particular.

Cuidar do patrimônio histórico é cuidar dos bens históricos da Igreja e da cultura do povo, portanto da dimensão pública. Por isso, esses bens não pertencem só à Igreja. É um patrimônio público. Um bom exemplo se refere às Igrejas das cidades históricas. Nelas foram feitas inúmeras modificações no decorrer do tempo no conjunto da Igreja. Hoje, quando essas modificações não são aprovadas por órgãos, públicos elas são consideradas pelas prefeituras como descaracterização do patrimônio cultural. No momento existe o risco, inclusive, de demolição de algumas benfeitorias, por agredir conjunto arquitetônico, que foram resultado de um alto investimento na época. Isso porque na época não foram seguidos os trâmites exigidos para prédios tombados. O padre não prestou atenção que estava coordenando junto com o conselho paroquial um bem público (depoimento de padre).

As igrejas que pertencem ao patrimônio histórico cultural das cidades estão se tornando um grande problema. Como os padres, formados em filosofia e teologia, podem ter competência para gerenciar essas igrejas? Na época, a mentalidade era confiar, cegamente, nos políticos benfeitores e não nas regras jurídicas do Estado.

Não somos preparados para isso. As leis são muito rigorosas, há detalhes técnicos de segurança ligados ao corpo de bombeiros, às secretarias do patrimônio, muita burocracia etc. As igrejas deveriam ser de responsabilidade da diocese, pois só ela tem recurso financeiro e competência para formar uma equipe de profissionais com esse nível técnico (depoimento de padre).

Há padres ansiosos ou clericais que ainda não compreendem o que é da competência do poder público, da Igreja, da sociedade ou de todos.

Não vou deixar que os meus paroquianos, que estão dentro da igreja participando de liturgias, fiquem molhados porque o telhado da igreja está em péssimas condições. Vou mandar arrumar de qualquer forma. *Isso pode trazer consequências graves, e eu não me importo* (depoimento de padre) (grifo do autor).

Acabou o sistema de padrinho, de amizade com o prefeito. Mas a realidade é que estamos à frente dessas igrejas. O padre é a primeira pessoa à frente de uma comunidade que só sabe reclamar, que quer um banheiro bom, quer uma escada, quer uma rampa etc. De outro lado, o corpo de bombeiros chega com multa e muitas exigências. Estou com o projeto na Secretaria de Patrimônio Histórico da Prefeitura e nada foi feito. O pagamento é feito com o dinheiro da Igreja, que sai em toneladas de papel e não tem ninguém para ajudar. Depois chega um responsável, que não gostou da cara do padre, da Prefeitura e diz: Isso não foi aprovado, vai ter que fazer tudo de novo (depoimento de padre).

5) Questões administrativas e burocráticas da paróquia

A paróquia coordena o trabalho de uma ou mais comunidades. Ela é responsável, perante os órgãos superiores, pela administração geral e pela realização correta do trabalho na área de abrangência paroquial. A parte de administração requer certo cuidado, pois se destina à organização e à coordenação da comunidade e está conectada, também, a questões políticas. A política é a arte ou ciência da organização, direção e administração entre o saber e o poder entre as pessoas.

Quando se fala em questões administrativas, associa-se rapidamente à burocracia. Burocracia é um conceito administrativo amplamente usado, caracterizado, principalmente, por ser um sistema hierárquico, com alta divisão de responsabilidade, no qual os seus membros executam regras e procedimentos padrões, como engrenagens de uma máquina. Mas, a burocracia, além do envolvimento técnico, inclui, principalmente, as relações afetivas entre pessoas.

Pode-se perceber, portanto, que o trabalho administrativo é árduo e requer responsabilidades. Está diretamente envolvido com as pessoas, com ações sociais e jurídicas. Por isso, os padres contam com a ajuda de outras pessoas envolvidas na secretaria paroquial, de Conselhos Paroquiais realizados acerca desses assuntos e de instrumentos necessários no desconhecimento de um assunto, como livros, revistas e cursos.

> A secretária da paróquia está terminando curso de administração, eu a incentivei a fazer esse curso e ela tem dado um suporte muito bom. Quando eu cheguei na paróquia, uma

das primeiras coisas que eu fiz foi formar um conselho de assuntos econômicos, que aí eu compartilhava com aquelas lideranças, tive um pouco de dificuldade pelo perfil da paróquia, pois eles estavam muito organizados, cada um na sua comunidade e dentro daquela dinâmica da rede de comunidades, então nós buscamos criar nesse Conselho esse nível de diálogo, de interatividade, de partilha mesmo, de vida, de administração. Então esse Conselho de Assuntos Econômicos que tem pessoas de formação na área administrativa, contábil e de livros tem me valido muito. Acho que o que eu tenho de literatura em questão de administração paroquial é uma coisa bem avolumada (depoimento de padre).

Existe uma revista chamada *Paróquias e Casas religiosas* que, logo que saiu, eu assinei, que traz orientações magníficas. Porque eu não dou conta de fazer tudo, mas eu tento caminhar no ritmo da comunidade (depoimento de padre).

Na nossa paróquia nós temos todos os conselhos: Conselho Paroquial Comunitário, Conselho Paroquial Pastoral, que envolve toda a paróquia; tem o Conselho Financeiro, que decide tudo. Decidimos todos juntos, é tudo junto para poder levar tudo para frente, então tudo passa por várias instâncias (depoimento de padre).

Acho que não é possível administrar sozinho, ainda mais que você vai lidar com o dízimo paroquial. Então, acho que, no mundo que estamos, o padre deve ter um conselho, um grupo de pessoas leigas que são da comunidade (depoimento de padre).

Nós temos *gestão paroquial*, que é um livro que descreve a realidade de administração paroquial. Às vezes apostilas. Tudo isso são leituras que nos conduzem, e norteiam o trabalho de que precisamos (depoimento de padre).

Nós temos lá na paróquia alguns coordenadores, que são responsáveis por essa administração. Então a administração não fica só para o pároco. Nós temos uma tesoureira e

> temos pessoas que fazem os pagamentos. Então são ações mais partilhadas (depoimento de padre).

Percebe-se, em alguns depoimentos, que as questões administrativas tratadas no seminário deixam os padres recém-ordenados inseguros, por não oferecer uma base sólida do assunto. Podem-se identificar, ainda, as dificuldades de reger um conselho e de assumir essa responsabilidade. Há um despreparo do presbítero em lidar com conflitos de grupo e das relações humanas. Muitas vezes apelam para o autoritarismo ou isolamento.

> Eu não tenho experiência e nem noção de paróquia, ainda. Vou ser mais objetivo. O seminário não nos prepara em nada nesse aspecto, a não ser burocracias paroquiais, de secretaria paroquial; um papel que tem que assinar e mandar etc., mas isso não precisava nem de informar porque é praxe de uma paróquia (depoimento de padre).

> Acho que isso eu vim aprendendo não diretamente num processo de seminário, mas na própria experiência de vida e na experiência de pastoral, em que os padres vão colocando essa situação (depoimento de padre).

> Algumas coisas eu tomo iniciativa para tentar organizar, mas, na verdade, não me agrada muito não. A parte administrativa em si, ela é necessária, mas acho burocrático e algumas coisas ainda não são muito claras (depoimento de padre).

> Eu penso que o padre precisa de receber na formação dele noções básicas de administração de uma empresa; eu até acho que no novo currículo do curso de teologia tem essa cadeira, ter umas aulas de administração, se isso for verdade acho muito bom (depoimento de padre).

> Eu tenho o conselho para assuntos econômicos, que é quando nós tratamos dos problemas, mas a decisão é minha! Se eu deixar nas mãos dos leigos, eles vão olhar outras coisas. Há pessoas que querem pintar a Igreja de ouro

> e não querem dar comida para os pobres. Tem pessoas, na minha paróquia, que passam fome, tem pessoas que morrem de fome, eu já vi. A pessoa morreu porque não tinha ninguém tomando conta dela. Ele ficava na cama, ele não tinha as duas pernas, a mulher saía cedo para pedir esmola na Igreja, o deixava lá. Isso é vida? Aí eles ficam preocupados em colocar ouro na Igreja, e não olham para os pobres (depoimento de padre).

Pode-se identificar, claramente, a discordância de alguns em relação à administração da paróquia, pensam que administrá-la não é dever do padre e se consideram inabilitados para realizar esse tipo de atividade, especialmente quando surgem conflitos interpessoais.

> Eu sou bem incompetente. Na verdade o padre não tem que lidar com dinheiro. Ele não é formado para isso. No curso de Teologia não tem administração paroquial. Então, na paróquia em que eu estava, eu consegui cinco pessoas. Acho que é dos leigos, isso, administração, contabilidade, dízimo. Não faz parte do ministério. Meu ministério é ser pastor. Acho que o povo está com sede, sabe, de pastor, e nós ficamos muito na administração (depoimento de padre).

Devido às dificuldades citadas, muitos padres recorrem à assistência de órgãos superiores, como a diocese, cúria ou a mitra, ou até mesmo a padres mais experientes em questões paroquiais. A pedra fundamental desse assunto é a confiança. Trabalhar com confiança inclui a troca de experiências, a partilha, a possibilidade de perguntar o que não se sabe sem julgamentos. Sempre há o que aprender. A novidade é uma riqueza. Para os padres, a cúria é a única referência em que se podem buscar as informações que tornam possível o trabalho administrativo, abrindo espaço para o que é mais importante, que é a dimensão pastoral.

> Nós fazemos nosso trabalho, seguindo as recomendações da cúria. Aí chega de lá uma notificação dizendo que devemos mandar tudo para a contabilidade. Não entendemos o porquê de pagar um salário para um contador fazer o que já fazemos na secretaria paroquial. Então, o que estão

fazendo aqueles que estão na cúria? Talvez haja coisas da cúria que desconhecemos e, por isso, estamos solicitando assessoria da cúria (depoimento de padre).

Um papel importante da cúria diocesana frente à questão do dinheiro, já que ela tem acesso às informações de todas as paróquias, seria acompanhar-nos e indicar-nos qual o modelo ou exemplo e os melhores projetos. Eles poderiam ser divulgados para servir de referência para outros que têm mais dificuldades. Esta seria uma forma de valorização dos padres competentes, daqueles que estão trabalhando bem (depoimento de padre).

No caso das paróquias que apresentem problemas de má administração, desvio de dinheiro e de outras situações, pensamos que cabe à cúria adotar atitude punitiva (para isto existe o Direito Canônico) (depoimento de padre).

Nos casos de dificuldade, nós temos a ajuda da diocese, temos a ajuda da mitra, então, sempre que tem alguma coisinha que pesa um pouco mais, eu sempre recorro a eles (depoimento de padre).

Vendo o modelo administrativo de vários padres, nenhum é igual, embora tenha uma orientação da diocese para isso, e, atualmente, na paróquia, eu tenho tentado me envolver mais, porque, quando ordenado, eu vou ter que mexer também no meu ministério (depoimento de padre).

Eu tenho dificuldades nessa questão burocrática, administrativa e eu corro atrás. Quando estava em estágio diaconal, procurava algumas orientações; no seminário, tinha conseguido algumas orientações e isso daí valeu muito, os padres com quem eu me envolvia também me ajudavam muito com essas questões (depoimento de padre).

Esses temas precisam ser tratados não só com o grupo de ordenados há dez anos, mas com todos. Muitos padres, ordenados há mais tempo, ainda não entenderam a questão da administração na paróquia – o que é dele, o que é particular, e o que é da paróquia. A administração das paróquias precisa ter um acompanhamento: acompanhamento caridoso, justo e, verdadeiramente, administrativo. Todos precisam! É uma realidade que não foi bem trabalhada (depoimento de padre).

Na busca de amenizar esses obstáculos discorridos, ainda propõem alternativas a fim de simplificar a burocracia:

Se a metodologia das coisas fosse mais clara, a papelada também seria mais simplificada. Se houvesse uma consultoria para reformular esse aspecto administrativo, o que seria realmente necessário? Tem também a parte da própria informatização dos dados, que não é simples, mas muitas vezes você até orienta o secretário para ele fazer, mas ele não faz. Mas aí entra o dilema que ao mesmo tempo em que a tecnologia é ótima, ela é falha. Então o sistema tradicional da anotação escrita é muito mais seguro do que o sistema atual, que até pode ser muito rápido, mas existe um processo de transição. Mas o ideal seria que tivesse tudo informatizado, uma pessoa que chegasse em qualquer paróquia poderia, por exemplo, abrir o seu processo matrimonial; isso seria excelente. Isso seria, vamos dizer assim, uma integração. Só que seria um processo lento, e exigiria uma educação de todas as secretarias, mas eu acho que se as coisas fossem simplificadas facilitaria. E aí, os fiéis, certamente, seriam melhor atendidos (depoimento de padre).

6) Assembleia de formação permanente sobre o tema dinheiro

Participei de uma assembleia de formação permanente dos presbíteros de uma diocese, cujo o tema foi: "Dinheiro e ministério: aprendendo com Jesus". Com a autorização do coordenador, Padre Jaldemir Vitório[121], resolvi inseri-la na íntegra neste espaço. Trata-se

---

121. Padre Jaldemir Vitório é jesuíta e diretor da Faculdade Jesuíta de Filosofia e Teologia (Faje/BH). Palestra proferida durante o encontro de formação permanente dos presbíteros da Arquidiocese de Belo Horizonte, junho de 2011.

de um texto transdiciplinar riquíssimo no qual o autor e os participantes alargaram o tema dinheiro em diversos enfoques: teológico, antropológico, psíquico e bíblico.

Padre Vitório iniciou a reflexão dizendo que tinha a intenção de colaborar com a discussão já iniciada sobre um tema que, normalmente, não se discute de forma mais profunda, sob o aspecto espiritual e teológico. Explicou que a reflexão teria dois momentos: o primeiro seguiria um texto impresso (ver em anexo) e o segundo seria uma exposição tendo como referência o material que foi apresentado em *power point* (ver também em anexo deste tema).

Assim, o coordenador se expressou:

O exercício do ministério presbiteral depende da maneira como cada padre entende a própria vocação, o que está na base, no começo da vocação. Apresentarei três raízes da vocação que podem estar desconectadas ou interligadas entre si. Ou seja, é possível vivê-las em conjunto ou, pelo contrário, viver uma sem as outras. Serão apresentadas, separadamente, por motivos didáticos. Um presbítero pode ter, na origem de sua vocação, "uma experiência de fé, uma experiência da religião católica ou uma experiência difusa de religiosidade". A questão da religiosidade volta de maneira distinta do que acontecia no passado. O indivíduo podia ser padre porque a mãe havia feito uma promessa a Nossa Senhora Aparecida. Na origem da vocação estava a promessa a Nossa Senhora Aparecida. Hoje, a questão volta por outro viés: certas vocações nascem em grupos de Renovação Carismática. Não classifico esses grupos no nível da fé e nem da religião, mas sim da religiosidade popular. Certas vocações, oriundas da Renovação Carismática, ligadas ao grupo a, b ou c, podem estar à margem da Igreja institucional, pois criam uma igreja própria, ligada a seus grupos e subgrupos.

Como se dá a relação com o dinheiro em cada uma dessas possibilidades de experiência fundante?

A vocação oriunda da fé nasce da experiência de encontro com uma pessoa – Jesus Cristo –, experiência de encontro de liberdades, minha liberdade de discípulo com a liberdade de Jesus. Essa experiência marca, profundamente, minha vida, minha estrutura interna. Meu ser é marcado pelo ser de Jesus. Daí o esforço de assimilar o modo de proceder do Mestre e me pautar por ele.

A vocação oriunda da religião brota do encontro com uma instituição – a Igreja institucional –, com suas regras, direito canônico, ritos, tradições etc. A instituição determina o padrão da vocação, no qual o indivíduo deve se enquadrar.

A vocação oriunda da experiência de religiosidade é mais difusa, por não supor, necessariamente, o encontro com uma pessoa, nem com uma instituição. Aliás, pode-se, até mesmo, prescindir da instituição. Soube, por alguns professores de seminário, que jovens da Renovação Carismática vão para o seminário, mas o seminário não tem nada a ver com eles. O que vale é o que o "guru" do movimento pensa e manda que façam. A ele, os seminaristas obedecem sem hesitar; mas não ao reitor da casa de formação. O que a instituição diz não tem nenhuma importância. Aliás, submetem-se a tudo só por formalidade, pois não têm como chegar ao ministério ordenado prescindindo da formação exigida pela Igreja institucional.

Por exemplo, a Arquidiocese X tem problemas com um grupo de seminaristas oriundo de um movimento dentro da Renovação Carismática. Os seminaristas ligados ao movimento, de fato, são do clero secular. Portanto, deveriam estudar no seminário da arquidiocese, sob a orientação do bispo. No entanto, o "guru" deles não aceita e incute na cabeça dos seminaristas que a instituição não serve para formá-los, e o seminário diocesano nada tem para lhes oferecer.

No âmbito da fé, a relação com o dinheiro consiste na experiência de partilha e de solidariedade. Quando existe o desejo de ser solidário, de partilhar o que se tem, de pensar no outro, o presbítero está agindo em nível da fé, pois só a fé possibilita a saída de si e a descoberta do próximo necessitado. É a ruptura do egoísmo e seus esquemas! Começa-se, então, a pensar que existem outros irmãos no ministério, quiçá carentes de recursos financeiros, e pobres necessitados de ajuda. Uma vez que se faz a experiência de

Jesus, faz-se, também, a experiência do Reino. Isso é fundamental! O Reino determina as pautas da ação. É o senhorio de Deus na vida do presbítero que determina aquilo que faz e seu modo de pensar. Corresponde ao que Jesus diz em Mt 6,33: "Buscai em primeiro lugar o Reino de Deus e sua justiça e tudo mais será dado em acréscimo".

Quando a vocação tem raízes na experiência de religião, corre-se o risco de o padre estabelecer com a Igreja uma relação de tipo empresarial. A Igreja, enquanto instituição, pode ser vista como empresa prestadora de serviços religiosos; o padre estaria ali na condição de funcionário do sagrado, seguindo as regras do mercado. Aí tudo é cobrado! Cobra-se uma florzinha que é colocada no casamento: com flor é tanto, sem flor é tanto. O padre segue o esquema empresarial. Por quê? Porque o Reino de Deus não entra no horizonte de suas preocupações. A fé nada tem a lhe dizer!

Judas Iscariotes simboliza a visão de Igreja empresa. Ele seguia Jesus por interesses pecuniários. Os ensinamentos do Mestre não lhe tocavam o coração. Daí ter chegado ao extremo de fazer negócio com a vida do Mestre.

Os padres que vêm da religiosidade entendem a Igreja como seita e também como empresa. Mas empresa particular: empresa própria deles. A empresa da religiosidade faz CD, administra rádios, canais de televisão e os muitos donativos dos fiéis. O padre x, bem conhecido, é um grande empresário; lida com milhões de dinheiro e segue as regras do jogo empresarial do capitalismo neoliberal, que transforma tudo em objeto de comércio e de lucro.

A diferença dos diversos grupos é grande: o padre que explora a religiosidade vive dos donativos dos fiéis, pedidos à exaustão; o que é funcionário da Igreja cobra o estabelecido segundo os preços fixados pela Igreja para os distintos serviços religiosos; os que têm espírito de fé estimulam a comunidade a se responsabilizar pelas questões financeiras, levando-a a se preocupar com os mais pobres. Estes sabem como relativizar o dinheiro, os outros, não.

Outro ponto diz respeito à origem do dinheiro: de onde ele vem?

Quando o padre tem o espírito de fé e parte da experiência de encontro com Jesus, cuida de responsabilizar a comunidade pelas questões econô-

micas, deixando que ela mesma cuide de prover os fundos necessários para garantir suas atividades, enquanto comunidade cristã missionária.

Quando o padre tem espírito de religião, *trabalha com taxas, tabelas, como se determinam os preços de supermercado.*

Quando o padre age no horizonte da religiosidade, *normalmente, não se atém às taxas da Igreja. Vive de donativos. Porém, o que, supostamente, é dado de maneira espontânea, na verdade, é forçado. Isto acontece, por exemplo, em ambientes neopentecostais.*

As igrejas evangélicas históricas entendem o dízimo no sentido estrito: exatamente 10% da renda. Em ambientes católicos, a palavra dízimo adquire um sentido menos rígido, correspondendo a quanto a pessoa pode e se compromete a contribuir.

Como acontece a administração do dinheiro nos três níveis?

No nível da fé, os bens são administrados de forma partilhada. O presbítero não é o dono do dinheiro. O dinheiro é da comunidade e tem que ser administrado com a participação da comunidade e dos conselhos.

Quem está imbuído do espírito de religião e trata a Igreja como empresa, sente-se no direito de administrar sozinho o patrimônio da Igreja, como se fosse dono. Ele tem o talão de cheques e dispensa a colaboração e a sugestão de quem quer que seja. E, assim, reforça a ideia de que o padre é dono da Igreja e o dinheiro diz respeito somente a ele. A comunidade não conta para nada. Quando o padre administra com honestidade o patrimônio da Igreja, parabéns! No entanto, quando malversa os bens da Igreja, torna-se um problema. O padre rouba da Igreja porque na origem de sua vocação não está o compromisso com Jesus; não experimentou Deus em sua vida.

Temos o caso do padre de uma igreja "X" que fazia suas estripulias e mandava as contas dos hotéis e motéis para a paróquia pagar. Por que faz isso sem nenhum peso na consciência? Porque não tem compromisso com Deus, com o Reino, com Jesus, com a Igreja, com a paróquia, nem, tampouco, com o bispo. Daí não ter peso na consciência. Mas, em quem fez uma experiência de fé, a consciência pesaria, porque tem, em última instância, compromisso não com a Igreja, com o bispo ou o dono de uma empresa, e, sim, com Deus e com o Reino de Deus. Isso é determinante para o seu modo de proceder quanto à administração do dinheiro.

No caso da religiosidade, o fulano administra, aparecendo como grande benfeitor. Temos exemplo de um padre desse mundo da religiosidade que usava as doações dos fiéis para comprar paramentos caros; mas, não serviam paramentos do Brasil. Eram comprados em Roma, em elegantes butiques eclesiásticas. Isso é malversação do dinheiro do povo, apoderado por quem passa, diante dos fieis, como "santo".

No âmbito da fé, o trato com o dinheiro comporta uma preocupação determinante com os pobres. Esse é um sinal de que o padre fez uma experiência de fé. O dinheiro é fruto da solidariedade e da partilha, daí ser destinado, também, à solidariedade com os pobres. No caso do padre movido pela religião, a preocupação é com o patrimônio da igreja, jamais com os pobres. Será preocupado com a conservação do patrimônio, por exemplo, cuidando que a igreja esteja sempre bem pintada e conservada. Os fiéis serão considerados como fonte de renda. O zelo pelas coisas do Reino não entra no rol de suas preocupações. E, com isso, também, os pobres.

A preocupação dos padres que se movem no âmbito da religiosidade não é nem com os pobres e nem com os bens da igreja, mas com as devoções a serem propagadas. O devocionalismo católico tem sido imitado pelos neopentecostais. Na Igreja Universal do Reino de Deus a cada dia se inventa uma coisa para manter vivo o devocionalismo dos fiéis. O padre que vem desse tipo de experiência básica faz coisas semelhantes.

Na visão da fé, a preocupação do ministro centra-se no testemunho profético de liberdade diante do dinheiro. As pessoas percebem que não é apegado ao dinheiro; seu nome não está associado ao dinheiro. Faz tudo para que seu ministério não seja contaminado pelos cifrões. Quem parte do esquema da religião *tem a visão capitalista; não está preocupado com o bem das pessoas. Importa-lhe que a igreja esteja dando lucro. Não se importa de ser identificado como o padre que gosta de dinheiro. Importa-lhe que sua igreja seja lucrativa, não tenha dívida, não seja deficitária para a diocese. No âmbito da religiosidade tem-se uma falsa socialização dos bens. Alguns grupos da igreja que têm muitas propriedades deixam entender que pertencem a todos. Porém, isto é só aparência. De fato, impera a visão capitalista. Parece que os bens são de todos os que contribuem para manter o esquema de devocionalismo, mas não são.

Uma questão colocada por um dos participantes:

> As pesquisas têm mostrado que quem procura o ministério sacerdotal, os escolhidos, são pessoas pobres que têm muitas dificuldades financeiras e até afetivas. Isso não é novo. O texto de São Paulo aos Coríntios já colocava isso. Essas pessoas, de repente, se veem em uma paróquia e têm que lidar com o dinheiro, com o poder, com os bens. Pessoas que vieram de famílias muito pobres, com muita dificuldade de vida, são atraídas por aquilo, mas, inconscientemente, como uma rasteira, debruçam-se frente a autoenganos e cometem delitos graves com relação ao dinheiro da paróquia. Eles se sentem seduzidos por aquele *status* e surgem várias questões... (participante da assembleia).

Padre Vitório continua:

É isso mesmo. Não significa que uma pessoa que seja pobre, entrando na igreja queira se locupletar com os bens da igreja. Porém, é uma tentação muito grande. É aí que a pessoa vem com sua visão de igreja como empresa, como instituição. Ele entra nessa instituição que é rica e dá acesso fácil ao dinheiro. O padre é ordenado hoje, e, amanhã, está à frente de uma paróquia, já tem o talão de cheques e a caneta na mão. Isso é uma situação que na sociedade não existe. Somente na Igreja Católica essa ascensão acontece da noite para o dia.

Se, na raiz da vocação, a pessoa não tem a experiência de fé, a consciência de Reino e o compromisso com Jesus, cairá com toda facilidade na tentação. E malversará o dinheiro da igreja, da instituição, da empresa dele. Vai ser um funcionário corrupto. Às vezes, o padre age como um bom funcionário e bom administrador. O pessoal da cúria estará contente com ele, pois envia os relatórios direitinho, como bom burocrata do sistema. Não dá dor de cabeça nenhuma, não contrata funcionário sem fazer todos os trâmites trabalhistas. Com esse, a cúria ficará tranquila. E com os que são irresponsáveis? Aproveito para fazer uma denúncia da nossa igreja. Quando o padre desvia o dinheiro da igreja, da comunidade, a comunidade não tem a quem recorrer. As lideranças comunitárias não têm acesso aos responsáveis maiores pela igreja. E são obrigadas a ver caladas, os padres desperdiçando o dinheiro conseguido pela comunidade com muito sacrifício.

Falou-se muito dos seminaristas do FHC (Governo do Fernando Henrique Cardoso). Corria-se para o seminário, como se fosse em busca do emprego. Chegando a ser padre, o indivíduo tinha assegurado carro, casa, salário, sem o risco do desemprego. Se na origem da vocação o padre não tem uma experiência de fé, dificilmente virá no futuro a se comportar, corretamente, no tocante ao dinheiro".

Outra questão colocada por um dos participantes.

> Sem fazer juízo de valor: você acha que todo esse discurso da primeira coluna – a fé em Jesus Cristo – tem alguma possibilidade, hoje? Como você vê a questão da formação hoje? Aqui, é uma oficina de padres jovens e isso que nós ouvimos é um discurso permeável a essa juventude de hoje? (participante da assembleia).

Resposta do Padre Vitório:

O discurso da fé será sempre um problema para qualquer cultura, em qualquer momento. Isso não é de hoje. Quando Jesus pregava, as pessoas tinham diante de si o desafio do Império Romano. Portanto, é uma questão que sempre se colocou e se colocará para quem assume o projeto de Jesus. No dia em que não se colocar será porque não entendemos o projeto de Jesus ou porque o céu já chegou. No dia em que não houver confronto entre a cultura e o projeto de Jesus, será porque não entendemos o projeto de Jesus ou porque nós já estaremos todos no céu, onde não se coloca o problema.

Se dissermos que é impossível viver o projeto de Jesus, pois não tem nada a dizer para determinada cultura, estaremos renegando nossa fé. Se nós cremos no Evangelho e se, realmente, temos algum compromisso com o Reino, pode ser qual for a situação, será possível esperar que a Palavra dê, aí, seus frutos. Para muitas pessoas, a cultura moderna parece ser um entrave para a vivência da fé. De minha parte, considero-a como grande possibilidade. A cultura moderna deixa um enorme vazio no coração das pessoas, uma enorme frustração. Quando parece que está tudo resolvido, começa tudo de novo. Tem-se, pois, uma geração, uma cultura que vive em eterna crise de sentido. Porque o sentido para a vida não vem nem do sexo, nem do dinheiro, nem do prazer. Muitos vivem em continua crise e, por isso, vão atrás das drogas para preencher o vazio do coração. É quando o projeto de Jesus tem grande chance de ser uma resposta para os anseios do ser humano moderno. Mas o projeto de Jesus não pode ser desidratado e perder a inteireza de sua originalidade. Não pode ser adaptado às pessoas. Estas é que devem acolhê-lo e se adequar a ele. A vivência correta da fé pode ser um caminho excelente para a integração pessoal. Nesse sentido, o projeto de Jesus tem grande possibilidade. Porém, quem propõe o projeto de Jesus deve tê-lo vivido. Em Jo 6,67-71, Jesus se recusa a adaptar seu ensinamento ao gosto dos ouvintes. Infelizmente, nós adaptamos o evangelho ao gosto dos ouvintes, e dá no que dá. Colhemos o que plantamos! Daí o tipo de cristãos e de padres que estão aí. No imaginário de muitos, o bom padre é o que dá ibope e junta multidões. Isso só é possível indo na contramão do projeto de Jesus, cujo evangelho é tremendamente exigente.

No ministério de Jesus, a questão do dinheiro apareceu claramente. Para o jovem que queria segui-lo, Jesus recordou que "o Filho do Homem não tem onde repousar a cabeça". Uma das dificuldades para a aceitação de Jesus enquanto Messias era o fato de ser pobre. Na religião judaica da época os sinais de bênção de Deus eram a riqueza, a prole e a idade avançada. Jesus morreu com todos os sinais da maldição. A fé nasceu quando os discípulos compreenderam que o Crucificado não era o maldito de Deus e, sim, bendito de Deus. E proclamaram isto com a metáfora da ressurreição. A pobreza de Jesus permitia que estivesse com os mais pobres. Os evangelhos testemunham a solidariedade de Jesus com os mais pobres, o que se tornou uma exigência para seus discípulos.

A teologia da prosperidade é a negação do projeto de Jesus. Rompe com o projeto cristão. Por ser pobre, Jesus tinha liberdade diante dos ricos. Não dependia dos ricos e, por isso, podia criticá-los. E exigia dos discípulos uma escolha radical: "Não podeis servir a Deus e ao dinheiro". Ele sabia que quem se apega ao dinheiro transforma-o em divindade. O discípulo é ensinado a ter liberdade diante deste mundo. Devemos lembrar que muitos padres dão bom testemunho e vivem a partilha como ideal de vida. A cena da multiplicação dos pães é uma lição de solidariedade. O milagre não está no fato da multiplicação, mas como ela aconteceu. Na medida em que as pessoas não pensavam em si mesmas, a começar de quem colocou à disposição de todos os cinco pães e os dois peixes, o milagre aconteceu. A Parábola do Bom Samaritano é, também, uma excelente lição evangélica. O apelo a partilhar vem do outro, como rosto interpelante. Jesus nunca falou de dízimo e no evangelho não se diz nada sobre esse tema. O texto evangélico que ensina sobre o dízimo cristão é a Parábola do Bom Samaritano. Quando se é, deveras, interpelado pelo outro, a pessoa, como o samaritano, é motivada a partilhar o óleo, o azeite, a montaria, o tempo, a atenção e o dinheiro. O critério é a necessidade do outro.

Outro testemunho evangélico importante é o episódio de Zaqueu. Era rico cobrador de impostos. Porém, no coração, tinha o desejo de ver Jesus. E fez de tudo para vê-lo. E foi visto por Jesus! Zaqueu superou os empecilhos para que o encontro acontecesse. Essa experiência com Jesus transformou sua relação com os bens desse mundo. Ele se libertou deles, partilhando-os com os pobres. Todas as grandes conversões à fé, na História, foram sempre histórias de deixar tudo para os pobres. O sinal da comunhão com Jesus é a comunhão e a generosidade com os pobres. Quanto ao jovem do Evangelho, foi incapaz de dar o passo do discipulado, pois era muito rico. A religião não o levou a ter um coração desapegado. Isto foi um empecilho para o crescimento pessoal. Ele nada tinha a ver com Jesus, portanto, retirou-se entristecido. Muitos cristãos têm apenas uma relação formal com Jesus. Muitas vezes tem-se dificuldade de praticar o desapego por falta de confiança nos irmãos. Muita gente não acredita na solidariedade dos irmãos, por isso necessita estar sempre procurando "garantir" o futuro. Não se deve enriquecer à custa do ministério.

Tanto as vocações oriundas dos estratos sociais mais pobres quanto as classes mais abastadas devem partir da experiência de Jesus, pois, na raiz delas, deve estar a experiência do discipulado. Existem casos de seminaristas de famílias pobres que se aproximam dos ricos para se aproveitar deles, a ponto de se afastarem até dos pais pobres. Quando são ordenados, querem as paróquias mais ricas. Outra coisa que ocorre na Igreja é o risco da falta de responsabilidade daqueles que fragilizam a Igreja, como no caso dos pedófilos. Nos Estados Unidos, muitas dioceses foram à falência por causa da irresponsabilidade de alguns padres. Eles fazem suas estripulias; mas, depois, cabe à Igreja arcar com as consequências, financeiras e outras.

Outra questão é o gasto do dinheiro da comunidade. O povo é atento à falta de transparência dos líderes religiosos.

ANEXOS DA CONFERÊNCIA DO PADRE VITÓRIO

1) Posturas dos ministros ordenados diante do dinheiro e seu uso, a partir da origem de sua vocação

A necessidade de saber em que patamar se está. O modo de se relacionar com o dinheiro será diferente, em cada uma dessas etapas.

A experiência de Deus – a imagem de Deus

Fé	Instituição da religião	Religiosidade
Encontro com uma pessoa: Jesus.	Encontro com uma instituição: Igreja.	Encontro com tradições religiosas populares: devoções.
Reino.	Igreja-empresa.	Igreja-empresa.
Partilha: solidariedade.	Lucro: comércio.	Lucro: comércio.
Dízimo como solidariedade fraterna.	Taxas.	Donativos.

Administração partilhada dos bens da comunidade.	Administração centralizada nas mãos do ministro, como se fosse um patrão.	Administração centralizada nas mãos do ministro, como se fosse um benfeitor.
Preocupação com os pobres.	Preocupação com o patrimônio da igreja.	Preocupação em promover o devocionalismo.
Testemunho profético de liberdade diante do dinheiro.	Visão capitalista da religião.	Falsa socialização dos bens (só parece que pertencem ao povo!).
Solidariedade com os irmãos de ministério: serviçalidade.	Competição e exibicionismo consumista: carreirismo.	Risco de levar vida burguesa com dinheiro dos pobres: autopromoção.

2) O exemplo e o testemunho de Jesus
   a) "O Filho do Homem não tem onde repousar a cabeça" (Lc 9,58).
     • O testemunho de pobreza e desapego.
     • A liberdade de coração para estar com os mais pobres.
     • A liberdade diante dos ricos: por não depender deles, poder criticá-los.
   b) "Não podeis servir a Deus e ao dinheiro" (Mt 6,24).
     • A liberdade de coração diante dos bens deste mundo (Mt 6,19-34).
     • A partilha como ideal de vida dos cristãos (Mc 6,34-44).
     • A Parábola do Bom Samaritano (Lc 10,25-37): desapegar-se diante do irmão carente.

3) Um testemunho evangélico de relação com o dinheiro: Zaqueu (Lc 19,1-10)
   a) O desejo de "ver" Jesus.
   b) Os empecilhos superados.

c) O encontro e a acolhida.
d) A transformação.
e) A generosidade com os pobres.

4) Um contratestemunho de apego ao dinheiro: o jovem rico (Mc 10,17-31)

a) A religião que não gera corações desapegados.
b) O apego ao dinheiro como empecilho para o crescimento pessoal.
c) O apego ao dinheiro como empecilho para a solidariedade com os pobres.
d) O apego ao dinheiro como empecilho para o discipulado cristão.
e) Um encontro infrutífero com Jesus.

5) A liberdade em relação ao dinheiro como profetismo cristão

a) Testemunho de partilha em contexto de concentração dos bens.
b) Testemunho de apego em contexto de apego aos bens deste mundo.
c) Testemunho de pobreza em contexto de valorização da riqueza.
d) Testemunho de liberdade em contexto de dependência do ter/possuir.
e) Testemunho de confiança em Deus e na solidariedade dos irmãos em contexto de busca de segurança pela posse dos bens.

6) O dinheiro e a vivência do ministério ordenado

Atitudes negativas:

a) O perigo de servir-se do ministério para se locupletar.
b) Uma tendência: quem vem das periferias pobres assumir postura de rico: só se aproxima dos ricos e quer as paróquias mais ricas. Há quem rompa com a própria família pobre.
c) O risco de cair na tentação da corrupção ou do roubo puro e simples: o ministro desvia o dinheiro da comunidade sem peso na consciência.

d) O risco da irresponsabilidade: o indivíduo sabe que sempre haverá alguém para pagar pelos erros dele. Cf. dioceses norte-americanas falidas por indenizações a vítimas de padres pedófilos.

e) A ambiguidade no trato com o dinheiro da comunidade: a falta de transparência no gasto do dinheiro da comunidade põe sob suspeita a credibilidade do ministro.

f) O risco da simonia – os padres que só pensam em dinheiro – os padres que transformam o ministério em meio de enriquecer – os padres que fazem contínuas campanhas para arrecadar dinheiro e se esquecem do serviço pastoral...

Atitudes positivas:

a) Disponibilidade e generosidade para assumir paróquias pobres, carentes de infraestrutura, sem medo nem insegurança, frutos da fé.

b) Solidariedade com os companheiros de ministério: partilha fraterna.

c) Transparência no trato com o dinheiro das comunidades/paróquias, não usando-o como se fosse propriedade pessoal.

d) Recusa a ser identificado como padre "pidão", sempre às voltas com campanhas para angariar fundos, cuja destinação nem sempre é transparente.

e) Engajamento em pastorais sociais, nas quais a opção preferencial pelos pobres se sobressai.

f) Esforço para não se deixar cooptar pelas famílias ou pessoas ricas, sempre prontas a fazer todos os gostos do padre. Cuidado para não vender a alma ao diabo!

3.10 A questão das novas gerações no presbitério: dos padres novos aos eméritos[122]

---

[122]. Padre emérito é entendido como o processo de aposentadoria de padres e bispos diocesanos após completarem 75 anos de idade. A partir desse momento eles ficam desobrigados de suas funções de pároco, vigário ou bispo diocesano.

1) Introdução

As transformações atuais deixam evidente que os lugares por nós ocupados não são fixos, os espaços não estão garantidos e, por isso mesmo, as organizações da vida são de algum modo provisórias. Assim, também, a questão da idade que, ao deixar de representar apenas uma questão matemática, assume, nos dias de hoje, uma dimensão dinâmica e simbólica.

O conceito de "Novas Gerações" distancia-se do sentido cronológico e supera sua simples identificação com a juventude ou pessoas idosas. "Novas gerações" significa a potencialidade de alavancar novas produções de subjetivação transversal frente à questão da idade, da cultura, da estética, da ética, visando principalmente à criação de novas relações ecológicas com a natureza, humana e social. Nasce, nas "novas gerações", uma aliança entre o cuidado com a natureza, a amizade entre os humanos e as causas sociais em favor dos marginalizados. Assim, "a ecologia natural" integra a natureza através das inter-relações entre os organismos, seus ambientes e ecossistemas. A "ecologia social" analisa os modelos econômicos e as decisões políticas que produzem influência na vida de milhões de pessoas, principalmente os mais excluídos. A "ecologia humana", por sua vez, tem a ver com as atitudes das pessoas, a vida afetiva e a qualidade dos relacionamentos na vida interpessoal e comunitária.

As "novas gerações" quebram o paradigma etário e estéril de posições irreconciliáveis entre velhos e jovens; conservadores e progressistas; tradicionais e modernos, e inaugura um projeto comum, em que cada geração assume seu papel para que exerça a corresponsabilidade com o outro.

O conceito de "novas gerações" propõe um distanciamento do critério marcado, sobretudo, pela negatividade. Assim, o velho conceito de gerações constrói sobre si percepções e critérios preconceituosos e estereotipados, como: o biológico: juventude saudável *versus* velhice decrépita; o psicossocial: juventude delinquente, rebelde e idoso correto, maduro; o existencial: juventude plena de vida e o provecto próximo da morte; o econômico: juventude produtiva e o idoso incapaz; o direito: juventude,como sinônimo de menor de idade e de direitos, e o idoso, como maior de idade.

Novas gerações prescindem de idade cronológica e abrem espaço para novas invenções, não como sinônimo de novidade. Novidade é efêmera e transitória. O novo é criação e invenção. Também tem a ver com novas subjetivações, multiplicidades de devires: devir criança, jovem, idoso, gênero, étnico, político, econômico e religioso.

Assim, nesse contexto de mudanças culturais e políticas, são introduzidas novas considerações paradigmáticas no conceito de geração. Vejamos o quadro a seguir.

Velho paradigma de geração	Paradigma das novas gerações
• Regido por macroestruturas rígidas, unitárias e fixas.	• Diferenças de microestruturas, abertas e múltiplas.
• Determinação econômica.	• Multiplicidade de fatores ambivalentes.
• Centralidade e acumulação de preconceitos em torno das instituições autoritárias.	• Criação de agenciamentos culturais geracionais em torno dos novos movimentos sociais democráticos.
	• Cotidianeidade dos atores sociais, local comunitário.
• Cronologia e fixação em torno dos mitos.	
• Práticas políticas fixas, organizadas.	• Práticas políticas lisas, articulatórias organizantes.
O SER	O DEVIR

Enquanto o velho paradigma geracional estaria mais inclinado para as preocupações materiais, com relacionamentos instrumentais entre as pessoas e as organizações verticais, referenciadas, preferencialmente, ao Estado e às demais instituições como família, educação, Igreja, partidos e sindicatos, centralizadores e manipuladores do poder, do prestígio e do desejo, os paradigmas das novas gerações se inclinariam mais para as preocupações afetivas e para a criação de novos espaços culturais e sociais.

Esse conjunto de valores, se verdadeiro, alicerça um processo emergente de democratização das relações sociais das gerações na sociedade, de fundamental importância para a criação de uma cultura política de valores centrados na amizade e de condutas políticas geracionais.

Experiências moleculares de novas gerações se multiplicam por toda parte: novos arranjos matrimoniais que não privilegiam a idade e o patrimônio; sistema econômico de gestão solidária entre diferentes gerações; casas de recuperação com diferentes mentalidades; paróquias com sistema de pároco solidário; manifestações culturais abertas com temas tais como: saúde, cidadania, gênero, faixa etária, direitos humanos, artísticos e culturais; lares múltiplos de grupos de parentesco, de amizade e de vizinhança.

O fenômeno da geração produz-se no interior da dinâmica da transmissão do acervo cultural de uma sociedade. O processo de acumulação e criação cultural é atravessado pelo surgimento contínuo de novos participantes, de novos agenciamentos e de diferentes encontros entre as novas gerações. A criação cultural é feita por atores sociais que propagam mudanças através dos seus movimentos e acontecimentos.

Entretanto, as novas gerações têm luzes e sombras. Sua base não é romântica e, sim, de conflitos. A geração de hoje pode ser tão idealista e generosa quanto o foram ou não as que lhes precederam. Há que compreendê-las, analisar os dispositivos agenciadores de subjetividades a que estão submetidas. Vale indagar que processos de subjetivação estão em ação na atualidade e que subjetividades deles advêm: autonomia ou alienação.

As "novas gerações" acentuam o valor das escolhas amorosas entre as gerações. A possibilidade da escolha se renova a cada nova situação, a cada possibilidade de relação com o outro. De modo que, a todo o momento, é importante perguntar-nos: que escolhas faço quando vivo com diferentes gerações? Quais são as possíveis percepções e interações vividas? As "novas gerações" primam pelos encontros virtuais e presenciais. São propósitos que norteiam as escolhas. Assim, nesta parte, iremos analisar os encontros e os desencontros entre as novas gerações de padres novos, os de meia idade e os eméritos.

2) Caracterização do clero

Segundo os dados do *Censo Anual da Igreja Católica no Brasil/Ceris*[123],

> A idade média dos presbíteros brasileiros é de 51 anos.
>
> Considerando o tempo de ordenação, o clero diocesano é mais jovem, tem em média 18 anos e os religiosos, 27 anos, de ordenação. No conjunto, o clero brasileiro possui uma média total de 22 anos de presbiterato.

Comparando a pesquisa do Ceris, dado nacional, com os dados de uma Arquidiocese da Região Sudeste[124], encontramos uma significativa semelhança entre as duas fontes de pesquisa.

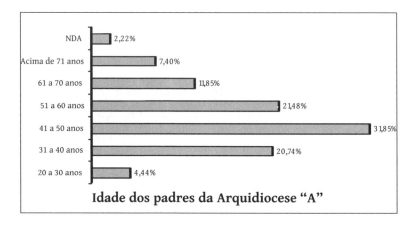

---

123. Cf. MEDEIROS & FERNANDES. *Censo Anual da Igreja Católica no Brasil/Ceris*, 2005, p. 20.
124. Dados obtidos por pesquisas realizadas pela nossa equipe de trabalho no ano de 2009.

Verificamos que 78,50% dos respondentes têm idade abaixo de 60 anos. Estratificando por grupos de idade, encontramos nas duas extremidades: 25,18% entre 20 e 40 anos e 19,25% acima de 61 anos. A maior concentração, com 53,3%, está no grupo de 41 e 60 anos. E, em cada uma das regiões, a maior concentração está na faixa entre 41 a 50 anos. Como primeira aproximação, os dados apontam que o clero com idade jovem e mediana é o segmento que está assumindo a condução da ação evangelizadora e pastoral dessa arquidiocese.

Baseado em informações coletadas acima, pode-se dizer que o clero do Brasil é jovem na sua maioria, 55% com menos de 50 anos e, praticamente, 90% se dedicam ao trabalho pastoral paroquial.

A base da estrutura paroquial, de boa parte dos padres de hoje, espelha-se na estrutura paroquial hierárquica de párocos e vigários. Cabe aqui perguntar: há preocupação em criar, na paróquia e nas atividades pastorais, um jeito comunitário, uma gestão colegiada entre os padres e o povo? Os padres vivem em função da paróquia e se fecham nesse pequeno mundo? Com uma função atemporal? A cultura, o modo de vida em torno da paróquia, seria a única opção? Que atividades de evangelização missionária e de formação de leigos estão sendo desenvolvidas, sobretudo, após o *Documento de Aparecida*?

Por outro lado, alguns locais de atuação paroquial são tidos como sementes de um trabalho voltado para o povo e aberto às transformações. As paróquias que contam com padres e leigos trabalhando juntos e mais focados nas pastorais de evangelização, no social e formação de líderes são, em geral, mais bem avaliadas pelos próprios padres e leigos.

Entretanto, há sinais, no mundo e no Brasil, de que essa Igreja missionária, participativa e de comunhão vem perdendo de novo suas forças para uma forma endógena, quer dizer, fechada sobre si mesma; de Igreja sacramentalista, voltada para o território paroquial fixo, em torno da figura do padre.

Quais são as principais dificuldades que encontram os jovens presbíteros no início do seu ministério? E os presbíteros de meia-idade e os mais idosos? Há encontros e desencontros entre os menos vividos e os de experiências mais avançadas. É imaginável um esgotamento psíquico-emocional no início, no meio e na maturidade presbiteral? Quais seriam esses fatores que se interligam em dimensões pessoais e institucionais da Igreja? Esse possível desconforto está ligado a várias situações, descritas e analisadas a seguir.

3) Experiência geracional no ministério presbiteral

Com relação às impressões, choques e bloqueios no início do ministério presbiteral, muitos padres jovens comentam quanto ao estranhamento sobre a imagem que as pessoas fazem deles, quando não os enxergam como um ser humano, um cidadão, e, em função disso, deixam de conversar com eles, após terem sido ordenados.

Uns sentem que as pessoas da família mudam como se tivessem se transformado em semideuses. Não dialogam com eles como antes, nem os tratam da mesma maneira. Afirmam que é como se estranhassem o trabalho do padre, restringindo-o somente à celebração de missas, quando, na verdade, eles têm várias atividades que ocupam o dia todo.

O uso da túnica litúrgica favorece essa mudança brusca de comportamento. Respeitam quando estão com vestimentas que os identificam, mas no ponto de ônibus ou em outro lugar público, vestidos como as outras pessoas, tratam-nos normalmente, ou seja, dão-lhes tratamento diferenciado segundo as ocasiões de poder e prestígio.

> Às vezes, depende do que a pessoa acha que é ser padre, às vezes, às pessoas chegam "Oh, padre vem hoje para fazer isso, aquilo!" Eu digo que não posso, aí dizem: "mas o senhor tem missa só à noite!" A própria família não entende qual é a demanda do trabalho de pastoral e sua vivência: são reuniões, são momentos de preparação, de espiritualidade [...] Os próprios paroquianos acham que estamos por

conta deles: "Ah não, tem isso, vem aqui!" São questões que vão colocando. "Não! O padre só celebra missa". A figura do padre na cabeça das pessoas, é que padre somente celebra missa e não é, pois tem reuniões, tem encontros, tem seminários, tem assembleias, tem as confissões, e tem os horários de trabalho (depoimento de padre).

O que eu tento fazer é mostrar que é autoridade, é padre, mas, é gente. Mostrar isso às pessoas é a parte mais difícil (depoimento de padre).

Porque é muito triste pessoas hipócritas, pessoas que te tratam bem quando você está de túnica, porém não te conhecem quando você está no ponto de ônibus com uma roupa igual a deles. Eu acho que é infantilidade da pessoa, só porque eu estou com túnica eu tenho que ser bem tratado e sem túnica não? Então, eu não me valho desse título para me promover, eu sou padre, mas eu estou na sociedade, eu estou nesse mundo. É uma coisa que eu tenho (depoimento de padre).

Da noite para o dia. Beijar a mão, porque lá na paróquia onde estou é assim, diferente daqui da cidade. As pessoas chegam e beijam a mão, então é tudo muito novo, tudo muito estranho. Você tem idade para ter neto, só que esse neto agora está à frente e é difícil dentro da nossa família, como é que [...] é tudo estranho [...] (depoimento de padre).

É, a relação é estranha. Uma coisa que me incomoda muito é quando você chega a um determinado lugar, às vezes, até dentro da minha própria família ou em outros lugares, as pessoas mudam de assunto, o ambiente muda, só porque você chegou. Eu já tive algumas experiências assim e, às vezes, quando eu penso que eu cheguei e que eu incomodei, que mudou, eu vou embora rapidinho (depoimento de padre).

Alguns padres dizem da dificuldade de relacionamento com o colega, por exemplo, com o pároco. Comentam que nem sempre podem fazer a tarefa a que foram destinados, pois impede suas ações e sua criatividade. O pároco vê o colega mais novo como despreparado e incapaz. O relacionamento com o pároco, muitas vezes, não é fraterno, mas o de um empregado bem mandado, de uma pessoa que só deve obedecer.

O conflito entre as gerações pode ser respaldado pelo Código de Direito Civil ou Canônico. A ideia prevalente é de que a juventude se configura como estágio, período de ensaio e erro para experimentação e avaliação do comportamento juvenil. Até o Direito Canônico dá maior ênfase no cânon da função de pároco do que de vigário e isso, juridicamente, favorece a relação desigual entre ambos.

> A comunicação entre nós é quase inexistente. Muitas vezes, descubro alguma informação no jornalzinho paroquial e nos recados pendurados no quadro de aviso etc. Na semana passada, contei vinte fotografias suas no jornal da paróquia. Havia apenas uma foto minha celebrando a missa. São situações bem evidentes, cada um ocupa um espaço na paróquia (depoimento de padre).

A porta de entrada de acolhimento do novo presbítero é a relação interpessoal entre o pároco e o vigário. É um momento delicado para as implicações teológicas, pastorais e, principalmente, as questões psicológicas. Esse novo campo pedagógico é muito importante. Nesse espaço, o novo presbítero deveria receber ajuda de seu preceptor auxiliando-o na capacitação de escuta ao povo, questões conflitivas entre o Direito Canônico e a pastoral, exigências e ansiedades próprias da idade e desequilíbrios nas relações, transferências amorosas ou agressivas com os paroquianos.

> Eu tive dificuldade de trabalhar com outro padre, sendo vigário. Foi uma experiência ruim e eu saí, por mim mesmo, só comuniquei para o bispo que eu não ia ficar lá, porque não dava mesmo (depoimento de padre).

Infelizmente, vários párocos não têm a plena consciência de que o fracasso da primeira experiência pastoral de um jovem presbítero pode determinar graves consequências para o futuro do ministério e das marcas permanentemente produzidas. Um alto índice de desistência e abandono da vida presbiteral vem do mau êxito dessa primeira experiência de relacionamento entre o pároco e o vigário.

Essa dificuldade entre os pares pode ser explicada pelo efeito de similaridade, que é um desassossego de conduta que tem a mesma natureza, função e aparência presbiteral. Ou seja, é um estranhamento da possibilidade de viver as mesmas experiências profissionais num espaço geográfico entre duas ou mais pessoas. O olhar-se num espelho pode provocar rejeição, exclusão e afastamento dos iguais.

> Sempre sonhei com uma relação humana entre o pároco e o vigário, na qual pudéssemos rezar juntos, ter boa comunicação, um bom relacionamento afetivo e desenvolver projetos pastorais (depoimento de padre).

> Minha maior dificuldade foi essa convivência. Parece que o padre não tem vontade de acolher, não tem afinidade; então pensamos que poderíamos ajudar, mas ele não está predisposto a ser ajudado (depoimento de padre).

Outra questão de encontro geracional se apoia na dificuldade econômica. Os párocos alegam ser importante que, ao receberem o vigário na paróquia, fique transparente a questão da moradia, do salário e de suas funções. Aqui, o conflito geracional centra-se na dimensão trabalhista. O jovem é visto pelo mais velho como aquele que vem ocupar o seu lugar, o *status* e a sua remuneração. Provavelmente, também, os mais jovens ambicionam essa possibilidade. Esse paradigma trabalhista impede o encontro das novas gerações, debilita as experiências afetivas, atrasa o novo projeto de gestão econômica solidária.

> A questão do dinheiro é muito difícil. A partir do momento em que na paróquia há necessidade de um vigário, quem está na paróquia como nomeado como pároco precisa ter essa predisposição em dividir o dinheiro e remunerar o padre. Senão nós vamos viver de quê? Eu estava começando e não ia ser tão cara de pau a ponto de dizer que ia trabalhar de graça, ninguém está predisposto a isso. Isso tem que ser pensado, o dinheiro, o plano de saúde e o INSS são situa-

> ções que precisam ficar claras; quase como uma empresa mesmo (depoimento de padre).
>
> Vivi o tempo de diácono, depois presbítero e fui vigário. Com muita dificuldade, porque o vigário é subordinado ao pároco. Sempre tinha que pedir a ele dinheiro para cobrir as necessidades básicas. Isso me humilhou muito (depoimento de padre).
>
> Tenho exercido minha função de diácono fora da paróquia. Pois o padre não me dá a possibilidade, por exemplo, de realizar os sacramentos a que fui delegado, como o matrimônio e o batismo. Na paróquia em que estou tem batizado todo final de semana e casamento quase todo final de semana, mesmo assim, ainda, não realizei nenhum. Não é por má vontade do padre, eu percebo que é por uma delimitação do espaço que é dele [...] Então, talvez, o maior obstáculo seja esse, o entendimento do pároco [...] (depoimento de diácono).

Outro impasse vivenciado é a falta do sentimento de pertença do clero. Os vigários expressaram que, depois de ordenados, há muita dificuldade de se sentirem vinculados ao grupo do presbitério. É comum, nos grupos e organizações institucionais, como por exemplo o presbitério, a formação de pares vinculados ou subgrupos fechados. O vínculo é uma relação que se estabelece entre sujeitos, entre o sujeito e o mundo, através de duas forças fundamentais: o amor e o ódio ou agressividade[125]. É a maneira particular pela qual cada indivíduo se relaciona com o outro ou outros, criando uma estrutura singular a cada caso e a cada momento. Geralmente as pessoas procuram aproximar-se de outras que, de alguma forma, têm alguma coisa parecida com elas.

---

125. Segundo Zimerman, agressividade pode ser no sentido "destrutivo como, também, estar a serviço da vida e da construtividade. A etimologia pode nos ajudar a compreender melhor essa última afirmativa. A palavra 'agredir' é composta pelos étimos latinos *ad* (para a frente) e *gradior* (um movimento). Portanto, normalmente, agredir é um movimento sadio que nos movimenta para a frente e nos protege contra os predadores externos. No caso de uma patologia de revolução psíquica, o agredir transforma-se em agressão destrutiva, podendo atingir os graus máximos de violência e crueldade" (ZIMERMAN, 2000: 127).

Isso, de um lado, é muito positivo, pois ninguém deve viver sozinho. Todos nós temos amigos, vizinhos. A eles confiamos e reservamos algum segredo da nossa vida: problemas com a esposa ou com o marido, falta de dinheiro, doenças dos filhos, problemas no trabalho.

Por outro lado, para a vida do presbitério, esses pares podem trazer também problemas. O grupo de presbíteros fica esfacelado, partido nunca chegando a ser grupo e, sim, "panelas", pares e casais[126].

Essa formação de pares, de casais e de "panelas", pode dificultar os encontros geracionais no presbitério em muitos aspectos. Primeiramente, quando um par começa a ter muita importância dentro do grupo, imediatamente outros pares começam a se sentir enciumados e passam a agir como rivais – "narcisismo das pequenas diferenças"[127]. Não podemos, no entanto, esquecer que esse "narcisismo grupal" pode chegar ao racismo exagerado, à xenofobia, leia-se aversão às pessoas, e, daí, ao fanatismo de orientações sexuais, religiosas e políticas. Tal comportamento permite a indivíduos de uma cultura não suportarem o menor desvio da parte de outros que compartilham a mesma cultura. Esse sentimento de intolerância à diferença pode transformar-se numa categoria de "inimigo", do tipo paranoia[128]. É importante to-

---

126. Cf. Pereira, 1982: 28.

127. Freud analisa a rivalidade entre grupos, organizações, instituições e territórios em um movimento de retorno libidinal a um grupo cultural mais reduzido e uma orientação da agressividade para os grupos estrangeiros ou excluídos, por uma dupla referência às diferenças tradicionais ou consideradas como tal e a uma escala de idealização ou rejeição: "Quando essa hostilidade se dirige contra pessoas que de outra maneira são amadas, descrevemo-la como ambivalência de sentimentos e explicamos o fato, provavelmente de maneira demasiadamente racional, por meio das numerosas ocasiões para conflitos de interesse que surgem precisamente em tais relações mais próximas. Nas antipatias e aversões indisfarçadas que as pessoas sentem por estranhos com quem têm de tratar, podemos identificar a expressão do amor a si mesmo, do narcisismo" (FREUD, 2011, vol. 15: 54).

128. Paranoia é um estado delirante no qual o sujeito atribui a outra pessoa todo o mal. O indivíduo usa, preferencialmente, a projeção como defesa e transforma a interação com o outro numa luta entre perseguido e perseguidor. O delírio do paranoico está, quase sempre, no perímetro do tema do poder e da bissexualidade: homossexualidade e heterossexualidade.

mar posição com relação a um "inimigo" político, mas, às vezes, essa luta se desloca para a polêmica destrutiva, pessoal e vinculada a uma ferida narcisista. As instituições religiosas e partidárias, por exemplo, direita e esquerda, têm uma longa tradição desumana vinda de alguns fundadores perversos, ou medievais e das doutrinas liberais e comunistas que, durante o processo de implantação de seus regimes, usaram métodos violentos de tortura e exclusão. Isso trouxe, como consequência, uma visão equivocada quanto ao confronto de diferentes gerações, ideias e concepções. O catolicismo não queima mais bruxas e hereges, nem prega mais a guerra santa contra os muçulmanos e nem a Revolução Russa extermina mais os inimigos. Mas uma imposição unilateral de normas rígidas pode correr o risco de sacrificar, em nome de uma identidade narcisista, a própria razão de ser da vida presbiteral múltipla e de vivências geracionais, que são as pessoas vivas com seus desejos de felicidade. É preciso compreender essa influência histórica das instituições nos grupos, reestruturando-os politicamente, exorcizando o fantasma e a ideia de inimigo, a fim de diminuir a intensidade das lutas desagregadoras internas e antropofágicas.

Sobre isso é esclarecedor o pensamento de Rouanet:
> O paranoico é aquele que leva a sério a ficção objetivante inerente a todo enunciado. Não consegue ver na positividade do juízo um artifício provisório do pensamento lógico e absolutiza essa positividade, transferindo-a ao real[129].

Essas rivalidades originadas em torno do "inimigo" geram competições destrutivas, boicotes, fofocas, conversinhas e agressões, ou seja, o par ou o grupo enciumado passa a não contribuir em nada para a vida do todo. Noutras vezes, esses pares, para se defender, se fecham em si, criando mil implicâncias e imaginando coisas da vida pessoal dos companheiros. Tais atitudes tornam mais difícil a

---

129. Rouanet, 1983: 145.

comunicação entre as gerações, porque cada par vai ficando fechado nas suas ideias falsas e preconceituosas e, com isso, o grupo vai se enfraquecendo. Diríamos, resumidamente, que a comunicação do grupo fica "enlatada", "coagulada", só passando informações para os pares com os quais têm alguma cumplicidade. Então, a circulação das ideias, da criatividade e de alguma produção permanecem sonegadas por um determinado subgrupo que, inconscientemente, passa a negar sua circulação. Esse tipo de atitude acaba alienando algum elemento que, mais tarde, se sentirá rejeitado e, posteriormente, se afastará da organização.

Com o tempo, todo o grupo se fecha em torno de si mesmo. Esse fechamento impede a entrada de novos elementos. Essas pessoas sentem-se ameaçadas pelo grupo que, por sua vez, sente-se também amedrontado com a entrada de novos membros. Por isso, muitas vezes, os antigos elementos do grupo negam informações, ficam de cara fechada e respondem mal às perguntas, dando "dicas" claras de que rejeitam os novos e provocam o seu afastamento. Esses membros mais velhos vão se fechando entre si, enciumados, donos do grupo, sozinhos para o trabalho e acabam reclamando, injustamente, que os novos presbíteros não participam, não colaboram e não trabalham para o bem do presbitério.

> No início do meu ministério, percebi pouca solidariedade do clero, de nos acolher, de nos inserir nessa vida. Tive, talvez, uma boa relação. Só 20%, pelo menos no meu caso, nos acolheram, foram solidários, aquela solidariedade de ligar e perguntar como estávamos, se precisávamos de alguma coisa, se estávamos tendo alguma dificuldade. Eles foram uma espécie de irmãos mais velhos (depoimento de padre).

> Eu tinha um colega padre trabalhando junto comigo que tava passando por problemas de saúde; tínhamos um temperamento bem diferente, foi quando eu estabeleci com ele um propósito. Olha, daquela porta dali para fora nós falamos a mesma língua, sempre. [...] Então nós iniciamos

> com esse propósito, a coisa caminhou bem por um bom tempo, depois as coisas foram mudando, nós tivemos algumas dificuldades de caminhada, algumas questões pessoais que atrapalharam bastante, principalmente a questão financeira (depoimento de padre).

Felizmente, com relação à convivência com outros padres, muitos relatam que esse relacionamento, no início, traz muitos benefícios, como a troca de experiências que lhes possibilita o crescimento. Os novos observam o trabalho dos mais velhos e, assim, conseguem crescer e amadurecer. Contam também que têm apoio de amigos padres, pessoas que já os conheciam. Mostram-se abertos, quando chega um padre novo para trabalhar, dando ânimo e disposição para o início ministerial.

> Eu tive a oportunidade de ser acompanhado por outros dois colegas, e de ser amparado nas minhas dúvidas, nas minhas questões, de bater um papo quando [...] Acho que isso tem me ajudado muito, e mesmo agora. Então não tive dificuldades, só as normais de começar um ritmo de vida um tanto diferente (depoimento de padre).

> O padre com o qual moro é uma pessoa muito boa, muito humana, o que facilita. Ele é um padre alegre, feliz, tem seus dilemas, mas não é um padre amargo, que não vive a vida; porque muitos são amargurados, acham que não podem sorrir. Ele não é assim, ele vive a vida, ele mostra o caminho. Isso então me anima (depoimento de padre).

> Bom, eu estava como diácono, com o Padre X que, na sua seriedade, no seu jeito de ser, foi um grande exemplo. Ele era muito pontual, muito rico em sua espiritualidade. Era uma autoridade, até um pouco rígida, na minha opinião. Mas eu o segui e foi um exemplo muito bonito para mim (depoimento de padre).

> Ah, assim... eu senti um choque muito leve, foi muito tranquilo. Até porque tem muitos padres dos quais sou muito amigo. Então, eu não entrei assim numa família desconhecida.

[...] Não, não foi isso. Assim: "padres que vierem agora sejam bem-vindos [...] Você vai gostar muito, às vezes, a caminhada é muito difícil, mas você vai gostar, eu creio na sua vocação". São coisas assim que fazem com que você se sinta como entrando em uma família (depoimento de padre).

Para mim o que ficou foi a imagem de um padre muito simples que chegou perto olhou para mim e falou assim: "Olha, eu estou rezando por você, pela felicidade do seu ministério, que você seja muito feliz em sua missão" (depoimento de padre).

Eu fiquei dois anos trabalhando com outro padre, em [...], e isso foi muito gratificante, deixei-me orientar por ele, olhei o estilo e o jeito de trabalhar desse Padre, e isso me ajudou muito a dar esse passo de crescimento (depoimento de padre).

Eu fui beneficiado porque, quando me ordenei diácono, fui trabalhar em uma paróquia com outro padre, e ali fiquei ajudando, acompanhando, aprendendo até a minha ordenação. Então eu fiquei como diácono, nessa paróquia, de três a quatro meses. Aí eu pude acompanhar bem todo o trabalho que ele vinha realizando. Ele é uma pessoa de relacionamento fácil, tranquilo, graças a Deus eu também tenho facilidade em me relacionar com as pessoas (depoimento de padre).

4) Diferença de gerações

É necessário aprofundar a discussão a respeito do processo de amadurecimento geracional dos padres nas dioceses, para que se possa melhor elaborar os aspectos espiritual, psicossocial, cultural e poder que envolvem o assunto. Há, socialmente, uma dificuldade em se lidar com a questão da velhice, que desvela muito daquilo com o qual o ser humano não quer ter que se deparar: a passagem inexorável do tempo, a finitude da vida e as limitações do corpo. O idoso é visto apenas com critério biológico e de um corpo improdutivo.

A idade, enquanto simplesmente número, pode não revelar muita coisa para o sujeito humano. Há padres de terceira idade com espírito jovem, e há jovem com espírito conservador e escrupuloso. Não podemos esconder que haja dificuldades entre quem foi formado há muitos anos em uma estrutura religiosa pré-Vaticano II com aqueles que se formaram depois do Vaticano II e, outros, recentemente. Há, sem dúvida, linguagens, costumes, maneiras, formas de celebrar e entender a vida espiritual, pastoral e afetiva diferentemente. Mas isso ainda não é o pano de fundo maior do viver no presbitério diocesano em relação às dificuldades da idade. Parece que a questão principal reside no desenvolvimento da maturidade das pessoas. As novas gerações acentuam o valor das diferentes opções amorosas. A possibilidade de renovar a vida depende das oportunidades de ampliar as relações com o outro.

Percebe-se na chamada "crise da meia-idade", notadamente a partir dos 40 anos, um declínio dos impulsos heroicos da juventude e da primeira fase da maturidade. Assim, esses impulsos tendem a se arrefecer com os primeiros sinais do envelhecimento físico, com a compreensão mais clara das limitações que a vida oferece para se alcançar os objetivos pessoais e coletivos mais importantes, e com os inevitáveis contatos mais diretos com os indícios da fragilidade e morte dos pais e em cada pessoa. Quando esse período é bem elaborado, trata-se então de um autêntico renascimento psicológico, que é representado de diversas formas nas várias mitologias, como na viagem do Profeta Jonas ao fundo do mar no estômago da baleia.

Alguns presbíteros de meia-idade lidam de modo mais assertivo com a questão do envelhecer. Preferem escolhas que os deixam de bem com a vida. São ativos e ampliam as relações com os mais jovens e os mais vividos. Por outro lado, percebe-se que parte do grupo de meia-idade não aceita o número de anos colecionados, mostrando-se amargos, depressivos e de difícil relacionamento, considerando os jovens incapazes e infantis. São mais resistentes às propostas de mudança, a ceder seus lugares a outros jovens, considerando-se insubstituíveis. A população de meia-idade e os idosos sentem inveja da destreza, agilidade dos movimentos físicos, habilidades e a coragem dos padres jovens. Entretanto, os jovens sentem inveja da segurança, da liberdade e autonomia dos mais evoluídos em anos.

Por esses motivos é necessário voltar um olhar especial para o processo de envelhecimento da diocese, abrindo dispositivos de formação permanente, sobretudo, dando significado à trajetória da vida. Ressignificar os critérios biológicos, etários, jurídicos, psicossociais e econômicos para critérios que possam enriquecer os encontros geracionais.

Além dos fatores inerentes ao processo de envelhecer, há uma outra questão trazida com a chegada de vários padres jovens para conviver com presbíteros de meia-idade e com a idade avançada: a dificuldade de convivência entre gerações com culturas tão díspares, aqueles com mais de 60 anos, menos de 50 e jovens com pouco mais de 20 anos. Os presbíteros mais experientes assistiram de camarote a uma história de proibições e polêmicas dentro da Igreja. Para a geração do meio o que fica é o legado desses senhores e a experiência que eles têm para transmitir. Na prática, para esses novos, a história é outra: entram na Igreja em uma época de abertura, facilitações nas relações interpessoais e flexibilização de valores e não conhecem as experiências vividas pela geração passada. Para os mais novos, no entanto, essas transformações nem sempre são bem compreendidas. Por isso, é indispensável um diálogo entre esses tempos. Sem esse diálogo corre-se o risco de formar gerações fragmentadas, sem memória histórica, apenas dominada pelo presentismo.

Há, sem dúvida, formas bastante distintas de linguagem, costumes, maneiras de celebrar, de evangelizar e entender a vida presbiteral e religiosa entre as gerações. A convivência, nesse aspecto, se torna difícil. Por um lado, há os padres mais caminhados que sentem a necessidade de manter as tradições por eles vividas no início de suas vidas. Na contramão, nos mais novos, há uma vontade acesa para inovar, criar e correr riscos. Facilmente, preferem um estilo de vida excêntrico ou contestador. As questões da resistência, desse lado, e da rebeldia do outro, permanecerão como a chave da intransigência e de desencontros de força pelo poder e domínio. A dificuldade em aceitar mudanças acaba tendo como consequência, em algumas situações, um apego excessivo ao passado, ou o domínio do romantismo pelo risco. Como mudar se há medo da mudança?

Quanto ao aspecto saúde, as manifestações são pertinentes ao processo de amadurecimento e envelhecimento. Primeiro, é necessário rever o critério de saúde não apenas pelo aspecto físico da juventude. Contudo, no contexto do tema, é necessário que se reveja uma forma de maior conforto para os da terceira idade. Adaptações físicas e psíquicas no interior das casas paroquiais terão que ser feitas para se receber o contingente cada vez maior de membros que passam a fazer parte de uma nova etapa da vida: o envelhecer.

É necessário que a diocese busque ajuda especializada no sentido de decidir a respeito de melhores opções para cuidar de seus idosos. Há, atualmente, casas segmentadas e destinadas ao propósito de abrigar os padres já com mais dificuldades trazidas pela idade avançada. Fica aqui, no entanto, a questão: tais casas, habitadas apenas por esses presbíteros que precisam de cuidados especiais, não intensificaria, nesses locais, um imaginário imbuído apenas dos aspectos negativos a respeito da idade: aproximação da morte, limitações físicas e psíquicas, isolamento, exclusão, angústia, dependência? A convivência de padres de idades diferentes, se bem administrada, não poderia trazer benefícios muito maiores do que o rótulo relativo à velhice que essas casas podem trazer? Mais uma vez o encontro entre gerações seria a melhor solução.

> Há muitos padres que se esforçam em mudar a sua própria estrutura. Eu já ouvi presbíteros se queixando que

não tiveram as oportunidades. "É, eu não pude fazer aquilo" que nós estamos tendo. É verdade, hoje temos muitas opções e acessos a cursos. No entanto, há padres que, apesar da idade, mesmo não tendo feito coisas anteriormente, conseguiram mudar, seguiram em frente, buscaram ajuda e são pessoas bem realizadas, independentemente das funções deles. Nós percebemos a diferença quando o padre é realizado naquilo que faz, por mais simples que seja, ele está fazendo bem e está se encontrando naquilo que faz (depoimento de padre).

Eu, pessoalmente, não acredito ter essa idade, eu me sinto sempre jovem, vou fazer até quando der [...] O dia que ele chamar, então outros vão fazer esse trabalho, o envelhecimento é natural e temos que aceitar essas limitações, temos que ser felizes dentro das possibilidades, e o resto deixa para lá [...] (depoimento de padre).

5) Ascensão de cargos e salário

Há diversas funções exercidas pelos padres na Igreja. A do pároco e do vigário são as mais frequentes. A função de vigário é um tipo de atividade ministerial que avalia o desenvolvimento de seu desempenho e prevê a ascensão para a função de pároco. Os critérios de avaliação têm sido muito questionados. Muitas vezes se carece de princípios objetivos, como currículo ou experiências comprovadas. Há um modelo de ascensão familiar construída apenas com acordos tácitos de amizade com bispo ou de atitudes de subserviência à autoridade. Se a espiritualidade eclesial vê na obediência cega e na abnegação uma manifestação de estima e de liberdade, essas pessoas dependentes e compulsivas não se sentem livres em seus excessivos atos de submissão. Elas são escravas de seus medos. Mais tarde, mostrarão, em atitudes complicadas, seus recalques.

Outro tipo de ascensão se apoia em critérios objetivos. Assim, um dos princípios é o tempo de ordenação, mais ou menos dois anos de ministério. Espera-se que o vigário passe um tempo na paróquia com o seu preceptor, o pároco, de quem receberá orientações, treinamento e participação de práticas voltadas à gestão da paróquia e de diálogo sobre as experiências pastorais. Ao término do período, depois de uma avaliação criteriosa, o Conselho Diocesano decidirá sobre a promoção do vigário e, consequentemente, sobre a sua remuneração. Esse tem sido o procedimento adotado por inúmeras dioceses e congregações para preparar jovens presbíteros para cargos de liderança e gerenciamento de paróquias.

Antigamente, os jovens presbíteros apresentavam-se à paróquia com mais preparo do que hoje. A exigência da Igreja era maior frente aos seus candidatos pelos seus códigos, normas e moral. Em contrapartida, a Igreja teve de abrir mão da expectativa de, em tão curto espaço de tempo, hoje em dia, com tanta flexibilidade, ter esse jovem numa função de liderança.

6) Novo paradigma de trabalho e o jovem padre

Há uma nova geração de presbíteros ingressando na Igreja. O que mudou foi a forma de se relacionar com os formandos e os padres novos? Mudou, principalmente, o paradigma de trabalho na sociedade. A geração passada era educada no sentido de que o trabalho presbiteral era um dever em primeiro lugar – depois o prazer –, isto é, a satisfação ou realização. Eram pessoas de caráter firme construído com vínculos estáveis de lealdade, confiança e fidelidade à instituição. Mas faltava aos antigos presbíteros qualquer visão mais ampla de um futuro diferente ou mesmo habilidades e conhecimento de como alterar a rotina. O trabalho rotineiro pode desgastar a pessoa, mas, em contrapartida, protege-a. Pode trazer marcas, mas também organiza o interior das pessoas. Imaginar uma vida sem nenhuma referência de valores, sem ascese e hábitos emancipatórios, é viver, na verdade, na plenitude do risco e à deriva. Conduta flexível é ser adaptável a diferentes situações, mas sem quebrar ou fragmentar-se por elas.

Hoje, busca-se, antes de tudo, a realização pessoal no ministério. O que importa não é a fidelidade à Igreja ou a doação absoluta à causa da instituição. Mudou a regra do jogo no trabalho e o modo de fazer as coisas. Assim, valoriza-se mais o flexível, o instantâneo; anseia-se gozar o momento presente, com poucas perspectivas a longo prazo. Os novos presbíteros têm dificuldades com a dimensão autorreflexiva. Torna-se angustiante a escuta silenciosa de si mesmo, a dimensão espiritual, o estudo e o recolhimento no silêncio apaziguador. O que se vê é que a sociedade atual está impulsionando para um terrível infantilismo em que tudo deve ser concedido logo, imediatamente, sem nenhuma espera e esforço.

A geração antiga dos presbíteros aprendeu, com a hierarquia da Igreja, aguardar com paciência o reconhecimento pelo trabalho ministerial, uma promoção e aumento das côngruas. Quando isso não acontecia, era motivo de mágoa, mas, geralmente, não se externavam os sentimentos contrários. A geração dos padres mais jovens vivencia uma comunicação mais solta e democrática. Participam de uma cultura de reivindicação e dos direitos humanos. Portanto, são mais transparentes em suas posições reivindicativas.

A instituição Igreja vive um dilema geracional com seus presbíteros. Como decidir o que tem valor duradouro nos diferentes padres numa sociedade impaciente, que se concentra no momento imediato? Como se pode buscar metas de evangelização de longo prazo num grupo de presbíteros dedicados ao curto prazo? Como se pode construir um presbitério com relações afetivas sem compromissos mútuos?

Acontece que é difícil permanecer fiel a uma experiência cuja verdade nos é desconhecida e, principalmente, uma coisa que parece feita para destruir todas as fidelidades constituídas. No fundo, a maior parte dessa novidade contemporânea segue regida pela máxima *"mais do mesmo"*: trabalhar muito em vários lugares, mais rápido, mais interligado, mais fácil, mais solitariamente – mesmo acompanhado. Mas há uma coisa na qual *"a novidade da moda"* realmente inovou: no modo de destruir fidelidades.

Muitos podem até experimentar a desagradável sensação de terem sido educados para um mundo que já desapareceu e de não terem condições de se adaptar ativamente às novas formas de ministério e estratégia pedagógica da diocese, de práticas do relacionamento humano no presbitério, de conduta ética, de vivência pastoral, de exercício de cidadania e de opção preferencial pelos pobres. Uma confirmação da desorientação que as mudanças trazem para muitos e da complexidade e imprevisibilidade do mundo de amanhã é a experiência de previsões diferentes sobre o futuro. A questão do tempo e do espaço mudou. É objetivamente difícil prever para onde vai o mundo, a vida presbiteral, a diocese, não apenas pela dispersão dos padres, mas também e principalmente pela concepção do passado, do presente e do futuro.

Todo extremo é inconveniente. O jovem presbítero tem mais dificuldades em lidar com as frustrações do que a geração dos mais antigos. Numa primeira crise, pedem a Roma redução ao estado laical. O fenômeno de deixar o ministério já não causa perplexidade ou vergonha para o padre jovem. Tornou-se um gesto considerado mais um direito do que uma concessão da Igreja. Na verdade, a responsabilidade dessa mobilidade excessiva é muito mais da instituição da Igreja do que do jovem padre. Por que não se cria condições para a sustentabilidade desses jovens? Hoje muitos talentos sabem o que querem, estão sempre à frente e têm inquietudes variadas e não agem apenas por obrigação. No passado, a Igreja criava um plano igual para todos, e a maioria ficava feliz. Hoje a palavra de ordem é a diversidade. Essa nova oferta de viver exige das instituições multiplicidades de realizações e não padronizações. Mas a Igreja precisa cuidar mais desses jovens; eles são ágeis, dependem cada vez menos da instituição, e se apaixonam, facilmente, pelo risco.

É claro que nem sempre a instituição dispõe de meios para atender esse fluxo de demandas tão diversas. A subjetividade dos jovens contemporâneos é mais fluida e buscam sempre a realização, por um prazer que muitas vezes não conhecem. Há jovens começando dois ou três cursos na faculdade numa tentativa de ensaio e erro. Essa busca constante de realização desloca-se para o mundo do trabalho, e, claro, também, para a Igreja.

Na antiga geração de presbíteros o tempo era linear em suas vidas. A rotina da paróquia raras vezes variava de um dia para o outro. A casa paroquial era sempre igual e, dificilmente, recebia uma reforma estrutural. O padre foi formado em poupar para depois gastar.

A nova geração de padres convive com o tempo em mutação. Tudo é muito rápido e veloz. Faz sentido para o jovem padre alterar compulsivamente a arquitetura da casa paroquial. É uma linhagem constituída para consumir. É a geração do crédito. A partir do momento em que se tem um pequeno capital econômico, consome-se um tênis Nike, um celular, um carro e roupas de marca. Os objetos da moda representam – sinal de origem familiar nobre – coisa que nunca tiveram chance de possuir. Para compensar a vergonha da origem e o tempo de privação, têm condutas contraditórias. É uma geração aberta e não aceita a questão da discriminação, seja racial, sexual ou religiosa. São mais transparentes e menos recalcados com relação aos sentimentos e os afetos. Vivem distantes do conflito de geração, pois optaram pelo encontro de gerações, etnias e diversidades.

A geração dos novos presbíteros nasceu no mundo dos chips. Superpreparada pela era tecnológica, vive no ambiente que valoriza a relação superamigável com as tecnologias virtuais: High tech: MSN, E-mail, Facebook, Blog, Twitter, E-book. As relações afetivas eletrônicas são inúmeras, breves, apressadas e não há longo prazo. O risco do curto prazo é a desconfiança, a infidelidade e a ausência de vínculos consistentes.

A telefonia celular, a internet e as novas formas de comunicação instantânea, na vida do jovem presbítero, transmuta a noção de distância com critérios de velocidade, o que o coloca disponível para contato ou interação interpessoal on-line. Essa comunicação simultânea produz invasão do espaço pessoal. A sua intimidade torna-se coisa pública. A interioridade esfumaça-se com mil demandas diferentes, além de causar-lhe dispersão nos momentos espirituais e intelectuais.

Privilegia-se a velocidade como sinônimo de rapidez e pragmatismo. A sociedade apresenta características tênues, de laços frágeis e descartáveis: come-se *fast-food*, lava-rápido, câmara digital. Ora, a rapidez pode gerar uma prática imediatista e banal.

Os padres jovens estão perdendo a intensidade do hábito de leitura dos clássicos, devido à saturação de imagens e de estímulos constantes para manter sua atenção. Instala-se uma epidemia de informação, gerando um misto de fascínio e de angústia. O primeiro dilata os sentimentos de onipotência e a voracidade de mais saber. O segundo sentimento é de inquietude, impotência e mais exigência de si mesmo: "preciso saber mais!"

Quanto ao paradigma do trabalho, há duas leituras fundamentais entre as gerações. De um lado, há uma geração dos mais idosos que acumulou atividades, com tempo elástico de planos pastorais e gestão paroquial. De outro, a geração de presbíteros jovens com intenso entusiasmo e que insistem em fazer suas próprias experiências, apesar daquelas feitas pelas gerações pretéritas. Mais uma vez, esse episódio evidencia que o componente etário não é a única categoria explicativa do conflito de gerações. Nesse caso, a questão do poder é mais evidente.

7) Padres eméritos

Os padres eméritos introjetaram identidades homogêneas com acento na categoria de tempo longo e concentradora de valores e tradições. Os espaços paroquiais eram fixos e regidos por centros institucionais pautados em esquemas familiares. O definitivo e as relações estáveis foram experimentados de forma constante, o que facilitou melhor desenvolvimento intelectual de leituras eruditas e línguas neolatinas.

Os padres idosos experimentam alguns preconceitos quanto à idade. Paira sobre o seu imaginário a síndrome da demissão. O preconceito social reforça o medo interior e acumula, aos poucos, a angústia e a depressão. Os mais idosos sentem falta de relações humanas constantes e objetivos duráveis. A solidão para esse grupo é apontada como um fator complicador, bem como a sensação de abandono e de aflição. Salienta-se, a partir das entrevistas, a importância dos padres, há mais tempo na vida sacerdotal, serem incluídos e continuarem se sentindo importantes para a Igreja. O envelhecimento não precisa ser visto como um impedimento para a realização de outras atividades, além daquelas ligadas diretamente à Igreja, mas que podem ser úteis para a vivência pessoal do padre, como possíveis *hobbies*, auxiliando outros padres, pois eles têm mais experiência, têm mais sabedoria, logo, esta integração precisa ser mais efetiva e acontecer na prática.

Trabalhar a afetividade dos padres eméritos é fundamental, para se prepararem para as situações que irão enfrentar, porque, se eles não estiverem bem consigo mesmos, não conseguirão fazer um bom trabalho. O sacerdócio é dedicação, é servir, é abdicar de si em função do outro, e isso é um investimento amoroso muito alto. A vocação sacerdotal inspira viver para a comunidade, para a Igreja, e o que se deixa transparecer atualmente é uma falta de preparação para lidar "com um enorme dar e um pouco receber".

A ideia de formar uma grande família com os padres eméritos, os de meia-idade e os mais jovens, interagindo e trocando experiências, compreende algo interessante, já que a vida do sacerdote é uma vida de dedicação, de muita luta, de quase remar contra a maré. Cada qual quer se sentir importante, acolhido para, juntos, trabalharem na evangelização e construção do Reino de Deus. O padre vive dentro da Igreja e pela Igreja; precisa senti-la dentro de si, como sua morada, seu refúgio de apaziguamento. Portanto, o presbítero necessita desse santuário de acolhida para que ele possa acolher os seus fiéis.

Entre os padres de meia-idade e idosos é possível perceber a angústia de terem feito a escolha muito novos, de se dedicarem à Igreja até o final de sua vida. Ao olharem para trás, notam que receberam pouco em troca do tanto que fizeram. O que se entende é que não se trata de retorno econômico, ou algo do gênero, mas sim o apoiar, o retribuir, agora, com carinho, suporte, afeto, toda uma vida de serviço e dedicação à evangelização. O que se constata é que, quando o padre é afastado da administração da paróquia, e das atividades eclesiásticas, por conta da idade, ele se sente deixado de lado. Alguns manifestaram um forte sentimento de ingratidão.

Compreende-se como fundamental a sugestão de se incentivar o presbítero a desenvolver e a se integrar a atividades paralelas, das quais gosta, além do exercício do sacerdócio, porque, quando chegar a hora de passar a paróquia para um padre mais jovem, ele saberá ocupar o tempo com tarefas prazerosas, ou seja, desenvolvendo mais os ministérios do diálogo, da escuta e da relação profunda. É uma nova fase com outros mecanismos de convivência e fruição das belezas da vida, com menos responsabilidades, mas com maior intensidade da celebração da fé, dos sacramentos e da Palavra de Deus.

> Depois de 75 anos, entregamos a paróquia. Hoje eu sou capelão, do hospital [...], então eu celebro, assisto aos doentes, e sou muito convidado para participar aqui na nossa área. Além de celebrar lá no hospital, celebro na Nossa Senhora, ajudando um padre. Então eu estou sempre em movimento [...] (depoimento de padre).

Proporcionar a integração entre as gerações de padres constitui um desafio permanente dos pastores e coordenadores de pastoral.

O acolhimento deve partir dos mais novos, porque os padres idosos, em sua maioria, desejam continuar incluídos e ativos dentro da realidade da diocese, apesar das limitações que a idade impõe.

Os idosos requerem e merecem apoio espiritual, instrumental, afetivo, material e informativo. É preciso permitir que os idosos, especialmente os sacerdotes, sejam cuidados, amados e valorizados, tanto pelo que eles fizeram, quanto pelo que eles ainda têm para oferecer a todos aqueles que convivem com eles.

O Papa João Paulo II em uma carta aos anciãos disse:
> Os idosos ajudam a contemplar os acontecimentos terrenos com mais sabedoria, porque as vicissitudes os tornaram mais experientes e amadurecidos. Eles são guardiões da memória coletiva e, por isso, intérpretes privilegiados daquele conjunto de ideias e valores humanos que mantêm e guiam a convivência social (Papa João Paulo II, 1999 – Ano internacional do Idoso).

Os padres idosos sentem, então, que deve haver uma valorização do trabalho que prestaram, e a eles próprios por terem se dedicado durante toda a vida ao serviço da igreja. Muitos cultivam um lampejo de esperança, porque vislumbram a possibilidade de que a alegria de viver volte, de que serão valorizados e amados pela caminhada feita. Que a tristeza e as amarguras serão compreendidas e sanadas. Um "projeto político de assistência ao presbítero idoso" seria, também, uma forma de resgatar esses valores e fazer com que renovem o sentido que deram à vida, quando optaram pelo sacerdócio.

Pela nossa escuta, pudemos compreender que o sacerdote idoso é um valor e uma riqueza de experiências históricas. Um patrimônio da Igreja local. Um reservatório de esperança para o povo de Deus. O problema do padre idoso não se restringe apenas ao presbitério. É uma questão de responsabilidade de toda comunidade cristã. Sua presença é símbolo da Pastoral do Idoso e uma excelente e oportuna pedagogia pastoral paroquial com os excluídos da sociedade capitalista.

Dentre as modalidades de habitação em uma diocese pesquisada, destes idosos, 32,6% moram sozinhos, 30,4% moram com um pároco solidário, 30,4% moram com a família, e 6,6% residem numa casa própria para padres eméritos.

A ideia do "Pároco Solidário" demonstrou, na prática, ser uma opção vitoriosa, porque poder compartilhar a experiência vivida com o mais jovem é uma escola para o colega bem como para a comunidade.

A oportunidade de continuar vivenciando a sua espiritualidade junto com a comunidade, celebrar, participar das orações com o povo, faz com que o padre idoso possa prosseguir exercendo o ministério espiritual e sua afetividade.

Na vida presbiteral, o afastamento do trabalho ocorre de maneira muito peculiar, primeiro porque o afastamento não é total; o exercício sacerdotal é uma atividade para a vida toda; pode ser entendida como um modo de existência: fé e vida estão vinculadas. Quando se torna emérito, o pároco abandona os aspectos administrativos e institucionais, e não a posição de presbítero: *Sacerdos in aeternum*.

Já no mundo laico há uma ruptura mais totalizante; o sujeito trabalhava no banco, era um bancário, mas de um dia para o outro deixa de sê-lo. Pode até se tornar professor de matemática, aproveitando suas habilidades desenvolvidas ao longo de anos, mas bancário ele não é mais!

Após a aposentadoria, os padres experimentam vivências distintas; em muitos casos, há um certo alívio, advindo do processo de desobrigação institucional. Mas não é comum a sensação de perda, que facilmente é visualizada nos leigos, já que os padres continuam sendo sacerdotes, porém sem o peso institucionalizado da obrigação de uma paróquia ou de uma diocese. O que se nota, enquanto sofrimento, fica mais restrito aos desdobramentos da velhice em detrimento dos aspectos da aposentadoria, e o destaque fica por conta da ingratidão e falta de carinho.

Mais importante que mudanças estruturais é a proposta de promover uma mudança de mentalidade no presbitério da diocese, em relação aos presbíteros idosos, já que a sua saída da paróquia é avaliada como um abandono da Igreja em relação a eles. Para continuarem a viver felizes, eles precisam daquela atenção afetuosa e de apreço.

> Não precisamos de grandes projetos físicos, arquitetônicos de construção, nós precisamos de um projeto afetivo-humano (depoimento de padre idoso).

A questão é a do acolhimento efetivo desses idosos, nas particularidades de cada um e do grupo. São aqueles pequenos gestos de delicadeza que mostram a nobreza de caráter dos demais presbíteros e membros da comunidade. Os gestos dos presbíteros da ativa é que alimentam a razão de existir do ancião; dizem do seu valor, cuidado e importância. Os exemplos falam por si: desconto das taxas do retiro do clero, da inserção de pagamento para receber os folhetos de missa, novenas, de apoio, um simples ouvir uma conversa acolhedora, já é capaz de fazer qualquer pessoa se sentir melhor, se sentir amada de fato.

A demanda de afeição e cuidado é comum a todas as pessoas, especialmente aos idosos que, por tanto tempo, foram o alicerce da sociedade. Quando passam essa responsabilidade para outros, precisam de suporte e merecem atitudes de reconhecimento pelo trabalho que fizeram.

Muitos padres idosos apresentaram, como queixa na área da saúde, a hipertensão, problemas oftalmológicos, colesterol elevado, diabetes e cardiopatia. Demonstraram, ainda, uma independência e autonomia ao relatarem que conseguem controlar essas dificuldades, vão sempre ao médico, fazem atividade física, fazem um controle da alimentação, mostrando que a saúde, apesar de alguns contratempos decorrentes da própria faixa etária, está razoavelmente bem.

Quanto à relação econômica, essa pesquisa demonstra que as finanças de um padre emérito não são diferentes das dos demais profissionais. Dependem da sua aposentadoria no INSS, da paróquia ou diocese e, às vezes, de sua família. Esses três lugares proveem o sustento das questões básicas do padre, como moradia, alimentação e também a manutenção da qualidade de vida dos mesmos, como os gastos com a saúde.

8) Conclusão

A Pastoral Presbiteral das dioceses está diante de uma problemática interessante e desafiadora: a questão das "novas gerações". "Novas gerações" não é sinônimo de uma faixa etária jovem, mas convivência diferenciada entre as gerações. Uma nova ecologia natural, humana e social. O despontar de "novas gerações" pressupõe maior competência quanto ao acesso ao saber, em busca de novos desafios e respostas para o mundo contemporâneo. Creio que os padres e religiosos têm que se habilitar para o uso veloz e mutante das novas tecnologias em vista da missão. As "novas gerações" corresponderão às gerações de presbíteros e religiosos que saberão servir-se das novas tecnologias, com senso crítico e discernimento, em vista da construção do Reino.

A convivência das "novas gerações" exige mudanças de hábitos como residências, horários, gestos, postura corporal, exercício profissional e processos de inculturação[130] frente a outras religiões, raças, gênero e diferentes combinações culturais. Espera-se esforços renovados na construção de uma teologia a partir das tendências nacionais, distanciando-se dos modelos europeus. Necessita-se de uma maior densidade profética, renovação da linguagem e dos conceitos teológicos a partir das conquistas da ciência, sem perder o núcleo da fé. As "novas gerações" buscam a liberdade pessoal e a individuação. Há uma suspeita quanto à su-

---

[130]. Trata-se de um processo de evangelização inculturada que se dá no diálogo entre evangelizador e comunidade portadora de cultura. Nesse processo de inserção, o Evangelho é acolhido no cotidiano de um povo de tal modo que este possa expressar, concomitantemente, sua fé e sua cultura. É um processo educativo que desafia a paciência histórica, o poder e a autoridade, pois o evangelizador vem de outro modo de vida.

pervalorização da fraternidade, da vida comunitária e da partilha que não leva em consideração a singularidade. A principal dificuldade apresentada pela maioria dos presbíteros idosos, de meia idade e jovens é a convivência comunitária em detrimento dos espaços singulares. Há uma tensão entre o processo de individuação[131] e a vida comunitária. O modelo de comunidade tradicional da vida religiosa e o valor da observância às regras e normas vêm perdendo força para o ideal de realização pessoal. Há, portanto, que se elaborar o espaço da singularidade e o espaço comunitário do presbitério. Diminuir a preocupação com o estranho e o esquisito e idolatrar menos o genérico.

A Pós-modernidade clama por uma nova estrutura institucional de Igreja. Muitos presbíteros buscam formas libertárias: espiritual, cultural e psicologicamente distantes dos recalques históricos. Outros, no entanto, não suportam esse momento de intenso conflito pessoal, grupal e institucional. A ideologia medieval, hierárquica, supostamente espiritual neutra foi muito bem assimilada na consciência de muitos padres acostumados à "segurança" de sua situação. Como afirma o teólogo Häring, vivemos a mudança "de uma simples ética da obediência para os súditos da Igreja a uma corajosa ética da responsabilidade para cristãos maiores de idade"[132].

Os padres idosos e os de meia-idade, em sua maioria, buscam maneiras de transmitir suas experiências, naquelas relatadas ou no ensinamento de um ofício. Nesse ponto é interessante colocar a importância da transmissão de valores entre as novas gerações como um encontro que fomenta a fraternidade e o amor.

---

131. Individuação não é o mesmo que individualismo. É um processo de desenvolvimento através do qual a pessoa torna-se singular, única, adquirindo uma clara e plena identificação de si mesma, tornando-se mais capaz de potencializar-se e usar recursos internos.

132. Cf. Häring, 1999: 47.

Falar de envelhecimento desacomoda a ideia de imutabilidade e as certezas nas quais todo sujeito se reconhece. A velhice é um momento marcado pela vivência da finitude, em que a fantasia de eternidade encontra um limite. A finitude deve ser uma referência entre as gerações e, nunca, motivo de afastamento ou recalque.

Neste tempo de "novas gerações", fruto de uma história construída por inúmeros protagonistas visíveis e invisíveis, o clamor é que se retome mais uma vez o "avancem para as águas mais profundas e lancem as redes para a pesca" (Lc 5,4) com determinação, de forma nômade, em um processo de refundação da Igreja. Viver o tempo de "novas gerações" é experimentar conflitos de espaços culturais diferentes e antagônicos. É valorizar o diálogo, os impactos da afetividade, sensibilidade e de novas formas políticas democráticas. Com desprendimento e coragem, é necessário abandonar dispositivos disciplinares[133] e de controle, formas de poder vertical, saberes tradicionais, e seguir em direção às fontes de origem, ressignificando o passado com atualidades emergentes: "Eis que faço novas todas as coisas" (Ap 21,5). As coisas não se tornam novas de forma graciosa; requerem planejamento e trabalho árduo, sobretudo da geração *high tech*. Para que o presbítero possa permanecer e colher frutos "no seu ministério", há que retomar os estudos e leituras dos novos vieses da Teologia, História e outras ciências contemporâneas, como Comunicação, Antropologia e Psicologia. A discussão, partilha de experiências pelas "novas gerações", seguidas de avaliação, oração e discernimento são ferramentas da tecnologia relacional e cibernética.

---

133. Foucault (1999: 120), ao estudar a disciplina, indica que uma nova microfísica do poder, constituída por técnicas minuciosas, que definem um modo de investimento do corpo, "emergiu no mundo moderno e espalhou-se por todo o corpo social. A disciplina é uma anatomia política do detalhe: trata-se de pequenas astúcias dotadas de um grande poder de difusão, arranjos sutis, de aparência inocente, mas profundamente suspeita, dispositivos que obedecem a economias inconfessáveis, ou que procuram coerções sem grandeza".

Quadro comparativo entre as gerações

Geração explosão populacional	Geração de rebeldes padrões	Geração cibernética Os nativos digitais
1940 a 1960	1960 a 1980	1980 a 2000
Características • Vida estável, coesa e unitária. • Preferência por quantidade. • Opção pela segurança e amparo. • Difícil de ser influenciada ou receber alguma mudança. • Fidelidade e estabilidade absoluta	**Características** • Ruptura com os valores das gerações anteriores. • Preferência por qualidade. • Busca por direitos e liberdade. • Luta pelo poder geracional e igualdade. • Fidelidade crítica.	**Características** • Estão sempre conectados em redes de amizade virtual. • Facilidade de acesso à informação e à busca contínua por respostas a diferentes situações. • Volatilidade na profissão. • Prefere-se computadores a livros; vive-se em redes culturais e sociais diferentes. • Busca-se sempre novas oportunidades de emprego, tecnologias e outros benefícios da sociedade *Hi-tech*.

3.11 Conclusão

Começamos o terceiro capítulo enfatizando que, em cada tempo, há uma forma particular de fazer as coisas, de novos arranjos de relacionamentos entre as pessoas e, consequentemente, de produção de subjetividades. Está claro que temos vivenciado um momento de transformações tão profundas e abrangentes que parecem caracterizar uma verdadeira mudança de época. Defrontamo-nos, cada vez mais, com situações de tal modo complexas que se torna imprescindível avançar em sua decodificação para compreendê-las e sobre elas atuar.

Tais avanços, bem como os resultados deles decorrentes, apontam para a necessidade de uma revisão de pressupostos e referências vigentes nos diversos campos do saber, do poder e do fazer humano. Sabemos que, quando entram em ebulição antigas balizas, surgem novos modelos de referência nos âmbitos político, social, econômico, artístico-cultural, psíquico, linguístico, religioso, científico, tecnológico.

Caracteriza-se esse rito de passagem – processo de desconstrução e construção – como a crise dos paradigmas. Esse processo explica a diversidade de novos modelos, teorias e instrumentais, sobretudo quanto à forma de educar e governar.

Os presbíteros e religiosos, em sua maioria, estão percebendo tudo isso e também sabem que o mundo está e vai continuar sofrendo mudanças vertiginosas e profundas. Portanto, a construção ou revisão de um projeto de vida presbiteral pressupõe o conhecimento das grandes transformações globais contemporâneas e, de forma especial, do segmento jovem de padres que estão assumindo a vida pastoral da Igreja.

É à luz da conjuntura mundial, nacional e regional que se deve discutir o significado da experiência de educar os futuros presbíteros. Afinal, o processo de formação não se resume apenas ao enfoque religioso, mas se constitui de uma mistura de enfoques: psicológico, sociocultural, político, econômico e institucional.

Pensemos em Jesus Cristo e nos diversos fundadores religiosos criando a Igreja hoje, apenas para exemplificar: Como seriam os pressupostos da espiritualidade, do ato de educar, de governar, de viver a vida presbiteral, a afetividade entre o clero, o manejo com o dinheiro e com as novas gerações?

Assim se expressou um presbítero:

> O presbitério para mim, hoje, é consequência do tipo de Igreja que nós queremos. Qual é o tipo de grupo que nós queremos depende da interrogação que cada um tenha. Ah! Eu quero esse tipo de Igreja, eu quero esse tipo de grupo, de diocese, eu quero esse aspecto de vida religiosa. Então, de acordo com o desejo. Como não está muito claro que tipo de Igreja queremos, que tipo de congregação eu quero, por onde vai a vida diocesana, os que estão lutando para isso, eu realmente aplaudo. É um caso muito complicado. Temos que nos perguntar em profundidade: temos medo de mudar? Por onde vai a vida diocesana? Qual é a formação que temos que dá? Tem que estar dentro dos cânones que a Igreja estabelece? Então, é complicado! Realmente, eu não tenho uma opinião muito clara de como seria o sentido da vida presbiteral, mas a primeira coisa que devemos pensar é que tipo de Igreja que nós queremos (depoimento de padre).

É evidente a angústia desse presbítero no depoimento acima. Às vezes, a incerteza, a desconfiança na Igreja, o não saber se ela quer ou não obedecer aos sinais dos tempos, se ela quer ou não ser luzeiro, leva a pensamentos e sentimentos que, se infundados, poderiam parecer mero desencanto e fortes sentimentos de angústia. A consideração de que a vida presbiteral deve ser qual prática radical do Evangelho é outra fonte de dúvidas. Sabe-se que é assim. Não se sabe como chegou onde se está e se existe a vontade de retomar as inspirações iniciais.

> Eu vejo que esse projeto de Igreja está falido. Por quê? Se nós avaliarmos a história ao longo da vida da Igreja, quem foram aqueles que deram esse passo de vida radical, consciente dentro dos princípios dos evangelhos e tudo mais? Foram pessoas acima de trinta anos, que passaram por um processo de vida, de experimentar muitas coisas, de sentir o mundo e depois se converteram, descobriram outros valores e se converteram e realmente entregaram a sua vida em função daquilo que acreditavam (depoimento de padre).

O pouco sentido da vida presbiteral para os dias de hoje, como ela se apresenta, seu quase insignificante anúncio das realidades futuras faz nascer expressões de desespero:

Acho que estamos adiando a morte com anestésico (depoimento de padre).

Em nível da vida presbiteral, nós vamos percebendo que não é uma questão só da nossa diocese, é uma questão de realidade, de Igreja. Parece que nós estamos fazendo uma opção de vida para uma coisa que não responde mais. É preciso mudar essas estruturas de paróquia, é preciso repensar a vida religiosa, fazer ver novos critérios e acompanhar o ritmo do mundo (depoimento de padre).

Há detalhes na vida da Igreja que, corajosamente, precisariam ser revistos, sem prejuízo algum para o anúncio da Boa-Nova (depoimento de padre).

A minha preocupação é que a crise não está somente em cada um, mas sim em saber o que queremos, para onde vai a vida da Igreja, para onde vai o sacerdócio, para onde vai a diocese. Eu não estou vendo nada claro, nada, nada claro (depoimento de padre).

A tristeza, o desânimo, a angústia e o sofrimento vêm pairando sobre sujeitos e o cotidiano da vida comunitária presbiteral nesse início de século XXI. O sofrimento do presbítero está associado ao desgaste físico, emocional, à solidão, à falta de afetividade, à perda de importância e *status* perante a sociedade, ao envelhecimento, à diminuição de vocações, à pouca presença em meios populares, na linha de frente lutando pela justiça e o declínio da dimensão mística e profética.

A despeito dessa realidade dura, o esforço para manter viva a opção presbiteral faz com que muitos se dediquem, entusiasmadamente e com êxito, ao processo de pastoral de evangelização missionária, à formação das novas gerações e manutenção daquelas que, no trabalho dedicado, insistem em crer "contra toda esperança". Ou de outros que lutam e dos quais parece ser possível dizer como então se dizia dos primeiros cristãos: "como eles se amam!", apesar de toda dificuldade do movimento cultural que a Pós-modernidade tem trazido, marcadamente individualista e consumista.

Diante desses sintomas, muitos deles "não ditos" e proibidos de "bem dizer" são canalizados pelo "mal dito" do não dizer, ou seja, do silêncio autoritário obsequioso, de puro recalque. Existem, pelo menos, duas saídas. A primeira é uma estrada de mão única. Nela se reúne uma torcida cujo lema é a absoluta negação da realidade, o puro cinismo. Aqueles que chamamos de alienados, os que esclerosaram o desejo. Fixaram e estacionaram no tempo. Ignoram as modificações advindas do mundo contemporâneo, das descobertas científicas e, sobretudo, dos sinais dos tempos anunciados por Jesus de Nazaré.

Esse bloco é dos poliqueixosos, que reclamam, choram e vivem amargamente da repetição compulsiva de comportamentos frustrados, antigos e infantilizados. São *status* e experiências passadas, recordadas com nostalgia e ressentimentos mal elaborados. Torcem, na arquibancada da vida, para que tudo fique como está e que seus lugares não sejam alterados. Não admitem a morte. Não toleram as perdas e os lutos. Paradoxalmente, sonham com mudanças. Porém, são apenas revoltados, jamais revolucionários.

A segunda estrada é de mão dupla. Nesse bloco está a turma que perturba a "lei do sábado", abala a certeza e a segurança e engendra novos territórios. Nela reúnem-se os que reconhecem os conflitos institucionais da Igreja, das Dioceses, Regiões, Áreas e Paróquias e não ignoram as grandes transformações da sociedade contemporânea que atravessam e sobredeterminam o cotidiano da vida comunitária presbiteral. Analisam que esses sintomas também aparecem nas instituições do Estado, da família, da educação, do urbano, da comunicação, do trabalho, da sexualidade, do feminino, do masculino. Ou seja, admitem que tudo foi interpelado nessas últimas décadas, inclusive na Igreja.

Ora, a finalidade do trabalho do presbítero é deixar o mundo mais cheio de graça, mais encantado: consagrado. Vários presbíteros, religiosos e religiosas, e leigos simpatizantes, afirmam que a Igreja tem futuro e, mais do que isso, um futuro que é indispensável às nossas sociedades, com a condição de abandonarmos a eterna ruminação e a queixa estéril e histérica do passado, assim como a repetição de fórmulas que perderam sua eficácia simbólica e que permanecem apenas para sustentar o poder narcisista de alguns em detrimento da maioria que deseja uma Igreja mística e profética.

Essa torcida aposta, não na revolta, mas na revolução. Esse grupo está inserido plenamente no gramado dos grandes estádios e campos da vida, como os dos sem-terra, dos sem-teto, dos moradores de rua, dos portadores de dificuldades mentais e físicas, dos movimentos feministas, ecológicos, dos negros, dos imigrantes, da terceira idade, da criança e do adolescente e de todo povo de Deus excluído no deserto da sociedade neoliberal. Querem celebrar a Eucaristia encarnada no rosto do pobre. Querem evangelizar o povo de Deus rumo a uma nova terra prometida.

A crise que tomou conta da Igreja não é específica da Igreja. Vivemos mergulhados numa crise institucional, num modelo de instituição. Isso é benéfico. É sempre instrutivo com a condição de que possa desembocar numa abertura em direção à criação, às trilhas da utopia e a um novo sonho. Infelizmente, isso não anda acontecendo como deveria e com a velocidade que o mundo de hoje exige dos participantes, presbíteros, da Igreja.

A crise institucional que a vida religiosa vem passando deve-se a uma série de fatores heterogêneos entre si. Esquematizando, podemos começar por distinguir as dificuldades externas e sociais que vêm afetando o mundo contemporâneo.

As dificuldades externas são sociais, econômicas e políticas. Não são pequenas e não devemos subestimar sua influência na instituição da Igreja e nas transformações observadas no cotidiano das dioceses. Limito-me aqui apenas a ressaltar o macrossistema e os microssistemas.

Olhando para o interior da Igreja, é preciso reconhecer alguns pontos restritivos que ainda fazem parte do cotidiano comunitário presbiteral e que produzem falta de entusiasmo, ansiedade, insatisfação, solidão, desvalorização e desgaste, quando não uma falta de confiança de se engajar para valer numa empreitada, cuja reputação só faz piorar. Diante de tudo isso, a Conferência Nacional dos Bispos do Brasil (CNBB) tem recomendado o envolvimento dos presbíteros na criação da Pastoral Presbiteral como dispositivo analítico de todos esses sintomas e mal-estar que se abateram no presbitério, consumindo pessoas, experiências, sonhos e utopias. A *Diretrizes para a formação dos presbíteros da Igreja no Brasil*, Documento da CNBB, 93[134], escrita em 2010, no item 368, diz:

> A Pastoral Presbiteral, entendida como ação planejada da Igreja, incentivada pela CNBB e motivada pelos Encontros Nacionais de Presbíteros (ENPs), é o cuidadoso acompanhamento pessoal e comunitário, integral e orgânico da Igreja particular aos presbíteros, devendo neles estimular a alegria de serem discípulos missionários de Jesus Cristo, servidores do povo, segundo o exemplo do Bom Pastor.

Já o item 371 diz aos bispos:

> A Pastoral Presbiteral fomenta no presbitério a unidade com a sua diocese, o autoconhecimento, a maturidade humano-afetiva, a capacidade de relacionar-se, a integração positiva e oblativa de sua sexualidade como celibatário, o exercício do poder e da autoridade como serviço, o uso do dinheiro e dos bens como meios de partilha e comunhão. Forme e eduque constantemente o senso crítico, a abertura para o diálogo e o respeito, a capacidade de trabalho em equipe e a superação do egocentrismo. Tudo isso o capacitará para tomar decisões responsáveis e eficazes e a cultivar amizades saudáveis e duradouras. Como pessoa integrada e realizada contagiará outros anunciando e testemunhando a Boa-Nova de Jesus.

---

134. *Diretrizes para a formação dos presbíteros da Igreja do Brasil*. Brasília: [s.e.], 2010.

Pretendemos, no quarto capítulo, desenvolver alguns programas de vida com o objetivo de exemplificar tais recomendações. O Projeto da Pastoral Presbiteral pode ser construído de várias maneiras. Ou seja, diante de uma mesma realidade os conflitos do grupo presbiteral da diocese podem ser interpretados por teorias, métodos e práticas diferentes. Assim, diante de uma concepção teórica, podem surgir práticas equivocadas ou maneiras de agir mais profundas e abrangentes.

O Projeto de Pastoral Presbiteral pode analisar os conflitos entre os presbíteros, focando apenas a dimensão psíquica e de saúde dos sujeitos individuais. Assim, a base teórica desse projeto pastoral presbiteral serão as ciências humanas e da saúde. O referencial teórico entende que os conflitos são de natureza da história pessoal dos padres e os desequilíbrios atuais tem a ver com as relações da infância e adolescência desse sujeito.

O Projeto de Pastoral Presbiteral com essa concepção cria práticas terapêuticas em vista de diminuir os sintomas conflitivos dos presbíteros. A finalidade dessa pastoral é captar a dimensão psicopatológica do conflito entre os padres e equacioná-los através de meios terapêuticos da melhor qualidade. Esse modelo teórico, metodológico e prático não está incorreto, está incompleto e restritivo. É importante perceber o limite dessa visão que apenas contempla o sujeito individual e a atividade psíquica dos presbíteros.

Há outra concepção de Projeto de Pastoral Presbiteral que privilegia o campo das instituições sociais como matrizes dos conflitos humanos. Essa concepção teórica privilegia a força do modo de fazer das instituições como o grande motor dos conflitos entre os seres humanos. Essa abordagem não partilha que a origem de indivíduos desequilibrados que perturbam a ordem da Igreja seja apenas de responsabilidade deles. Pelo contrário, essa teoria convoca uma análise da instituição da Igreja, da diocese, da região episcopal, das foranias ou áreas e paróquias. Propõe a construção do diagnóstico coletivo e participativo de todos os membros. Convoca os integrantes a falarem de seus conflitos com relação ao carisma fundante da Igreja, à espiritualidade, à forma de poder e saber, à vivência da afetividade/sexualidade, ao manejo com o dinheiro, a projeto de pastoral e às novas gerações. Essa concepção não exclui as patologias pessoais perturbadoras das relações interpessoais, mas entende que as patologias psíquicas só adquirem sentido num contexto social, histórico institucional. Na quarta parte, escolhemos esse segundo modelo de Pastoral Presbiteral para ser analisado pelo leitor.

4

Pastoral Presbiterial

"Cuidar da vida" como bons pastores

> *Cuidem de vocês e de todo o rebanho, pois o Espírito Santo os constituiu como guardiães, para apascentarem a Igreja de Deus...* (At 20,28).

4.1 Introdução

Neste capítulo final, registra-se, mais uma vez, que vários estudiosos das relações de trabalho afirmam que inúmeras pessoas sofrem da Síndrome de Burnout, ou sofrimento psíquico, nas relações de trabalho. Segundo Valle[1], padres, religiosos e religiosas ocupam o topo dos grupos dos que mais sofrem no contato direto com o público com o qual trabalham. Demonstrou-se, no primeiro capítulo, a variedade das manifestações dos sintomas na vida dessas pessoas: problemas orgânicos, psíquicos e psicossociais, como: atitudes antissociais, violência, perdas econômicas significativas, afastamento do trabalho e até suicídio. Demarcou-se que há duas clínicas para cuidar desses sintomas: a clínica clássica, disciplinar, e a clínica psicossocial. Nesta quarta parte, sugere-se que a Pastoral Presbiteral tenha um projeto com os dispositivos da clínica psicossocial.

---
1. Valle, 2010.

A principal função da Pastoral Presbiteral é de caráter eclesial, espiritual e pastoral. Mas, diante do quadro de sofrimento psíquico dos presbíteros, religiosos e religiosas apresentados pelas pesquisas, torna-se imprescindível a ação de cuidado com a vida desses protagonistas. Convém notar que há clínica e clínica. Que clínica não é lugar de doença, de vigilância e punição dos desajustados e marginalizados. Finalidade da clínica é olhar, é emprestar atenta escuta aos sintomas e criar procedimentos terapêuticos, oficinas, grupos de discussão, visando aos novos arranjos e maneiras de fazer as coisas nas instituições. A clínica psicossocial crê nas modificações das condições de trabalho, resgata o valor da positividade ou do encantamento do grupo enquanto lugar de agenciamento de invenção e de criação. Assim, neste capítulo, retomam-se as principais sombras e inquietudes da vida dos presbíteros e religiosos conectados com a história da instituição Igreja. Em seguida, explicita-se o que é a Pastoral Presbiteral, quais são os projetos, a metodologia e sugestões de programas-gestão de cuidado da vida.

4.2 Sombras e inquietudes

Durante todo o percurso teórico deste livro, enfatizou-se que o sofrimento psíquico do trabalho sempre esteve presente na vida do ser humano. A novidade é o recente estudo sobre a matéria, as pesquisas e as conclusões por parte da ciência contemporânea.

Especificamente, no segundo capítulo, privilegiaram-se, no breve recorte da história da Igreja Católica – pré-Vaticano II, Vaticano II e pós-Vaticano II – as sucessivas metamorfoses sofridas pelos padres nos diversos campos: espiritual, pastoral, teológico, doutrinal e nas maneiras de viver o poder, o saber, a relação humano-afetiva, a questão do dinheiro, os vínculos da Igreja com o sistema político, cultural, econômico e, sobretudo, com os meios de comunicação cibernética.

O documento dos bispos *Diretrizes para a formação dos presbíteros da Igreja no Brasil* – número 93 – destaca vários aspectos da conjuntura contemporânea que atravessa a vida pastoral, espiritual, econômica, social e psíquica do presbítero. O documento reforça que, em cada sociedade, em cada época, há uma forma particular de trabalhar, de novos arranjos de relacionamentos entre as pessoas e, consequentemente, de produção de subjetividades. Na atual realidade, verificam-se diversas situações que afetam e desafiam a vida e o ministério dos presbíteros. Na abordagem teológica, espiritual e missionária, o documento destaca a crise de identidade proveniente das múltiplas ofertas, uma espiritualidade difusa e, por vezes, até a ausência de atitudes espirituais. Há ainda um declínio da paixão pela missão pastoral. São perceptíveis as mudanças no campo da pastoral, ora operando com modelos clássicos em torno do território da paróquia, ora situando-se no estilo pós-moderno de *marketing* e visibilidade, provocando o consumo dos bens sagrados, a relevância da mera aparência, do exibicionismo, do exagero narcisista, sustentado pela busca de aplausos e afetos.

Há alterações no uso do dinheiro regido pela tirania do consumo e do conforto supérfluo. A ausência da preocupação ética e comunitária acaba produzindo sujeitos avarentos e mesquinhos que se manifestam nas relações afetivas e no estabelecimento de vínculos fluidos, virtuais e impessoais. Diminuem as relações fraternas entre o clero e o bispo, entre os colegas e, sobretudo, entre o pároco e o vigário.

Constatam-se mudanças no que se refere à autoridade e ao poder. Por questões de profunda insegurança e incapacidade intelectual, apela-se para formas de poder coercitivo e práticas fundamentalistas. Isso gera uma desilusão tão forte que se prefere o vazio do poder, produzindo sujeitos desbussolados e sem rumo. Mas há também caminhos que percorrem as formas de poder democráticos e horizontais no meio da Igreja e com o povo de Deus.

Há reais desafios ocasionados por problemas sócio-econômico-estruturais como paróquias distantes e com dificuldade de locomoção e interação; paróquias pobres e sem recurso psicopedagógico para o exercício da evangelização; territórios de extrema pobreza, violência e áreas de risco para a saúde.

Presencia-se uma complexa realidade urbana que demanda novos estilos de pastoral, qual o "pátio dos gentios" constituído por enorme contingente de pessoas afastadas do *"templo convencional"*, além dos excluídos e marginalizados pelo sistema neoliberal.

Cresce a agressão ao planeta, destruindo suas riquezas naturais. A agressão desloca-se para as condições sociais de vida e atinge fortemente as relações afetivas entre as pessoas.

O documento da CNP[2] ressalta a importância da análise dos pontos propositivos como iluminadores de ações de vida e sublinha a importância de buscar formas de superação para as sombras e desafios que os presbíteros enfrentam no cotidiano de suas vidas. Como aspectos propositivos o documento salienta a entrega e dedicação de muitos presbíteros que dão a vida a serviço do seu povo; pastores corajosos que dão testemunho profético junto aos cristãos; a criatividade de padres que inovam a pastoral através de trabalho conjunto com outros presbíteros e cristãos em áreas, foranias e regiões episcopais; a busca de uma sólida formação permanente através de cursos e seminários de temas pertinentes com o clamor da sociedade; mutirões de atendimento missionário, de confissões e de celebrações coletivas e, sobretudo, a participação efetiva da organização da Pastoral Presbiteral.

Nos Encontros Nacionais dos Presbíteros, a CNP registrou aspectos ou condutas que vêm produzindo sofrimento psíquico na vida dos padres:

• Isolamento e acomodação;

---

2. Cf. *Pastoral Presbiteral*. CNP/CMOVC, 2004: 10.

- dificuldade de articulação e de integração à Pastoral de Conjunto;
- estrutura rígida e clericalista das paróquias;
- clericalismo, ritualismo, autoritarismo, espiritualismo de muitos presbíteros;
- resistência à comunhão, desinteresse pela colegialidade; espírito de competição, busca de *status* e privilégios;
- falta de solidariedade com os presbíteros que erram, bem como ausência de um tratamento adequado;
- imaturidade, narcisismo, prepotência;
- sérios bloqueios no relacionamento interpessoal;
- desequilíbrio afetivo-emocional; problema na própria identidade sexual;
- dependência química, sobretudo do alcoolismo;
- ausência de uma reflexão mais séria e corajosa da Igreja em relação ao celibato e à afetividade;
- formação filosófica e teológica deficientes;
- seminários muito limitados, problemas na seleção de candidatos; questão dos seminaristas egressos; desrespeito a normas e orientações;
- pouca atenção à formação permanente;
- pouca aproximação entre presbíteros diocesanos e religiosos; congregações religiosas que formam "guetos" dentro das dioceses;
- presbíteros que participam de Movimento de Renovação em detrimento do conjunto do plano de pastoral da diocese;
- espiritualidade alienada ou pouco libertadora;
- mudança de párocos e reitores, que muitas vezes acontece com ruptura; sem continuidade da ação pastoral;
- bispos que não conseguem promover a unidade, que não reconhecem o lugar do representante dos presbíteros, que dão mais valor à dimensão econômica do que à evangelização, à pastoral e à comunhão;

- presbíteros ligados ou aliados a políticos corruptos;
- presbíteros enfeitiçados pelo poder da mídia, que reduzem a sua missão somente nisso – padres midiáticos;
- presbíteros sem qualquer formação e consciência missionárias;
- sobrecarga de trabalhos em muitas dioceses, número reduzido de presbíteros e lideranças leigas, além de grandes distâncias geográficas e meios de comunicação precários.

Se classificamos todos os itens, sinalizados pela pesquisa do CNP, num quadro, obtém-se o seguinte resultado:

Itens	Número	Percentual
1) Dimensão humano-afetiva	13	56%
2) Estrutura institucional da Igreja	6	26%
3) Método e técnica de desenvolvimento do plano de pastoral	3	13%
4) Dimensão intelectual	1	4,0%

A partir do quadro acima, entende-se que a dimensão humano-afetiva (56%) e as questões institucionais (26%) da Igreja falaram mais alto em relação às questões do desenvolvimento do plano de pastoral (13%) e intelectual (4,0%) dos presbíteros.

Esses dados confirmam a demanda gritante dos padres no que tange à dimensão das relações humano-afetivas entre o presbitério. Ou seja, nas pesquisas, vários sinalizaram, como principal tema da formação permanente, a promoção de um maior contato afetivo entre os presbíteros. Realçou-se o quanto os padres carecem de espaços de convivência, que possibilitam o surgimento de relações de confiança e solidariedade, para que o medo ceda lugar à afetividade mais espontânea e desenvolta. Assim, menos preocupados com os julgamentos e mais focados na humanidade de cada um, voltar-se-ão mais para a compaixão e misericórdia para com os outros. Fica claro o quanto isso é importante para o fortalecimento da identidade do presbítero e da compreensão de sua missão de Bom Pastor em relação ao povo de Deus.

É recorrente, na fala dos entrevistados[3], a necessidade de investimento no capital humano entre os presbíteros. Da escuta atenta podem-se registrar elementos que esclareçam as questões humano-afetivas e, de suas mesmas palavras, as sugestões para a Pastoral Presbiteral.

> Os padres não se conhecem e têm muitos preconceitos entre eles mesmos, daí algumas vezes o que a pessoa faz de certo é deixado de lado pelos colegas (depoimento de padre).

> Possibilitar espaços para discussão, para os padres se encontrarem, para os padres falarem abertamente; os padres não falam, claro que não são todos, mas há muitas coisas que os padres, por serem padres, por terem uma vida como têm, sofrem e sentem, não há espaço pra eles falarem, porque ainda há uma cultura do medo, do silêncio (depoimento de padre).

> Acho que a pastoral pode ajudar além do relacionamento, sabe? Eu acho que a Pastoral presbiteral tem que ajudar no sonho *de ser fraternidade* presbiteral. *Que sejamos* realmente amigos, respeitando as diferenças e tudo, mas que a gente tenha alegria de se encontrar. Porque *existe* muito individualismo, muitos ciúmes, um querendo engolir o outro, um querendo tomar a paróquia do outro. Está gerando aquele estilo alto clero e baixo clero, muito indiferentismo. "*Eu queria que a gente fortalecesse a Pastoral Presbiteral e isso poderia nos ajudar, que a gente pudesse sentir alegria de estar juntos [...]*" (grifo nosso) (depoimento de padre).

> Eu acho que a formação permanente como primeira coisa deve priorizar o aspecto relacional da afetividade e genitalidade mesmo, como lidar com essas questões, porque na verdade é um todo, mas muitos de nós não sabemos lidar com questões do enamoramento, do âmbito do sentir, de se perceber gostando de alguém. E aí? O que se

---

3. Depoimento de diversos padres.

> deve fazer, como lidar com isso, que atitude ter? (depoimento de padre).
>
> Preocupação, penso que é a questão de solidariedade, de amor, mostrar que as pessoas se amam, podem ser solidárias (depoimento de padre).
>
> A primeira coisa é a relação, nós devemos ser especialistas nas relações, mostrar confiança, mostrar carinho, e esse é um tema muito forte que deveria ser uma preocupação [...] (depoimento de padre).
>
> Eu acho a afetividade/celibato um bom tema. O Direito Canônico que você precisa pontuar bem pontuado, porque o Código também tem sua riqueza e a virtude de poder dialogar e ver também as lacunas desse código. Então eu acho que são temas propícios (depoimento de padre).

A *fala* é posta como a principal ferramenta para que as relações entre os presbíteros possam ser *tratadas*. Até porque alguns pontos que são levantados, como afetividade e sexualidade, depressão, solidão, falta de comunicação, se apresentam, acima de tudo, como *"patologias"* do silêncio.

> Por que muitos padres não conseguem criar vínculos? Não só com outros padres, mas também com leigos, não conseguem. Porque há padres que ficam completamente amargurados, porque parece que não falam, não têm uma cultura de *falar* sobre essas coisas [...] (grifo nosso) (depoimento de padre).

Há, também, uma tentativa de que a formação permanente venha ao encontro de algumas questões relativas à relação Igreja/sociedade, seja nos enfrentamentos e nas dificuldades encontradas na Pós-modernidade, seja nas relações de cidadania, a fim de promover uma consciência política, seja nas questões de direitos humanos e da bioética.

> Outra questão interessante seriam as questões de impacto do mundo contemporâneo, questões práticas da rea-

lidade que deve nos preparar, padres e diáconos, para o dia a dia, como as questões ambientais; nós como padres, o que podemos fazer para conscientizar a população (depoimento de padre).

Hoje um tema que está sendo muito trabalhado é a questão dos Direitos Humanos. Acho que isso a gente deve trazer para a reflexão. Há também questões políticas, da bioética e que não podemos perder [...](depoimento de padre).

4.3 Filosofia do cuidado existencial

Este capítulo teve início com uma epígrafe do Apóstolo Paulo, sinalizando a importância do cuidado de si e do outro. O que é cuidar? Cuidar é zelar, preservar, criar condições de qualidade de vida entre os humanos. Cuidar é a atitude que coloca a vida no centro, que defende e promove a vida contra os mecanismos de morte, de destruição ou de estancamento. Cuidar com a proteção do Espírito Santo, o Paráclito: "para" significa *junt* e *kaléo* significa "encorajar e consolar".

Cuidar, numa perspectiva cristã, significa colocar-se amorosamente diante das pessoas, encorajando-as, consolando-as e criando espaços de promoção da vida.

Cuidar é promover programas e ações ecológicas. Quando pensamos em ecologia lembramos as três ecologias franciscanas. São Francisco já preconizava, no século XII, a transversalidade entre a ecologia natural, social e humana.

A ecologia natural é a comunhão entre o ser humano e o planeta como fonte generosa de energia, ar, água, terra, plantas, animais, tudo imprescindível para o equilíbrio do cosmo. A ecologia social é a responsabilidade pelo bem-estar econômico e cultural dos seres vivos. Economia vem do grego *Koinomia*, referência a administração e direção coletiva da casa. A economia predominante no mundo é destrutiva. Outra economia é possível: baseada na razão emancipatória, na igualdade social, no controle democrático, no predomínio do valor de uso sobre a troca e no bem-estar de todos. A ecologia humana, por sua vez, prevê uma mudança das relações afetivas entre os seres humanos. Viver a ecologia humana é negar a cultura do narcisismo. É abominar a vaidade a serviço da felicidade privada. É ser arauto do trabalho conjunto, reavaliar, reeducar, reestruturar e redemocratizar as ações coletivas e comunitárias. É a iluminação das sombras humanas que habitam dentro de cada pessoa. Ecologia humana é a ternura e a generosidade de conseguir ver no próximo, e em tudo que se vive, a face do outro, o diferente e a essência.

Cuidar da vida é cuidar do ser humano, integrando e mesclando as dimensões corporal, espiritual, social, cultural, política, de lazer, ambiental e de gerações. Vida que se aprimora para si e para o outro. Vida que clama saúde física, psíquica e espiritual. Vida que exige cuidado e ternura constante.

Como viver todas essas dimensões?

Os organismos da Igreja Católica no Brasil deixaram claro que a Pastoral Presbiteral é o lugar privilegiado para promover a qualidade de vida dos presbíteros. Nesse sentido, a Conferência Nacional dos Bispos do Brasil (CNBB), no seu Documento 93, *Diretrizes para a formação dos presbíteros da Igreja no Brasil,* o Setor de Vocações e Ministérios da CNBB e, em especial, a Comissão Nacional de Presbíteros (CNP), encoraja, estimula e orienta as dioceses e cada presbítero para a necessidade de criar a Pastoral Presbiteral na Igreja local.

O Decreto do Concílio Vaticano II sobre a Vida e o Ministério dos Presbíteros, *Presbyterorum Ordinis,* apontava para a necessidade de um cuidado especial com a vida pessoal, a formação, a ação pastoral, o sustento e a previdência social dos presbíteros[4]. João Paulo II, através da Exortação Apostólica Pós-sinodal *Pastores Dabo Vobis,* sa-

---

4. Cf. *Presbyterorum Ordinis*, 17-21.

lientava a importância da formação dos pastores segundo o coração de Deus como reflexo do coração da humanidade[5].

Há mais de uma década que os protagonistas da CNP vêm insistindo na necessidade dos presbíteros se organizarem e criarem ações concretas de vida nas suas diferentes dimensões.

A necessidade da organização é exigência da dimensão política do ministério presbiteral. O que significa política? Há dois tipos de política. Uma está relacionada à política social e, outra, à política partidária.

A política social é a capacidade de organização entre os sujeitos de uma determinada instituição. É o lugar de relações fraternas afetivas; da comunicação pela palavra; do consenso criado a partir dos acordos, frente aos conflitos, manifestados pelo "diferente", visando produzir programas vitais. Portanto, fazer política é criar poder. Não o poder centrado em uma única pessoa, vaidosa e narcisista. Mas o poder do coletivo que potencializa a participação de todos. "Eu vim para que tenham vida e a tenham em abundância" (Jo 10,10).

Fé e política complementam-se dentro do cristianismo. A fé como celebração da Eucaristia, fé como ética e prática da espiritualidade. Política como dimensão da justiça e do bem-estar social. Fé e política se aproximam o mais possível daquilo que se entende ser o projeto de Jesus. Mas a fé transcende a política, porque ela nos chama para o transcendente.

Por que os padres têm dificuldade de se organizarem em torno de um projeto de qualidade de vida? Quase todas as profissões têm meios institucionais, legais, legítimos visando à melhoria da saúde, da habitação, do salário, do lazer, da dimensão artística e humano-afetiva. Por que os padres têm resistência de formarem grupos? Será que paira no imaginário do clero que reunir-se, organizar-se é conspirar contra o bispo e a alta hierarquia da Igreja? No imaginário do

---

5. Cf. *Pastores Dabo Vobis*, 22.

inconsciente, a união entre os irmãos significa traição à autoridade eclesial? O temor, a culpa e as fantasias infantis não possibilitam os padres de crescerem e assumirem a sua existência? Os padres confundem a Pastoral Presbiteral com a organização sindical? Não seria também uma simples acomodação ou falta de liderança?

A Pastoral Presbiteral é sindicato de padres?

Etimologicamente, o termo "sindicato" deriva do latim, *syndicus*, proveniente por sua vez do grego, *sundikós*, que designava um advogado, ou seja, aquele que advoga, intercede e defende uma causa. Já o termo síndico se refere às pessoas que participam de organizações visando o bem-estar do grupo ou comum ou da comunidade.

O sindicato é uma agremiação fundada, no século XIX, para a defesa dos interesses comuns dos trabalhadores oriundos das indústrias têxteis, dos doentes e desempregados, que se juntavam nas cidades, visando socorro mútuo.

Os tipos mais comuns de sindicatos são os representantes de categorias profissionais, conhecidos como "sindicatos laborais ou de trabalhadores", e de classes econômicas, conhecidos como "sindicatos patronais ou empresariais". Confere-se aos sindicatos forte referência na formulação de diretrizes e na execução de políticas econômicas. Os dirigentes sindicais são eleitos para cargos legislativos, e o principal instrumento de política sindical é a negociação coletiva.

Ora, a Pastoral Presbiteral, de um ponto de vista, alinha-se em vários princípios com o movimento sindical, como: a gestão do cuidado com o outro, a justiça, a participação e a organização dos sujeitos cidadãos, e sua principal reivindicação é de ordem econômica. Mas, de outro ponto de vista, a Pastoral Presbiteral se distancia do movimento sindical, porque sua meta é mais do que a dimensão econômica: o transcendental, a qualidade de vida espiritual, a fraternidade presbiteral, a democratização entre os ministérios, o fortalecimento intelectual, a dinamização pastoral e missionária dos seus participantes são seu grande objetivo.

A partir desses valores, a Igreja propõe a Pastoral Presbiteral como dispositivo humanizador dos presbíteros; ela visa à realização pessoal e comunitária. A grande motivação da Pastoral Presbiteral é o mistério da Encarnação de Jesus que se fez humano e divinizou as sombras do humano. É nossa intenção desenvolver, nessa parte, diretrizes genéricas sobre a Pastoral Presbiteral: o que é projeto e metodologia de ação e programas de vida.

4.4 O que é Pastoral Presbiteral?

Para a CNBB[6] a Pastoral Presbiteral é
> [...] o cuidadoso acompanhamento pessoal e comunitário, integral e orgânico da Igreja particular aos seus presbíteros, devendo neles estimular a alegria de serem discípulos missionários de Jesus Cristo, servidores do povo, segundo o exemplo do Bom Pastor.

Para a CNP[7] a Pastoral Presbiteral
> [...] deve ser uma ação conjunta e planejada da Igreja particular, sobretudo a partir do Bispo e do Conselho Presbiteral, em favor do presbitério, sua pessoa, vida e missão. Deve ser um espaço de integração e intercâmbio, que leve o presbitério a cultivar a alegria e o prazer de ser padre, superando obstáculos e dificuldades.

Os dois organismos, a CNBB e a CNP, mais uma vez, salientam a importância da Pastoral Presbiteral, enquanto dispositivo fomentador do cuidado dos **pastores; a humanização das relações fraternas; a integração propositiva e oblativa da sexualidade como celibatário; o exercício do poder e dos bens financeiros como** meios de partilha e comunhão; a abertura para o diálogo e o respeito,

---

6. Cf. *Documento da CNBB – Pastoral Presbiteral*, Doc. 93: 176.

7. Cf. ibid: 8.

a capacidade de trabalho em equipe e a superação do egocentrismo; a hospitalidade na solicitude com os presbíteros idosos e doentes[8].

A Formação Permanente foi apontada como o dispositivo pedagógico mais importante para o desenvolvimento espiritual, humano-afetivo e pastoral dos presbíteros. A formação permanente se caracteriza pelo equilíbrio entre a tradição, a experiência e a criação de estratégias permanentes. Articulando a teoria e a prática, os dispositivos da Educação Permanente promovem uma reflexão crítica e estratégica da realidade. Os participantes têm a oportunidade de ampliar sua rede de potencialidades e habilidades operativas, em absoluto respeito pela especificidade das regiões, áreas e foranias das dioceses.

A Formação Permanente não se reduz à função do ministério presbiteral, mas com ele se integra, e enriquece a dimensão real da vida do padre. A Formação Permanente é a expressão do amor pastoral. A práxis cotidiana exige discernimento e deve ser aprofundada teologicamente, para se traduzir em sábia e renovada ação pastoral.

A Formação Permanente, como autoformação, não é verdadeira formação se o próprio padre não se torna o sujeito principal, o primeiro protagonista. A atual situação da sociedade, em rápido desenvolvimento, compromete a pessoa em um contínuo processo formativo, pela vida toda. As motivações que suscitam e sustentam a autoformação têm que ser reencantadas no meio do clero.

A dimensão global da Formação Permanente indica a consciência da necessidade de ultrapassar a ideia de formação permanente como simples atualização de tipo doutrinal – educação bancária. A formação exige ser conduzida, compondo e integrando o amadurecimento humano com o crescimento espiritual, a mudança teológica pastoral com a compreensão da situação cultural.

---

8. Cf. ibid.

A Formação Permanente supõe crescimento na capacidade de relação humana. A formação de uma pessoa não pode prescindir da qualidade dos relacionamentos, ou seja, uma atenção cuidadosa às modalidades, extensão e desenvolvimento das frequências sociais. Espera-se uma sincera comunicação na fé, nas experiências de amizade e de fraternidade presbiteral.

A eficácia de cada proposta formativa não pode se limitar aos conteúdos, mas requer, também, a promoção de relacionamentos afetivos entre os participantes, aprimorando a qualidade dos relacionamentos entre os padres, deles com os leigos – homens e mulheres.

O padre vive em um contexto cada vez mais caracterizado pelo pluralismo de culturas e de cosmovisões. Também na experiência de Igreja, o padre é chamado a se confrontar com os fiéis leigos, mulheres e homens, portadores de instâncias culturais diferentes. Hoje, ainda mais, é pedida do padre uma capacidade de encontro e de diálogo que lhe permita reconhecer a riqueza dos outros e discernir as diferentes manifestações da verdade. A participação de padres em capacitações propostas pela sociedade civil deve ser encorajada, por oferecer um leque de alternativas enriquecedoras, fora do mundo eclesial.

Há um problema típico do ministério presbiteral em relação às outras profissões. Muitos profissionais, no início de sua carreira, conhecem longos anos de supervisão de sua prática por parte de um profissional experiente. Trata-se de um saber aprendido pela vivência relacional. Mas, no caso do presbítero, por receber a missão pela via sacramental, facilmente ele pensa, equivocadamente, estar pronto pela única força da graça do sacramento. Esquece o clássico dito de Santo Tomás: "a graça supõe a natureza. E a natureza aprende de quem sabe e não de si mesma".

Quando nos deparamos com a máxima "o homem é um ser que nunca está acabado", damo-nos conta de que o homem se faz no processo, como desconstrução/construção diária. Sendo assim, podemos trazer o tema formação permanente não só como uma metodologia contemporânea de formação acadêmica ou profissional, mas como uma forma de ser no mundo. E isso pode-se notar nos relatos dos padres, quando perguntados sobre formação permanente: uma grande variedade de temas sugeridos e, dentro dessa variedade, uma forte ênfase nas questões subjetivas, sobretudo na questão humano-afetiva.

4.5 Projeto da Pastoral Presbiteral

A primeira e fundamental atitude para se construir a Pastoral Presbiteral é a elaboração de um projeto. O projeto é o momento da ação virtual criativa. É quando o grupo de presbíteros de uma diocese planeja suas ações a partir da observação, da escuta das demandas do presbitério. O projeto emerge da criação de várias ideias que vão se formando a partir da discussão grupal. Essas ideias são incorporadas num plano geral para serem edificadas a curto, a médio e a longo prazo.

Não há uma concepção única acerca do projeto de Pastoral Presbiteral. Por consequência, não há consenso sobre seus conteúdos, alcances e finalidades, como também sobre as estratégias metodológicas para sua realização. Isso vai depender de cada diocese e de cada presbitério.

A título de ilustração, vamos descrever um modelo de projeto de Pastoral Presbiteral. Ressaltamos a necessidade de cada Igreja local criar a sua própria referência, realizando uma ampla pesquisa da conjuntura global, nacional, da diocese, dos grandes desafios e potencialidades disponíveis do presbitério local.

1) Elementos constitutivos de um Projeto de Pastoral Presbiteral
Justificativa
Tem-se vivenciado experiências de transformações abrangentes que parecem caracterizar uma verdadeira metamorfose. Defronta-se, cada

vez mais, com situações globais, nacionais e regionais, de tal modo complexas que se torna imprescindível avançar em sua decodificação, para compreendê-las e atuar sobre elas.

Tais avanços e os resultados deles decorrentes apontam para a necessidade de uma revisão de pressupostos e referências vigentes nos diversos campos do "saber-fazer, do poder e do relacionamento humano".

Sabe-se que, quando entram em crise antigos paradigmas, surgem novos modelos de referência nos âmbitos político, socioeconômico, artístico-cultural, psíquico, linguístico, religioso, científico e tecnológico.

É sobre esse novo olhar, em torno dos paradigmas contemporâneos, que se propõe construir o projeto de Pastoral Presbiteral. Esse processo exige que se contemplem novas teorias, metodologias e práticas, sobretudo quanto à forma de educar e governar.

A instituição presbiteral e religiosa, em sua maioria, reconhece que o mundo está sofrendo, e vai continuar sofrendo, mudanças vertiginosas e profundas. Portanto, a construção ou revisão de um projeto de formação na vida presbiteral e religiosa pressupõe o conhecimento das grandes transformações globais contemporâneas e, de forma especial, do segmento jovem da sociedade brasileira.

É à luz da conjuntura mundial e regional que se deve discutir o significado da experiência de educar e de governar na formação presbiteral e religiosa. Afinal, o processo de formação não se resume apenas ao enfoque religioso, mas se constitui de uma mescla dos enfoques psicológico, sociocultural, político, econômico e institucional.

Consideramos o agenciamento da formação presbiteral e religiosa o *locus* no qual se realiza o exercício de duas atividades relevantes: *educar e governar*. O primeiro diz respeito ao significante do saber, enquanto o segundo relaciona-se com a forma de gestar, administrar e com a distribuição do poder, bem como com as maneiras de liderar. Há ainda um terceiro elemento que sacramenta os dois: o *amor, a ternura* na maneira de transmitir o conhecimento e na forma de gestar o cuidado com o outro.

Assim o ato de educar, de governar e de amar constitui papel de enorme importância no cenário contemporâneo da civilização. Os três temas são nevrálgicos para qualquer instituição, mais ainda para aquelas cujo objetivo é a evangelização, a implantação do Reino de Deus, no melhor sentido que ele possa ter.

Pensar em conhecimento e na forma de governar é falar em **educação**. Através dela, o sujeito torna-se mais amoroso, aprimora-se nas relações interpessoais e adquire novas habilidades técnicas. E é preciso entender que, se algum gesto educa, é o da *relação amorosa*. Não são as palavras, não é o conhecimento. A educação se dá na medida em que se estabelecem relações afetivas. Em seu compromisso com a educação permanente, a Vida Presbiteral busca aprofundar as potencialidades nos diferentes níveis pessoal, comunitário, eclesial local e universal. Nesse sentido, os presbíteros, mergulhados na missão, inseridos no compromisso de transformar o Reino de Deus, sugerem novos processos, criam novas maneiras de realizar a pastoral e transformam a ação apostólica em uma interminável formação, ou seja, a formação permanente.

A formação permanente caracteriza-se pelo equilíbrio entre a tradição, a experiência e a criação de estratégias permanentes. Articulando a teoria e a prática, os dispositivos da educação permanente promovem uma reflexão crítica e estratégica da realidade. Os participantes têm a oportunidade de ampliar sua rede de potencialidades e habilidades operativas, no caso específico, na Pastoral Presbiteral.

A formação permanente não é "reciclagem": cursos rápidos e descontextualizados; "treinamento": repetição mecânica; "aperfeiçoamento": busca de um ideal, perfeição, algo acabado; "atualização": tornar atual, pragmático; "capacitação": desenvolvimento técnico de um fazer específico.

A formação permanente é relativamente recente e, portanto, não totalmente delimitada. Está em construção e, por si só, já representa um desafio. O estudo, a reflexão, a contemplação mística são exigências jamais esgotadas. Não é possível ser educador, professor ou pároco, mestre de oficina ou administrador, formador de pessoas ou ecônomo sem um estudo sério, contínuo, para não se cair no vazio do mero ato pragmatista.

A formação permanente não é luxo, não é perda de tempo, não é malversação de dinheiro. Se a formação religiosa e sacerdotal é tão longa, o é para que uns e outros aprendam que nunca podem deixar de estudar e refletir sobre a realidade, se quiserem se colocar como instrumentos válidos na colaboração com Deus para a construção do Reino.

Além disso, a formação de qualidade é necessária, em virtude do próprio estado de vida presbiteral, religiosa e de sua missão. De fato, dignidade da vida e da missão do presbítero e dos religiosos exige formação proporcionada, de alta qualidade. Além disso, as circunstâncias atuais e os desafios da evangelização, em nosso tempo, pedem presbíteros e religiosos competentes e afetivamente saudáveis. Nas circunstâncias atuais, os agentes pastorais participarão mais de perto do empenho de seus bispos, assumindo tarefas pastorais sempre mais gerais e complexas, junto com iniciativas cada vez mais vastas dentro e fora da diocese. Essa avultada responsabilidade Pastoral Missionária requer, é óbvio, uma competência teológica e segurança doutrinal não comuns.

Assim, o presente projeto se apresenta à Coordenação da Pastoral Presbiteral com o intuito de inspirar a discussão entre os membros de todo o clero da diocese acerca de sua realização, visando à concretização de seus objetivos. Considerando a Pastoral Presbiteral para aqueles que almejam a função de Presbíteros, e apontando a importância de uma *práxis* transformadora como constitutiva do cotidiano da vida presbiteral e religiosa, o *"Núcleo da Pastoral Presbiteral"*, vinculado ao Conselho Diocesano e ao Bispo, tem, dentre seus objetivos, o de promover a formação de quadros de presbíteros e de pesquisar temas pertinentes do cotidiano presbiteral[9] e religioso, com a clara orientação de fomentar, ampliar e fortalecer ações espirituais, psicossociais, antropológicas, sociais, pastorais e missionárias, no âmbito da diocese.

A seguir, descrevem-se os objetivos, a metodologia e o plano de trabalho que se pretende realizar.

Objetivo geral
Contribuir para o processo de formação permanente intelectual e afetiva dos presbíteros da diocese, levando-se em consideração as grandes transformações contemporâneas e os desafios da missão e da ação pastoral.

Objetivos específicos
• Sensibilizar para uma permanente qualificação intelectual e afetiva, incentivando uma atualização metodológica que leve ao constante cultivo da vida presbiteral e missionária.
• Favorecer o relacionamento afetivo e de integração entre os presbíteros visando o amadurecimento afetivo que leve ao desenvolvimento de atitudes solidárias, democráticas e éticas.
• Pesquisar temas emergentes: Espiritualidade, Pastoral Vocacional, Relacionamento Humano/Afetivo, Processos e Dinâmicas de Grupos nas Paróquias, Organização Paroquial, Qualidade de Vida e Sustentação Econômica – que atravessam o cotidiano da vida presbiteral e religiosa, visando à organização de programas permanentes por faixa etária.
• Identificar, descrever e potencializar os agenciamentos e organizações que atuam no campo da diocese: vigários episcopais, áreas, foranias e conselhos.

---

9. Cf. CNP. *Sombras e inquietações*, 2004: 10.

- Conhecer o itinerário histórico de tais organizações, suas estratégias e táticas de atuação, vínculos e parcerias, e os resultados que vêm obtendo.
- Registrar as necessidades de formação e aperfeiçoamento dos agentes/protagonistas vigários episcopais, vigários forâneos ou de áreas identificados, à luz da reflexão crítica, realizada por seus próprios membros.
- Conhecer as práticas que são realizadas pelos grupos sacerdotais das regiões, descrever situações-chave e acontecimentos recorrentes em seu cotidiano, resguardadas suas diversidades e microdiferenças.
- Subsidiar a qualificação da gestão e administração das atividades paroquiais e pastorais sob responsabilidade dos presbíteros e conselhos.

Metodologia da Pastoral Presbiteral

É um contrassenso em trabalho pastoral, eclesial comunitário e popular que alguém proponha, isoladamente, uma teoria ou um método, como aqui se faz, nesta parte. A metodologia da Pastoral Presbiteral faz uma ruptura com esse lugar privilegiado de alguém que detém certo saber, prestígio e poder, e opta por uma ação mais dialógica com os presbíteros.

O mais importante é o marco referencial, a partir do qual se concebe o desenvolvimento da metodologia do projeto de Pastoral Presbiteral. Esse varia segundo as coordenadas teológicas e político-ideológicas, a partir das quais são concebidos e desenvolvidos os programas.

Método da Pastoral Presbiteral

Na proposta de descrever o método da Pastoral Presbiteral, assinala-se a existência de, pelo menos, dois eixos teóricos básicos que norteiam a atuação do chamado setor progressista de metodologia em educação. O primeiro é originário da própria Igreja, através da Ação Católica. O segundo é proveniente da academia *científica*, principalmente, da sociologia, antropologia e psicologia. Trata-se de expor, de maneira sintética e objetiva, os passos, as aproximações sucessivas de cada um e os pontos convergentes e divergentes entre eles. Do primeiro modelo diz-se Modelo da Educação Popular e, do segundo, Modelo Psicossocial.

A) Modelo da educação popular

1) Inserção/imersão

O primeiro passo consiste na inserção/imersão na realidade. A inserção e a imersão visam estabelecer um vínculo concreto e prático da coordenação da Pastoral Presbiteral com a população dos padres e leigos da diocese e vice-versa. Nesse sentido, "inserir" quer dizer conhecer a história de experiências dos diversos segmentos dos padres da diocese, no seu cotidiano: modo de rezar, de saber, de falar, de morar, de ajeitar a casa, de fazer pastoral. Soma-se a isso o conhecimento dos aspectos espiritual, humano-afetivo, econômico-político, cultural e artístico que regem a sua vida cotidiana.

Os binômios ação/reflexão, fé/vida, teoria/práxis norteiam essa metodologia. Toda atitude doutrinária, de vigilância, professoral, de mestre de um suposto saber é substituída pela relação simétrica entre educador e educando, ou seja, entre a equipe da coordenação da Pastoral Presbiteral com o clero local.

2) Observação/diálogo/participação

A fase de observação consiste em identificar os principais problemas da população, dos padres e leigos: vida espiritual, humano-afetiva, saúde, habitação, pastoral, formação intelectual, pastoral e missão. Esses problemas devem ser entendidos na perspectiva do conflito: há de se perguntar o que está subjacente à situação. Ou, o que a atravessa. Essa problemática é analisada a partir da relação dialogal. Não se trata de ensinar e, sim, de descobrir em conjunto os elementos ocultos, latentes e desconhecidos. Daí a importância da inserção, do conhecimento das histórias, dos empenhos dos presbíteros e de não se partir do zero absoluto, porque muitos analisadores históricos[10] podem contribuir para essa interlocução.

O presbitério da diocese aparece, aqui, como lugar de "soluções e problemas, de situações de conflito no âmbito" da diocese. Faltam participação, interesse, ânimo, na organização das áreas, foranias ou regiões. Tornam-se evidentes os problemas de relacionamento entre pároco e vigário; surgem as divergências quanto às questões de dinheiro; de visita aos padres idosos e doentes e aos mais necessitados. Produzem-se, mesmo assim, bons projetos de Pastoral de Conjunto. O conceito de presbitério diocesano aparece também como dispositivo de trabalho, de produção pedagógica pastoral. Nesse espaço poderão ocorrer três situações: de conscientização, de participação/mobilização e de solidariedade – a mística do amor que une o grupo. Assim, o presbitério diocesano é um lugar imaginário e simbólico, entendido como uma escola eclesial, "onde o texto do aprendizado é o livro da vida".

3) Ver/julgar/agir

Esta tríade verbal surgiu com a Ação Católica em meados da década de 1930, e esse método foi potencializado, em 1962, a partir dos planos de Pastoral da CNBB. Posteriormente, as Conferências Latino-americanas fizeram a releitura dele, adaptando-o ao contexto latino-americano. Trata-se de um método simples, prático e de

---

10. Analisador é toda materialidade humana que, potencialmente, é capaz de disparar um processo de análise no seio das instituições visando a sua transformação. Os principais analisadores são o poder, o saber, o dinheiro, o prestígio, o prazer, os equipamentos, os fundadores, as histórias e sagas (cf. BAREMBLITT, 1992: 98).

fácil assimilação popular, inserido no modelo das CEBs, por meio da prática dos círculos bíblicos.

O *Ver* constitui o primeiro tempo do método. Trata-se de conhecer – *ver e olhar* – a realidade, o concreto da vida, os conflitos, os problemas, os desafios, as situações e condições de opressão e dominação.

O segundo tempo – o *Julgar* – é resultado da análise, do exame, da revisão e da correlação dos fatos.

> Essa tentativa de superar as aparências é que define a consciência crítica. Trata-se de ver e captar as causas ou raízes da situação. Essa tarefa é realizada como sempre em conjunto. Mas não é simplesmente à força de refletir que se chega às razões dos problemas. Além do diálogo é preciso dialética. O passo "transitivo" não se dá espontaneamente. Donde o papel indispensável do agente. Pois sem teoria crítica não há práxis transformadora[11].

O material que ilumina o percurso para esse segundo tempo, *o do julgar*, está contido em ensinamentos da Bíblia e em textos de conteúdo sócio-econômico-político utilizados para auxiliar a interpretação analítica e crítica de uma *práxis* transformadora. Prandi assinala que,

> [...] é frequente a comparação metafórica entre o povo judeu que enfrenta o império egípcio, resistindo às dificuldades do deserto, como narra o livro do Êxodo, do Antigo Testamento, e a população carente da sociedade moderna, que se embate com o sistema opressor, resistindo à miséria. Nessa perspectiva, sob nítida influência do marxismo, o pecado é social e se chama capitalismo. No Novo Testamento, as comunidades de base, além da proclamada exigência fundamental de imitação de Cristo, encontram os paradigmas de comunidade, conforme os Atos dos Apóstolos, com sua ideia radical de igualdade social e partilha de vida[12].

---

11. Boff, 1984: 45.

12. Prandi e Souza, 1996: 71.

O terceiro passo – *o Agir* – é a construção da prática, a partir da realidade analisada e refletida. Trata-se de inventar e criar estratégias compatíveis com a capacidade de organização e de mobilização do presbitério diocesano. Há que identificar o que é viável, e qual é a ação possível para diminuir os problemas e aumentar as soluções.

O *Ver* é o momento da palavra, da escuta dos problemas, do aprofundamento da realidade e do confronto de seus dados com o universo de significações metafóricas. É um discurso aberto, com amplas conotações: drama, angústia, segurança, cansaço, esperança, vida, sofrimento, enfim, a cadeia de significantes é complexa e até contraditória. O padre acolhedor é capaz de perceber o padre oprimido e desiludido.

O segundo tempo, o *Julgar*, é o da leitura do mundo aos olhos de quem crê e tem fé. Assim, o diálogo sobre as diversas perspectivas do mundo, por meio do diálogo a partir da leitura bíblica, é uma referência substancial para os cristãos. Na Palavra de Deus, eles encontram uma representação de Deus como aliado, amigo, protetor, profeta e impulsionador da vida, que se traduz em libertação. A imagem de Deus é identificada com a do desfigurado, do sofredor, do rejeitado, do pobre e do germe da vida, capaz de trazer esperança e força para viver. A Sagrada Escritura é o livro de toda essa expressão. E, mais, talvez seja o único livro a que o pobre tem acesso e que pode ser lido no seu barraco: é a hermenêutica da libertação e da democratização do saber.

O terceiro tempo, o *Agir*, é fruto da tomada de consciência do sentido de transformação do mundo, também chamado Reino de Deus. Desse modo, o sentido do presbitério diocesano; é o verdadeiro chão onde o presbítero pisa, dorme, sobrevive, cuida do seu rebanho e convive com os paroquianos. Por isso, a ação é facilitada pela mediação do concreto: no micro, pelo presbitério diocesano; no macro, pela Igreja universal. O discurso da ação é fortalecido diante das ações visíveis e palpáveis.

Finalmente, a escolha das ações concretas de vida é analisada no que se refere ao seu nível de força, à previsão de suas consequências e à distribuição das tarefas entre os membros do presbitério. A isso se denomina criação de ações logísticas, estratégicas e táticas. A ação denominada logística é o momento em que o grupo da Pastoral Presbiteral faz um balanço de suas forças, da disponibilidade dos elementos e de seus recursos materiais e técnicos. As estratégias são as determinações dos objetivos a serem seguidos, assim como a progressão das manobras, dos espaços e territórios conquistados. As táticas são os pequenos passos em que se decompõem as estratégias[13].

Nesse contexto reflexivo/ativo, a Pastoral Presbiteral se responsabiliza por inúmeras ações inventivas de cunho do cuidado com a vida dos presbíteros diocesanos, como:

• *Atividades assistenciais*: de caráter beneficente, que viabilizam atendimento, ajuda e apoio a grupos e pessoas necessitadas, tais como presbíteros idosos, doentes, recém-chegados do interior, padres portadores de necessidades especiais e com condutas mentais graves.

• *Atividades de formação permanente:* voltadas para a promoção humana, formação e profissionalização dos padres; visam à melhoria da autoestima e da Pastoral de Conjunto.

• *Atividades comunitárias de lazer, diversão e de melhoria de vida*: iniciativas coletivas que têm por objetivo implantar a cultura de lazer, atividades culinárias, esportivas, encontros dos aniversariantes do mês, celebrações e cultivo da espiritualidade, pró-saúde, moradia e qualidade de vida.

• *Atividades relativas à cidadania* e aos atos políticos, tais como as reivindicações que se podem referir tanto às questões dos direi-

---

13. Sobre a importância de articular estratégias e táticas na construção do poder popular, cf. Sampaio, ex-dirigente da JUC, 1982.

tos humanos, como às lutas de gênero e etnias, às conquistas de espaços de autonomia e liberdade nas esferas pública e privada.

• *Atividades relacionadas ao desenvolvimento de comunidade:* são dispositivos pedagógicos compostos de lideranças mais atuantes que se reúnem para planejar, refletir, programar e avaliar as festas religiosas e cívicas; a formação e o treinamento de novos líderes ou, simplesmente, para se encontrar em fins de semana.

• *Atividades com os vigários forâneos ou de área:* práticas de reflexão, formação de núcleos de representação política do Conselho Diocesano.

B) *Modelo psicossocial*

1) Introdução

A tarefa de organizar um material sobre Metodologia da Pastoral Presbiteral, com o enfoque psicossocial ou clínica psicossocial, resulta ser uma difícil empreitada. É preciso esclarecer que, de nenhuma maneira, se pretende esgotar os documentos históricos e teorias dessas abordagens, seja na temática psicológica – questão da subjetividade, seja na social – questões político-sociais e econômico-culturais aí inseridas. Estamos recorrendo aos dados historiográficos de algumas disciplinas das ciências humanas como moldura, mas de forma simplificada. Essas considerações apontam para as concepções epistemológicas da metodologia do trabalho da Pastoral Presbiteral.

2) Definição

O método psicossocial ou clínica psicossocial crê que os padres de uma determinada diocese são os principais protagonistas de seus saberes, de sua produção, de suas vicissitudes e da criação de instrumentos capazes de auxiliar o desenvolvimento da Pastoral Presbiteral na Igreja local. Seus objetivos visam à busca de um novo conjunto de dispositivos, esquemas e estratégias, cujo centro é o cotidiano da vida presbiteral envolvida no processo de planejamento participativo.

O termo "participativo" não vem por acaso. Para o êxito dessa metodologia, é imprescindível a maior participação possível de presbíteros que trabalham e moram na diocese, representantes de leigos, conselhos, equipes e serviços pastorais. O objetivo é buscar soluções de forma compartilhada entre os que vivem o problema, os que querem resolvê-lo e os que podem colaborar para isso.

A palavra "participação" significa tomar parte, fazer parte e ter parte em algum empreendimento. E mais, existem diferentes níveis de participação: de informação, de consulta facultativa, de elaboração e recomendação, de cogestão e, finalmente, de autogestão. O nível de "informação" dá-se quando os dirigentes apenas informam aos membros de uma determinada organização suas decisões. O de "consulta facultativa" ocorre quando os coordenadores recorrem aos subordinados solicitando críticas, sugestões e resoluções para os problemas. Na "elaboração/recomendação" os subordinados elaboram propostas e recomendam-nas aos seus superiores. Na "cogestão" existe hierarquia, o poder permanece vertical; entretanto, é solicitada dos subordinados a participação no planejamento, na investigação dos problemas e na descoberta de soluções. No sistema de "autogestão" o poder é circular e o planejamento, a investigação, a busca de soluções são coletivas, com ampla autonomia dos participantes.

O modelo psicossocial recomenda o cuidado com o desenvolvimento da participação, da organização e da consciência política dos envolvidos. Ao ampliar a consciência crítica, os presbíteros convertem-se em promotores de uma investigação participativa e/ou planejamento participativo visando à superação do investigador acadêmico *expert* e elitista, dicotomizado entre o saber teórico e prático. Essa postura exige também dos coordenadores da Pastoral Presbiteral uma conversão de atitude quanto ao seu saber hegemônico e de sua relação interpessoal e interinstitucional com os membros da Igreja local. Essa inversão de mando e comando passa a ser exercida por aqueles que fazem e não por aqueles que dizem que fazem, através do processo dialogal, fugindo da concepção clássica que divide as pessoas entre sábios e ignorantes.

Portanto, essa metodologia promove a participação ativa do presbitério em todos os passos do processo de investigação: a seleção do tema – problemas, situações conflitivas –, a seleção de objetivos e técnicas, a consolidação e/ou tabulação e análise dos dados, as soluções apontadas pelos problemas e as estratégias e táticas elaboradas para seu enfrentamento.

3) O método

O propósito principal desta sessão é descrever o desenvolvimento conceitual e prático do modelo *Psicossocial* e as principais contribuições para se construir a Pastoral Presbiteral.

A Igreja Católica tem dado uma original e importante contribuição para o desenvolvimento de uma metodologia do trabalho comunitário e social que não pode ser ignorada em qualquer projeto social e político democratizante no Brasil.

A nomenclatura *"psicossocial"* designa um conjunto de termos metodológicos: "intervenção na investigação", "pesquisa-ação", "planejamento participativo", "grupo operativo", "intervenção pedagógica", "investigação diagnóstica".

A aplicação do método Psicossocial pressupõe as etapas a seguir descritas.

I. Familiarização com a comunidade

A Familiarização assemelha-se ao processo de inserção e imersão, analisado anteriormente, no modelo da Educação Popular. Conhecer desde dentro, inserindo-se. Familiarizar-se é fazer-se conhecido e conhecer; introduzir alguém num ambiente, sem cerimônia, *status* ou posição de superioridade, seja esta de poder, saber, prestígio ou de ordem econômica.

A aproximação a um determinado problema pode ocorrer de diversas maneiras: por conhecimento de algum padre, por levantamento bibliográfico sobre o tema ou através de uma oferta de reunião com os possíveis interessados no problema.

Nesta fase de mapeamento, recomenda-se a leitura prévia de alguma bibliografia sobre o assunto ou a revisão de levantamentos anteriores, através de documentos, mapas geográficos, estudos socioeconômicos e de informações religiosas e culturais.

• Entrada informal

Além desse estudo teórico, é aconselhado à Coordenação da Pastoral Presbiteral – investigador participante – conversar informalmente com os padres, procurando construir, no seu imaginário, a primeira cena ou as primeiras impressões a respeito da vida deles. Faz-se uma entrada informal.

• Configuração I: entrada direta

É nessa fase que se inicia a construção da transferência amorosa entre a coordenação da Pastoral Presbiteral e os membros do presbitério.

Infelizmente, os padres são procurados por diversas pessoas da instituição, com interesses normativos, sem preocupação com a solidariedade e compaixão. Mas também são abordados por pessoas éticas, interessadas em seu desenvolvimento. Diante de tais fatos, o clero sempre reage com desconfiança frente a pessoas estranhas e alheias ao seu cotidiano.

Até certo ponto, é legítimo os padres se defenderem diante de atitudes ameaçadoras. É, pois, recomendável a apresentação da coordenação da Pastoral Presbiteral, avalizada por algum amigo ou alguém conhecido do grupo de padres resistentes ou interessados em algum projeto de vida.

II. Análise das demandas

Não basta perceber as necessidades e os problemas dos presbíteros da diocese. É preciso, antes de tudo, que haja demanda por parte deles. Quem demanda algo tem condição, posteriormente, de sustentar algum trabalho. O inverso não é verdadeiro. Existem dois tipos de demandas: a explícita e a implícita. A demanda é explícita quando as manifestações são claras, definidas, concretas, elaboradas pelas pessoas ou grupos dos presbíteros frente às suas necessidades e/ou problemas. Enquanto que a demanda implícita são as manifestações e desejos inconscientes, não explícitos, não manifestos e que num determinado momento estão adormecidos, reprimidos à espera de uma linguagem que as faça escoar através da palavra.

Analisadas as demandas, estabelece-se o contrato. O contrato é um acordo que duas ou mais partes celebram entre si; visam assumir deveres, responsabilidades e direitos. Nesse caso, a coordenação da Pastoral Presbiteral e o grupo de padres demandantes. Esse grupo de padres demandantes pode ser de mais jovens, de idosos, de padres que trabalham com a Educação, Pastoral Social, Comunicação, Liturgia.

III. Identificação das necessidades, problemas e desejos

Esta fase caracteriza o momento principal de escuta da população presbiteral. É o espaço da palavra – do dito e do não dito. A única técnica de investigação de que a coordenação da Pastoral Presbiteral dispõe é a sua dimensão do dizer: verbal, corporal ou pelo silêncio – que delimitará o campo de investigação-intervenção/intervenção-investigação. Através da escuta, alcança-se a **Configuração II**, menos imaginária do que a primeira.

Nessa fase recomendam-se as seguintes tarefas:
- Hierarquização das necessidades, problemas e desejos.
- Escolha de um grupo de coordenação entre os padres com as funções de identificar e analisar os problemas; identificar e se-

lecionar os informantes qualificados[14], grupo de risco e aliados. Finalmente, cabe à coordenação da Pastoral Presbiteral assumir a infraestrutura do projeto de intervenção e investigação/planejamento participativo: escolha do local para a realização das reuniões, datas, horários, material necessário.

Os métodos de pesquisas utilizados nessa metodologia são: a "estimativa rápida, a pesquisa-ação e a pesquisa participante" sobre as quais há, no Brasil, uma vasta literatura[15], que merece ser pesquisada. Esses métodos reúnem vários pontos convergentes, como o modo de se obter informações sobre um conjunto de problemas, num curto espaço de tempo e sem grandes gastos; um instrumental para apoiar um processo de planejamento participativo, cujo objetivo central é envolver a população dos presbíteros da diocese na identificação das suas necessidades.

É importante desenvolver um pouco mais essa temática, indicando alguns de seus desdobramentos:

• O objeto de estudo se decide a partir dos problemas e necessidades considerados como significativos pelo grupo dos presbíteros envolvidos no programa de desenvolvimento da qualidade de vida.

• A mesma atividade de investigação gera processos de educação, mobilização e organização dos padres envolvidos; o modo de se fazer o estudo é a ação; a ação de mobilização e conscientização permite aos padres tomarem consciência de seus problemas e necessidades, de seus recursos e possibilidades e de sua capacidade de organização.

---

14. Considera-se como informante qualificado aquele que pode informar sobre as condições de vida dos demandantes. Devem-se considerar as especificidades locais para definir os informantes mais relevantes. Geralmente, os informantes qualificados são: colegas próximos dos serviços de saúde, da cúria, da paróquia e escolas, líderes religiosos. Informação não é delação, acusação ou vigilância. São dados importantes que irão fazer parte do projeto.

15. Importante consultar Thiollent, 1986; Brandão e Barbier, 1985.

- A pesquisa realizada com os padres permite a recuperação da memória e da consciência histórica das experiências anteriores, de suas raízes e, com isso, a revalorização de cada um dos envolvidos, como protagonista.
- O método proporciona a dialética entre a teoria, investigação e prática como fundamentos de uma pesquisa.
- Esta metodologia supera toda forma de relações dicotômicas hierarquizadas entre o investigador e a população; cria uma relação dialógica e uma forma de comunicação entre iguais.
- E proporciona uma forma de popularização da técnica no sentido de transmissão de conhecimento e de tecnologia, visando a contribuir e criar o poder dentro do presbitério.

IV. Formação do grupo de coordenação

Após a hierarquização dos problemas, da identificação e reconhecimento dos mesmos, inicia-se o plano de ação com o objetivo de estabelecer metas para a investigação/ação vinculando entre si problematização/conscientização e, posteriormente, a busca de soluções e alternativas. Para tanto, fomentar a entrada de mais pessoas no grupo e construir tarefas estratégicas para a mobilização e organização cada vez mais ampliada do presbitério diocesano.

V. Reunião com o grupo de coordenação

Todo grupo participativo deve buscar tornar-se um grupo/sujeito. O grupo sujeito é um dispositivo a ser construído visando à autoanálise, à independência, à produção, à transformação de si e da realidade social. Essa intensa caminhada será sempre um desafio à paciência histórica, à determinação e ao conhecimento da realidade social, onde o grupo está inserido. Isso faz as pessoas repensarem o que seria um grupo e quais seriam as implicações deste com o presbitério diocesano.

Em geral, os grupos e/ou as instituições possuem três características que fundamentam a sua existência e a permanente presença em seu seio de "doenças" grupais.

Em primeiro lugar, os coordenadores fundam-se num determinado saber. Esse saber passa a ter força de lei e se apresenta como expressão de uma verdade absoluta. Aos membros da comunidade presbiteral cabe apenas absorver, voluntária ou involuntariamente, esse saber como norma a ser seguida, buscando a construção de um ideal projetado pelo grupo. Esse procedimento interrompe a cadeia de busca; congela as formas de investigação na intervenção e o vínculo entre a coordenação e os presbíteros.

A segunda característica é a eleição de uma "pessoa central" que se reveste de uma roupagem deísta ou paternal. Essa conexão entre a paternidade e o saber/verdade resulta, ainda, em maior onipotência em torno dessa figura, estabelecendo entre os membros inúmeros processos de identificação, de projeção e de introjeção de seus valores, condutas, ideologias, verdades e comportamentos de obediência e submissão.

O caráter de reprodutividade é a consequência das duas características anteriores. Muitas vezes, os grupos e as organizações visam repetir e reproduzir homens serializados, com os mesmos ideais e com os mesmos pensamentos, eliminando a participação criativa, a produtividade e o desejo inovador de cada presbítero. Assim, o sistema de valores e de símbolos, elaborado pelos agentes institucionais, formará tipos ideais, reprodutivos e alienados no interior da sociedade. Como consequência, a não observância desses parâmetros será sempre classificada e diagnosticada como comportamento desviante, e os sujeitos excluídos do seio do grupo.

Para evitar essa trilogia doentia: o saber igual à verdade, pessoa central e reprodução é que se sugere o planejamento participativo para se construir a Pastoral Presbiteral.

VI. Planejamento participativo

A primeira tarefa para a elaboração do planejamento participativo: *intervenção na investigação* que consiste em que todos os participantes e, sobretudo, os membros da coordenação, os informantes qualificados e os aliados participem da construção dos objetivos a atingir, tarefa não tão simples como parece. É necessário conhecer primeiro a realidade, por isso, deve-se iniciar com a pesquisa dos informantes qualificados, dos indicadores sociais, do levantamento do grupo de padres interessados em algum projeto de vida e das forças dos aliados.

Feito esse estudo de intervenção na investigação, os próprios resultados apontarão a direção dos objetivos a serem perseguidos. A reunião para estabelecer os objetivos é regida por três aspectos. Em primeiro lugar, atende às várias necessidades do grupo de presbíteros demandantes: espiritualidade, humano-afetiva, pastoral, questão financeira, lazer, cultura, saúde, formação permanente, convivência com as gerações jovens, padres de meia-idade e idosos. Segundo, porque permite aumentar o número de pessoas envolvidas na tarefa. Por último, quanto maior é o número de objetivos, maior número de frentes de trabalho se abre, pedindo projetos e, ao mesmo tempo, mais aliados são recrutados e mais se amplia o conceito de grupo, disparador de forças múltiplas, marcadas pela diferença.

Feito o levantamento dos dados da realidade e estabelecidos os objetivos a serem alcançados, inicia-se a fase da "problematização e decodificação". Nesta fase o exame da realidade faz-se de forma crítica e problematizando as situações pesquisadas. Segundo Paulo Freire (1979), a *conscientização* implica transcendência da esfera espontânea ou na simples coleta de dados para uma apreensão da realidade, visando chegar à esfera crítica do conhecimento, quando as pessoas assumem uma verdadeira produção epistemológica.

Problematizar consiste em um processo de reflexão crítica e profunda visando adquirir conhecimento sobre a realidade que aparenta ser natural e estática. Busca, portanto, revelar sua historicidade social e gerar uma compreensão de seu caráter conflitivo e da necessidade de ações transformadoras, para que se possam construir alternativas de acordo com as necessidades identificadas pelo grupo oprimido.

O processo pelo qual se analisam, de forma crítica, as experiências de vida das pessoas participantes nos círculos de reunião se chama *decodificação*. Uma vez que se tenham decodificado as experiências, passa-se a um processo de *codificação* em que se vinculam as instâncias concretas de resistência, identificadas na *decodificação*, com sua origem nas estruturas institucionais e sociais mais amplas. Promove-se, assim, o estabelecimento de uma nova concepção da realidade pelas pessoas participantes. Na elaboração dessa nova consciência é que se desenvolve uma compreensão da necessidade da mudança eclesial e se visualizam projetos futuros na diocese.

Na *investigação* com as constatações latentes ou manifestas; *análise/interpretação* e elaboração da situação através dos dados levantados criam-se controvérsias, nova visão de si e do mundo; produz-se a visualização de problemas, onde, anteriormente, por mecanismos repressivos, de recalcamento ou de alienação, não eram percebidos. Agora é possível desenvolver formas alternativas de entendê-los e de criar ações transformadoras frente à realidade estudada. Denominamos "ativo" esse processo, porque o grupo, como dispositivo, é produtivo de ações de vida.

Após a determinação dos objetivos, da discussão do processo de *problematização, decodificação e codificação* segue-se a divisão das tarefas, o estabelecimento de datas e horários, a atribuição de responsabilidades pela execução das atividades. Não basta determinar os objetivos e metodologia de um projeto de qualidade de vida dos presbíteros. É necessária a criação de estratégias para alcançar tais objetivos. Essas estratégias devem estar voltadas para o desenvolvimento da consciência social mediante um processo educativo, visando às mudanças no processo de subjetivação: questões psicoafetivas e políticas.

As estratégias têm como função furar o bloqueio diante dos obstáculos encontrados ou as resistências por parte do grupo dos presbíteros, da diocese e das instituições vinculadas a ela. Nem sempre é fácil atingirmos os objetivos finais. Muitos empecilhos de ordem financeira, interpessoal, intracomunidade e institucional são encontrados no meio do caminho, tornando necessário recuar em algumas propostas e negociar outras, para não se perder de vista os objetivos. Sem uma boa estratégia não há possibilidade de se alcançar a vitória em uma atividade ou reivindicação. Nesse momento é importante manter a calma, a paciência, a criatividade das ações e ter argumentos e conhecimentos sobre a tarefa. A elaboração de estratégias envolve uma habilidade política. Fazer política é uma arte.

VII. Execução
Todo processo de realização/execução de atividades da Pastoral Presbiteral deve ocorrer numa dinâmica de diálogo, de participação de muitas pessoas e de descoberta das potencialidades dos padres envolvidos. Pois o que importa, nesse momento, é tirar o máximo de proveito das lições de cada prática realizada e não o simples tarefismo. Ao mesmo tempo em que recolhe as lições, o grupo dos presbíteros vai escrevendo a sua história de conhecimento no livro da vida.

Portanto, o papel principal da prática é o aprendizado do presbitério, através do exercício do diálogo entre seus membros, da estimulação da participação de todos e da descoberta de novos conhecimentos pela metodologia usada: processo de levantamento de dados, problematização, análise e da construção da *práxis.*

Antes de realizar qualquer atividade é preciso sempre consultar muitas pessoas e pensar muito em tudo o que está em jogo para a execução da tarefa. Somente quando todos sabem o que o grupo deseja, e estão de acordo pelo menos nos pontos básicos, é que há condições para iniciar uma ação conjunta. A força do desejo do grupo nasce dessa união. Portanto, a força e a união são posturas que se adquirem ao longo de uma atividade.

O processo de educação não é fruto da intelectualidade pura e retórica. Ele passa pelo alambique da prática. A destilação é alcançada pela autodescoberta, pelo prazer do acerto e pela frustração do erro. Simultaneamente, o resultado do saber produzido pela prática é batizado pela reflexão dialogada entre os membros do grupo.

Desse modo, a prática que não tem reflexão sobre si mesma não educa. O pensamento e a reflexão facilitam sua assimilação, sistematizando e organizando o saber. Uma Pastoral Presbiteral que opta por uma prática desenfreada, sem refletir sobre o que realiza, cai no ativismo oco e estéril. Em linguagem simbólica: é como se seus membros fossem se sentindo mal alimentados, com a sensação de estarem empanturrados, porém não nutridos. A prática sem reflexão é semelhante a um alimento sem consistência, ou seja, de baixo teor proteico. A reflexão é a escuta das lições, da experiência e da *práxis*.

VIII. Avaliação e revisão

Rever é retomar o que foi feito e submetê-lo à crítica. É olhar no retrovisor para pensar, escutar e refletir. Nessa retrospectiva, a coordenação da Pastoral Presbiteral tem oportunidade de avaliar o que foi feito, reconhecer os acertos e os erros. Verificam-se os ganhos e acumula-se o saldo para sua história. O homem é o único ser vivo que tem condições de sair da repetição compulsiva de seus erros. Somente na avaliação é que ele consegue inovar, recriar e reinventar maneiras de viver e de sair do tédio da reprodução e da repetição. A própria essência da reflexão é compreender o que não se havia captado.

A meta não é uma utopia impossível do tipo "viver muito bem". O que interessa é simplesmente "viver". O objetivo não é o conforto total, a ausência de erros e falhas. O sucesso, o prazer pela prática está repleto de significados e não é apenas uma coleção de vitórias pragmáticas e quantitativas. Uma boa avaliação não nega o conhecimento adquirido e o trabalho realizado; não nega as dificuldades reais por vezes dolorosas, nem os aspectos sombrios da vida. Uma avaliação em que não se permitem tristezas e frustração pode impulsionar a comunidade ao desespero e à destruição dos ganhos obtidos. O pior erro político de um processo avaliativo não é tanto fracassar, mas perder a esperança. Quando perdemos a esperança, disseminamos a impotência, a fragilidade e formas enlouquecidas individuais, como a alienação.

Ao fazer a avaliação, o presbitério diocesano se reorganiza em busca de um projeto mais amplo. Com isso avança e não corre o risco do trabalho se perder. A revisão deve ser coletiva, envolvendo todos os participantes. Nesse contexto há lugar para que sejam avaliadas as relações interpessoais, a dominação interna, os pontos débeis do grupo, os segredos, os não ditos, o desempenho dos elementos que assumiram tarefas, as vitórias e as derrotas.

4.6 Programas para "cuidar da vida"

Todo programa depende de uma boa investigação científica e de uma excelente metodologia. Ou seja, uma boa escolha metodológica produz excelentes programas de ação. Um bom método abre o caminho do pensamento e da ação investigativa com vista à criação do conhecimento. Assim, a proposta será sempre a de "pesquisar-problematizar e criar programas de ação de qualidade de vida". Entende-se que a metodologia deve explicar e aperfeiçoar a prática. Não é função dela dizer como se deve fazer algo, porque subjaz a intolerância ao erro, o entendimento de que há "a maneira correta" de fazer alguma coisa. As regras de procedimento não evitam o incontrolável.

Assim, nesta parte, apontam-se alguns programas de "gestão de cuidado com a vida" dos presbíteros, religiosos, seminaristas e leigos que fazem parte do ministério eclesial. Não se trata de descrevê-los nos seus pormenores, apenas apontar algumas diretrizes. Em cada diocese a Pastoral Presbiteral local deve criar seus programas mediante um projeto significativo.

1) Pastoral Vocacional

Muitos vocacionados e seminaristas buscam, de início, um mundo de certezas a partir da idealização do *"ser padre"*, como expressão do eu idealizado. No seu íntimo encontram-se interrogações sobre a identidade presbiteral, ainda que não estejam bem formuladas. As mesmas referem-se ao modo de a Igreja ser, aos problemas envolvendo o exercício do ministério presbiteral com fortes repressões relacionadas ao poder, à dimensão humano-afetiva, bloqueio intelectual, o manejo com o dinheiro e as práticas espirituais e devocionais. Daí a necessidade de pesquisar esses aspectos junto aos seminaristas, integrando-os durante a formação inicial nos seminários.

a) Pesquisar a porta de entrada dos candidatos à vida presbiteral e religiosa na diocese, ou seja, a motivação dos candidatos à vida ministerial.

b) O perfil cultural, econômico, psicossocial e religioso dos candidatos.

c) O processo de acolhimento, seleção e encaminhamento para a formação.

d) A figura do presbítero como elemento de identificação da vocação do candidato.

e) Os egressos da formação e os egressos presbíteros e religiosos.

2) Projeto Assistencial à Maturidade Presbiteral

O envelhecimento é um processo multifacetado e heterogêneo. Cada época e cada cultura determinam a velhice de forma diferenciada. Cada pessoa envelhece de maneira diferente, sendo a velhice uma fase carregada de significação e subjetividade, peculiares a cada sujeito. Na passagem por esta terra, cada peregrino humano viverá e enfrentará seu envelhecimento de seu jeito possível. Não há envelhecimento padrão. Cada um traz virtudes e sombras; uma contribuição à História ou um passado retocado no correr do tempo.

O número de idosos, e suas percepções sobre si mesmos, cresce estatisticamente cada vez mais. Portanto, a sociedade precisa compreender, acompanhar e apoiar esse novo cenário com a entrada de novos sujeitos sociais que reivindicam espaço, direitos iguais e dignidade.

A queda acelerada do número médio de filhos por mulher e o aumento igualmente rápido da expectativa de vida dos brasileiros levam a uma alta em escala geométrica de brasileiros acima de 60 anos. De 14 milhões, número registrado em 2000, o total de idosos chegará a 40 milhões em duas décadas, ou 19% do total. Em 2050, serão 64 milhões – 30% da população, segundo projeções da seção brasileira da Organização Internacional do Trabalho (OIT)

Esse contexto é percebido em todos os segmentos da sociedade, em especial dentro da Igreja Católica, segundo o Ceris (Centro de Estatística Religiosa e Investigações Sociais). A média de idade dos bispos passou de 53,8 para 63 anos. Com o número de presbíteros, no mundo, em média diminuindo, com a média de idade dos padres ativos subindo – entre 50 e 60 anos –, ou seja, os padres estão vivendo mais tempo, as dioceses em todo o mundo estão enfrentando a questão de como cuidar de seus presbíteros idosos. Daí a necessidade da Pastoral Presbiteral criar uma política de assistência aos padres da maturidade de sua diocese.

Trabalho grupal com os padres da maturidade:
a) Reuniões com o grupo, visando à construção de projetos de incentivo cultural e econômico; programas assistenciais referentes à espiritualidade, convivência afetiva, saúde e moradia.

b) Programas: Acompanhante Terapêutico e Lar Abrigador do Presbítero da Maturidade[16].

c) Parceria com algum hospital religioso da diocese para o acompanhamento da saúde dos presbíteros da maturidade.

3) Biblioteca virtual[17]

A Biblioteca Spes é um instrumento virtual que oferece serviços de consultas on-line, com importantes publicações científicas e populares. Esse instrumento é direcionado a padres, seminaristas, religiosos e leigos interessados em uma formação permanente.

A Biblioteca Spes oferece um banco de dados com milhares de textos com foco na vida religiosa, presbiteral e subsídios para um bom trabalho social e pastoral. São obras de Teologia, Espiritualidade, Pastoral, Estudos Bíblicos, Vida Humano-afetiva, Bioética, Ciências da Religião e Ciências Humanas e Sociais. Disponibiliza uma reflexão diária das leituras bíblicas. Vídeos, revistas parceiras e artigos.

Por ser um instrumento de base virtual e utilizar as grandes redes de relacionamento presentes na sociedade contemporânea, a Biblioteca Spes consegue chegar a milhares de pessoas no Brasil e fora do país da América Latina e Europa. Muitas são as dioceses e paróquias que se cadastraram e fazem uso constante dessa biblioteca. Dentre os muitos cadastrados se destacam padres – ampla maioria –, catequistas, religiosos e religiosas.

O universo das redes sociais é uma realidade já presente na sociedade contemporânea, e as igrejas particulares se fazem presentes nessa nova forma de evangelização e de formação continuada.

---

16. Cf. Anexo 1, Projeto Lar-Abrigado, e Anexo 2, Projeto de Acompanhamento Terapêutico de Padres Idosos.

17. Um dos protagonistas desse dispositivo é o estagiário de psicologia da PUC Minas, Alex Valadares Cruz.

4) Formação de liderança dos Vigários Episcopais, forâneos ou de áreas[18]

Várias pesquisas têm constatado a falta de definição do papel desempenhado pelo vigário forâneo ou de área nas dioceses. Observa-se tanto a ausência de credibilidade quanto a desvalorização do exercício do vigário forâneo ou de área. Há carência da compreensão e da consequente consciência da forania ou área, como espaço político de organização da diocese.

A esses dados somam-se, ainda, a falta de interesse e motivação por uma parcela dos padres, nos trabalhos pastorais da forania e da área. Além disso, presenciam-se dificuldades de entrosamento interpessoal no grupo dos presbíteros. Também foi registrado que a cultura do individualismo e do isolamento dificultam os trabalhos de uma Pastoral de Conjunto.

O excesso de formalidade torna as reuniões sem espaço para o verdadeiro encontro entre os padres. Há carência de dinâmicas que priorizem as relações para que frutifique o intercâmbio de experiências numa vivência de fraternidade e solidariedade no lugar da competição. Há escassez de tempo e excesso de trabalho por parte dos vigários forâneos ou de área.

Diante de tudo isso, a Pastoral Presbiteral propõe aos vigários episcopais, forâneos ou de áreas agenciamentos que possam favorecer a mudança das funções, a importância do lugar político e a dinamização desses territórios.

    a) Aprofundamento das diferentes concepções de Igreja paroquial, missionária, em torno da Pastoral de Conjunto no meio urbano, social e eclesial. Perfil das lideranças na Igreja e na sociedade.

    b) Processos e dinâmicas das foranias e áreas.

    c) Atitudes e técnicas de pesquisa:

---

[18]. Os protagonistas desse dispositivo são a Professora Ana Lúcia Andrade Marçolla e os estagiários Beatriz Neves Braga, Castilho Olimpio Gomes Junior, Júlio Cezar Santos Souza e Marcelo Inácio Fernandes Azevedo.

- passos estruturantes de um projeto de pesquisa;
- elementos da pesquisa em missiologia e gestão pastoral;
- elaboração de projeto.

d) Desenvolvimento da noção de comunidade e de como trabalhar com o povo.

e) Visita e pesquisa com os vigários forâneos e de áreas sobre o funcionamento e dinâmica das foranias e das áreas.

- A intervenção psicossocial nas foranias foi baseada no Método Psicodrama. Jogos dramáticos e sociodramas foram aplicados para que os participantes pudessem vivenciar e refletir sobre os seus conflitos[19].

5) Casa da Pastoral Presbiteral[20]: *agenciamento dos afetos e da criatividade cultural.*

A casa presbiteral quer ser a casa-sede, a casa-referencial, a casa de encontros afetivos e de projetos de pertencimento. Tudo isso é símbolo da Casa da Pastoral Presbiteral.

Os grandes entraves de relacionamento entre os presbíteros, atualmente, passam pela ideia de não ter pouso fixo, de tudo representar o líquido e estar sempre a postos e a viver de forma atomizada e fragmentada. São *questões humanas* que vêm dificultando o andamento do presbitério e a vivência de seus ideais.

O isolamento do grupo produz fantasmas psíquicos como a solidão, o medo da morte, o desamparo, a incapacidade frente ao ministério. A soma desses fatores tem gerado angústias das mais variadas ordens, muitas vezes sem que se consiga nomeá-las ou identificá-las

---

19. Um dos protagonistas desse dispositivo é o estagiário de Psicologia da PUC Minas Marcelo Inácio Fernandes Azevedo.

20. É imprescindível a Pastoral Presbiteral ter um lugar físico de referência de encontro afetivo entre os presbíteros. Várias dioceses têm esse espaço, que recebe diferentes nomes, como: Casa Sacerdotal, Casa do Peregrino, Casa da Pastoral Presbiteral.

de forma mais contundente. Produz-se, então, uma série de demandas que, na verdade, mascaram a verdadeira questão.

Nas pesquisas junto à população de baixa renda[21], encontramos o "sonho da casa própria". Parece-nos que este sonho vai para além da esfera da necessidade, da casa material, de simples abrigo de proteção contra a chuva e o sol, de aumentar o número de cômodos para maior conforto. Em nossa opinião, esse sonho diz muito mais do desejo de interromper a transitoriedade, de criar raízes, segurança, proteção, amparo. A realização desse sonho afugenta a angústia da solidão, do abandono, da desintegração psíquica.

A psicanálise ensina que nosso primeiro abrigo, essa *"mãe"* simbólica, pode ser experimentado como bom ou destruidor, como algo que envolve proteção ou rejeição. Quanto mais fracos nos sentimos, mais profundamente precisamos ser assegurados de que somos bem-vindos e estamos seguros em nossas casas.

Demanda de abrigo, de acolhimento, de segurança: demanda de **casa**. É dessa forma que o grupo dos presbíteros, no Brasil, tem conseguido traduzir essa angústia. Nos últimos tempos, uma das principais discussões nos grupos dos presbíteros tem sido a viabilidade ou não da construção do que chamam "casa referencial", "casa sacerdotal" ou "casa-sede da Pastoral Presbiteral". Essa questão passou a mobilizar uma série de afetos e, consequentemente, de conflitos, trazendo à tona inseguranças e dificuldades nas dioceses.

O significante "casa" traz consigo uma série de representações possíveis. Para aqueles que deixaram suas famílias e a terra natal e aceitaram a convocação da Igreja, a casa-sede pode ser lida como retorno ao lar, lugar de proteção onde é possível planejar de forma mais apaziguadora os problemas da vida: espiritual, pastoral, a velhice e as limitações que dela advêm. Uma casa referencial é significativa também do ponto de vista subjetivo, porto seguro

---

21. Pereira, 2004.

para os que um dia se desprenderam de toda materialidade em prol de um ideal, deparando-se, com o passar do tempo, com a insegurança da falta de um lar – registro que ultrapassa as paredes de uma construção.

Além disso, construir uma casa dos presbíteros em terras da diocese é ato que funda, para muitos, o sentimento de pertencimento no presbitério. Criar uma casa é fixar os pés nesse território, abrindo mão de certa cisão quanto aos laços afetivos e da insegurança na hora de assumir a história de vida presbiteral.

Podemos pensar que o uso equivocado de um *"pouso fixo"* pode servir para acabar com uma das características mais fundamentais do grupo, que diz respeito à capacidade de atuar de acordo com as contingências, de forma a viver a diversidade e a diferença. É preciso cuidar para que a casa não passe a ser símbolo de conservadorismo, impedindo transformações. O conflito entre fixo e a diferença pode ser sentido entre os padres em diversos aspectos de sua vida comunitária.

Outra dimensão da "casa" é a vivência do tempo livre, do lazer e do espaço prazeroso da convivência afetiva. É um grande desafio para os presbíteros deixarem fluir o tempo livre no cotidiano das suas vidas e saber utilizar esse mesmo tempo de forma afetiva, criativa, cultural, prazerosa, construtiva e repousante.

Parece haver no imaginário coletivo dos padres a premissa de que a vida presbiteral deve ser austera, plena de trabalhos pastorais. Isso vem também de uma longa história de formação individual e familiar, acentuada e estimulada dentro da Igreja. Lazer, ócio, prazer durante anos foram considerados como "pecado"; "desperdício de tempo", "supérfluo", "falta do que fazer", "preguiça ou moleza", "descompromisso", não permitindo às pessoas expressarem a comunhão prazerosa entre os irmãos.

Nesse momento tem início a consciência do desejo, da necessidade ecológica e a consciência da convivência entre os irmãos. É permitido falar, expressar a falta do lazer. Daí surgem os empecilhos, que vêm para justificar o "não fazer o lazer". A principal justificativa é a famosa "falta de tempo" ou "não gosto disso, não faz o meu gênero!" Nesse sentido, a Pastoral Presbiteral tem unido o espaço da *casa presbiteral* como território do afeto e do lazer através de vários programas de agenciamento afetivo e cultural entre os presbíteros.

    a) Encontros por faixa etária.
    b) Celebração de aniversários.
    c) Comida de "buteco" do padre.
    d) Sessões de filme com debate referente ao filme e degustação de comidas.
    e) Práticas de esporte e jogos de mesa.

6) Cursos de pequena duração

Curso 1
Preparação para a função de padre emérito
Programa: reconstrução de um viver

Objetivo: favorecer ao presbítero pré-emérito a construção de um projeto de vida, que possibilite o desenvolvimento de suas potencialidades para além da função institucionalizada[22].

Público-alvo: padres com mais de 65 anos de idade.

Conteúdos:
    a) Delineamento do projeto de vida.
    b) Ressignificação da função de pároco ou vigário.

---

22. Uma das protagonistas desse curso é a estagiária de Psicologia da PUC Minas, Beatriz Neves Braga.

c) Rede social: conceito, importância, construção de uma rede de amizade.

d) Autoestima: autopercepção, autoaceitação, autorresponsabilidade.

e) Orientação de saúde: atividades físicas e prática de alimentação saudável: definições, importância e orientações; orientação de saúde mental.

f) Aposentadoria: aspectos legais; vínculos familiares; ciclo de vida familiar; envelhecimento e aposentadoria; sentido de vida e espiritualidade; educação para gestão da finança pessoal; discussão lúdica sobre o envelhecimento; apresentação do projeto de vida.

Carga horária:

Nº de vagas: 35/turma

Período de realização:

Dia da semana/horário:

Local: Casa da Pastoral Presbiteral

Coordenação:

Dinâmica: o curso é desenvolvido em forma de mesas temáticas em que são discutidos os conteúdos propostos.

1ª mesa: o rito de passagem do presbítero-pároco para presbítero-emérito.

2ª mesa: envelhecimento e aposentadoria. Educação para gestão de finanças.

3ª mesa: orientação de saúde mental. Atividades físicas e prática de alimentação saudável: definições, importância e orientações. Estratégia de enfrentamento de um novo projeto de vida.

4ª *mesa*: vínculos afetivos: pároco solidário; vínculos familiares e ciclo de vida familiar. Equipe da Pastoral Presbiteral.

Curso 2
Dimensão espiritual, bíblica e liturgia[23]

Os presbíteros diocesanos têm sentido a necessidade de construir espiritualidade atualizada e própria. A Pastoral Presbiteral tem criado agenciamentos de grupos de presbíteros que se reúnem com frequência para rezar, estudar temas teológicos, praticar a leitura orante da Escritura e de ações litúrgicas. A dimensão espiritual favorece a construção da identidade presbiteral e restaura as bases para a celebração litúrgica e pastoral encarnada.

Objetivos: abordar a centralidade da espiritualidade de matiz bíblico-litúrgica na vida do ministro ordenado e do povo a ele confiado pastoralmente.
- Aprofundar o conhecimento das fontes bíblico-litúrgicas como itinerário espiritual para a vida presbiteral.
- Avançar na compreensão e ressignificar o sentido das clássicas definições e formulações teológicas em relação à liturgia e ao ministério.
- Encorajar e fortalecer os presbíteros no seu ministério pastoral no âmbito da Liturgia.

Público-alvo: padres e diáconos.

---

23. Os protagonistas desse curso são o Padre Márcio Antônio Ferreira Pimentel e o Padre Danilo Cesar dos Santos Lima, da Arquidiocese de Belo Horizonte.

Conteúdo programático:
a) Revisitando os conceitos de Liturgia.
b) Espiritualidade litúrgica: o lugar da Liturgia das Horas na vida do ministro ordenado.
c) O lugar da Liturgia na pastoral.
d) Relação entre ministério ordenado e sacerdócio comum dos fiéis no âmbito da celebração litúrgica.

Nº de vagas: 25/turma

Carga horária: 16h

Período de realização:

Curso 3
Gestão paroquial
Manejo de conflitos de grupo e gestão de processos de relacionamento, metodologia de pesquisa

---

Proporcionar habilidades para coordenar processos de relacionamento entre as pessoas, liderar e gerir atividades de autoanálise e autogestão em vista de novas experiências de gestão a fim de realizar com eficácia a missão da paróquia, forania ou área[24].

Objetivos:
• Oferecer capacitação para o cuidado de pessoas e de recursos financeiros e patrimoniais das paróquias.
• Apresentar questões e criar dispositivos de soluções hipotéticas a partir de casos reais trazidos pelas oficinas sobre um olhar moderno de gerenciamento.

---

24. Os protagonistas desse curso são a Professora Ana Lúcia Andrade Marçolla e os estagiários Beatriz Neves Braga, Castilho Olimpio Gomes Junior, Júlio Cezar Santos Souza e Marcelo Inácio Fernandes Azevedo.

- Focar a paróquia, forania ou área como lugar de evangelização gerido por instrumentos e técnicas atuais.
- Estabelecer um olhar mais centrado em cuidar das pessoas, economia de custos, recursos humanos, a fim de que o presbítero tenha cada vez mais seu olhar focado no atendimento sacramental-pastoral, sem descuidar da responsabilidade das pessoas, do gerenciamento e da administração.
- Refletir a dimensão espiritual da gestão paroquial.
- Compreender e utilizar a metodologia de técnicas de projetos pastorais e sociais e pesquisa em suas diversas etapas; analisar as diferentes modalidades.
- Explicar os procedimentos técnico-metodológicos que possibilitem o planejamento e desenvolvimento de pesquisas do trabalho.
- Capacitar para a detecção, manejo e solução de conflitos em grupo.

Público-alvo: padres, diáconos e leigos engajados na pastoral e projetos sociais das regiões episcopais, foranias e paróquias.

Conteúdo programático:

a) Gestão do cuidado das pessoas, grupos e organização. Organização e recursos humanos.

b) Otimização do tempo; instrumentos de trabalho gerencial: uso de agendas eletrônicas, computador e demais instrumentos modernos de gerenciamento.

c) Relações públicas e noções de marketing; leis trabalhistas e sua relação com a cúria e sociedade civil; bens móveis e imóveis.

d) Treinamento de funcionários; soluções de casos-concretos: casuística aplicada; fluxo de caixa e contabilidade; fornecedores.

e) Definição de objetivos a serem alcançados e definição das ações para alcançá-los; escolha das estratégias e recursos. Planejamento participativo: decisões e a execução.

Nº de vagas: 25/turma

Carga horária:

Dia da semana/horário:

Local: Casa da Pastoral Presbiteral

Coordenação: Equipe da Pastoral Presbiteral

Período de realização:

Módulo I: Gestão paroquial – facilitador

Módulo II: Espiritualidade e gestão paroquial – facilitador

Módulo III: Manejo de conflitos de grupo, gestão do cuidado e metodologia de pesquisa – facilitador.

Curso 4
Abuso, dependência de álcool e outras drogas, cultura atual e juventude
Importância da informação preventiva[25]

Existem pelo menos três fatores de risco relacionados ao consumo de álcool e drogas e que têm sido amplamente estudados e descritos na literatura mundial: a droga, as condições socioeconômicas e culturais da sociedade e o sujeito. O primeiro fator é o próprio

---

25. Um dos protagonistas desse curso é o estagiário do Curso de Psicologia da PUC Minas Silas Rosa Junior, que coordenou o curso sobre Drogas e Juventude, pela Pastoral Presbiteral da Arquidiocese de Belo Horizonte.

fascínio e a sedução que a droga, como fetiche, opera nas pessoas. A estrutura socioeconômica e cultural da sociedade também contribui quanto ao uso de drogas pelos pais, a ausência do papel do pai, a não integração às atividades escolares, desestrutura familiar, violência doméstica, a pressão e identificação de traços grupais e as precárias condições econômicas que favorecem a exclusão.

Finalmente, a subjetividade do sujeito frente a essas condições. Alguns desses fatores são muito semelhantes e compatíveis com a natureza humana – curiosidade, transgressão e ultrapassagem de limites, além dos conflitos psicossociais, a necessidade de pertencimento grupal, busca da autoafirmação e de independência familiar.

A disponibilidade de informações acerca das drogas psicoativas e seus efeitos orgânicos, psicológicos, sociais e legais tem se mostrado um eficiente dispositivo para evitar o contato prolongado e dependente com as drogas. Nesse processo informativo muitas vezes o sujeito é colocado como mero espectador do procedimento de prevenção, minando a sua autonomia para tomar decisões e desconsiderando sua subjetividade. É de grande importância o acesso a informações qualificadas e completas, já que as mesmas são determinantes para a sedimentação dos conceitos que irão proteger o sujeito num eventual encontro com as substâncias. Daí a importância da Pastoral da Sobriedade na criação de dispositivos de evangelização da juventude, em torno da forania, área e paróquia.

Objetivos:
• Trabalhar o problema das drogas e juventude.
• Oferecer suporte teórico/técnico para realização de intervenções motivacionais em dependência química.
• Treinar habilidades para executar intervenções com dependentes.
• Abordar, motivar e acompanhar usuários nocivos e dependentes de álcool e outras drogas.

- Enfocar à juventude novos meios de comunicação em que a juventude católica está inserida.
- Redes sociais e juventude; linguagem da juventude contemporânea.

Público-alvo: padres, diáconos e leigos engajados na Pastoral da Sobriedade e Pastoral da Juventude.

Conteúdo programático:
a) Álcool e outras drogas: política de atenção, álcool e drogas.
b) Drogas: classificação, conceitos, tipos de tratamento e redução de danos.
c) Dependência química: abordagem neuroquímica da dependência.
d) Alcoolismo.
e) Tabagismo.
f) Abordagem sócio-histórica e cognitiva comportamental; prevenção de recaída; reinserção social; antropologia social e cultural e estudo de casos.
g) Juventude: exposição da forma em que a juventude contemporânea vive hoje.
h) Possibilidades de atuação na Pastoral da Juventude.
i) Redes sociais.
j) Juventude globalizada.
l) Formas de trabalho atuais com a juventude.
m) Meios de comunicação.

Carga horária:
Nº de vagas: 35/turma
Período de realização:
Dia da semana/horário:
Local: Casa da Pastoral Presbiteral
Facilitadores:

Curso 5
Economia solidária
Banco da Providência[26], Fundo de Solidariedade,
Fundo de Auxílio ao Presbítero

Objetivo: favorecer aos presbíteros a construção de um projeto de autossustentação econômica, possibilitando-lhes melhor qualidade de vida e equidade financeira nos projetos pastorais de paróquias pobres, periféricas urbanas ou rurais.

Trata-se de promover a mudança de orientação da ação de caridade para a solidariedade. Transformar a cena da atitude paternalista cristã com a necessidade de fazer "caridade" individual para a ética do exercício da solidariedade. Substituir "caridade" por solidariedade não é uma mera questão de palavras. É uma substituição de uma ação de caráter de assistencialismo por uma ação que busca a assistência e a autonomia do ser humano. Visa à emancipação das situações que levam à exclusão. Para isso será criado o Banco da Pro-

---

26. Dom Helder nasceu em Fortaleza e foi ordenado padre aos 22 anos. Transferido, em 1936, para o Rio de Janeiro, adotou como desafio antecipar soluções pastorais em prol dos que vivem na pobreza e na indigência. Em 1952 criou a Conferência Nacional dos Bispos do Brasil (CNBB). Foi sagrado bispo-auxiliar do Rio de Janeiro. No Concílio Vaticano II foi o grande articulador em prol da renovação da Igreja. Depois de 1964, e após 28 anos de ação no Rio de Janeiro, foi transferido para Olinda/Recife. Indicado para o Prêmio Nobel da Paz por 7 vezes. Recebeu título Doutor *Honoris Causa* de mais de 30 universidades. Dom Helder tinha uma preocupação maior em superar a pobreza. Acreditava na importância da militância dos pequenos grupos, dos leigos e em seu papel de transformação da realidade excludente e geradora de desigualdades. Ele despertava pessoas com capacidades e recursos para contribuir de maneira mais ativa com os mais pobres, para que os pobres tivessem igualmente a oportunidade de despertar e melhorar suas condições de vida, como protagonistas de um novo destino. E todos se transformavam em pessoas melhores! Um belo testemunho dessa convicção foi a criação do Banco da Providência (1959), "um banco para os pobres que não têm acesso aos bancos do sistema financeiro". Dom Helder inventou um novo padrão para a filantropia. Implementou, em 1959, três conceitos que só muitos anos depois vieram a ser exigência de qualificação em projetos sociais: autossustentação, sociedade civil organizada e participação do voluntariado.

vidência, Fundo de Solidariedade ou Fundo de Auxílio ao Presbítero visando à capacitação de bens financeiros, avaliação e distribuição de recursos para presbíteros e paróquias que apresentarem projetos de autossustentação.

Público-alvo: padres do presbitério diocesano.

Conteúdo programático:
a) Desenvolver o conceito de autossustentabilidade na busca de um modelo de empreendimento financeiro que considere os pilares da espiritualidade, do cuidado de pessoas, do econômico, do ambiental e do psicossocial.
b) Distribuição equilibrada das fontes de captação de recursos da diocese entre os presbíteros e áreas com dificuldades econômicas e sociais.
c) Rede social: conceito, importância, construção de uma rede de amizade, solidariedade e autossustentação;

Carga horária:

Nº de vagas:

Período de realização:

Dia da semana/horário:

Local: Casa da Pastoral Presbiteral

Coordenação:

Dinâmica: O curso é desenvolvido em áreas ou regiões episcopais em forma de mesas temáticas nas quais serão discutidos os conteúdos propostos.

1ª mesa: preocupação maior em superar a desigualdade social, cultural e econômica entre os presbíteros. Transformação da realidade excludente e geradora de desigualdades. Despertar os presbíteros com capacidades e recursos para contribuir de maneira mais ativa com os mais pobres, para que os despossuídos tenham igualmente a oportunidade de despertar e melhorar suas condições de vida, como protagonistas de um novo destino pastoral.

2ª mesa: Banco da Providência, Fundo de Solidariedade ou Fundo de Auxílio aos Presbíteros – diferente do sistema financeiro do capitalismo neoliberal. Gestão de finanças; Planejamento Estratégico. Desenvolver habilidades específicas através da educação para a gestão coletiva. Colaborar para que pessoas, grupos e comunidades se apropriem de conhecimentos capazes de modificar situações de vida. Manter como horizonte de todo o processo de formação o desenvolvimento do associativismo e da solidariedade, como caminhos para a construção de um presbitério mais fraterno.

3ª mesa: orientação de técnicas de desenvolvimento de comunidade e execução de projeto de autossustentação. Estratégia de enfrentamento de um novo projeto de vida para o presbítero e a paróquia.

4ª mesa: vínculos afetivos: a dimensão afetiva da criação do Banco da Providência – Fundo de Solidariedade ou Fundo de Auxílio ao Presbítero. Conflitos interpessoais e de gestão. Presbítero X voluntariado, como o principal eixo de sustentação destes valores evangélicos compartilhados. Valores genuínos do pensamento cristão são fundamentais para a promoção da solidariedade social necessária à ampliação da cidadania.

Anexos

1
Pastoral Presbiteral
Projeto Lar-abrigado

Proposta

Implantar, na diocese, em parceria com as regiões episcopais, uma prática pioneira denominada "Lar-abrigado" que visa oferecer uma habitação aos sacerdotes idosos que carecem desse recurso.

Justificativa

O ser humano se relaciona com o mundo buscando a integração entre vários pilares que sustentam e configuram o seu cotidiano: a moradia, o trabalho, a convivência afetiva e o transcendente.

A pesquisa com os idosos em uma diocese levantou dados importantes ligados à questão da moradia. Esses dados anunciam a necessidade de se estudar e construir soluções que representem uma nova maneira de viver para aqueles que dedicaram a sua vida à missão evangelizadora da Igreja.

Os dados levantados pela pesquisa, no que se refere ao tipo de moradia, mostram que há, no momento, quatro possibilidades de escolha para a habitação.

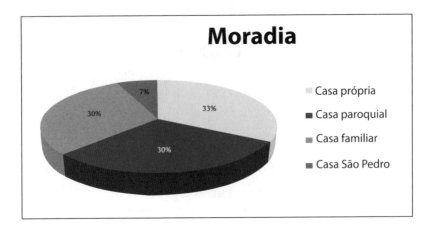

No catálogo, por exemplo, uma diocese pesquisada constava com 47 padres com mais de 70 anos de idade. Verificamos que esses padres se distribuem nas seguintes possibilidades de habitação: casa própria; residência na casa paroquial ou em propriedade próxima à casa paroquial. Constatamos também que alguns padres residem com a família. Em outras situações, é a família que passa a residir com o padre. Outros ainda residem na Casa para Idosos. Assim, genericamente, a pesquisa registrou 15 presbíteros residindo em casa própria, 15 em casa paroquial com um pároco solidário; 14 morando com suas famílias e 3 padres morando na Casa para Idosos.

A pesquisa revelou também a necessidade da construção de uma residência diferente, que acolhesse os padres idosos, principalmente os mais necessitados, sem apoio da família e carentes de recursos econômicos.

Assim, a proposta que apresentamos visa o atendimento dessa demanda, mas de uma forma diferenciada. Ao invés de uma residência no modelo macro, do tipo asilo para idosos, foi pensado o modelo familiar. O processo é bem diferente, quando se propõe a superação da institucionalização asilar. Ou seja, busca-se intervir nas relações de poder que segregam o idoso, estando em perspectiva a conquista de cidadania, de liberdade e autonomia, factível quando se preservam relações afetivas, havendo possibilidades de troca e cooperação que sustentam a dignidade e a autoestima.

Tratados como cidadãos, vários presbíteros idosos consideram humilhante e arbitrária a sua permanência, mesmo passageira, num serviço isolado do espaço social e fora do convívio eclesial. Passam a conhecer e a apreciar outras formas de cuidado, cuja lógica é incompatível com aquela dos locais segregativos.

O modelo macroasilar, do seu nascimento até os dias de hoje, sempre serviu à segregação das pessoas, socialmente inadaptadas. Várias experiências de transformá-lo numa instituição terapêutica e humana tiveram resultados sombrios. Muitas esbarraram em raízes históricas de sua vocação de excluir, isolar, uniformizar os seres humanos.

Portanto, o que propomos é um modelo assistencial de moradia que, dispensando dispositivos macros e idênticos, evolui para dispositivos criativos e inventivos, despertando a comunidade para gestos solidários, com ganhos significativos tanto para os presbíteros acolhidos quanto para aqueles que os acolhem. A ideia seria mobilizar a comunidade para acolhê-los em suas residências, ou seja, inserir o padre, outra vez, na comunidade, a partir de um espaço dentro da família. Tal possibilidade permite ao padre idoso maior conforto. Além disso, com a convivência nesse contexto, abre espaço para a continuidade do exercício pastoral, que se daria pelo intercâmbio das experiências de vida, pela execução de atividades ao alcance do padre, preservando o sentido de participação na sociedade eclesial, o sentimento de utilidade. Tal situação é interessante tanto para o padre quanto para a comunidade eclesial, assim como para a família que iria acolhê-lo.

Dessa forma, os padres idosos, que não contam com instalações habitacionais adequadas, poderiam ser incluídos nessa proposta que objetiva inseri-los em residências familiares da comunidade, conforme já pontuado, figurando o que se convencionou chamar Lar-abrigado, Lar Familiar para Presbíteros da Maturidade ou ainda Projeto Família do Presbítero da Maturidade.

Habitar é enraizar-se; é reconhecer-se num espaço onde a singularidade é apropriada para viver a mais absoluta intimidade. Estar em casa é vivenciar a intimidade dos afetos, a relação com os objetos, com os afazeres, com as pessoas ou então com a solidão. Não se trata apenas de estar no mundo: *o enraizar-se* e a integralidade que dele decorre é um processo dinâmico, no qual o homem tem a oportunidade de se perceber como um eu transformador. A transformação perpassa a atividade humana, o mundo natural e o social: campos das expressões subjetivas, dos afetos e das partilhas.

Ao participar do dia a dia da família, bem como da comunidade eclesial na qual será inserido, o padre idoso poderá redescobrir-se na vida em sociedade, contribuindo com suas experiências pastorais, seus ensinamentos evangélicos que, compartilhados, não só pelos seus relatos, mas e principalmente pelo seu testemunho, podem se constituir em precioso legado para as próximas gerações.

Sentindo-se acolhido pela família, "em casa", o presbítero será ajudado na construção de uma nova rede de relações, na descoberta de novas possibilidades que ampliarão o seu campo de visão para além dos empecilhos que a idade mais avançada pode trazer, fazendo-o sentir-se mais importante e mais vivo.

Finalmente, um último elemento fundamental no processo de reinserção e revitalização do presbítero da maturidade é constituído pelos dispositivos de atenção e suporte psicossocial no campo *do trabalho*. Nesse campo, são importantes os serviços formais de presidir a celebração eucarística e ministrar os sacramentos, mas também os demais serviços de liderança, aconselhamento espiritual e psicológico. Essas atividades colocam o presbítero inserido em dispositivos grupais, restauradores do sentido de poder e de competência; assim, por exemplo, na defesa de direitos dos idosos, engajamento sociopolítico na comunidade.

Consideramos, portanto, que, na ausência de uma estrutura que propicie esse apoio ao padre idoso, a proposta de elaboração de um projeto de atuação, tendo como referência a ideia do Lar-abrigado ou Lar Familiar para Presbíteros da Maturidade, pode contribuir para melhorar a qualidade de vida dos padres. Ela cumpre também o objetivo de envolver a comunidade num objetivo comum para proporcionar melhores condições de habitação a esses presbíteros.

Objetivo geral
- Contribuir para o estabelecimento de melhores condições físicas, espirituais e psíquicas dos presbíteros idosos em situação de dificuldade em relação à moradia.
- A justificativa será construída de acordo com os aspectos levantados pela pesquisa realizada pela Pastoral Presbiteral da diocese.

Objetivos específicos
- Contribuir efetivamente para o processo de inserção social dos presbíteros da maturidade, incentivando as regiões episcopais a organizarem uma rede ampla e diversificada de recursos assistenciais.
- Facilitar o convívio social, para que seja capaz de assegurar o bem-estar global e estimular o exercício pleno de seus direitos civis, políticos e de cidadania.
- Desenvolver alternativas de habitação para os padres idosos.
- Proporcionar aos padres idosos apoio estrutural, para que possam contar com melhores instalações físicas, mais compatíveis com suas necessidades e limites.
- Assegurar aos padres idosos a alternativa do convívio em uma família, agregando-lhes convivência e conforto emocional.
- Melhorar a qualidade de vida dos padres idosos da diocese, em conjunto com a comunidade da qual fazem parte, visando a sua integração espiritual, pastoral e comunitária.

Responsabilidades dos gestores

São responsabilidades dos gestores do Programa "Lar-abrigado" ou "Lar Familiar para Presbíteros da Maturidade" ou "Projeto Família do Presbítero da Maturidade" da diocese:

1) No âmbito paroquial

   a) Acompanhar os familiares responsáveis pelo acolhimento do presbítero.

   b) Responsabilizar-se pela atenção integral à moradia e à saúde para os beneficiários do programa.

   c) Avaliar e encaminhar à Pastoral Presbiteral informações necessárias para o êxito do programa.

   d) Acompanhar os beneficiários inseridos no programa.

   e) Criar uma rede de leigos "amigos dos padres idosos", com a prestação de serviços de amizade, solidariedade cultural e financeira, visando o êxito do projeto.

2) No âmbito da região episcopal

   a) Confirmar e avaliar a habitação: as condições do imóvel, a higiene, assim como o relacionamento do grupo familiar.

   b) Analisar os recursos econômicos do presbítero e o orçamento proveniente das solicitações da família.

   c) Exercer papel articulador entre os familiares, o presbítero e a diocese representada pela Pastoral Presbiteral.

3) No âmbito da diocese representada pela Pastoral Presbiteral

   a) Cadastrar os beneficiários das paróquias habilitados no programa.

   b) Organizar e consolidar os cadastros dos beneficiários no programa.

   c) Treinar e acompanhar as ações programadas com os gestores familiares vinculados ao projeto.

   d) Zelar pelo monitoramento e avaliação do programa.

   e) Analisar os recursos provenientes do âmbito da paróquia, da região e da diocese.

f) Processar, mensalmente, folha de pagamento dos gastos aos responsáveis do programa.

g) Constituir Comissão Gestora do Programa "Lar-abrigado" ou "Lar Familiar para Presbíteros da Maturidade" ou "Projeto Família do Presbítero da Maturidade".

Referências

ARQUIDIOCESE DE BELO HORIZONTE (2010). *Pastoral Presbiteral*. Vol. 1: A maturidade presbiteral. Belo Horizonte: Fumarc.

Projeto de Lei 2.060/03 - Dispõe sobre a criação de Sistema de Pensão Protegida e de Lares-abrigados [Disponível em http://www.camara.gov.br/sileg/integras/166565.pdf – Acesso em 09/06/10].

2
Projeto Acompanhamento Terapêutico de Padres Idosos

Proposta

Implantar na diocese uma prática denominada *Acompanhamento Terapêutico* que, em parceria com as regiões episcopais, promova a socialização dos padres idosos e, através dela, criar possibilidades de partilha de experiências, de atenção e escuta das suas demandas, sobretudo no que se refere à moradia e à saúde.

Justificativa

O desafio maior do acompanhamento terapêutico é o de proporcionar ao idoso um espaço de criação para que construa uma significação para a sua velhice e se aproprie das suas questões e do espaço social e funcione como um sujeito capaz de construir um novo caminho e tornar-se um agente na transformação da nossa realidade (MOREIRA, 2000: 39).

O trabalho de Acompanhamento Terapêutico (A.T.) é novo. Ele compreende uma modalidade terapêutica de assistência, recente, pouco conhecida, constituindo-se em tipo contemporâneo de abordagem dentro do próprio campo das Ciências Humanas. No entanto, já se configura terreno fértil, no qual há inúmeras possibilidades de atuação profissional. O trabalho do A.T. não tem lugar definido. Ele pode acontecer na casa do acompanhado, durante um passeio ao santuário, ao memorial da diocese, na prestação de serviço em repartições públicas. Enfim, as possibilidades são amplas.

O acompanhante terapêutico deve possibilitar a convivência e as trocas entre os acompanhados e a sociedade, contribuindo para que estas pessoas retomem suas vidas. O objetivo é que elas se restabeleçam, enquanto sujeitos inseridos num contexto social específico, considerando as experiências vividas e a bagagem histórica, criando condições para que se posicionem ativamente diante desta sociedade.

Atuando como facilitador, o A.T. se posiciona como uma ponte de ligação entre o sujeito e o mundo, os outros e si mesmo. Ao atuar como acompanhante terapêutico, o profissional se lança no universo do acompanhado. Passa então a fazer parte da sua existência, do seu mundo e valores, como também da sua história de vida. Com o tempo, vai se consolidando um vínculo afetivo entre acompanhante e acompanhado.

Ao realizar o trabalho de acompanhante terapêutico, o profissional deve estar atento e observar. É de fundamental importância escutar e acolher a demanda do acompanhado, propiciando-lhe espaço de expressão, de lembrar fatos relevantes da sua história, de compartilhar sentimentos e emoções. É significativa a necessidade de estar disponível para aquilo que o acompanhado traz, o que implica também disponibilidade afetiva, fundamental para que um bom trabalho seja feito.

O acompanhante deve preocupar-se com a realidade social na qual vai se inserir, pois aqui se estabelece uma relação bastante peculiar: é o acompanhante que vai ao encontro do acompanhado, e não o contrário. Considerando que o contexto é eclesial, é desejável que o acompanhante terapêutico conheça o universo simbólico dos presbíteros idosos que manifestaram o desejo de participar dessa experiência.

A possibilidade dos presbíteros idosos serem escutados é oportunidade para que falem um pouco de sua história, de seus sentimentos, permitindo-lhes experimentar momentos agradáveis, já que se prioriza o seu bem-estar. O profissional deve estar bem preparado, pronto para escutar sem julgamentos, acolhendo verdadeiramente o testemunho desses sujeitos.

A posse da palavra, a oportunidade de falar, constitui-se chance rara para o presbítero que, em idade mais avançada, afastado de maiores responsabilidades e relacionamentos, não encontra quem o possa ouvir. Assim, a função do acompanhante se reveste da maior significação porque, além de contribuir para o resgate da autoestima do acompanhado, abre espaço para a entrada de outros profissionais, evidenciando efeito positivo dos vínculos criados com o acompanhante. Assim, processualmente, vai se construindo uma equipe multidisciplinar para atender ao presbítero e à comunidade paroquial em suas necessidades. O acompanhante atua, então, como facilitador, estreitando as relações entre os envolvidos no processo, entre aqueles responsáveis pela manutenção dos seus direitos, viabilizando condições favoráveis aos envolvidos no trabalho.

Essa iniciativa dá chance para que os acompanhados possam conversar sobre si mesmos, partilhar seus medos e anseios, descobrir alternativas de moradia, de melhores condições de saúde, de hábitos alimentares saudáveis, práticas de atividades físicas, de lazer, assim como a descoberta de outros territórios afetivos que podem acolhê-los e atendê-los em suas necessidades.

Frente a tal desafio é necessário um contínuo movimento de sensibilização por parte do acompanhante, que terá ampliada a sua capacidade de perceber e observar, de estar atento ao sujeito, aos sinais que ele emite, à linguagem não verbal, ao que ele pode dizer, bem como aos movimentos que realiza, preparando-se para lidar com o inesperado, o novo, o desconhecido.

Ao se dispor à realização desse trabalho, o acompanhante terapêutico perceberá que cada dia, cada momento, em contato com o acompanhado, será especial, diferente e dotado de uma dimensão que escapa inclusive à própria consciência que ele tem de seu trabalho.

Cada sujeito é único e diferenciado do mundo. Ser sujeito é ter consciência de que se é singularidade, de que não se é objeto, mas ação, indivíduo. Para tanto, as relações estabelecidas com a realidade, com aqueles que estão próximos, dizem a respeito da maneira como o sujeito se posiciona e se percebe perante o meio ao qual pertence. Afinal, ele se constitui, enquanto sujeito, ao estar em relação com os outros.

Pensar um trabalho que busque ampliar os horizontes de uma lógica institucional profunda, como a do contexto eclesiástico, supõe trabalho de sensibilização, de pensar para além do observável, para a realização de um exercício diário que promova e amplie a sintonia entre o estagiário e o padre idoso, aproximando-os e enriquecendo-os mutuamente.

Portanto, para que o trabalho de acompanhamento terapêutico aconteça, mudanças precisam ser pensadas e colocadas em prática. Elas devem estar articuladas à instituição eclesial, assim como entre acompanhantes e acompanhados. Será desejável que o trabalho enseje mudanças e transformações também no contexto institucional, para que seja enfatizada a sintonia entre as diversas dimensões, favorecendo o desenvolvimento do trabalho do acompanhante terapêutico. Trabalho que consiste em possibilitar que o presbítero idoso reexperimente a autonomia, a importância que tem para a comunidade, o caráter educativo do qual se reveste a sua presença, construindo coletivamente espaços de atuação, respeitados talentos e limites.

Objetivo geral
• Propiciar aos presbíteros idosos da diocese um espaço de escuta, para que possam compartilhar suas experiências, anseios, dificuldades e questões, tendo em vista a humanização e, sobretudo, a promoção da assistência à moradia e à saúde.

Objetivos específicos:
• Contribuir para a construção de um espaço de escuta, de acolhimento e acompanhamento dos presbíteros da maturidade.
• Proporcionar, aos padres idosos, apoio emocional, para que possam compartilhar suas questões, serem ouvidos em suas necessidades, sobretudo no que se refere à assistência habitacional e à saúde.
• Permitir, ao padre idoso, falar sobre si mesmo, sobre sua história, podendo contar com apoio emocional, visando à construção de vínculos entre os colegas presbíteros e leigos da paróquia onde esteja inserido.
• Dar suporte afetivo e político, visando a criação de estratégias de efetivação do Projeto Lar do Presbítero da Maturidade.

Metodologia
O trabalho será desenvolvido com os padres da maturidade da diocese, com aqueles que tiverem desejo em participar do Projeto Acompanhamento Terapêutico de padres idosos da diocese.

Aqueles que participarem do projeto receberão, semanalmente, a visita do acompanhante terapêutico, cuja missão será desenvolver com os padres idosos o trabalho de acompanhamento terapêutico.

Conforme anteriormente exposto, esse trabalho compreende o acolhimento e o acompanhamento dos padres idosos interessados. O acompanhamento consta da promoção de momentos de escuta, de acolhimento ao presbítero. Os profissionais estarão disponíveis para conversar, ouvir e ajudá-los a pensar alternativas de assistência à moradia e programas de saúde.

Referências

CAMARGOS, S.M.B. (1993). "Psicologia Comunitária". *Cad. Psicol.*, vol. 1, n. 2, dez., p. 83-91. Belo Horizonte.

MOREIRA, G.M.E.L. (2000). "O acompanhante terapêutico: impasses e possibilidades do atendimento domiciliar". *Psicologia em Revista*, vol. 1, n. 10, jul., p. 29-34. Belo Horizonte.

PALOMBINI, A.L. (2006). "Acompanhamento terapêutico: dispositivo clínico-político". *Psychê*, vol. 10, n. 18, set., p. 115-127. São Paulo.

PEREIRA, W.C.C. (2001). *O adoecer psíquico do subproletariado*. 4. ed. São Paulo: Imago.

VARELLA, M.R.D. et al. (2006). "Acompanhamento terapêutico: da construção da rede à reconstrução do social". *Psychê*, vol. 10, n. 18, set., p. 129-140. São Paulo.

3
Oficinas de formação permanente
Presbíteros ordenados, de 0 a 10 anos

Oficina 1
Tema: Perfil socioeconômico, político e religioso do grupo de Presbíteros ordenados, de 0 a 10 anos.

Oficina 2
Tema: Espiritualidade.
Tema transversal: Dimensão da espiritualidade encarnada e de comunhão.

Oficina 3
Tema: Espiritualidade e aspectos psíquico-afetivos.
Tema transversal: Espiritualidade, mística e profecia.

Oficina 4
Tema: Afetividade/sexualidade.
Tema transversal: Psicopatologia na vida religiosa.

Oficina 5
Temas: Subjetividade e juventude; Artefatos tecnológicos; O padre e a pastoral no mundo digital.
Tema transversal: Juventude e o mundo contemporâneo.

Oficina 6
Tema: O dinheiro na vida presbiteral e questões administrativas e burocráticas da paróquia.
Tema transversal: Campanha da Fraternidade: economia e vida.

Oficina 7
Tema: Paróquia, território fixo ou espaço pastoral: forania.
Tema transversal: *Documento de Aparecida* – Missionariedade: novas estruturas e dinâmicas pastorais.

Oficina 8
Temas: Fé e política; Movimentos sociais; Obras sociais e assistenciais.
Tema transversal: Opção preferencial pelos pobres.

Oficina 9
Tema: A pastoral e o Direito Canônico.
Tema transversal: Temas controvertidos do momento atual para a pastoral.

Oficina 10
Tema: Impactos da sociedade pós-moderna e a bioética.
Tema transversal: A ética.

Oficina 11
Tema: Drogas.
Tema transversal: Dependência química e a Pastoral da Sobriedade.

Referências

ADORNO, T.W. & HORKHEIMER, M. (1996). Conceito de iluminismo. In: ADORNO, T.W. *Textos escolhidos*. São Paulo: Nova Cultural [Coleção Os Pensadores].

ALMEIDA, D.B. (1999). "A pastoral na virada do milênio". In: CALIMAN, C. (org.). *A sedução do sagrado*. Petrópolis: Vozes.

_____ (1992). Vinculo. In: LOSADA, M. et al. *A vida religiosa enquanto instituição*. Rio de Janeiro/São Paulo: CRB/Loyola.

ALMEIDA, D.B. et al. (1990). *Afetividade e vida religiosa*. Brasília: CRB.

ANDRADE, O. (1990). *O manifesto antropófago*. São Paulo: Globo/Secretaria de Estado da Cultura de São Paulo [Disponível em www.ufrgs.br/cdrom/oandrade/oandrade.pdf].

ANJOS, M.F. (2007). *Vida religiosa e as novas gerações*: memória, poder e utopia. Aparecida: Santuário.

BARBIER, R. (1985). *Pesquisa-ação na instituição educativa*. Rio de Janeiro: Zahar.

BAREMBLITT, G.F. (1992). *Compêndio, análise institucional e outras correntes*: teoria e prática. Rio de Janeiro: Ibrapsi.

BARROS, M. (1997). "O re-encantamento da vida". In BEOZZO, J.O. (org.). *Espiritualidade e mística*. São Paulo: Cesep/Paulus, p. 13-50 [Coleção Teologia Popular).

BARROS, R.P.; HENRIQUES, R. & MENDONÇA, R. (2001). *Anais do Seminário Desigualdade e Pobreza no Brasil*. Rio de Janeiro: Ipea.

BAUMAN, Z. (2008). *Amor líquido*. Rio de Janeiro: Zahar.

_____ (2003). *Comunidade*: a busca por segurança no mundo atual. Rio de Janeiro: Zahar [Trad. de P. Dentzien].

_____ (2001). *Modernidade líquida*. Rio de Janeiro: Zahar [Trad. de P. Dentzien].

_____ (1998). *O mal-estar da Pós-modernidade*. Rio de Janeiro: Zahar.

BECK, U. (2002). *A sociedade de risco*. Barcelona: Paidós.

BELL, D. (1974). *O advento da sociedade pós-industrial*. São Paulo: Cultrix.

BENEDETTI, L.R. (2009). "Novos rumos do catolicismo". In: CARANZA, B.; MATRIZ, C. & CAMURÇA, M. (orgs.). *Novas comunidades católicas*: em busca do espaço pós-moderno. Aparecida: Ideias e Letras, p. 17-32.

BENTO XVI (2005). Carta encíclica *Deus é amor* [Disponível em http://www.vatican.va/holy_father/benedict_xvi/encyclicals/documents/hf_ben-xvi_enc_20051225_deus-caritas-est_po.html].

Bíblia Sagrada (2006). São Paulo: Paulus [Edição Pastoral].

BINGEMER, M.C. (2005). Uma leitura teológica. In: MEDEIROS, K.M.C. & FERNANDES, S.R.A. *O padre no Brasil*: interpelações, dilemas e esperanças. São Paulo: Loyola.

BITTENCOURT, F. (2010). "Estresse: o mal do século". *Psique, Ciência & Vida*, ano VI, n. 63 [Disponível em www.portalcienciaevida.com.br].

BOFF, L. (1996). "Uma análise de conjuntura da Igreja Católica no final do milênio". *Revista Eclesiástica Brasileira*, n. 221, mar., p. 125. Petrópolis: Vozes.

BRANDÃO, C.R. (1982). *Pesquisa participante*. São Paulo: Brasiliense.

BUARQUE-HOLANDA, C. & PONTES, P. (1975). *Gota d'água*. São Paulo: Civilização Brasileira [Disponível em http://letras.terra.com.br/chico-buarque – Acesso em 06/09/11].

CARDINALE, G. (2011). Chiesa rigorasa sulla pedofilia. In: CUCCI & ZOLLNER. *Igreja e pedofilia, uma ferida aberta*. São Paulo: Loyola.

CARRANZA, B.; MARIZ, C. & CAMURÇA, M. (orgs.). (2009). *Novas comunidades católicas*: em busca do espaço pós-moderno. Aparecida: Ideias e Letras [Coleção Sujeitos e Sociedade].

CASTILLO, J.M. (2011). *La humanidad de Dios*. Equipo Atrio, ma. [Disponível em http://www.atrio.org/castillo-investidura – Acesso em 05/09/11].

CHAUÍ, M. (1993). *Cultura e democracia*. 6. ed. São Paulo: Cortez.

"Classificação de Transtornos Mentais e de Comportamento da CID-10" (1993). *Descrições Clínicas e diretrizes diagnósticas*. Porto Alegre: Artmed.

CODO, W. (org.) (1999). *Educação*: carinho e trabalho. Petrópolis/Brasília: Vozes/Confederação Nacional dos Trabalhadores em Educação/Universidade de Brasília/Laboratório de Psicologia do Trabalho.

COZZENS, D.B. (2008). *Liberar o celibato*. São Paulo: Loyola.

_____ (2001). *A face mutante do sacerdócio*. São Paulo: Loyola.

CUCCI, G. & ZOLLNER, H. (2011). *Igreja e pedofilia, uma ferida aberta* – Uma abordagem psicológico-pastoral. São Paulo: Loyola [Trad. de O.S. Moreira].

DEBORD, G. (1997). *A sociedade do espetáculo* – Comentários sobre a sociedade do espetáculo. Rio de Janeiro: Contraponto.

DELEUZE, G. (1992). "*Post-scriptum*: sobre as sociedades de controle". *Conversações*. Rio de Janeiro: Ed. 34.

DELEUZE, G. & GUATTARI, F. (1995-1997). *Mil platôs*: capitalismo e esquizofrenia. Vols. 1-5. Rio de Janeiro: Ed. 34 [Coleção Trans].

DOLTO, F. (1979). *O Evangelho à luz da psicanálise*. Rio de Janeiro: Imago.

ELIADE, M. (1989). *Aspectos do mito*. Lisboa: Ed. 70.

ENRIQUEZ, E. (1997). *A organização em análise.* Petrópolis: Vozes [Trad. de F.R. Filho].

_____ (1990). *Da horda ao Estado.* Rio de Janeiro: Zahar.

FERRAZ, F.C. (2000). *Perversão.* São Paulo: Casa do Psicólogo [Coleção Clínica Psicanalítica].

Folha de S. Paulo (2004). Caderno Mais, 11/04, p. 3-8.

FOUCAULT, M. (1999). Microfísica do poder. 14. ed. Rio de Janeiro: Graal [Trad. de R. Machado].

_____ (1997). *Vigiar e punir* – Nascimento da prisão. Petrópolis: Vozes [Trad. de L.P. Vassalo].

_____ (1985). História da sexualidade – 3: O cuidado de si. Rio de Janeiro: Graal.

_____ (1984). *História da sexualidade – 2*: O uso dos prazeres. Rio de Janeiro: Graal.

FREIRE, P. (1979). *Pedagogia do oprimido.* Rio de Janeiro: Paz e Terra.

FREITAS, M.C. (2004). "Primórdios e alicerces (1954-1965)". In: VALLE, E. (org.). *Memória histórica.* Rio de Janeiro: CRB.

FREUD, S. (2011a). *Psicologia de grupo e análise do eu e outros textos* (1920-1923). São Paulo: Companhia das Letras [Obras Completas, vol. 15 – Trad. de P.C. Souza].

_____ (2011b). *Eu e o Id* – "Autobiografia" e outros textos. (1923-1925). São Paulo: Companhia das Letras [Obras Completas, vol. 16 – Trad. de P.C. Souza].

_____ (2011c). *O futuro de uma ilusão* (1927). São Paulo: Companhia das Letras [Obras Completas, vol. 18 – Trad. de P.C. Souza].

_____ (2011d). *O mal-estar na civilização* (1929). São Paulo: Companhia das Letras [Obras Completas, vol. 18 – Trad. de P.C. Souza].

_____ (2010). *Introdução ao narcisismo* – Ensaios de metapsicologia e outros textos (1914-1916). São Paulo: Companhia das Letras [Obras Completas, vol. 12 – Trad. de P.C. Souza].

_____ (1997). *Três ensaios sobre a teoria da sexualidade* (1905). Rio de Janeiro: Imago [Edição Standard Brasileira das Obras Psicológicas Completas].

_____ (1996). *A dissolução do Complexo de Édipo (1924)*. Rio de Janeiro: Imago [Edição Standard Brasileira das Obras Psicológicas Completas de Sigmund Freud, vol. XIX].

GABBARD, G. (1995). *Psichiatria psicodinamica*. Milão: Cortina.

GIDDENS, A. (1997). *Modernidade e identidade*. Rio de Janeiro: Zahar.

GIL-MONTE, P.R. (2006). *El síndrome de quemarse por El trabajo (burnout)*. Madri: Pirámide.

GIRAD, R. (2004). *O bode expiatório*. São Paulo: Paulus [Trad. de I. Storniolo].

GRAMSCI, A. (1978). *Concepção dialética da história*. 3. ed. Rio de Janeiro: Civilização Brasileira.

GUATTARI, F. & ROLNIK, S. (1986). *Micropolítica*: cartografias do desejo. Petrópolis: Vozes.

GUTIÉRREZ, G. (1975). *Teologia da Libertação*. Petrópolis: Vozes.

HÄRING, B. (1999). *Minhas esperanças para a Igreja*. São Paulo: Santuário.

HARVEY, D. (1993). *A condição pós-moderna*. 5. ed. São Paulo: Loyola.

HOBSBAWM, E. (2000). *O novo século*. São Paulo: Companhia das Letras.

_____ (1995). *Era dos extremos* – O breve século XX, 1914-1991. São Paulo: Companhia das Letras [Trad. de M. Santarrita].

HOORNAERT, E. (1990). *O cristianismo moreno no Brasil*. Petrópolis: Vozes.

_____ (1984). *A Igreja no Brasil-colônia, 1550-1800*. São Paulo: Brasiliense, p. 52.

HOUAISS, A. (2001). *Dicionário Houaiss da Língua Portuguesa*. Rio de Janeiro: Objetiva.

JAMESON, F. (1997). *Pós-modernismo – A lógica cultural do capitalismo tardio*. 2. ed. São Paulo: Ática.

_____ (1992). Priorizando os anos 60. In HOLLANDA, H.B. *Pós-modernismo e política*. Rio de Janeiro: Rocco.

JOÃO PAULO II (1999). *Carta do Papa João Paulo aos anciãos* [Disponível em www.vatican.va/holy_father/john_paul.htm – Acesso em 21/05/2009].

_____ (1992). Exortação Apostólica Pós-Sinodal *Pastores Dabo Vobis*, n. 12, 25/03.

Jornal Estado de Minas (2011). Caderno Cultura, 25/09, p. 4. Belo Horizonte.

Jornal Pampulha (2002). *Pedofilia e mídia*, 24/08-30/08. Belo Horizonte.

KEHL, M.R. (2003). Em defesa da família tentacular. In: GROENINGA, G.C. & PEREIRA, R.C. *Direito da Família e psicanálise*: rumo a uma nova epistemologia. Rio de Janeiro: Imago.

LACAN, J. (1995). *Escritos*. Rio de Janeiro: Zahar.

LAGO, K. & CODO, W. (2010). *Fadiga por compaixão – O sofrimento dos profissionais de saúde*. Petropolis: Vozes.

LEAL, G. (2010). "Epidemia silenciosa". *Mente e cérebro – Doenças do cérebro*. Vol. 6. São Paulo: Duetto, p. 6-11.

LEERS, B. (2002). *Homossexuais e ética cristã*. Campinas: Átomo.

LIBÂNIO, J.B. (2011a). "Igreja mergulha em longo processo neoconservador". Agência de Notícias Adital: Notícias da América Latina e

Caribe. 18/02, p. 1-6 [Entrevista especial –Disponível em http://www.adital.com.br/site/noticia].

_____ (2011b). "A identidade e a espiritualidade do presbítero no processo de mudança de época". *Encontro Nacional dos Presbíteros*, Regional Leste II [Texto digitalizado – Disponível em http://www.cnbb.org.br/images/stories/arquivo/14ENPPelibnio.doc – Acesso em mar./2011].

_____ (2009). *Cenários da Igreja num mundo plural e fragmentado*. 4. ed. São Paulo: Loyola [Coleção Faje].

_____ (2004). Entrevista *Jornal Opinião*, 16-22/08, p. 4. Belo Horizonte.

_____ (1971). *Vida religiosa e testemunho público*. Rio de janeiro: CRB.

LIMA, M.E. (org.) (2006). *Escritos de Louis Le Guillant:* da ergometria à psicopatologia do trabalho. Petrópolis: Vozes.

LYOTARD, J.-F. (1993). *O pós-moderno*. 4. ed. Rio de Janeiro: José Olympio.

LOSADA, M. et al. (1992). *A vida religiosa enquanto instituição*. Rio de Janeiro/São Paulo: CRB/Loyola.

MEDEIROS, K.M.C. & FERNANDES, S.R.A. (orgs.) (2005). *O padre no Brasil*: interpretações, dilemas e esperanças. São Paulo: Loyola.

MOHANA, J. (1967). *Padres e bispos autoanalisados*. São Paulo: Agir.

MORAIS, M.F.A. (2008). Stress, burnout, coping *em padres responsáveis pela formação de seminaristas católicos*. São Pauo: PUC, 181 p. [Tese de doutorado].

MORANO, C.D. (2007). *Afetividade, espiritualidade e mística*. Brasília: CRB/Equipe de Reflexão Psicológica.

_____ (2003). *Crer depois de Freud*. São Paulo: Loyola.

_____ (1995). "Deus Imaginario". *Razon e Fé* – Revista Hispanoamericana de Cultura, 231, jan.-jun. Madri: Loyola.

MOSER, A. (2001). *O enigma da esfinge*: a sexualidade. Petrópolis: Vozes.

NETTO, J.P. (1995). *Crise do socialismo e ofensiva neoliberal*. São Paulo: Cortez.

_____ (1992). "Nota sobre a crise de paradigmas nas Ciências Sociais". *Caderno Abess S. Produção do conhecimento e serviço social*. São Paulo: Cortez, 1992.

OLIVEIRA, J.L. (2001). *Viver os votos em tempo de Pós-modernidade*. São Paulo: Loyola.

PAIVA, V.P. (1973). *Educação popular e educação de adultos*. São Paulo: Loyola.

PEIRCE, C.S. (1995). *Semiótica*. São Paulo: Perspectiva.

PEREIRA, A.M.B. (2004). *A Síndrome de Burnout* [Disponível em http://www.prt18.mpt.gov.br/eventos/saude_mental_palestras/pereira/sld001.htm – Acesso em 28/01/2008].

PEREIRA, E.T. (2005). Brincar e criança: Panda/e/ê. In: CARVALHO, A. *Brincar(es)*. Belo Horizonte: UFM/Proex.

PEREIRA, W.C.C. (2011). *Dinâmica de grupos populares*. 26. ed. Petrópolis: Vozes.

_____ (2005). *A formação religiosa em questão*. 2. ed. Petrópolis: Vozes.

_____ (2004). *O adoecer psíquico do subproletariado*. 4. ed. Rio de Janeiro: Imago.

_____ (2002). *Nas trilhas do trabalho comunitário e social*. 3. ed. Petrópolis: Vozes.

PESSOA, F. (1972). "O guardador de rebanhos". *Obra poética*. Rio de Janeiro: Cia. José Aguilar.

PLATÃO (2006). *Timeu*. São Paulo: Instituto Piaget [Coleção Pensamento e Filosofia – Trad. de M.J. Figueiredo].

PRADO, F. (org.) (2006). *Aonde o Senhor nos levar*. São Paulo: Paulinas.

PRANDI, R. & SOUZA, R. (1996). "A carismática despolitização da Igreja Católica". *A realidade social das religiões no Brasil*. São Paulo: Hucitec.

RATZINGER, J. & MESSORI, V. (1985). *A fé em crise*. São Paulo: EPU.

Revista Eclesiástica Brasileira (2011), fasc. 282, abr. Petrópolis: Vozes.

Revista Família Cristã (2011), ano 77, n. 908, ago., p. 4-5. São Paulo: Paulinas [Entrevista com Pe. Zezinho].

REY, G. (2003). La imagen materna del sacerdote: una aportación a la psicologia de la vocación sacerdotal. In: MORANO, C.D. *Crer depois de Freud*. São Paulo: Loyola.

RONZONI, G. (2008). *Ardere, non Bruciarsi*. Pádova: Mennaggero.

ROUANET, P.S. (1983). *Teoria crítica e psicanálise*. São Paulo/Fortaleza: Tempo Brasileiro/Universidade Federal do Ceará.

SAMPAIO, P.A. (1982). *Construindo o poder popular* – As seis condições de vitória das reivindicações populares. São Paulo: Paulinas.

SANTOS, J.B. (2010). *Os presbíteros católicos*: uma identidade em transformação. Aparecida: Santuário.

_____ (1996). *Pela mão de Alice*. São Paulo: Cortez.

_____ (1995). *Introdução a uma ciência pós-moderna*. 4. ed. Rio de Janeiro: Afrontamento.

SEGALEN, M. (2002). *Ritos e rituais contemporâneos*. Rio de Janeiro: FGV [Trad. de M.L. Menezes].

SEVERIANO, M.F. et al. (2010). "O corpo idealizado de consumo: paradoxo da hipermodernidade". *Revista Mal-estar e Subjetividade*, vol. 10, n. 1, mar. Fortaleza.

SOUZA, N. (2003). Evolução histórica para uma análise da Pós-modernidade. In: TRASFERETTI, J.G. & Lopes, P.S. (orgs.). *Teologia da Pós-mo-*

dernidade: abordagens epistemológica, sistemática e teórico-prática. São Paulo: Paulinas, p. 108-109.

TAPKLEN, A. (2010). "Abuso sexual: consequências, perspectivas, questões em aberto". *Conferência Sobre "Abuso sexual"*, 14/06. Münster [Texto digitado – E-mail: tapken@bistum-muenstera.de – Trad. de R.A. Cunha].

THIOLLENT, M. (1986). *Metodologia da pesquisa-ação*. São Paulo: Cortez/Autores associados.

TOURAINE, A. (1994). *Crítica da Modernidade*. Petrópolis: Vozes.

TREVISAN, J.S. (2000). *Devassos no paraíso*. Rio de Janeiro: Record.

VALLE, E. (2010). "Estresse ou fadiga de compaixão nos(as) religiosos(as) de hoje?" *Convergência*, XLV, n. 737, dez., p. 791-801. Brasília: CRB.

VALLE, E. (org.) (2011). *Tendências homossexuais em seminaristas e religiosos*: visão psicoterapêutica e pedagógica. São Paulo: Loyola.

_____ (2003). *Padre, você é feliz?* São Paulo: Loyola.

ZIMERMAN, D.E. (2000). *Fundamentos básicos das grupoterapias*. 2. ed. Porto Alegre: Artes Médicas Sul.

Documentos

CNBB (2011). *Orientações e procedimentos relativos às acusações de abuso sexual contra menores*. Brasília: CNBB [Texto determinado em 10/05/10 pela 48ª Assembleia Geral da CNBB] [Documento 94].

_____ (2010). *Diretrizes para a formação dos presbíteros da Igreja no Brasil*. Brasília: CNBB [Texto aprovado em 10/05/10 pela 48ª Assembleia Geral da CNBB] [Documento 93].

_____ (2008). "Projeto Nacional de Evangelização – O Brasil na missão continental". *Documento de Aparecida* [Documento 88] [Disponível em www.edicoescnbb.com.br/site/files/downloads/brasil_na_missao_continental.pdf].

_____ (2007). *Evangelização da juventude:* Desafios e perspectivas pastorais. São Paulo: Paulinas [Documento 85].

COMISSÃO NACIONAL DOS PRESBÍTEROS (CNP) (2008). "Presbíteros: discípulo-missionário de Jesus Cristo na América Latina". *Conclusão do 12º Encontro Nacional dos Presbíteros.* Brasília: CNBB.

_____ (2004a). *Pastoral Presbiteral* – Subsídios para a 46ª Reunião Ordinária do Conselho Permanente da CNBB, 21-24/11/2000. 4. ed. Brasília: CNBB.

_____ (2004b). "O presbítero no mundo globalizado". *10º Encontro Nacional de Presbíteros.* Itaici, 04-10/02.

Estatuto da Criança e do Adolescente (1990) [Disponível em portal.mec.gov.br/seesp/arquivos/pdf/lei8069_02.pdf –Acesso em mai./2011].

Índice

Sumário, 7
Agradecimentos, 9
Apresentação – Cuidado de si e dos outros, 13
Introdução, 17
1 A Síndrome de Burnout, 27
   1.1 Introdução, 27
   1.2 Considerações sobre a origem do termo Burnout, 28
   1.3 O sintoma como o "não dito", 38
   1.4 Consequência dos conceitos: sintoma, gozo e alienação para o trabalhador, 43
   1.5 O modelo de clínica disciplinar e o modelo de clínica psicossocial institucionalista, 49
   1.6 Síndrome de Burnout no meio da Igreja: "homens e deuses", 59
2 A Síndrome de Burnout no presbitério, 67
   2.1 Introdução, 67
   2.2 O cenário institucional da Igreja pré-Vaticano II, 71
   2.3 A Igreja do Vaticano II, 88
   2.4 A opção pelos pobres, 108
   2.5 A Igreja pós-Vaticano II, 115
   2.6 Conclusão, 134
3 Sofrimento psíquico ou conduta desajustada dos presbíteros?, 139
   3.1 Introdução, 139
   3.2 Espiritualidade e missão, 152
   3.3 A vocação presbiteral e suas transfigurações, 175
   3.4 Vida presbiteral ou comunitária, 231

3.5 Dimensão humano-afetiva, 256

3.6 A questão da pedofilia e efebofilia, 293

3.7 O poder na vida presbiteral, 321

3.8 A dimensão do projeto pastoral, 347

3.9 O dinheiro na vida presbiteral, 383

3.10 A questão das novas gerações no presbitério: dos padres novos aos eméritos, 415

3.11 Conclusão, 448

4 Pastoral Presbiteral – "Cuidar da vida" como bons pastores, 457

4.1 Introdução, 457

4.2 Sombras e inquietudes, 458

4.3 Filosofia do cuidado existencial, 465

4.4 O que é Pastoral Presbiteral?, 469

4.5 Projeto de Pastoral Presbiteral, 472

4.6 Programas para "cuidar da vida", 495

Anexos, 515

1 Pastoral Presbiteral – Projeto Lar-abrigado, 515

2 Projeto Acompanhamento Terapêutico de Padres Idosos, 521

3 Oficinas de formação permanente – Presbíteros ordenados, de 0 a 10 anos, 526

Referências, 529

CULTURAL
Administração
Antropologia
Biografias
Comunicação
Dinâmicas e Jogos
Ecologia e Meio Ambiente
Educação e Pedagogia
Filosofia
História
Letras e Literatura
Obras de referência
Política
Psicologia
Saúde e Nutrição
Serviço Social e Trabalho
Sociologia

CATEQUÉTICO PASTORAL
Catequese
  Geral
  Crisma
  Primeira Eucaristia
Pastoral
  Geral
  Sacramental
  Familiar
  Social
  Ensino Religioso Escolar

TEOLÓGICO ESPIRITUAL
Biografias
Devocionários
Espiritualidade e Mística
Espiritualidade Mariana
Franciscanismo
Autoconhecimento
Liturgia
Obras de referência
Sagrada Escritura e Livros Apócrifos
Teologia
  Bíblica
  Histórica
  Prática
  Sistemática

VOZES NOBILIS
Uma linha editorial especial, com importantes autores, alto valor agregado e qualidade superior.

REVISTAS
Concilium
Estudos Bíblicos
Grande Sinal
REB (Revista Eclesiástica Brasileira)

PRODUTOS SAZONAIS
Folhinha do Sagrado Coração de Jesus
Calendário de mesa do Sagrado Coração de Jesus
Agenda do Sagrado Coração de Jesus
Almanaque Santo Antônio
Agendinha
Diário Vozes
Meditações para o dia a dia
Encontro diário com Deus
Guia Litúrgico

VOZES DE BOLSO
Obras clássicas de Ciências Humanas em formato de bolso.

CADASTRE-SE
www.vozes.com.br

EDITORA VOZES LTDA.
Rua Frei Luís, 100 – Centro – Cep 25689-900 – Petrópolis, RJ
Tel.: (24) 2233-9000 – Fax: (24) 2231-4676 – E-mail: vendas@vozes.com.br

UNIDADES NO BRASIL: Belo Horizonte, MG – Brasília, DF – Campinas, SP – Cuiabá, MT
Curitiba, PR – Fortaleza, CE – Goiânia, GO – Juiz de Fora, MG
Manaus, AM – Petrópolis, RJ – Porto Alegre, RS – Recife, PE – Rio de Janeiro, RJ
Salvador, BA – São Paulo, SP